자유주의의 원류
—18세기 이전의 자유주의

자유주의의 원류
—18세기 이전의 자유주의

[이근식 · 황경식 편저]

철학과현실사

■ 머리말

우리나라에서 개혁이 시대 정신이 된 지도 벌써 20년에 가깝다. 오랜 군사 독재가 끝나고 직선제로 선출된 네 명의 대통령들은 저마다 모두 개혁을 국정 목표로 삼고 나름대로 추진해왔다. 비단 정부만이 아니라 기업과 같은 민간 조직들도 개혁을 시행해왔다. 그 덕분에 우리 사회에 과거의 잔재들이 적지 않게 청산되고 새로운 분위기가 형성되어가고 있다.

그러나 그간의 개혁에 대하여 만족하는 사람은 별로 없는 것 같다. 줄어들었다고는 하지만, 과거의 구태가 정부, 의회, 기업, 언론, 법조계 등 사회 곳곳에 여전히 완강하게 온존해 있으며, 과격한 집단 시위가 빈번하게 발생하고, 남북 문제, 환경과 노사 문제 등 주요한 국가 이슈에 대하여 국가 정책과 여론이 표류하고 있다. 이렇게 된 데에는 그간 정부가 충분하고 신중한 연구 없이 업적주의와 인기주의에 영합하여 경솔하고 섣부르게 개혁을 추진해왔고, 국민들 역시 의무와 책임을 부담할 생각은 않고 권리와 이익만 얻으려고 한 것이 작용하지 않았나 생각된다. '개혁 인플레',

'개혁에의 불만', '개혁의 피로'라는 말이 실감나게 들리는 요즈음이다.

자유주의에 대한 정확한 이해는 이러한 현재의 상황을 타개하고 올바른 개혁을 추진하는 데에 도움이 될 수 있지 않을까 한다. 민주주의와 합리적인 시장경제, 법치주의는, 적절한 사회 보장 제도가 여기에 덧붙여져야 하겠지만, 현재 우리가 건설하고자 하는 바람직한 새로운 사회의 뼈대일 것이다. 이런 근대 시민사회를 최초로 건설한 것이 서양의 근대 시민 계층이고 이들의 사상이 자유주의다. 즉, 서양 근대 시민사회의 사상적 기초가 자유주의다.

물론 다른 이념이나 사상과 같이 자유주의도 장점과 단점을 모두 갖고 있다. 기본 인권 존중과 개인주의, 만인의 사회적 평등, 출판과 언론의 자유, 관용, 자기 책임의 원리, 평화적 방법을 통한 사회 개선을 신뢰하는 개량주의 등이 자유주의의 장점이 되는 주요 내용이다. 반면, 부르주아지의 계급적 한계를 극복하지 못하고 개인주의에 치중하는 나머지 사회의 공동체적 기능을 경시하고, 빈부 격차와 같은 자본주의의 폐단을 보지 못하는 것이 자유주의의 한계라고 할 것이다.

이런 자유주의에 대한 정확한 이해가 평화, 번영과 상생의 근대 사회를 건설하는 데에 도움이 될 것이다. 그러나 아직 우리나라에서는 자유주의에 대한 정확한 소개가 부족한 것 같다. 우리나라에 민주주의와 자본주의라는 자유주의적인 사회 제도와 더불어 자유와 평등 같은 자유주의적 이념이 수입된 지 벌써 반세기가 되었음에도 불구하고 말이다. 자유주의를 반공주의나 이기주의와 동일시하는 것이 자유주의에 대한 오해의 한 예다.

자유주의의 이념과 제도를 그대로 우리나라에 도입하는 것은 바람직하지도 않고 가능하지도 않을 것이다. 자유주의 자체가 앞서 말한 계급적 한계를 갖고 있을 뿐만 아니라 16세기에 등장한 이래 사람과 사회와 시대에 따라서 끊임없이 변천해왔으므로 자유주의를 하나로 정의하기가 쉽지 않다. 또한 일반적으로 어떤 외국의 이념이나 제도를 그대로 도입할 수 없을 것이다. 제도나 이념의 구체적인 모습은 모두 구체적인 역사적 상황에 맞추어서 새로 조정되어야 할 것이다. 그러나 개인 기본권 존중, 만인 평등 사상, 비판과 사상의 자유, 자기 책임의 원리, 관용과 다원주의 등 자유주의의 보편타당한 기본 원리는 우리가 개혁의 방향과 내용을 모색하는 데에 꼭 필요한 것들이라고 생각된다.

이런 문제 의식에서 자유주의를 중심으로 하여 근대 사회 사상을 공부하고자 하는 연구자들이 1999년 말에 '이화회(二火會)'(매달 두 번째 주 화요일에 모인다는 의미)를 만들고 매달 세미나를 가져왔다. 이 모임에는 철학, 법학, 역사학, 문학, 정치학, 경제학, 사회학, 종교학 등 여러 분야의 전공자들이 함께 하고 있다. 자유주의는 이 모든 학문과 연관되어 있기 때문이다. '이화회'는 그간의 연구 활동의 첫 번째 결과를 지난 2001년 9월에 『자유주의란 무엇인가』(삼성경제연구소 출판)라는 이름으로 펴냈고, 이번의 책이 두 번째 연구 성과물이며, 앞으로도 계속 연구 총서를 출간할 예정이다.

연구와 강의로 바쁜 와중에도 옥고를 써주신 집필자 여러분의 노고에 진심으로 감사를 드린다. 아울러 지금까지 연구를 지원해주신 삼성경제연구소의 최우석 소장님에게도 고마움의 말씀을 전하며, 출판계의 사정이 어려운 데도 불구하고 흔쾌히 출간을 허락해주신 <철학과현실사>에도 진심으로 감사를 드린다.

2003년 한여름
편저자를 대표하여 이 근 식

차 례

제 1 장
자유주의 생성의 사회 경제적 배경

이 근 식(서울시립대 경제학부 교수)

1. 서 론

이 책에서 살펴볼, 18세기 이전 자유주의의 생성과 발전의 배경을 이루는 이 시기의 근대 유럽의 역사적 발전을 간략히 고찰하는 것이 이 장의 목적이다. 이에 앞서 자유주의가 무엇인지를 먼저 간단히 정리해보자.[1] 분단이라는 특수성을 가진 우리나라에서는 자유주의가 오해되는 경향이 심하다. 자유주의를, 한쪽에서는 반공주의로, 다른 한쪽에서는 기득권층의 이기주의와 동일시하기도 하고, 신자유주의가 힘쓰는 요즈음에는 자유방임의 경제 정책으로 이해하는 경우도 많다. 자유주의의 본고장인 영국과 미국에서도 자유주의를 liberalism이라고도 하며, libertarianism이라고도 쓴다. 또 liberalism이라는 단어가, 자유주의라는 본래의 의미 외

---

1) 자유주의의 의미에 관한 자세한 논의는 이근식(2001)을 참조.

에 20세기에 들어와서는 진보주의라는 뜻으로도 쓰이고 있다.[2]

불분명한 자유주의의 의미를 파악하는 방법의 하나는 시대와 사회가 변하여도 변하지 않는 자유주의의 핵심적 내용을 파악하는 것이다. 좁게 해석하면 자유주의를 "개인의 자유의 가치에 대한 믿음"(Ablaster, p.11)이라고 볼 수 있으며, 넓게 보면, 내세보다 현세를 중시하는 현세주의, 개인주의, 만인의 사회적 평등,[3] 자기 귀속(책임)의 원리, 사상과 언론의 자유, 관용, 이성에 대한 신뢰 그리고 평화적 방법을 통한 사회의 개선(개량주의)을, 시대와 무관하게 아직도 소중한 자유주의의 주요 내용이라고 볼 수 있을 것이다. 그러나 이러한 파악에도 문제가 있다. 사람에 따라서 자유주의의 핵심적 내용이 다르기 때문이다.[4] 홉스(Thomas Hobbes),

---

2) 자유주의가 진보주의라는 의미를 갖게 된 역사적 경위는 다음과 같다. 원래 영국의 자유주의자들은, 국가가 개인의 자유를 침해하는 것이 가장 중요한 문제라고 생각하여 국가 권력의 제한을 주로 주장하였다. 그러나 19세기에 들어와서 영국에 의회민주주의가 확립되면서 국가 권력의 횡포가 거의 소멸되었으며, 한편으로는 자본주의의 발달로 인하여 빈부 격차가 확대되어 노동자들의 빈곤이 심화되었다. 이에 영국에서는, 자유의 적(敵)이 이제 국가가 아니고 빈곤이며, 이를 국가의 재분배 정책을 통하여 해결할 것을 주장하는 사회적 자유주의(social liberalism)가 19세기 말에 등장하여 영국과 미국에서 많은 동조자를 얻게 되었다. 이후 자유주의는 국가를 통한 평화적 사회 개량을 주장하는 진보주의라는 또 다른 의미를 갖게 되었고, liberal이란 단어도 진보적이란 뜻을 갖게 되었다 (이근식, 2001, pp.36-41 참조). 이 때문에 국가 권력의 엄격한 제한과 개인 자유의 절대적 보장을 주장하는 자유지상주의자들은 자신들을 진보주의와 구별하여 libertarianism이라고 부르고 있다.

3) 신분 차별의 철폐, 법 앞의 평등, 모든 개인의 동등한 가치의 인정을 말하며, 균등 분배를 포함하지는 않는다.

4) 예를 들어 그래이는, 개인주의자(individualist), 만인의 동일한 도덕적 가치를 인정하여 법적, 정치적 차별을 반대한다는 의미에서의 평등주의자(egalitarian), 역사적, 문화적 차이는 부차적으로 보고 인류 전체의 도덕적 일체성을 중시하는 의미에서의 보편주의자(universalist), 그리고 모든 사회적, 정치적 제도는 개선 가능하다고 보는 의미에서의 개선주의자(meliorist)의 넷을 자유주의자의 특징으로 보았으며(Gray, p.x.), 아블라스터는 개인의 자유, 관용, 사생활의 존중, 입

로크(John Locke), 흄(David Hume), 밀(John Stuart Mill), 스미스(Adam Smith), 칸트(Immanuel Kant), 몽테스키외(C. L. Montesquieu), 볼테르(Voltaire), 루소(Jean Jacques Rousseau) 등 근대 서양의 대표적 사상가들이 대부분 자유주의자라고 볼 수 있는데, 이들의 이론에서 공통된 자유주의의 핵심적 내용을 축출하는 것은 쉽지 않다.

이에 대신할 수 있는 방법이, 역사적 고찰을 통해 서양 근대 시민 사회를 만든 중산층 시민들의 사상 체계 내지 사고 방식으로서 자유주의를 파악하는 것이다. 라스키가 지적한 바와 같이, 자유주의란 중간 계급(middle class)의 사회 주도권을 쥐기 위한 노력의 부산물이다(Laski, p.258). 즉, 서구 근대 시민 사회의 형성기에 봉건 체제와 절대군주제의 구체제에 대항하여 근대 시민 사회를 건설한 근대 시민 계급의 사회 사상이 자유주의다. 즉, 자유주의란 부르주아(bourgeois)[5]들이 구체제(ancient regime)를 무너뜨리고 평등하고 자유로운 새로운 사회를 만들고자 구체제의 지배층인 왕과 귀족과 싸우는 과정에서 생장한 사회 사상을 말한다. 요약하면 서구의 근대 시민 정신이 자유주의라고 말할 수 있다.

이들은 왕과 귀족들로부터 자신들의 권익을 지키기 위해 신분에 따른 사회적 차별을 반대하는 사회적·법적 평등을 주장하였고, 국가 권력의 횡포를 막기 위하여 헌법과 법으로 국가 권력을 명확히 제한하는 입헌주의와 법치주의를 주장하였으며, 나아가서

헌주의와 법치주의, 민주주의, 이성의 존중 등을 자유주의의 핵심적 가치로 보았으며(Arblaster, pp.55-91), 노명식은 개인적 자유, 관용과 이성, 입헌주의, 민주주의, 자본주의를 자유주의의 가치로 보았다(노명식, pp.53-113).

5) 원래 부르주아(bourgeois)는 중세 도시(bourg)의 시민을, 부르주아지(bourgeoisie)는 시민 계층을 가리켰으나, 시민의 중심 세력이 상공인이었기 때문에 점차 전자는 상공인 혹은 중산층 사람을 후자는 상공인 계층 혹은 중산 계층을 의미하게 되었다. 이 글에서도 시민, 상공인, 중산층을 혼용하기로 한다.

는 자신들이 직접 국정에 참여하기 위하여 **민주주의**를 주장하였고, 자신들의 자유로운 경제 활동을 위하여 정부의 경제 규제를 철폐하는 **자유 시장경제**(자본주의 경제)를 주장하였다. 또한 과거 중세 시대의 공동체 생활과 달리 이들의 생업은 자기 책임 하에 개인적으로 영위되는 상공업이었기 때문에 개인의 권리와 책임을 강조하는 **개인주의**를 주장하였고, 개인의 자유(협의의 자유), 생명과 재산 등 개인의 정당한 사회적 권리인 **기본권**의 보장을 주장하였으며, 이 기본권을 **자유**(광의의 자유)라는 말로 요약하였다. 협의의 자유는 생각의 자유(종교, 사상, 양심, 비판과 언론의 자유 등)와 행동의 자유(직업 선택과 정치 활동의 자유 등)를 모두 포함한다. 이들은 또한 관용을 자유의 전제로 중시하였다. 자유란 다양성을 전제로 하며 관용은 다양성의 존중이기 때문이다.

이와 같이 자유주의는 근대 서양의 역사적 산물이므로 근대 서양 역사의 중요한 과정이었던 르네상스, 종교 개혁, 절대군주제, 시민 혁명과 이 모든 것의 기초가 되었던 자본주의 경제의 발전을 고찰해보자.

2. 중세 봉건 사회

근대 자본주의 사회를 이해하기 위해서 이보다 앞섰던 유럽 중세 봉건 사회를 먼저 간단히 살펴보자. 통례에 따라 6세기부터 15세기까지를 서양의 중세로 보자.[6] 보통 서로마 제국의 멸망(476

---

6) 중세의 시기를 이렇게 보는 것은, 서로마의 멸망(476)을 중세의 시작으로, 콜럼버스의 아메리카 상륙(1492)을 근대의 시작으로 보기 때문이다. 그러나 이 시기를 기준으로 하여 유럽 사회가 그 전의 고대 사회나 그 후의 근대 자본주의 사회와 분명히 구분된다고 생각하면 곤란하다. 뒤에서 보는 바와 같이, 유럽에서

년)을 중세의 시작으로 보지만 중세 봉건 제도가 확립된 것은 8~9세기였다. 이때 유럽은 바이킹, 사라센, 마잘족의 침입을 받아 무법천지의 혼란 상태에 빠졌다. 북쪽으로부터는 바이킹이 서유럽의 해안 지대와 영국, 이탈리아까지 침입하였으며, 북아프리카로부터는 사라센인(무슬림)들이 이베리아반도, 지중해의 코르시카, 사르디나, 시실리의 세 섬을 점령하였으며, 동쪽으로부터 침입한 마잘족은 중남부 유럽의 여러 지역을 휩쓴 다음 헝가리 평원에 정착하였다.

이러한 외적의 침입과 혼란에 대응하여 봉건 제도가 형성되었다. 당시 지금의 프랑스, 독일, 이탈리아를 지배하던 프랑크 왕은 외적의 침입을 막을 군대를 만들기 위해 대귀족들에게 봉토를 주고 그 대가로 전쟁시 출전한다는 충성을 받고, 대귀족은 다시 중소 귀족에게 봉토를 주고 그 대가로 충성 서약을 받았다. 한편, 로마 시대 이래로 존재하던 많은 자유농들은, 법질서가 무너져서 생명과 재산의 안전이 위태롭게 되자 자발적으로 자신들의 농토를 영주에게 바치고 영주들의 보호 아래로 들어갔다. 이 결과 왕을 정점으로 하고 그 밑에 대귀족과 중소 귀족들이 영주층을 형성하며 그 아래 일반 백성들이 농노로 영주에게 신분적으로 예속되어 살아가는 봉건 제도(feudalism)가 8~9세기 서유럽에 형성되었다.

봉건 사회는 차별적인 신분 사회였다. 봉건 제도에서는 대귀족은 왕에게, 소귀족인 기사는 대귀족에게 충성을 바치며, 평민인 농노들은 영주에게 신분적으로 예속되어 신분에 따라서 사회적 대

중세 봉건 제도가 확립된 것은 8~9세기며, 자본주의 시장경제가 발전하기 시작한 것도 16세기가 아니라 그 훨씬 이전인 12~13세기경부터이기 때문이다. 또한 근대 유럽 사회의 시점의 하나라고 볼 수 있는 르네상스도 16세기가 아니라 14세기 이탈리아에서 시작되었다. 단속적이 아니라 연속적으로 변하는 역사에서 시기를 끊어 구분한다는 것은 항상 상당한 무리를 수반한다.

우가 판이한 위계 질서가 형성되었다. 중세에는 승려도 왕과 귀족과 함께 지배 계층을 형성하여 특권을 누렸다.

중세 유럽은 **가톨릭**의 시대였다. 313년에 로마의 콘스탄티누스 황제에 의하여 공인된 기독교는 11세기 초에는 스칸디나비아반도까지 퍼져 전 유럽에 전파되었다. 1054년에 기독교가 콘스탄티노플의 동로마 정교회와 서유럽의 가톨릭으로 완전히 분열된 이후 가톨릭은 서구인들의 유일한 종교로서 중세 서구인의 정신을 완전히 장악하여 경제에도 큰 영향을 미쳤다. 가톨릭은, 영리를 추구하거나 이자를 받는 것을 죄악시하여 자본주의와 조화되기 힘들었다. 교회와 수도원은 많은 토지를 소유하여 경제적으로도 큰 힘을 갖고 있었다. 이 시절에 승려는 정신적 지도자였을 뿐만 아니라, 교황의 파문을 받으면 왕도 왕위에서 쫓겨나는 것처럼, 세속적으로도 막강한 힘을 갖고 있었으며, 교회와 수도원들은 세속 귀족 못지 않게 많은 땅들을 장원으로 소유하고 있었다.

봉건 제도 하에서 영주인 귀족들은 전쟁시에 출전하여 외적으로부터 농민을 보호하는 의무를 지면서, 반면에 자신의 영토 내에서는 독립된 지배권을 가진 작은 왕처럼 통치하였다. 이들은 독자적으로 세금도 부과하고 재판권도 가지고 있었다. 즉, 중세 봉건 제도는 중앙 집권이 아니라 **지방 분권**이라는 특징을 가졌다.

중세 유럽의 전형적인 경제 생활의 토대는 **장원 제도**(manorial system)였다.[7] 장원 제도 하에서 경제 생활의 단위를 이루는 토지가 장원(莊園. manor)이었다. 장원의 소유자는 영주였고 장원의 경작지는 영주의 직영지와 공동 경작지로 나누어 있었다. 농노들은 영주를 위해 영주 직영지에서 일할 의무를 지고 있었으며, 자

---

7) 장원 제도는 중세 시대에 서유럽에서 지배적인 형태가 되었으나, 스칸디나비아반도와 엘베강 동쪽의 동유럽에는 중세 기간에 장원 제도가 존재하지 않았다.

신들을 위해서는 공동 경작지에서 공동으로 농사를 짓고 가축을 길렀다. 장원 경제는 또한 상품 매매가 별로 없는 기본적으로 자급자족의 경제였다. 식량을 비롯한 대부분의 생필품은 장원 내에서 자급자족되어 시장은 별로 필요 없었다.

중세에도 섬유, 가구, 대장간, 무기, 갑옷, 책 등 전문적인 제품은 도시의 수공업자들에 의해 생산되었으며, 이들은 모두 **동업 조합**(guild)의 통제 하에 있었다. 동업 조합의 회원인 장인(匠人 master)은 작업장을 소유한 숙련공으로, 밑에 숙련공과 도제(견습공)를 거느리고 제품을 생산하였다. 이들은 자기 자신이 숙련 노동자였으며, 시장에서의 불특정 다수를 위한 상품을 생산하는 것이 아니라 주문을 받은 물건이나 수요가 확실한 고객들의 물건들만 생산하였으며 이윤도 없었고 위험도 없었으므로 자본가가 아니었다. 중세 유럽에서는 도시와 인근 농촌 간에 주로 분업이 이루어져서 원거리 교역은 적었다.

이처럼 봉건 제도, 신분 사회, 가톨릭의 지배, 지방 분권, 자급자족의 장원 제도와 동업 조합이 서유럽의 중세 봉건 사회의 특징이다. 이러한 특징들이 근대 자본주의 사회가 발전하면서 서유럽에서 모두 사라져 갔다. 다음 절에서 근대 서양사의 기본 배경인 자본주의 경제(시장경제8))의 생성과 발전을 살펴보자.

---

8) 엄격히 말하면, 시장경제에 사유 재산 제도가 결합된 것이 자본주의 경제이고 조합주의 경제에서와 같이 시장경제가 공유 재산 제도와 결합하는 경우도 있으므로, 엄격히 말하면 시장경제와 자본주의를 구분하여야 한다. 그러나 현실에서 시장경제는 대부분 사유 재산 제도와 결합되어 나타나므로 이 글에서는 통례에 따라 시장경제가 지배적인 경제를 자본주의라고 부르기로 한다. 그리고 과거에도 동서양 모두에서 경제의 일부에는 항상 상품이 매매되는 시장경제가 존재하였지만, 시장경제가 일부에 불과하였던 과거의 사회들은 자본주의 경제라고 부르지 않고, 시장경제가 지배적으로 된 근대 이후의 경제만 자본주의 경제라고 부르기로 하자.

3. 자본주의의 생성과 발전

1) 중세 후기에서의 시장 경제 발전

과거에는 중세를 암흑 시대라고 부르면서 보통 퇴행과 정체의 시대로 보았으나 근래의 연구들은 중세가 결코 정체의 시대가 아니었고 발전을 지속하였던 시대로 보는 것이 통설이다.[9] 경제에서도 그러하다. 10세기 중반에 이르러 외부로부터의 침략도 다소 진정되고 봉건 제도가 정착하여 무정부 상태의 혼란이 수습되고 질서가 잡힘에 따라서 유럽의 경제가 발전하고 인구가 증가하기 시작하였다.[10] 이 시대의 주산업인 농업의 발전은 농업 기술의 발전[11]과 숲의 개간을 이용한 경작지 확대를 통하여 이루어졌다. 농업 생산의 증대는 인구 증가와 서로 상승 작용을 하며 진행되었다.

10세기에서 15세기까지 유럽 자본주의 경제 발전의 중심지는 이탈리아였다. 10세기 서부 지중해 지역에서 무슬림 세력을 축출하고 해운권을 장악한 베니치아(베니스), 피사, 제노바(제노아) 등 이탈리아 도시들은 지중해의 중간에 위치한다는 지리적 이점 덕분에 중계 무역의 이익을 향유할 수 있었다. 이들은 비잔틴 제국과 이집트를 통해 중국과 인도의 비단, 향신료, 도자기 같은 사치품을 수입하여 유럽에 팔고, 유럽으로부터는 모직물, 아마포, 모

---

9) 예를 들어 12~14세기에 유럽 전역에 많은 대학들이 설립되어 신학, 법학, 의학, 문학, 천문학 등 학문 전반의 발전을 가져왔으며, 종이(13세기에 전래)와 구텐베르크의 활자 인쇄술(1445)의 발명은 문화와 학문의 발전에 획기적으로 기여하였으며, 건축에서도 수많은 걸작들이 중세에 건설되었다.

10) 유럽의 인구는 10세기의 3800만 명에서 14세기 초에 7500만 명을 넘어섰다. Delouche 편, p.152.

11) 농기구가 철제로 바뀌고, 더욱 크고 무거운 쟁기가 도입되고, 삼포 농법이 도입되었다. 삼포 농법이란, 밭을 셋으로 나누어 여름 작물, 봄 작물, 휴경지의 셋으로 윤작하는 것이다.

피, 철제품들을 수입하여 동쪽에 수출하는 중계 무역으로 유럽 지역에서 가장 먼저 부를 쌓았다. 이탈리아 도시들은 13~14세기에 인도와 중국과 직접 교역하였으며, 11세기에서 13세기에 걸쳐 진행되었던 십자군 원정을 적극 이용하여 지중해 무역에서의 지배권을 더욱 강화하였다.

이탈리아에서는 10세기부터 중계 무역만이 아니라 도시의 상공업이 발달하고 농촌에서는 도시에 식량과 공업 원료를 제공하는 상업화된 농업 경작이 나타났고, 이를 경영하는 농업 기업가도 등장하였으며, 공동 경작지를 쪼개서 여러 개의 개인 경작지로 만드는 인클로저(enclosure)도 진행되었다. 중부와 북부의 이탈리아에서는 농노 제도도 13세기에 거의 소멸되고 장원들도 감소하였다. 현재도 쓰이고 있는 근대적인 상업과 금융 제도들도 13세기에 이탈리아에서 등장하였다. 개인이 아니라 여러 명이 출자하여 본점과 유럽의 여러 도시에 지점들을 두고 지속적으로 영업하는 상업 회사가 등장하였다. 이들은 무역만이 아니라 위탁 생산, 금융업과 수송업 등 관련업들을 운영하였다. 예금과 환전을 담당하는 은행이 등장하였고, 현금 지불 대신에 환어음이 널리 사용되기 시작하였으며, 해상 보험도 등장하였다. 이러한 이탈리아에서의 자본주의 발전은 화란이나 영국보다 2~3세기 이상 빠른 것이었다.

이탈리아 이외 유럽의 다른 지역에서도 12세기부터 자본주의적인 공업과 상업이 발전하기 시작하였다. 대표적인 산업이 모직물, 아마포, 견직물을 제조하는 직물 산업이었다. 13세기에는, 플란더스 지역(프랑스 북부, 벨기에와 화란 지역. 프랑스어로 플랑드르), 영국 동남부, 남부 프랑스, 남부 독일 등 서구의 전역에 걸쳐 여러 곳에 직물 산업 중심들이 형성되었다. 과거에도 귀족층들이 사용하는 사치품들을 대상으로 하는 교역은 있었으나, 이제는 일반인들이 사용하는 직물들을 대상으로 교역 시장이 발전하게 된 것이다. 즉, 일반인들도 상업 경제에 참여하게 되었다.

이 시절의 상품 생산은 주로 선대 제도(先貸制度. putting-out system)에 의하여 이루어졌다. 상인이 제조업자에게 원료를 제공하면서 생산을 주문하고 생산이 끝난 상품을 사가는 이 제도는, 생산 자본과 상인 자본이 분리되는 18세기까지 지속되었다. 이 제도에서는 상업 자본이 생산의 주인 역할을 하기 때문에 이 제도가 생산의 주형태를 이루었던 자본주의를 상업자본주의라고 부른다.

상공업의 발달은 도시 발달을 촉진하였다. 상공업이 발달하였던 북부 이탈리아, 플란더스 지방, 영국의 동남부, 발틱 해안, 라인 강 유역과 도나우 강 유역 등 산업과 교역의 중심지에 많은 도시들이 발전하게 되었다. 이들은 자신들의 경제력을 바탕으로 영주들로부터 자치권을 사든가, 아니면 무력 투쟁을 통해서 도시의 자치권을 쟁취하였다. 그 결과 12세기에는 베네치아, 제노아, 피사, 피렌체, 밀라노 같은 이탈리아 도시들은 실제로 완전히 독립한 도시국가를 건설하였으며,12) 뉘른베르크, 프랑크푸르트, 아우크스부르크, 함부르크, 슈트라스부르크, 뤼벡 등의 도시들은 자치권을 가진 도시 공화국들로 발전하였다.

10세기에서 13세기까지의 발전기가 지난 뒤, 유럽의 14세기는 침체의 시기였다. 이 시기에 유럽은 기근, 역병과 전쟁으로 생산과 인구가 모두 감소하였다. 14세기 초 큰 흉작으로 기근이 오래 계속되었고, 흑사병이 1347부터 30년 가까이 주기적으로 여러 번 전 유럽을 휩쓸었으며, 백년전쟁13)을 비롯하여 전쟁이 빈번하였다.

---

12) 이처럼 독립된 여러 도시국가들이 이탈리아에 건설되어 분열을 고착시킨 것이 이탈리아의 통일을 방해하여, 1861년에야 이탈리아는 통일 국가를 이룩하였다.
13) 프랑스 왕실의 인척인 영국 왕이 프랑스 왕위를 요구함으로써 발생하여 프랑스에서 1337년에서 1453년까지 전개된 전쟁. 처음 90년간은 영국이 유리하였으나 소녀 잔다르크의 영웅적 투쟁을 계기로 1429년부터 프랑스가 승기를 잡아 승리하였으나, 잔다르크는 영국 편 프랑스군에 잡힌 뒤 영국군에 인계되어 1431

특히 유럽의 전 지역, 지중해 연안과 흑해 연안의 전 지역을 내습한 흑사병은 유럽 인구의 3분의 1을 앗아갔다. 유럽의 인구는 1300년에 약 7500만 명에서 1400년에는 약 4500만 명으로 크게 감소하였다.

인구의 급감은 역사 발전에 긍정적인 영향도 미쳤다. 노동력을 급감시킴으로써 농민들의 지위를 향상시킨 것이다. 흑사병 이후 14세기 말부터 서유럽에서 농노들의 해방이 시작되었다. 부족한 노동력을 붙잡기 위해 영주들이 농민들의 대우를 개선해주지 않을 수 없게 된 것이다. 농노들은 신분의 속박에서 벗어나서 이주가 자유로운 단순한 소작인으로 해방되기 시작하였으며 소작료도 점차 낮아져서 농민들의 생활이 향상될 수 있었다.

전반적인 침체기였던 14세기에도 시장경제는 이탈리아를 중심으로 계속 발전하였다. 이를 촉진한 것이 새 항로의 개척이다. 1300년경에 이탈리아 상인들은 지브랄탈 해협을 지나서 서부 유럽 해안을 따라 북해와 발틱해에 이르는 새 항로를 개척하였다. 나침반 이용 등의 항해 기술과 선박의 대형화와 같은 조선 기술의 발달, 해도의 발달이 이를 가능케 하였다. 이 결과 운송 비용이 크게 감소하여 이탈리아와 유럽의 서부와 북부간의 해운 교역이 증대하고, 특히 플란더스 지방과 영국의 동남부 지역, 북해 연안의 상공업이 발전하게 되었다. 이 결과로 무역의 중심이 이탈리아에서 유럽 서북부의 해안 지방으로 이동하게 되었다. 특히 플란더스 지방의 도시들이 교역의 중심지로 부상하였으며, 13세기부터 활동하기 시작하여 1356년에 공식적으로 결성된 독일 상인 도시들의 연합인 **한자 동맹**(the Hansa League)은, 15세기 중엽까지 약 100년 동안 중부와 북부 유럽의 무역이 중심 세력이 되었다.

지금까지 보아온 바와 같이 상공업의 발전과 농업의 상업화라

─────────────

년 화형을 당하였다.

는 자본주의 경제의 발전은 서유럽에서 중세 시대인 10세기부터 시작되어 12세기 이후에는 서유럽 전체로 퍼지기 시작하였다. 이는 동시에 자급자족의 장원 제도에 기초한 봉건 경제를 해체하는 과정이기도 하였다. 16세기 이후 근대 유럽에서 진행된 자본주의 경제의 발전은 갑작스럽게 시작된 것이 아니라 이와 같은 중세 시대에서 시작된 변화의 연속선상에서 진행된 것이었다. 이 시기 자본주의 경제 발전을 선도한 것은 이탈리아의 도시국가들이었고, 뒤에서 고찰할 14~15세기 이탈리아의 르네상스는 바로 이러한 이탈리아의 경제 발전을 토대로 한 것이었다.

2) 유럽의 해외 팽창과 세계 자본주의 형성

위에서 본 바와 같이 서유럽에서 시장경제의 발달은 이미 중세 후반에 시작하였으나 15세기까지는 전반적으로는 아직 봉건적인 장원 경제가 지배적이었고 자본주의 경제는 일부 지역에 그쳤으므로, 16세기부터 서유럽을 자본주의 사회라고 볼 수 있을 것이다. 14세기에 전반적인 침체에 빠졌던 유럽 경제는 15세기 중엽 백년 전쟁이 끝나면서부터 다시 경제 회복세로 전환되어 생산과 인구가 증가하기 시작하였다. 이의 주원인은 아니지만[14] 이에 박차를 가해준 것이 15세기말부터 본격적으로 시작된 대양 항해 시대의 개막이었다.

이탈리아와 무슬림이 독점하고 있던 동양과의 무역은 황금알을 낳는 장사였다. 이 때문에 이탈리아와 무슬림이 지배하는 지중해와 중동을 우회하여, 인도와 중국과 직접 교역할 수 있는 새로운 항로를 개척하는 것은 유럽 상인들의 꿈이었다. 그 사이 지리학과

---

14) 이 시절 유럽 경제 회복의 주원인은 전쟁의 종료, 유럽 내의 농업과 산업, 교역의 발전, 인구 증가와 같은 유럽 내부의 요인들이었다.

천문학 등 과학이 발달하고 아랍인으로부터 얻은 지리에 관한 지식도 축적되어, 지구는 둥글므로 지중해를 거치지 않고 서쪽을 통하거나 아프리카를 돌아서도 아시아로 갈 수 있다는 생각이 나타났으며, 조선 기술과 항해술도 발전하였다.

대양 항로의 개척에 선봉에 선 것은 포르투갈과 스페인이었다. 이들 나라는 이탈리아를 빼곤 조선업, 항해술, 세계 지리의 지식에서 유럽에서 가장 앞서 있었다. 이는 8세기 이후 15세기까지 이베리아 반도가 무슬림의 지배를 받은 덕분에15) 당시 유럽보다도 문명이 앞섰던 무슬림들과 유태인들의 지식을 이들 나라가 쉽게 접할 수 있었던 데에서도 연유한다고 볼 수 있다.

대양 항해를 처음 개척한 것은 포르투갈인들이었다. 포르투갈 왕국은 일찍이 1420년대부터 아프리카 서부 해안을 개척하기 시작하여 1460년대에는 서부 아프리카의 기니와 시에라레온 해안에 도착하여 식민지 건설과 교역을 시작하였다. 포르투갈의 디아즈(Bartholemew Diaz)는 1488년에 아프리카의 남단인 희망봉을 돌아 인도양에 도착하였으며, 다가마(Vasco da Gama)는 1497년 7월 리스본을 떠나 희망봉을 거쳐 인도양을 지나 1498년 5월 인도의 칼리커트(Calicut)에 도착하여 진기한 상품을 가득 싣고 1499년 리스본으로 돌아옴으로써 인도로의 새 항로를 개척하였다.

포르투갈 다음으로 해외 개척에 나선 것은 스페인이었다. 이탈리아 출신 선원 콜럼버스(Christopher Columbus)는 스페인의 이사벨 여왕의 지원을 받아 세 척의 배를 이끌고 61일간의 항해 끝에 1492년 10월 카리브해 바하마 제도의 산살바도르에 도착한 뒤 인도에 도착하였다고 착각하였다.16) 포르투갈인으로서 스페인 선단

---

15) 이스파냐인들의 이베리아반도에서의 이슬람인들의 축출은 11세기부터 시작되어 1492년의 그라나다 점령으로 완료되었다.
16) 이보다 약 600년 전인 9세기 말에 노르웨이 바이킹들이 그린 랜드를 거쳐 캐나다의 대서양 연안에 도착하였으나 정착하지 못하고 돌아갔다.

을 이끈 마젤란(Ferdinand Magellan)은 최초의 세계 일주(1519~
1522)를 통하여 지구는 둥글다는 것을 실제로 증명하였다. 그는
스페인을 떠나 대서양을 지나 남아메리카의 남단을 돌아서 태평
양을 건너 필리핀을 거쳐 인도양과 아프리카 남단의 희망봉을 돌
아 스페인으로 귀환하였다.[17]

이 두 나라에 이어 화란, 영국, 프랑스 등 북유럽 국가들도 대양
항해의 탐험에 뛰어들었다. 해적왕이자 1588년에 스페인 무적 함
대를 무찔렀던 영국의 드레이크(Francis Drake)의 세계 두 번째
세계 일주 항해(1577~1580), 프랑스인 카르티에(Jacques Cartier)
의 캐나다 서부 해안 탐험(1534~1541), 화란인들의 호주와 뉴질
랜드 탐험(17세기 초) 등이 대표적이다.

포르투갈은 1510년 인도의 고아를 점령하여 교역 중심지로 개
발하였으며, 그 다음해 1511년에는 말레이시아 반도의 말라카를
점령하고 같은 해에 중국으로부터 광동의 교역 독점권을 획득하
였으며, 1542년에는 일본에 도착하여 교역을 개시하고 1557년에
는 중국의 마카오를 식민지로 삼았다. 포르투갈은 17세기 초 화란
에 밀릴 때까지 약 100년간 아시아 무역의 패권을 장악하였다. 포
르투갈인 카브랄(Pedro Cabral)은 인도를 찾아 1500년에 대서양
서쪽으로 여행하다가 브라질 해안에 도착하였고 1531년부터 포르
투갈의 브라질 식민이 시작되었다. 포르투갈인의 아시아 항로 개
척으로 이탈리아인과 무슬림이 장악하였던 아시아 교역의 독점은
무너지고 이때부터 유럽 경제 중심이 이탈리아에서 이베리아 반
도로 넘어가게 되었다.

1519년에 스페인의 코르테스(Herman Cortés)는 멕시코의 아즈
텍 제국을, 피자로(Francisco Pizarro)는 같은 해에 페루의 잉카

---

17) 마젤란은 필리핀 원주민과의 전투에서 사망하였으며, 스페인에 돌아온 것은
그의 선원들이었다.

제국을 불과 수백 명의 군대로 점령하였다. 이들은 대포와 총을 앞세우고 원주민들의 내부 분열과 미신[18]을 이용하여 중남미의 거대한 땅을 스페인의 식민지로 만들었다. 중남미를 차지한 무식한 스페인 사람들은 귀중한 예술품들을 녹여서 금과 은 덩어리로 만들어 가져왔고, 약탈이 끝난 다음에는 은 광산을 개발하고 대농장을 운영하여 은과 사탕, 면화 등을 유럽으로 가져왔다. 이처럼 16세기는 스페인과 포르투갈의 전성 시대였다. 그러나 유럽 경제에서의 이들의 패권은 한 세기를 지속하지 못하고 17세기에 화란으로 넘어갔다.

활력이 넘친 화란의 상공인들은 15세기 말부터 스페인과의 독립 전쟁을 수행하면서[19] 한편으로는 해외 개척에서도 포르투갈과 스페인을 추월하여 유럽에서 선두를 차지하였다. 이들은 1602년에 동인도회사를, 1621년에는 서인도회사를 세웠다. 1621년에는 자카르타에 아시아 무역 거점을 세우고 포르투갈과 스페인, 영국의 세력을 몰아내면서 인도네시아를 식민지화하였다. 일본과는 나가사키를 기지로 1645년에서 1855년까지 교역하여 일본에 유럽의 문명을 전파하였으며, 화란인 선원 하멜(Hendrik Hamel)은 1653년 일본으로 가는 길에 우리나라 제주도에 표착하여 1666년에 탈출한 뒤 귀국하여 우리나라에서의 체류기를 출판하였다. 화란은 또한 남아프리카의 보아, 중남미(기아나, 수리남), 태평양과 인도양의 여러 섬 등 세계 도처에 식민지를 확보하였다. 해외 무역과 식민지를 정부 관리들이 경영한 포르투갈과 스페인에 비해 상인들이 운영한 화란의 해외 경영은 훨씬 더 효율적이었다. 이 결과 아시아 무역을 비롯한 세계 교역에서 화란은 포르투갈과 스

---

18) 피부가 하얀 구원자가 나타날 것이라는 전설을 믿고 있었던 아즈텍인들은 스페인 군인들을 이들로 착각하였으며, 잉카 제국의 왕실은 형제간에 갈라져 싸우고 있었다.

19) 뒤의 6. 1) 참조.

페인을 밀어내고 주도권을 쥘 수가 있었다. 화란이 포르투갈과 스페인과의 경쟁에서 승리한 것은, 민간 회사가 국영 기업보다 더 효율적임을 보여준 한 예다.

해외 무역에서만이 아니라 유럽 내의 교역에서도 화란은 중심지였으며, 농업과 공업, 금융업에서도 화란은 당시 가장 발달된 선진국이었다. '17세기는 화란의 황금 시절'이었으며, 암스테르담은 17세기 세계 무역과 금융, 문화의 중심지가 되었다. 17세기에 화란 경제가 이처럼 성공할 수 있었던 것은 화란이 그 어느 나라보다도 먼저 16세기말에 부르주아지들이 정권을 잡아서 의회 민주주의와 자유주의적인 경제 정책을 실시한 덕분이라고 볼 수 있다.

화란의 번영도 한 세기를 넘지 못하였다. 그 원인은 스페인이나 포르투갈과 달리 내부의 무능과 부패가 아니라 군사력의 취약이었다. 엘리자베스 여왕 시절인 1588년 스페인의 무적 함대를 꺾고 해양 강국으로 부상한 영국은 화란의 제해권에 도전하여 영국과 화란 간에 1차(1652~1654), 2차(1665~1667), 3차(1672~1674)의 전쟁이 벌어졌다. 1차 전쟁에서는 영국이 이기고 2차와 3차전에서는 화란이 겨우 이겼다. 여기에 더하여, 중세 이래 항상 부유한 상공업 중심지인 화란 지역을 노려왔던 프랑스의 루이 14세가 1688년 화란을 침공하였다. 9년간 계속된 이 전쟁으로 화란은 해군보다 육군에 우선적으로 힘을 기울이지 않을 수 없게 되어 해군력에서 삽시간에 영국에 추월을 당하게 되었고, 이 결과 바다의 패권은 영국으로 넘어가게 되었다. 화란에 대한 영국의 우위는 영국과 화란 간의 4차 전쟁(1780~1784)에서의 영국 승리로 최종 확인되었다.

17세기 화란과의 각축에서 승리한 영국은 18세기 내내 계속된 프랑스와의 식민지 쟁탈전에서도 완승하여 18세기와 19세기는 영국의 시대가 되었다.

루이 13세와 14세의 치하에서 절대군주제를 확립하고 중상주의 정책을 실시하여 17세기에 유럽 대륙 최대의 부국이자 제일의 군사 강국으로 부상한 프랑스는 해외 개척에도 진력하여 몬트리올을 건설하여(1642) 캐나다의 퀘벡 지방을 식민지화하였고, 동인도회사를 건설하여(1664) 인도의 병탐에 한 몫 참여하기 시작하였고, 미국 미시시피 강을 따라서 식민지를 건설하였다. 프랑스의 식민 정책은 영국과의 충돌을 불가피하게 하여 18세기에는 인도, 미국, 캐나다 등 세계 도처에서 프랑스와 영국은 충돌하였고 7년 전쟁(1757~1763)[20]에서 최종적으로 영국의 패권이 확립되었다.

　영국의 미국 식민지 건설은 16세기 말 버지니아의 개척으로 시작하여 청교도들의 뉴잉글랜드로 이주가 시작된 1620년 이후 17세기에 본격화되어 18세기 초까지 미국 동부 대서양 연안에 13개 주의 식민지를 건설하였다. 영국은 1600년 동인도회사를 건설하여 아시아 교역의 쟁탈전에 참가하였다. 화란, 프랑스, 포르투갈, 스페인 등 유럽의 여러 국가들이 각축하던 인도에서의 쟁탈전도, 프랑스와의 7년 전쟁에서 영국이 승리함으로써 영국의 패권이 확립되었다. 그 후 영국은 인도의 왕국들을 모두 무력으로 정복함으로써 19세기 초에는 인도 전체를 식민지로 만들었다. 영국의 승리와 프랑스의 패전으로 끝난 7년 전쟁의 종결 후 맺어진 파리조약(1763)으로 영국은 프랑스로부터 캐나다의 퀘벡과 미국의 오대호 연안, 미시시피 유역의 땅들을 넘겨받고 스페인으로부터는 플로리다와 갈프만 해안 지역을 얻어내 북아메리카의 식민지를 크게 확대하였다. 19세기 초에는 호주와 뉴질랜드도 이민을 보내어 식민지로 삼았다.

---

20) 프러시아가 오스트리아를 침공함으로써, 프러시아와 이를 지원하는 영국을 한편으로 하고, 오스트리아와 이를 지원한 프랑스와 러시아를 한편으로 하여 유럽과 인도, 미국, 캐나다, 서인도 제도에서 전개된 전쟁. 1757년에 영국이 프랑스에 승리한 인도에서의 전쟁도 이 중의 하나다.

16세기 이후 유럽의 해외 팽창은 유럽의 자본주의 발전을 크게 촉진하였다. 과학과 기술, 이에 기초한 농업과 상공업의 발전이라는 내부 요인이 유럽 경제 발전의 기본 요인이긴 하지만, 유럽 경제에 시장을 넓혀주고 원료를 제공하고 투자 기회를 확대해주었기 때문이다.

이 과정은 또한 유럽을 중심으로 하고 아시아와 아메리카 등 여타 지역을 주변부로 구성하는, 세계 **자본주의 경제**가 형성된 과정이기도 하였다. 이로 인해 전 세계가 하나의 분업 체계 안으로 흡수되었다. 예컨대 영국의 자본은, 영국만이 아니라 러시아, 프랑스, 호주, 인도, 중국, 일본에도 투자되었으며, 아메리카에서 생산된 면화를 원료로 영국에서 만든 면직물이 인도와 일본에서 팔리는 세계가 되었다. 이 세계 경제에서 주도권을 쥔 것은, 무력과 자본, 기술과 정보에서 앞선 영국을 비롯한 서구 국가들이었고 식민지는 이들의 이익을 위해 이용되었다. 대표적인 예가 유럽, 아프리카, 아메리카 간에 이루어진 **삼각 무역**이다. 유럽은 자신들이 만든 공산품을 지불하고 아프리카로부터 노예를 사거나, 많은 경우에는 강제로 납치하여 아메리카로 가져갔고, 아메리카에서 이들 흑인 노예들의 노동력으로 생산한 면화나 사탕을 유럽으로 수입하였다. 그 결과 유럽의 공산물이 아프리카로, 아프리카의 노예가 중남미로, 중남미의 은과 설탕과 면화가 유럽으로 수출되는 삼각 무역이 17~18세기 유럽의 부를 크게 증대시켰다.

유럽의 해외 팽창은 유럽인들에게는 부를 가져왔으나 식민지에는 참혹한 재앙이었다. 전쟁과 학살 그리고 유럽에서 건너온 새로운 전염병의 창궐로 인해 콜럼버스 도착시 약 2500만 명으로 추산되던 남북아메리카의 인구는 한 세기 동안 불과 몇(a few) 백만 명으로 급감하였다(Cameron & Neal, p.104). 문화는 파괴되고, 전통적 산업은 붕괴되었으며 경제는 식민 모국을 위한 상품 시장과 원료 공급지로 전락하였다. 신대륙의 발견이라는 용어 자체가 유럽인들의 일방적인 입장만을 나타내는 것이지, 원주민의 입장에서 보면 이는 결코 발견이 아니며 재앙의 시작이었다. 이 과정에서 현지 원주민들과 아프리카의 흑인들이 겪은 끔찍한 비극에 대해, 사랑을 입버릇처럼 말하는 유럽의 기독교도들은 관심이 없었다. 탐욕에 눈먼 이들은 원주민과 흑인은 인간이 아니라 동물이라고 하면서 자신들의 죄악에 눈을 감았다.

3) 농업 혁명

이상에서 본 바와 같이 서유럽 경제의 자본주의화 과정은 12~13세기에 시작되어 16세기부터 본격화되었는데 이는 동시에 **봉건 경제의 붕괴** 과정이었다. 중세에 공동 목축과 경작을 위해 공동 경작지로 사용되던 개방지에 울타리를 치거나 경계 표시를 하여 개인의 경작지로 전환시키는 **인클로저**(enclosure)는 일찍이 이탈리아에서 13세기부터 나타났으나 15세기 말과 16세기에 서유럽 전체에 진행되었으며 18세기 후반에 또 한 번 크게 진행되었다. 인클로저는 농업 생산성을 높이는 계기가 되었다. 개인 경작지에서 개인 이익을 위해 일하게 됨으로써 농민들은 새로운 경작 방법과 품종을 개발하고 관개 시설을 개선하는 등 더욱 열심히 일하게 되었기 때문이다. 이러한 농업의 상업화로 인한 농업의 발전을 **농업 혁명**이라고 부른다. 농업 혁명은 자본주의 발전에 몇 가지 면에서 결정적인 기여를 하였다. 첫째, 식량 문제를 해결하였다. 인구 증가와 도시화로 인한 식량 수요에 맞추어 식량 공급을 증대시킬 수 있는 기반을 마련하였다. 둘째로 공산품에 대한 국내 시장을 제공하였다. 해외 식민지도 무시할 수 없는 기여를 하였지만, 근대 서구의 자본주의 발전에서 해외 시장보다 국내 시장의 비중이 훨씬 컸고 그 중에서도 농업 발전으로 성장한 농촌 시장은 큰 역할을 하였다. 셋째로 공업에 원료를 제공하였다. 그 대표적인 것이 양모였다. 영국 모직물 산업 발전의 기반이 되었던 영국 목축업이 대표적인 예다. 넷째로 자본주의 경제에 필요한 노동자 계층을 창출하였다. 인클로저로 많은 농민들이 경작지를 잃고 농업 노동자나 공업 노동자로 전락하여 살지 않을 수 없게 되었다. 이런 결과들로 인하여 생산 공동체로 운영되던 중세 장원 제도와 이에 기초하였던 중세 봉건 제도가 무너지게 되었다.

중세에 동업 조합의 회원인 수공업자가 담당하던 생산은 16세기에 들어와서 서구에서 대부분 선대 제도로 대체되었다. 수공업자가 상인의 주문에 따라서 상품을 생산하는 선대 제도가 보급되면서, 장인들의 동업 조합인 길드는 점차 소멸하게 되었다. 그 후 상업 자본가가 도구와 작업장까지 소유하여 노동자를 고용하는 **공장제 수공업**(manufacture) 형태가 점차 발전하게 되었고 이로 인하여 노동과 자본 간의 완전한 분화가 이루어지게 되었다. 이 공장제 수공업까지가 상업 자본주의에 속하고 그 후 산업 혁명으로 기계를 이용한 대량의 공장 생산부터 산업 자본주의 단계가 시작된다.

4) 중상주의

대략 16세기에서 18세기까지 유럽 각 국은 중상주의 정책을 시행하였다. **중상주의**(mercantilism)는 16세기에서 18세기까지 유럽에서 민족국가간에 치열한 군사적 경제적 경쟁이 전개되던 시기에 유럽 국가들이 시행한 국가주의적인 경제 정책의 체계 내지 사상이라고 말할 수 있다. 중세에 여러 지방으로 분할되었던 유럽이 16세기경부터 국민국가들로 통합된 이후 이들간에 약육강식의 치열한 경쟁이 정치와 경제 면에서 끊이지 않았고 전쟁도 빈번하였다. 그 결과로 나타난 **경제적 국가주의**(economic nationalism)가 중상주의였다. 군대와 관료 제도를 유지하고, 왕의 호사를 위해서는 많은 돈이 필요하였고, 이를 위해 정부는 해외 식민지, 주요 공장, 무역 회사, 환전소 등의 직영과 지원, 수출 장려와 수입 억제, 특허권 부여, 주요 상품의 가격과 매매 규제, 파업과 동맹 금지 등을 통하여 경제를 강력하게 통제하였다. 정치 권력이 경제를 통제하는 이런 중상주의 경제에서는 기업이 정부에 이권을 청탁하는 **정경유착**이 필연적으로 나타나게 되었고, 정경유착은 소수의 대자본으로의 **경제력 집중**을 필연적으로 초래하게 되었다. 수많은 중소기업과는 정부가 결탁할 수 없기 때문이다. 정경유착, 소수 대자본으로의 경제력 집중, 인위적인 독과점은 중상주의의 경제 규제의 필연적인 결과다.

중상주의는 **왕실중상주의**와 **의회중상주의**로 구분된다. 전자는 절대 왕권이 확립된 나라에서 전제 군주의 이익에 부합되도록 실시된 중상주의며, 후자는 의회 정치가 확립된 국가에서 의회를 장악한 대상공인[21]들이 국가 정책을 결정하고 이들의 이익에 부합되게 실시한 중상주의를 말한다. 절대군주제가 확립되었던 16~18세기의 스페인, 포르투갈, 프랑스가 왕실중상주의에 해당되며, 반면에 시민 혁명 이후의 네덜란드와 영국은 의회중상주의에 해당된다. 네덜란드에서는 16세기 말에, 영국에서는 17세기 후반에 각각 시민 혁명으로 의회민주주의가 확립되었고, 의회를 장악한 대상공인들이 자신들의 이익을 지키기 위해 중상주의의 경제 규제 정책을 18세기 말까지 실시하였다. 그러나 왕의 이익에 충실하

---

21) 중소 상공인들은 정경 유착에서 배제되므로 중상주의에 반대하였다. 중상주의를 비판한 아담 스미스의 자유방임주의는 이들 중소 상공인들의 입장을 대변한 것이다.

였던 왕실중상주의에서보다 대상공인의 이익을 대변하였던 의회 중상주의에서 정경유착과 경제 규제가 훨씬 적었다.

5) 산업 혁명과 산업화

그 후 18세기 말부터 영국에서 시작하여 19세기에 서유럽 전체로 전파된 **산업 혁명**(industrial revolution)으로 상업 자본주의는 산업 자본주의로 발전하게 되었다. 산업 혁명이란, 기계 동력과 공장을 이용한 대규모 생산 방식을 핵심으로 하는, 근대적 대량 생산 방법이 인류 최초로 도입되어 급속하게 확대되어간 과정을 말한다. 1800년을 즈음하여 약 50년간에 영국에서 제조업, 광업, 운송업에서 과거와는 전혀 다른, 기계를 이용하는 수많은 근대적 기술들이 발명되고 산업에 도입되는 과정이 폭발적으로 이루어졌다. 특히 와트(James Watt)의 증기 기관 발명(1769)은 기계 동력을 이용한 대규모 공장 생산을 가능하게 하였다. 영국에서 기계를 이용한 대량 생산은 1770년경부터 시작하여 1830년에는 주된 생산 방법으로 완전히 정착되었다. 광업에도 운반, 통풍, 배수 등에 증기 기관을 이용한 대량 채광 방법이 1770~1780년대부터 도입되기 시작하였으며, 스티븐슨의 증기기관차의 발명(1829)으로 교통 혁명도 이루어졌다.

이처럼 영국이라는 한 나라에서 약 50년 동안 근대 공업에 필요한 많은 새로운 기술이 한꺼번에 발명되어 생산에 도입된 것은 인류 역사상 전례가 없는 경이로운 일이다. 이러한 산업 혁명은 모두 국가 지원이 전연 없이 이윤을 얻고자 하는 민간 기술자와 자본가에 의하여 이루어진 것은 시장의 힘을 잘 보여주는 예다. 영국에서 시작된 산업 혁명과 공업화는 19세기 후반에는 프랑스, 독일, 화란 등 서유럽과 미국으로 전파되었다.

산업 혁명과 공업화로 인하여 근대 산업 사회가 형성되었다. 이 사회는 그 이전의 사회와 여러 가지 면에서 크게 다르다. 우선 농업 사회에서 공업 사회로 바뀌었다. 그 이전에도 제조업이 있었으나 생산이나 고용에서 차지하는 비중은 농업이 압도적이었다. 그러나 공업화(산업화)가 진전됨에 따라서 고용과 생산에서 공업이 농업을 능가하는 공업 사회가 등장하게 되었다. 그리고 다수의 임금 노동자가 창출됨으로써 소수의 자본가와 다수의 임금 노동자를 양 축으로 하는 계급 사회가 등장하였다. 그 이전의 공장제 수공업이나 선대 제도에서는 공장 주인도 직접 노동하여 노동과 자본의 분리가 불분명하였으나 이젠 자본가는 노동에 참여하지 않고 경영만 담당함으로써 노동과 자본 간의 분리가 명확하게 되었으며 대다수 사람들은 임금 노동자로 살아가게 되었다. 이 결과 노동자와 자본가 간의 빈부 격차의 확대와 노동자들의 빈곤이 주요한 사회 문제로 대두되게 되었다. 또한 산업자본주의 시대가 열렸다. 그 이전에는 상인들이 선대 제도를 통하여 생산 부문을 장악하는 상업 자본주의였으나 이제는 상업 자본과 공업 자본이 완전히 분리되었으며 상업보다는 공업이 고용과 생산, 이윤 창출과 투자의 모든 면에서 중심 산업이 되었고, 그 결과 공업 자본이 경제의 주도권을 쥐게 되었다. 공장, 은행과 회사들이 도시에 집중됨에 따라서 도시화가 급속히 진행되게 되었다. 이상과 같이 산업 혁명으로 인하여 공업 사회, 산업 자본주의, 계급 사회, 도시화 등을 특징으로 하는 근대 산업 사회가 탄생하게 되었다.

지금까지 간단히 살펴본 시장경제(자본주의)의 발전이, 이제부터 고찰할 르네상스, 종교 개혁, 절대군주제, 시민 혁명 같은 서양 근대사의 주요한 사건들의 기본 배경이며, 자유주의 사상 또한 이를 배경으로 하여 생성되고 발전되었다.

4. 르네상스

근대 정신은 르네상스(Renaissance. 문예 부흥)로부터 시작되었다는 것이 통설이다. 프랑스어로 부활을 의미하는 르네상스라는 말은 16세기 이탈리아의 미술사가인 바사리(Giorgio Vasari : 1511~1574)가 처음 사용하였다. 처음 그는 이 말을 15~16세기 이탈리아에서의 미술의 부흥을 가리키는 좁은 의미로 사용하였다. 이 말을 현재와 같은 의미로 널리 보급시킨 사람은 스위스의 역사학자 부르크할트(Jacob Burckhardt : 1818~1897)였다.[22] 그는, 인간의 의식을 몽롱하게 만들고 세상의 모습을 왜곡시키던 중세의 베일(신앙과 환상, 선입견)을 걷어냄으로써 인간으로 하여금 인간과 세상을 객관적으로 고찰할 수 있게 된 것이 이탈리아 르네상스부터였다고 주장하였다. 그는 르네상스를 통해, 집단의 구성원이 아니라 사적인 개인으로서 자아 의식, 정신적 존재로서의 자아 의식, 자신을 최고도로 발전시키려는 충동의 표현, 인간 감정의 존중과 예술로의 표현, 귀족과 평민 간의 평등한 관계에 기초한 시민적 생활의 발전, 그리스와 로마 고전의 부활 등으로 표현되는 새로운 기운이 나타났다고 보았다(Burckhardt, Cantor & Burner ed., 진원숙 역, pp.27-32). 이러한 부크하르트의 해석은 르네상스를 주로 인간의 재발견, 즉 인문주의의 부흥으로 파악한 것이다. 19세기 후반 프랑스의 역사학자 미슐레(Jules Michelet)는 르네상스에 관해 더 넓은 해석을 제시하였다. 그가 르네상스를 가리켜 남긴 유명한 구절인 '세계의 발견과 인간의 발견'(Michelet, Cantor & Burner ed., 진원숙 역, p.24)[23]은 부크하르트의 관점을 더 넓혀 르

---

22) 그의 저서 *The Civilization of the Renaissance in Italy* (1860) 출판 이후 이런 의미를 갖게 되었다.

23) 원전은 *Michelet, Historie de France* 제7권(1855)이다.

네상스에 관한 현대적 해석을 간명히 요약하였다고 볼 수 있다. 세계의 발견은 지리적 탐험과 자연과학의 발전을 의미한다. 인간의 발견은 근대적 인간의 발견, 즉 내세가 아니라 현세 생활의 가치를 인정하는 현세주의(세속주의), 집단이 아닌 개인의 생활과 가치를 중시하는 개인주의, 기존의 권위나 미신으로부터 해방, 인간 이성의 중시, 인간의 감정과 육체의 아름다움의 자각과 표현, 인간의 자유에 대한 자각 등을 모두 포함한다고 볼 수 있다. 이와 같이 세계와 인간의 발견은 근대 정신의 모두를 포괄하는 표현이다.

사이먼즈는 르네상스에 나타난 근대 정신을 자유라는 말로 다음과 같이 요약하였다. "그러므로 르네상스라는 낱말이 진실로 의미하는 것은 자유로의 새로운 탄생이다. 자기 결정에 대한 자각과 힘을 회복하고 예술을 통해 외부 세계와 인간 육체의 아름다움을 인정하고, 과학에서는 이성을 해방시키고, 종교에서는 양심을 해방시키며, 문화를 지성으로 복귀시키고, 정치적 자유의 원칙을 확립시키는 인간 정신의 탄생이다"(Simonds, Cantor & Burner ed., 진원숙 역, p.37). 이런 의미에서 자유주의는 르네상스부터 시작되었다고 본 아브라스터의 말은 타당하다고 하겠다(Arblaster, p.95). 그러나 일반적으로 지리적 탐험이나 자연과학의 발달까지 포함시키는 미슐레의 견해보다는 인간의 발견으로 르네상스를 이해하는 부르크하르트의 견해가 통설이라고 볼 수 있다. 이런 의미에서 르네상스는 14세기 중반 이탈리아에서 시작하여 16세기까지 전 유럽에 전파된, 인문주의적인 예술과 학문의 부흥 운동이라고 볼 수 있다.

이탈리아 르네상스의 활동은 크게 두 가지였다. 하나는 인간의 감정과 육체, 속세의 일상 생활의 아름다움을 있는 그대로 그림이나 조각 같은 미술 작품이나 시와 소설 같은 문학 작품으로 표현하는 예술 창작 활동이다. 14세기 이탈리아 초기 르네상스기에서는 화가 지오토(Giotto di Bondone : 1266~1337)가 예수와 성모, 성인(聖人)들을 감정을 가진 인간적인 모습으로 사실적으로 묘사하였으며, 단테(Dante Alighieri : 1265~1321)와 페트라르카(Francesco Petrarca : 1304~1374)의 시와 보카치오(Giovanni Boccaccio : 1313~1375)의 소설『데카메론』은 모두 남녀간의 애정을 사실적으로 묘사하였다. 15~16세기에 이르러 다빈치(Leonardo da Vinci : 1452~1519), 라파엘(Raphael Santi : 1483~1520), 미켈란젤로(Michelangelo Buonarottu : 1475~1564) 세 천재 화가는 르네상스 미술의 절정을 보여주었다.

이탈리아 르네상스에서 활발히 나타난 두 번째 활동은 고대 그리스와 로마 고전의 연구와 교육이다. 이들은 고대 그리스와 로마를 문화의 황금기인 이상 시대로 본 반면, 서로마 제국 멸망 이후의 중세를 인간과 문화가 상실된 암흑기로 보고 고대의 고전을 부흥시키려 하였다. 이렇게 등장한 것이 휴머니즘(humanism)이다. 이탈리아 르네상스에서 처음 등장할 때 휴머니즘이란 말은 철학이나 이념을 가리키는 것이 아니라, 그리스어와 라틴어의 고전에 관한 연구와 교육 프로그램을 의미하는 인문학(studia humanitatis)을 의미하였다. 이 과정은, 그리스어와 라틴어의 문법, 수사학, 역사학, 시학, 도덕철학으로 구성되어 있었으며, 논리학, 수학, 법학, 의학, 자연과학, 형이상학은 제외되었으며 방법은 고전의 읽기와 해석이었다.

휴머니즘은 그 후 16~18세기의 계몽주의를 거치면서 인간의 능력, 가치와 존엄성을 인식하고 인간을 만물의 척도로 삼는 근대적인 인본주의의 이념으로 발전하였다. 이 입장에서는 기존의 전통적 권위나 통념, 획일주의를 비판하고 부인하는 한편, 인간의 이성, 경험주의에 입각한 과학 그리고 다양성과 자유를 존중하는 근대 정신을 내포하게 되었다.

14세기 중엽 이탈리아에서 르네상스가 시작된 것은 우연이 아니다. 이탈리아는 고대 로마 제국의 고향으로 많은 로마 시대 유물을 보유하고 있었을 뿐만 아니라 당시 고대 그리스와 로마의 철학과 문학에 대한 연구가 깊었던 비잔틴 제국과 이슬람 세계[24]와도 지리적으로 가까워서 이들의 학문을 접하여 배우기 쉬운 위치에 있었다. 이탈리아 르네상스는 또한 이탈리아의 경제적 정치적 발전을 반영한다. 앞[3.1)]에서 본 바와 같이 이탈리아에서는 10세기 이래 특히 13세기 이후 시장경제가 발전하여 경제적 부가 축적되고 상공인들이 사회의 주도층으로 자리잡았으며 13세기부터는 피렌체(영어로 플로렌스), 밀란(밀라노), 제노바(제노아), 베니치아(베니스), 피사와 같이 부유하고 강력한 도시국가들이 형성되었다. 축적된 부는 예술과 학문의 발전을 지원해줄 수 있었으며, 르네상스에서 나타난 개인주의와 세속주의(현세주의)는 상공인들의 생활 태도와 세계관을 반영하였다. 도시국가를 배경으로 하였기 때문에 르네상스는 농촌이 아니라 자유로운 분위기의 도시 문화를 표현하였다. 또한 피렌체나 베니치아 같은 도시국가들은 신성로마 황제와 싸워 공화정의 도시국가를 건설하였기 때문에 절대주의에 반대하는 시민적 자유를 중시하였다. 이처럼 이탈리아의 르네상스에서 인본주의, 개인주의, 세속주의, 시민적 자유와 자치 같은 근대 자유주의의 요소들이 등장하였고 이는 당시 이탈리아가 경제적 사회적으로 정치적으로 이미 발전하여, 시장경제의 발전, 도시화, 도시 공화국의 발전 같은 근대 사회의 특징을 이미 갖

---

24) 중세 시대에는 유럽보다 이슬람 세계에서 전반적으로 모든 학문과 기술이 더 발달하여, 유럽에서는 고대 그리스의 고전에 대한 연구가 별로 없었던 것과 대조적으로 이슬람에서는 플라톤과 아리스토텔레스 등 그리스 고전에 대한 연구가 활발하였다. 이러한 이슬람의 학문적 축적이 르네상스 시대의 이탈리아를 통하여, 그리고 그 이전에는 이슬람이 지배하던 이베리아반도를 통하여 서유럽에 전달되었다.

추었기 때문이다.[25]

자본주의 경제가 서구의 다른 나라에서도 발전함에 따라서 르네상스도 이탈리아에서 서구의 다른 나라들로 전파되어 15~16세기에는 프랑스, 화란, 독일, 스페인 등 여러 나라들이 르네상스의 시대를 맞았다. 영국에서는 인문학자 모아(Thomas More : 1477~1535)와 대문호 셰익스피어(William Shakespeare : 1564~1616), 프랑스의 인문학자 몽테뉴(Michel Eyquem de Motaigne : 1533~1592), 화란의 인문학자 에라스무스(Desiresius Erasmus : 1469~1536), 독일의 신학자 로이휠린(Johann Reuchlin : 1455~1522), 소설 『돈키호테』를 쓴 스페인의 세르반테스(Miguel Cervantes : 1547~1616) 등이 대표적 인물들이다.

인문학에서 시작된 르네상스는 사회와 자연에 관한 근대 학문의 시작으로 이어졌다. 이탈리아의 마키아벨리(Niccolo Machiavelli : 1469~1546)와 프랑스 국가법학자 보뎅(Jean Bodin : 1530~1596)은 윤리로부터 자유로운 절대 군주의 주권론을 주장하였으며,[26] 이 책의 2절에서 보게 될 화란의 국제법학자 그로티우스(Hugo Grotius : 1583~1645)는 자연법을 국제법에 적용함으로써 근대 국제법의 체계를 처음 제시하였다. 자연과학에서는, 근대적 지동설

---

25) 15세기 후반부터 유럽 경제의 중심권이 이베리아반도와 화란으로 이전함에 따라서 이탈리아의 경제가 침체하기 시작하였으며, 대부분의 이탈리아 도시국가들이 특정 집안이나 귀족들의 독재 정치로 넘어가고 각 도시국가간에 전쟁이 격화되는 한편, 외국(프랑스, 스페인, 신성로마제국)의 침입이 심해짐에 따라 이탈리아의 르네상스는 차차 쇠퇴하였으며, 1527년 신성로마제국 군대가 로마를 약탈함으로써 이탈리아의 번영과 르네상스는 막을 내렸다.

26) 이들이 절대군주제를 주창한 것은, 당시 내전에 휩싸여 무정부 상태에 있던 이탈리아와 프랑스의 혼란을 종식시키기 위한 유일한 방법이 강력한 군주의 출현에 있다고 보았기 때문이다. 당시 이탈리아는 다섯 개의 나라로 분열되어 내전이 끊이지 않았으며, 프랑스에서는 30년간, 신교와 구교 간 종교 전쟁(1562~1593)이 벌어지고 있었다.

을 창시한 폴란드의 코페르니쿠스(Nicolaus Copernicus : 1473~1543), 근대 과학의 방법론인 경험론과 귀납법을 체계화한 영국의 철학자 베이컨(Fransis Bacon : 1561~1626), 이탈리아의 근대 물리학자 갈릴레오(Gallileo Gallilei : 1564~1641), 행성의 운동 이론을 밝힌 독일의 케플러(Johannes Kepler : 1571~1630) 등 여러 출중한 과학자들이 등장하였다. 15세기 말과 16세기 초 새로운 원양 항로가 개척된 것도 르네상스 시기에 발전한 천문학과 지리학 등 근대 과학과 기술에 힘입은 것이다. 이렇게 보면, 르네상스를 세계와 인간의 발견으로 정의한 미슐레의 해석이 적절하다고 볼 수 있다.

이성보다는 가톨릭의 교리를 믿으면서 농촌에서 장원이라는 집단 공동체에서 생활하던 중세인들은, 인간보다는 하느님, 현세보다는 내세, 개인보다는 집단, 도시가 아니라 농촌을 중심으로 생각하였다. 르네상스는 이러한 중세의 사고 방식을 비판하고 바꾸기 시작하였지만 이를 철저히 수행하지는 못하였다. 당시 이탈리아를 비롯한 여러 나라들의 근대화는 아직 일부에 그쳤기 때문에 철저한 개인주의 문화가 개화되지 못하였다. 이탈리아는 당시 귀족들에 의한 과두 정치 하에 있었기 때문에 만인 평등에 입각한 개인주의는 인식되지 못하고 귀족주의라는 한계를 갖고 있었다. 대부분 문맹이었던 일반인들은 르네상스의 문학 작품들을 읽을 수 없었으며, 르네상스가 낳은 그림과 조각도 부유한 상인들, 귀족과 왕족들만이 향유할 수 있었다. 르네상스는 또한 가톨릭에 대한 비판도 불철저하였다. 에라스무스의『우신예찬』처럼, 부패하고 형식주의와 미신에 흐른 가톨릭에 대한 신랄한 비판과 조롱이 나타나긴 하였지만 가톨릭에 대한 철저하고 근본적인 비판은 나타나지 않았다. 에라스무스와 같은 가톨릭 인문주의자들은 인문주의와 가톨릭을 조화시키려고 하였으며, 15세기 교황들은 대부분 이탈리아 르네상스를 적극적으로 후원하였다. 가톨릭에 대한 철저한 비판은 16세기 종교 개혁에서 나타났다. 르네상스는 중세를 부정하는 근대 정신의 시작이지 완성이 아니었다.

르네상스라는 말이 주는 오해를 하나 지적할 필요가 있다. 르네상스기의 이탈리아 인문주의자들, 그리고 르네상스를 칭송한 19세기 말의 부크하르트나 미슐레도 모두 중세를 암흑기로 보고 르네상스를 중세와 단절된 새로운 현상으로 보았다. 그러나 이러한 견해는 중세 유럽 문명의 성취를 과소평가한 것이다. 특히 11세기에서 13세기간에 이룩된 성과들, 예컨대 여러 대학들이 건립되어 신학, 법학, 철학 등 학문이 발전하고 로마네스크와 고딕 양식의 아름다운 건축물들이 건설된 것 등을 과소평가한 것이다. 14세기 이탈리아 르네상스는 중세와 단절된 갑작스런 부흥이 아니라 중세 발전의 연속선상에서 등장하였다고 보아야 할 것이다(Viault, pp.17-18). 그러나 신과 내세에 매몰되어 있던 인간 정신이 인간과 현세의 가치와 아름다움, 개인의 자유와 인간의 이성에 눈을 뜨기 시작하였다는 점에서 르네상스는 근대 정신과 자유주의의 출발점이다.

5. 종교 개혁

16~17세기 유럽에서 발생한 종교 개혁을 통해 중세를 지배하던 가톨릭을 철저하게 비판하는 새로운 기독교인 개신교(protestantism)가 탄생하였다. 개인주의, 현세를 중시하는 세속주의, 개인의 자유 등의 근대 시민 정신을 보급시켰다는 점에서 종교 개혁은 르네상스와 같으나, 종교 개혁은 르네상스보다 근대 시민 정신인 자유주의의 형성에 훨씬 더 큰 영향을 미쳤다. 관용의 정신, 폭정에 대한

저항권, 자본주의적 직업 윤리 등과 같은 새로운 근대 정신들을 탄생시켰으며, 르네상스가 사회의 상류 계층만을 대상으로 하였던 것과는 달리 종교 개혁은 일반 대중에게까지 깊숙이 영향을 미쳤다.

종교 개혁은 단순한 종교 사건이 아니라 종교를 넘어 정치, 경제, 문화 등 사회 전반을 근본적으로 바꾼 총체적인 사회 변혁이었다. 종교 개혁의 근본 원인은 자본주의 발전이라는 사회의 변화에 뒤떨어져 있던 가톨릭의 교리와 조직, 성직자들의 금전적 부패와 윤리적 타락(많은 성직자들이, 교황들 중에도 情婦를 두고 자식을 낳는 일이 적지 않았다), 그리고 이를 정치적으로 뒷받침하고 있던 신성로마제국의 합스부르크 황실에 대한 전반적인 적대감일 것이다. 이를 바탕으로 현실의 종교 개혁은 세 가지 계층의 기여로 성공할 수 있었다. 첫째는 가난한 일반 농민과 노동자들이었다. 이들은 가톨릭이라는 종교만이 아니라 자신들을 억압하고 수탈하는 사회 체제 전체를 바꾸는 사회 혁명을 원하였다. 재세례파(anabaptists)라고 불리는 이들은 1520년대 독일에서 대규모 농민 반란을 일으켰으나 중산층과 지배층의 협력에 의하여 진압되었다. 둘째 세력은 상공업의 발달로 사회의 새로운 주도 세력으로 등장한 부르주아 중산층이다. 이들은 자신들의 생활과 맞지 않는 구태의연한 교리와 봉건적 위계 조직을 갖고 있는 가톨릭이 아닌 새로운 자신들의 종교를 갖고자 하였다. 이들은 주로 칼빈(칼뱅)교를 지지하였다. 셋째는 왕들과 제후들이었다. 이들은 교회가 갖고 있던 토지와 과세권을 빼앗아 자신들이 갖고자 하였다. 루터교와 영국 성공회는 주로 이들 덕분에 성공하였다(Palmer, Colton, & Cramer, p.77).

1) 종교 개혁의 서곡

종교 개혁도 16세기에 갑자기 나타난 사건이 아니라 중세 후반부터 시작된 사회 변화의 연속선상에서 발생하였다. 왕이나 황제[27]도 교황의 파문을 받으면 자리에서 쫓겨나야 할 정도로 중세 로마 교황은 성직자와 속인 모두에 대하여 절대적인 권위를 갖고 있었다. 교황의 이런 권위가 일련의 사태로 인하여 13세기 말부터 점차 무너져 갔다. 유럽의 강국으로 등장한 프랑스의 필립 4세는, 전쟁 비용을 마련하기 위해 1296년 성직자에게도 세금을 부과하였다. 당시 교황 보나파키우스 8세는 이를 하느님에 대한 대항으로 규정하여 금지하였고, 이에 맞서 필립 4세는 1302년 로마로 군대를 보내 교황을 체포하여 연금하였다. 교황은 곧 석방되었으나 분에 못 이겨 얼마 후 죽었고 교황의 권위는 결정적으로 실추되었다. 그 후 교황으로 선출된 프랑스인 교황들이 로마가 아니라 프랑스 땅인 아비뇽에 거주하면서 프랑스 왕의 영향력 하에 있던 '바빌론의 유수(the Babylonian Captivity of the Papacy)' 사태가 1305년에서 1378년까지 70년 넘게 계속되었다. 그 다음에는 아비뇽에 프랑스인 교황과 이를 반대하는 또 하나의 교황이 로마에 존재하는 '대분열(the Great Schism)'의 시대가 1378년에서 1417년까지 40년 가까이 계속됨으로써 가톨릭 교황청의 권위는 땅에 떨어졌다.

이런 가톨릭을 공개적으로 반대하는 종교 개혁 운동이 이미 14세기 후반부터 나타났다. 영국 옥스퍼드대학 신학자 위클리프(John Wicliff : 1328~1415)는 교황과 가톨릭의 위계 조직과 교리를 부정하고 부패를 비난하며 성서를 영어로 번역하여 많은 추종자를 얻었으나 대학에서 추방되었다. 보헤미아(체코) 프라하대학

---

27) 중세 유럽에는 신성로마제국의 황제만이 유일하게 황제라는 칭호를 가졌다. 신성로마제국은 300개가 넘는 제후국과 자치 도시로 구성되어 있었다.

의 후스(Johannes Hus : 1369~1415)는 위클리프의 주장을 받아들이고 신성로마제국의 보헤미아 지배를 반대하여 교회의 파문을 당한 뒤 종교 재판을 받아 화형을 당하였다. 그의 처형에 항의하여 그의 추종자들이 보헤미아에서 큰 항쟁을 일으켰으나 진압되었다(1419~1434). 이들의 주장은 뒤의 루터나 칼뱅의 주장과 기본적으로 동일하였다.

2) 종교 개혁의 전개

(1) 루터파

종교 개혁을 통해 나타난 개신교들은 루터파, 칼뱅파, 영국 국교(성공회), 재세례파의 넷으로 나눌 수 있다. 본격적인 종교 개혁은 독일의 신부이자 신학 교수였던 루터(Martin Luther : 1483~1546)가 1517년 교회의 면죄부 판매[28]에 대한 95개 조항의 반박문을 비텐부르크 성당 문에 게시함으로써 시작되었다. 그는 성사 참여나 선행 혹은 면죄부 구입을 통해 구원을 받을 수 있다는 가톨릭의 교리를 반박하고 구원은 오직 개인의 믿음을 통해서만 얻을 수 있고, 성서만이 최고의 권위를 가지며, 개인은 교회와 성직자를 통해서가 아니라 기도를 통해 하느님과 직접 만날 수 있다고 주장하고, 교황을 비롯한 가톨릭 교회의 조직과 여러 복잡한 예식들의 폐지를 주장하고 『성경』을 최초로 독일어로 번역하였다.

그러나 루터는 세속 권력에는 철저히 복종할 것을 주장하였다. 그는 1520년대 독일에서 발생한 농민 반란에 대해 필요하면 가톨릭과 협력해서라도 철저하게 진압할 것을 군주들에게 조언하여

---

28) 죄사함을 받았다는 교황의 증명서가 면죄부다. 가톨릭은 재원 마련을 위해 면죄부 판매를 애용하였다. 당시 로마 교황청은 바티칸 성당의 건축 비용을 마련하기 위하여 면죄부를 판매하였고 루터의 반박문은 이를 비난한 것이다.

그에게 기대를 걸었던 농민들의 뜻을 저버렸다. 이런 그의 입장은 세속 군주들의 지지를 얻는 데 큰 도움이 되었다. 가톨릭의 수호자였던 신성로마제국의 황제 칼 5세는 루터를 체포하려 하였으나, 합스부르크 황실의 지배에 반대하는 독일의 여러 군주들과 자치도시들이 루터를 지지하고 보호하였다.

루터교는 독일의 북부와 동부 그리고 덴마크, 노르웨이, 스웨덴, 핀란드, 에스토니아, 리토아니아의 북유럽으로 급속히 전파되어 지배적인 종교로 자리잡았다.

(2) 칼뱅파

루터보다 한 세대 후에 프랑스에서 태어난 칼뱅(Jean Calvin : 1509~1564)은 1536년에 제네바에 정착한 후 그곳에서 평생 신정정치를 시행하였다. 그가 출판한 『기독교 강요』(1536)는 신교의 교리를 명확하게 정리하여 많은 추종자들이 제네바로 모여들었고 이들이 자기들의 모국으로 돌아가 선교하여 칼뱅의 교리는 유럽에 널리 전파되었다. 칼뱅의 제자였던 스코틀랜드인 녹스(John Knox : 1514~1572)의 선교 덕분에 스코틀랜드에서는 의회의 결정으로 1560년 칼뱅교인 장로교가 국교로 되었고, 영국에서는 청교도로 불리는 칼뱅 교도들이 17세기 영국 시민 혁명에서 주역을 담당하였으며, 북부 화란에서도 칼뱅 교도들이 스페인에 대한 독립 전쟁에서 주역이 되었으며, 스위스의 여러 도시들에서도 칼뱅교가 지배적인 종교가 되었다. 보헤미아, 오스트리아, 독일에도 칼뱅교가 전파되었으나 그 후 진행된 가톨릭의 반(反)신교도 개혁으로 이들은 대부분 힘을 잃었다.

가톨릭의 교리와 조직을 부정하고 성서를 유일한 믿음의 권위로 인정하고 성직자의 독신을 부정하는 등, 기본적인 점에서 칼뱅은 루터와 여러 면에서 같으나 몇 가지 점에서 차이가 있다. 칼뱅은 금욕적인 생활과 검소한 예배를 강조할 뿐만 아니라, 세속 권력에 무조건 복종할 것을 주장한 루터와 달리 그는, 제네바에서 신정 정치를 실천한 데서 알 수 있는 바와 같이 교회의 권위가 세속의 권력을 지배해야 한다고 보았다. 즉, 교회가 국가보다 우위에 있다는 것이다. 그리고 그는 성직자가 아니라 신도들의 대표인 장로들이 교회를 운영해야 한다고 보았다. 칼뱅의 교리의 가장 큰 특징은 예정설이다. 루터가 믿음으로 구원을 받는다고 본 것에서 한 걸음 더 나아가서 칼뱅은, 구원은 개인의 노력이 아니라 전적으로 하느님의 선택에 의한 것이며, 이는 개인이 태어나기 전부터 하느님이 예정하신 것이라고 보았다. 이러한 교리는 점차 칼뱅의 뜻과 상관없이 부르주아지들의 자본주의적 윤리로 변형되어 자본주의와 조화되기 힘들었던 가톨릭의 윤리를 대체하게 되었다.

(3) 영국 성공회

영국 국교인 성공회(Anglicanism)를 탄생시킨 영국 종교 개혁은 헨리 8세(재위 1509~1547)가 개인적인 욕심에서 수장령(1534)을 반포함으로써 시작되었다. 로마 교황으로부터 독립하여 영국 왕이 영국 교회의 수장이 되고 모든 성직자들이 이에 충성을 맹세하도록 하는 수장령을 헨리 8세가 공포한 직접적인 이유는 캐서린 왕비와 이혼하고 앤 볼렌과 재혼하고 싶어서였지만, 교회가 갖고 있던 막대한 재산과 그에 따른 권한들과 성직자에 대한 임명권, 그 밖에 교회의 여타 권한들(과세권과 재판권 등)을 뺏고 싶었던 헨리 8세의 욕심도 작용하였다. 이런 그의 욕심은 수장령의 발표 직후 실시된 수도원의 재산 몰수(1536~1539)에서 단적으로 나타났다. 몰수된 수도원의 땅들은 주로 평민에 속하는 향사(gentry)[29]들

___
29) 농촌의 부유한 상류 자영농을 말한다. 이들은 대개 전문적인 자본가적 농업 경영인들이었다. 향사(gentry)는 농촌에 사는 젠틀맨이란 의미며, 보통의 자영

에게 판매되었으며 이 때문에 이들이 영국 종교 개혁의 가장 큰 수혜자이자 지지자가 되었다. 헨리 8세는 가톨릭의 교리를 옹호하는 글을 쓴 적이 있을 정도로 가톨릭 교리의 철저한 신봉자였기 때문에 교리는 전연 바꾸지 않았다.

수장령에 반대하였던 다소의 수도사들이 잔인하게 공개 처형되고 저명한 인문주의자였던 모아(Thomas More : 1477~1535) 등 소수의 귀족들이 목숨을 잃고 지방에서 반란이 한 번 발생하였지만 곧 진압되었다. 이처럼 영국의 종교 개혁은, 헨리 8세의 절대 군주로서의 막강한 위세와 대다수 영국인들의 지지 덕분에 순조롭게 이루어져서 영국의 성공회가 만들어졌다. 당시 대다수 영국인들은 가톨릭의 분열과 부패, 교회의 사치와 세금 징수 등 때문에 가톨릭에 대하여 염증을 느끼고 있었다. 헨리 8세의 아들 에드워드 6세(재위 1547~1553)는 개신교의 일부 교리를 도입하였고, 가톨릭 교도였던 그 다음의 메리 여왕(재위 1553~1558)은 성공회와 개신교를 탄압하였으나 뒤를 계승한 여왕 엘리자베스 1세는 다시 영국 국교를 부흥시키고 여기에 신교의 요소를 적당히 도입하여 교리와 조직이 가톨릭과 신교의 중간쯤 되는 오늘날의 영국 국교의 기초를 완성하였다. 이러한 영국 국교의 불분명한 성격에 반대하여 철저한 칼뱅의 장로교를 주장한 청교도[30]들이 등장하여 17세기 영국 시민 혁명의 주역이 되었다.

농은 요맨(yeoman)이라고 불렀다. 근대 영국에서 향사와 요맨은 자기 땅이나 임대한 땅에서 농촌 노동자를 고용하여 시장에 판매할 곡물과 양모를 생산하는, 영리 목적의 자본주의적 농업을 경영하여 영국의 농업 혁명을 주도하였다.
30) 1620년에 메이플라워호를 타고 미국으로 간 청교도들은 이 중에서도 과격한 분리주의자들이었다. 그러나 18세기부터 영국에서 청교도의 세력은 점차 약화되었다.

(4) 재세례파

지배층이나 부르주아지의 입장을 반영하였던 루터나 칼뱅과 달리, 가난한 근로 계층의 입장을 대변하여 종교 개혁과 더불어 철저한 사회 개혁을 주장한 사람들이 재세례파(Anabaptists)였다. 이들은 예정설과 유아 세례를 부정하고 — '재세례파'란 이름은 이 때문에 붙여졌다 — 종말론과 예수재림론, 농노제의 철폐와 토지의 재분배를 통한 초대 교회의 공동체 건설, 국가로부터 교회의 완전 분리, 평신도의 사제화를 주장하였다. 이들은 라이덴(John of Leyden : 1509~1536)의 지도 하에 뮌스터의 봉기(1534~1535)를 일으켰다가 진압되었으며, 이 밖에 사회 전복 운동을 전개하다가 처형당한 독일인 뮌처(Thomas Münzer : 1489~1525), 화란인 사이먼즈(Menno Simmons : 1492~1559)의 온건한 주장을 따르는 메노 교도들, 메노 교도들의 한 유파인 아미쉬 교도(Amish)가 이에 속한다. 사회적 세력이 약한 이들은 탄압을 받아 교세를 크게 확장할 수 없었다.

3) 종교 전쟁

원래 종교는 독선적 성격이 매우 강한데 여기에 각 국 왕들의 정치적 욕심까지 겹쳐져 신구교간에 16세기 중엽부터 약 100년간 여러 차례 끔찍한 종교 전쟁이 발생하였다. 최초의 종교 전쟁은 가톨릭을 수호하고 루터교를 탄압하려는 신성로마제국의 황제 칼 5세와 이에 대항하여 루터를 지지하는 독일 내의 군주들과 자치 도시들 사이에 발생한 신성로마제국의 내전(1546~1555)이었다. 이 내전은 루터파의 승리로 끝나서 종전 후 체결된 아우그스부르크조약(the Peace of Augsburg : 1555)은, 독일의 각 군주들과 자치 도시들에게 가톨릭과 루터교 중에 하나를 선택할 권한을 인정하였다. 이 전쟁에서 칼 5세의 경쟁자였던 프랑스 왕은 가톨릭이면서도 루터파를 지원하였다. 그러나 이 조약은 개인의 종교 자유를 인정한 것도 아니고 칼뱅교에 대한 자유를 인정한 것도 아니라는 한계를 갖고 있어서 전쟁의 재발은 예정되어 있었다.

칼 5세의 노력은 그의 아들이자 스페인과 화란의 왕이었던 필립 2세에 의하여 계승되었다. 그는 화란과 영국을 다시 가톨릭 국가로 바꾸고자 하였다. 뒤에서 보는 바와 같이 그의 화란 신교도에 대한 탄압은 화란의 독립 운동의 성공으로 좌절되었으며, 가톨릭을 부활시키려고 영국을 침공하고자 하였던 그의 노력도 1588년 영불 해협에서 벌어졌던 영국과의 해전에서 그의 무적 함대가 패배함으로써 수포로 돌아갔다.

프랑스에서도 신구교간에 16세기 후반에 내전이 벌어졌다. 당시 프랑스의 칼뱅 교도를 위그노(Huguenot)라고 불렀는데, 이들은 프랑스 인구의 8~10퍼센트에 불과하였으나, 많은 부유한 상공인들과 귀족들을 포함하고 있었다. 많은 귀족들이 위그노가 된 데에는 왕실에 대항한다는 정치적 이유가 작용하였다. 1562년에 신교도에 대한 가톨릭의 공격으로 시작된 신구교간의 처참한 종교 전쟁은 30년 이상 프랑스를 무정부 상태의 내란으로 몰아넣고 1593년에야 끝났다. 위그노의 지도자였다가 왕위에 오르기 위해 가톨릭으로 개종한 앙리 4세(브르봉 왕가의 시조)는 1589년에 즉위하여 1593년에 전쟁을 종결시킨 다음 종교의 관용 정책을 실시하는 낭트칙령을 1598년에 반포하였다. 이 칙령은 위그노들에게 신앙의 자유와 구교도와 동일한 시민적 권리를 부여하였다.[31]

가장 큰 종교 전쟁은 30년 전쟁(1618~1648)이었다. 이 전쟁에 대부분의 유럽 국가들이 참전하였다. 합스부르크가의 신성로마제

---

31) 낭트칙령은 90년 후인 1685년 루이 14세에 의해 폐지되어 위그노에 대한 박해가 다시 시작되었다.

국, 바바리아, 스페인과 이탈리아는 구교도군으로 참전하였고, 독일의 신교도 제후국들, 화란, 덴마크, 스웨덴 그리고 프랑스는 신교도군으로 참전하였으며, 영국은 배후에서 신교도군을 지원하였다. 가톨릭인 프랑스 왕이 신교도군을 지원한 것은 합스브르크가(신성로마제국과 스페인)의 세력을 꺾기 위해서였다. 전장도 독일만이 아니라 화란, 프랑스, 스페인까지 확대되었다. 1618년 신성로마제국의 일부였던 보헤미아의 칼뱅 교도들이 가톨릭 교도인 황제에 대항하여 스스로 신교도 왕을 선출하고 황제가 이를 진압하기 위해 군대를 파견함으로써 전쟁이 시작되었다. 전쟁의 초반과 중반에는 황제군이 승리하였으나 후반에 신교도군을 지원하는 프랑스가 참전함으로써 전세는 신교도군의 우세로 역전되었고, 1648년 웨스트팔리아조약(the Peace of Westphalia)의 체결로 종전되었다.

거의 모든 유럽 국가들이 참여하여 합의한 웨스트팔리아조약으로 칼뱅교는 루터교와 가톨릭과 동등한 지위를 인정받았고, 화란과 스위스는 독립을 공인받았다. 프랑스와 화란, 스웨덴은 영토를 얻은 반면, 신성로마제국과 스페인은 영토를 잃었다. 신성로마제국 휘하 350개 제후국들과 자치 도시들은 외교권과 군사권을 포함하여 완전한 자치권을 획득함으로써 신성로마제국(독일, 보헤미아, 헝가리로 구성)은 사실상 해체되어 독일은 국민국가의 형성이란 당시 시대의 대세와 반대의 길을 걸어 19세기 후반에야 통일을 달성하게 되었다. 중세 유럽의 기본 질서는 보편 종교로의 가톨릭과 보편 국가로서의 신성로마제국의 두 가지였다. 이 둘의 해체를 공인함으로써 이 조약은 중세 시대의 종결과 근대 시대의 시작을 명시적으로 공포하였다는 역사적 의미를 갖는다.

4) 종교 개혁의 영향과 의미

종교 개혁을 통해 종교와 사상의 자유, 관용, 개인주의, 만인 평등, 이성의 존중, 자본주의 윤리, 정치와 종교의 분리, 민주주의 등 근대 사회의 사상(자유주의)과 제도의 여러 요소들이 널리 보급되고 확인되었다. 이러한 결과는 루터와 칼뱅이 의도하지 않은 것이었다. 모두 엄격한 신학자였던 루터와 칼뱅은 자유주의적이거나 진보적이라기보다 독선적이고 반동적이었다. 종교 문제를 보더라도 루터나 칼뱅의 태도는 종교의 자유와 관용이 아니라 종교적 독선이었다. 루터는, 『성경』과 반하는 지동설을 제시한 코페르니쿠스의 책의 출판을 반대하였고, 칼뱅은 자신이 다스리던 제네바에서 다른 교파들을 탄압하였으며, 종교의 자유를 찾아 제네바로 망명한 스페인의 신학자 세르베투스(Michael Servetus)를 1553년에 이교도라는 이유로 화형에 처하였다. 독재적인 세속 권력에 관해서도 루터는 무조건 복종하여야 한다고 보고 농민 반란의 탄압을 적극 주장하였고, 칼뱅도 저항권에 관해 사람에 대한 복종을 신에 대한 복종의 앞에 두지 말라고 말한 것뿐이다. 그러나 이들의 의도와 상관없이 종교 개혁은 전개되어 여러 가지로 역사 발전에 기여하였다.

종교 개혁은 첫째로 종교의 자유, 나아가 양심과 사상의 자유를 확립하였다. 100년이 넘는 오랜 종교 전쟁 끝에 17세기 후반에 이르러 종교는 개인에게 강요할 수 없는 것이라는 생각이 일반적으로 인식되게 되었다. 종교의 자유는 양심의 자유이자 사상의 자유로 확대되었다.

종교와 양심, 사상의 자유는 자기와 다른 생각을 인정하고 존중하는 관용(tolerance)과 표리를 이룬다. 롤즈는 관용이 자유주의의 핵심이라고 보고 자유주의의 역사적 기원이 종교 개혁에서 시작

되었다고 보았다(Rawls, xxvi). 관용의 필요성을 인식한 것은 성
직자나 신학자가 아니라 세속의 군주들과 상공인들이었다. 군주
들은 종교 전쟁으로 인한 혼란과 무법천지를 수습하기 위해 관용
이 필요함을 깨달았고 상공인들은 누구와도 거래할 필요가 있었
기 때문이다. 종교 전쟁을 종결시킨 낭트칙령과 웨스트팔리아조
약이 모두 이런 인식을 반영하였다.

　종교 개혁은 또한 개인주의를 확립하였다. 교회와 사제를 통하
여 하느님과 만날 수 있다는 가톨릭의 교리를 부인하고 루터와 칼
뱅은 모두 종교는 교회와 사제를 통하지 않고 각자 성서나 기도를
통하여 직접 하느님과 교통하는 개인의 문제로 만들었기 때문이
다. 또한 하느님 앞에서 속세의 지위와 부는 아무런 의미가 없고,
모든 사람은 평등하다는 신교의 교리는 만인 평등이라는 자유주
의의 생각으로 쉽게 확대되었다. 이런 눈으로 보면 사람의 차별하
는 중세의 신분 제도는 사람이 만든 허위 제도에 지나지 않는 것
이다.

　종교 개혁은 민주주의에 관한 이론과 제도의 발전에도 기여하
였다. 자유주의 정치 이론의 핵심인 폭군에 대한 저항권은 17세기
후반 영국의 로크(John Locke)에 의해 정리된 것이지만, 이 이론
은 이보다 100년 전에 프랑스 종교 전쟁 때 왕에 대항하여 싸운
위그노들에 의하여도 선명히 제시되었다.[32] 교회를 관리하는 장
로를 민주적인 방법으로 선출하는 칼뱅 교회의 제도도 민주주의
제도의 보급에 기여하였다고 볼 수 있다.

　종교 개혁이 자본주의 윤리를 발전시킴으로써 자본주의 경제
발전에 기여하였는가는 오랜 논쟁거리다. 이 논쟁을 촉발시킨 베

---

32) 이의 대표적인 책이 오트만(Francois Hotman)의『프랑코 갈리아』(1573), 익
명의 저자가 쓴『폭군토벌론』(1581), 스코틀랜드인으로 프랑스에서 활동하였던
부캐넌(George Buchanan)의『스코틀랜드의 통치권 이론』(1581)이다.

버(Max Weber : 1864~1920)는 제네바, 스코틀랜드, 화란, 뉴잉글
랜드, 영국과 같이 16~17세기에 자본주의 경제가 발전한 지역은
모두 칼뱅교가 널리 보급된 지역이라는 점에 주목하고, 칼뱅교가
자본주의 정신의 형성에 기여하였다고 보았다. 칼뱅의 가장 특징
적인 교리인 예정설에 의하면 구원은 각자가 열심히 믿고 선행을
쌓는 개인의 노력 덕분에 얻는 것이 아니라 하느님의 일방적인 선
택에 의하여 태어나기 전에 결정되는 것인데, 자신이 하느님에 의
하여 선택되었는가를 알 수 있는 유일한 방법이 세속 직업에서의
성공이라는 것이다. 그리하여 베버는 칼뱅의 교리가 열심히 일하
여 돈을 벌고 저축하여 재투자하는 금욕적인 자본주의의 경영자
와, 자기의 직업을 하느님이 주신 소명으로 알고 열심히 자기 일
에 매진하는 자본주의 노동자를 낳았으며, 아울러 이윤 추구를 합
법화하고 불균등 분배를 합리화하는 교리를 제공하였다고 보았다
(Weber, 박성수 역, pp.73-74, 126-129).

　　원래 칼뱅이나 루터의 교리가 자본주의 정신과 일치한다고 보
기는 힘들다. 엄격한 종교인이었던 이들은 모두 이윤 추구를 기독
교와 어긋나는 것으로 비난하였으며, 세속 생활을 무가치한 것으
로 보았다. 그러나 종교 개혁이 자본주의 정신을 배양한 측면이
있다. 우선 검약과 근면을 강조하였다는 점에서 칼뱅의 교리는 원
래 자본주의 윤리와 부합하는 면이 있다. 또한 루터와 칼뱅이 모
두 이성과 신앙을, 세속 생활과 믿음을 각각 구분함으로써 결과적
으로 세속주의를 강화하여 자본주의적 영리 추구를 합리화할 수
있는 단초를 제공하였다. 그리하여 칼뱅교의 부르주아 신자들은
신을 위해서라면 부자가 되기 위해서 노동해도 괜찮다는 것과 같
은 세속적인 자본주의 정신을 당연한 것으로 생각할 수 있게 되었
다고 볼 수 있다. 영리 추구를 직업으로 하던 부르주아지들에게
이윤 추구 행위를 죄악시하는 가톨릭의 교리를 대체하는 새로운

교리가 필요하였을 것이다. 이들에게 구교의 교리를 전반적으로 부정하는 신교의 교리, 특히 칼뱅의 교리는 새로운 교리를 만들수 있는 기초를 제공하였고 이를 자신들에게 맞게 변형하였다고 볼 수 있다. 그리고 "종파상의 소속은 경제적 현상의 원인이 아니라 어느 정도는 그 현상의 결과라고 여겨진다"고 베버도 인정한 바와 같이(Weber, 박성수 역, p.7), 칼뱅교와 자본주의가 상호 상승 작용을 하였을 것이다. 화란, 영국, 스위스 등 칼뱅 교도가 많았던 지역에서 자본주의가 일찍 발전한 사실이 이런 상호 작용을 뒷받침한다고 하겠다.

6. 절대군주제와 시민 혁명

르네상스와 종교 개혁과 더불어 자유주의를 탄생시킨 또 하나의 요소는 왕권의 강화를 통해 등장한 절대군주제의 등장이었다. 절대군주제의 억압에 저항하는 시민 혁명을 통하여 자유주의가 완성되었기 때문이다.

원래 절대군주제는 시민 혁명의 주도 세력인 중산층의 지지를 얻어 탄생하였다. 왕들은 중산층의 지지를 기반으로 중세의 지배 세력으로 자신들의 경쟁자였던 귀족들을 제압하고 왕권을 강화하여 절대 군주로 성장할 수 있었기 때문이다. 중산층들이 왕권 강화를 지지한 것은 그것이 그들에게 유리하였기 때문이다. 중산층인 상공인들과 자영농들에게 각 지방의 영주들이 독립적으로 다스리는 중세의 지방 분권은 치안을 불안하게 만들어 교역을 방해하고 재산의 안전을 위협하였으며, 지방마다 도량형과 제도와 법이 달라 지방간의 교역을 방해하였다. 이 때문에 중산층은 강력한 왕이 각 지방을 통합하여 국민국가를 만들기를 바랐다. 장사꾼에게 치안은 안정적일수록, 시장은 넓을수록, 도량형과 법 등 제도는 통일될수록 좋기 때문이다. 한편, 왕들은 귀족들을 제압하기 위해 중산층 출신을 관리로 뽑아 관료 제도를 확립하였으며, 귀족들이나 교회에서 빼앗은 토지들을 중산층들에게 팔아 중산층의 지지를 의도적으로 획득하고 자신의 왕권을 강화하여 절대 군주로 군림하게 되었다. 절대 군주는 강화된 왕권으로 중상주의를 실시하여 재정을 튼튼히 하고 상비군을 만들어서 안으로는 지방의 귀족들을 제압하여 국가를 통일된 근대 **국민국가**(nation state)를 건설하였다. 이와 같이 국민국가의 건설과 절대군주제의 등장은 중세가 소멸하고 근대가 시작되는 또 하나의 중요한 과정이었다.

중산층의 지지로 등장한 절대군주제는 중산층이 등을 돌리자 몰락하였다. 일단 절대 군주가 통일의 과업을 달성하자 절대군주제는 중산층을 억압하는 질곡으로 변하였다. 개인의 자유를 침해하는 정치적 억압, 과다한 세금 그리고 자유로운 경제 활동을 방해하는 절대 군주들의 중상주의적인 경제 규제 정책이 중산층에게 불리하였기 때문이다. 그리하여 절대 군주에 대항하는 시민 혁명 과정에서 중산층은 중심 역할을 담당하였다. 자유주의는 이 절의 첫머리에서 본 바와 같이 이러한 시민 혁명 과정에서 형성된 중산층의 사상이다.

근대 유럽에서 시민 혁명이 성공한 나라는 화란, 영국 그리고 프랑스의 세 나라 정도다. 그 외의 유럽 국가에서는 엘베강 동쪽의 동유럽에서와 같이 시민 혁명의 시도가 아예 없었거나 아니면 독일이나 오스트리아같이 시도가 있었지만 정부 탄압으로 실패하였다. 이제부터 자유주의의 발달의 배경이 된 화란, 영국, 프랑스에서의 절대주의의 발전과 시민 혁명을 고찰하자.

1) 화 란

화란은 영국보다도 먼저 유럽에서 최초로 정치와 경제, 문화 모든 면에서 전형적인 근대 국가를 건설한 나라다.[33] 시민 혁명의 성공, 정치적 자유주의와 의회민주주의의 확립, 다양성과 관용을 특징으로 하는 자본주의 문화의 융성 그리고 은행과 증권 시장 등 자본주의 경제의 번성이 모두 16~17세기 화란에서 최초로 시작되었으며, 영국도 화란으로부터 정치와 경제, 문화의 여러 면에서 문물을 배워갔다.

일찍이 중세에 이탈리아 다음으로 자본주의 경제가 발전하였던 플란더스 지방의 북부에 위치한 화란은 13세기부터 상공업이 발전하여 상공인 계층(부르주아지)이 사회 주도층으로 성장해왔다. 13~15세기에 번성하였던 독일의 한자동맹의 요충지에 자리잡은 덕에 화란 경제는 더욱 발전하였다. 16세기에 종교 개혁이 진행되자 많은 화란인들은 상공업을 천시하는 가톨릭을 버리고 개신교인 칼뱅교로 개종하였으며, 프랑스와 스페인, 남부 독일 등 종교 탄압이 심한 지역으로부터 종교의 자유를 찾아 많은 신교도와 유태인들이 화란으로 이주해왔다. 이들은 대부분 조선과 항해, 금융의 기술자이거나 재산을 가진 상공인들이었기 때문에 이들 이주민들 덕분에 화란의 중산층은 더욱 두터워지고 국력은 더욱 강해졌다.

합스부르크 왕가의 스페인 식민지였던 화란은 1566년부터 대(對)스페인 독립 전쟁을 시작하였다. 원래 화란 사람들은 스페인

---

33) 앞서 본 바와 같이 이탈리아의 도시국가들이 이보다 빨리 13~14세기경에 봉건 경제로부터 자본주의 경제로 이행하였으나, 15세기부터 경제의 중심지가 화란으로 이동하여 이탈리아의 경제가 침체하였으며, 이탈리아가 여러 독립된 도시국가와 왕국으로 분열되어 내전이 계속된 탓에, 이탈리아에서 의회민주주의와 법치주의를 갖춘 근대 국가가 형성된 것은 19세기 후반에 이르러서다.

의 식민 지배에 대한 반감이 많았고, 화란의 상공인들은 스페인 왕의 세금에 불만이 컸으며, 여기에 당시 스페인의 왕 펠리페 2세는 화란에 대하여 절대군주제를 강화하고 강력한 신교 탄압 정책을 실시하여 수많은 사람들을 처형하자, 이에 화란의 가톨릭 교도와 신교도가 합세하여 스페인에 대항하는 무력 항쟁을 시작하였다. 이처럼 화란의 대(對)스페인 독립 운동은 민족주의적 절대군주제에 대항하는 자유주의적, 종교적, 경제적인 여러 성격을 복합적으로 띠고 발생하였다.

화란의 17개 주는 1576년 헨트조약을 맺어 스페인 왕에 대한 항쟁을 공고히 하였으나 그 후 1579년 스페인의 회유 정책으로 가톨릭 교도가 많은 남부 10개 주는 탈퇴하여 오늘의 벨지움을 건설하였으며, 칼뱅 교도가 대부분이었던 북부의 7개 주는 위트레흐트연맹(the Utrecht Union)을 결성하여 공화국을 건설한 후, 1581년 독립을 선포하여 오늘날의 화란을 만들고 의회민주주의를 건설하였다. 이는 영국이 명예 혁명(1688)으로 의회민주주의를 확립한 것보다도 100년 이상 빠른 근대 최초의 의회민주주의였다. 그 후 화란은 대(對)스페인 독립 항쟁에 성공하여 1609년에 스페인과 휴전 협정을 맺어 스페인과 프랑스와 영국으로부터 독립을 인정받았다. 그 후 앞[5-3)]에서 본 30년 전쟁을 종결한 웨스트팔리아조약(1648)으로 국제적으로 화란의 독립이 공인되었다. 이처럼 무려 80년에 걸친 대(對)스페인 독립 전쟁 겸 시민 혁명에 성공한 덕분에 화란은 가장 먼저 종교와 정치의 자유와 관용을 확립하여 17세기에 유럽에서 자유의 중심국이 되었다. 17세기는 화란의 황금 시절이었다. 이 시기에 화란은 스피노자(Baruch de Spinoza)와 이 논문의 2절에서 고찰할 그로티우스(Hugo Grotius) 등 근대 자유주의의 선구자들을 배출했을 뿐 아니라 데카르트(René Descartes)와 이 책의 5절에서 고찰할 로크(John Locke) 등 유럽 각 국에서 많

은 자유주의자들이 자유를 찾아 화란으로 왔다.[34]

자유주의는 맨 앞에서 지적한 바와 같이, 중산층이 사회적 자유를 얻기 위하여 절대 왕정의 압제와 투쟁하는 과정에서 생성 발전한 근대 시민 사상이라는 것을 화란의 예에서도 확인할 수 있다. 16세기 말부터 17세기까지 스페인의 절대 왕정과 투쟁하여 승리한 화란의 상공인들은 가장 먼저 사상으로서의 자유주의를 발전시키고 이를 민주주의와 법치주의라는 자유주의의 제도로 실현시켰다. 이것이 가능하였던 것은, 화란에서 상공업이 발전하여 자본주의 경제가 성장하고 이로 인하여 상공인이라는 자유주의 투쟁을 담당할 수 있는 세력이 존재하였기 때문이다. 이런 의미에서 자유주의의 사회 경제적 토대는 자본주의 경제의 발전임을 화란의 예에서 확인할 수 있다.

2) 영 국

영국의 근대사는 자유주의라는 사상, 민주주의라는 정치 제도, 자본주의라는 경제 체제의 발전을 모두 전형적으로 보여준다.

영국은 원래 왕의 상비군이 없기 때문에 귀족들의 힘이 강하고 왕권이 약한 나라였다. 이를 잘 보여주는 것이 1215년 왕과 귀족들 간에 맺은 대헌장(Magna Carta)이다. 이는 귀족들의 재산과 생명을 보호하기 위한 것이었으나, 런던 등 자유시의 자치권을 인정하고 자유민의 생명과 재산을 보호하는 규정도 포함하고 있었기 때문에 이 헌장은 영국 자유주의의 기원으로 여겨지고 있다. 영국에서 왕권을 강화하여 절대군주제의 기초를 닦은 왕은, 영국의 귀족들이 왕권을 놓고 둘로 나누어 싸운 장미전쟁(1453~1483)

---

34) 데카르트(1596~1650)는 1629년에서 1649년까지 생애 후반 대부분을 화란에서 살았고, 로크(1632~1704)는 1683년에서 1689년까지 화란에 망명하였다.

에서 승리하여 왕으로 즉위한 헨리 7세(재위 1485~1509)다. 헨리 7세는 장미전쟁으로 많은 귀족들이 전사하여 귀족 세력들이 약화된 것을 이용하는 한편, 그간 자본주의 경제의 발전 덕분에 크게 성장한 농촌과 도시의 중산층들의 지지를 얻어 영국에서 절대군주제를 열었다. 그는 최고 법정인 왕실 법정을 개설하여 귀족들의 재판권을 빼앗고, 귀족들의 대규모 가신단을 금지하여 영국에서의 절대군주제를 열었다. 그는 이 과정에서 평민층인 농촌의 향사와 도시의 상공인들을 관료로 등용하고 이들에게 작위를 부여함으로써 이들의 지지를 얻었다. 그는 또한 조선업과 해운업을 육성하고 해양 개척을 지원하였다. 그의 아들인 헨리 8세(재위 1509~1547)는 왕권을 더욱 강화시키고, 앞[5.2)]에서 본 바와 같이 영국 교회를 로마 교황청으로 독립시켜 자신이 영국 교회의 수장으로 취임하였으며, 교회와 수도원의 토지를 몰수하여 중산층들에게 팔아 중산층의 지지를 얻었다. 그 후 엘리자베스 1세(1485~1603)까지 이어지는 튜더 왕조는 영국 절대군주제의 전성기였다.

엘리자베스 1세 서거 이후 명예 혁명까지 약 80년은 영국 국민들이 왕의 전제에 대항하여 두 번의 혁명을 일으켜 싸워 이긴 시민 혁명 기간이다. 이 싸움에는 도시의 상공인을 중심으로 하여 농촌의 향사, 가난한 영세 자영농과 노동자들이 모두 참여하였다. 엘리자베스 1세 사후 엘리자베스 여왕의 지명에 따라서 그녀의 사촌이었던 스코틀랜드의 왕 제임스 1세가 영국 왕으로 즉위함에 따라서 스코틀랜드와 잉글랜드는 하나의 왕을 섬기는 하나의 왕국으로 통일되었다. 제임스 1세의 아들이자 후계자인 찰스 1세는 왕권신수설의 신봉자로서 의회를 무시하였을 뿐만 아니라 엄격한 국교 정책을 실시하여 청교도와 장로교도 등 신교도들을 탄압함으로써 이들이 다수를 점하고 있던 의회와 대립하였다. 이에 왕당파와 의회파 간의 내전(1642~1649)이 발생, 의회파가 승리하여

1649년 찰스 1세를 처형하고 공화정을 수립하였다. 이것이 1차 혁명이다. 청교도가 주축이었던 의회군 사령관 크롬웰이 11년간 엄격한 독재를 행한 후에 1660년에 사망하자, 의회의 주도 세력이었던 부르주아들은 청교도 독재에 염증을 느끼는 한편, 저소득층의 힘이 세어져서 사회 혁명이 발생하는 것을 두려워하여, 찰스 1세의 아들인 찰스 2세를 프랑스에서 불러와 왕정을 복고하였다. 찰스 2세 재위 중 법관의 영장 없는 체포를 금지하는 **인신보호법**이 1679년에 제정되어 인권 보호에 큰 진전이 이루어졌다. 찰스 2세의 아들이자 후계자인 제임스 2세는 가톨릭 교도로서 신교도를 박해하고 절대군주제를 부활하려고 기도하여, 이에 반발한 의회와 영국 국민들이 제임스 2세의 딸과 그 남편이자 유럽 신교도의 지도자인 화란의 윌리엄 3세를 여왕과 왕으로 추대하자 제임스 2세는 프랑스로 도망하여 이들 부부가 런던에 무혈 입성하여 왕으로 즉위한 **명예 혁명**이 1688년 달성되었다. 이것이 2차 혁명이다. 그 이듬해에, 입헌군주제 하의 의회민주주의와 국민들의 권리 보호를 명시한 **권리장전**과, 종교의 자유를 보장하는 **관용법**이 제정됨으로써 영국의 시민 혁명은 의회의 승리로 완결을 짓게 되었다.[35]

이 책의 3, 4, 5절에서 각각 살펴볼 홉스(Thomas Hobbes : 1588~1679), 밀턴(John Milton : 1608~1674), 로크(John Locke : 1632~1704) 등 영국의 대표적인 자유주의들의 사상은 모두 17세기 영국의 시민 혁명을 배경으로 개인 자유와 사유 재산의 보호를 주장하였다. 영국은 위에서 본 바와 같이 절대군주제와 시민 혁명이 진행되는 동안 스페인, 화란, 프랑스의 경쟁국을 차례로 격파함으로

---

35) 이때 선거권과 피선거권은 재산에 의해 크게 제한을 받았다. 중산 계급이 의회에 대표를 보낼 수 있게 된 것은 그 후 140여 년이 지난 1832년의 선거법 개정에 의해서며, 도시 노동자에게 투표권이 주어진 것은 1877년의 선거법 개정, 농업 노동자에게 투표권이 주어지고 비밀 투표 제도와 투표 매수 금지 제도가 도입된 것은 1884년의 선거법 개정에 의해서였다.

써 18세기와 19세기에 세계 최강국으로 군림하였다.

영국이 17세기의 시민 혁명에 성공할 수 있었던 것은 왕과 싸울 수 있는 중산층이 이미 두텁게 형성되어 있었기 때문이다. 영국은 15세기부터 모직물의 주생산국이 되어 모직물 수출이 증가하였고 이로 인해 영국의 도시에서는 상공업이, 그리고 농촌에서는 원모를 생산하는 상업화된 농업이 발전하였다. 그 결과 영국에는 도시의 상공인과 농촌의 향사나 요맨 같은 중산층이 두텁게 형성되었고 칼뱅 교도인 청교도가 많았던 이들은 왕과 투쟁한 시민 혁명의 주도 세력이 되었다. 명예 혁명 이후 영국의 상공인들은 의회의 주도권을 잡고 절대군주제를 폐지하고 의회민주주의라는 근대적 정치 체제를 건설하였다. 경제 정책에서는 시민 혁명 이후 18세기 말까지 약 100년간은 의회중상주의를 유지하였다. 의회를 장악한 대상공인들의 이익을 대변한 이 정책은 대륙의 왕실중상주의보다는 규제가 훨씬 적었다. 이 책의 6절에서 고찰할 스미스가 비판한 것이 바로 이 영국의 의회중상주의 정책이었다. 19세기 초에는 중상주의의 규제 정책을 철폐하고 자유방임의 경제 정책을 실시하였다. 그 결과 영국의 경제는 경쟁국들보다 더 빨리 발전하여, 앞서 본 바와 같이 18세기 말과 19세기 초에 세계 최초로 산업 혁명을 달성하여 산업 자본주의를 확립하였다. 반면에 영국의 경쟁국이었던 프랑스와 독일과 러시아는 절대군주제 하에서 정치적으로는 절대군주제를 경제적으로는 정부가 경제를 철저하게 장악하는 왕실중상주의 정책을 채택하고 있었다. 17~19세기 다른 나라와의 경쟁에서 영국이 승리한 것은, 영국의 중산층이 자유주의에 입각하여 시민 혁명을 달성하고 다른 나라보다도 빨리 의회민주주의와 자유로운 자본주의 경제라는 근대 시민 사회를 건설하여 국력을 강화한 덕분이라고 볼 수 있다.

3) 프랑스

(1) 절대군주제의 융성과 몰락

　절대군주제란 국왕이 독단적으로 국가를 통치하는 전제군주제다. 유럽에서 이런 절대군주제는 16세기부터 근대에 들어오면서 등장하였다. 그 이전 봉건 제도 하에서 통치권은 각 지방의 영주, 자치 도시, 교회에 분산되어 있었다. 각 지방의 영주(제후)들은 자신의 영지에서 각자 독자적으로 통치권(조세부과권, 재판권, 행정권 등)을 갖고 있었으며 도시 중에는 독자적인 자치권을 갖고 있는 자치 도시들이 많았으며, 교회의 인사권과 재산은 기본적으로 로마 교황의 관할 하에 있었다.

　유럽에서 절대군주제가 가장 전형적으로 나타난 것이 프랑스였는데, 영국과의 백년전쟁이 끝난 1453년부터 프랑스 대혁명이 발생한 1789년 사이의 330여 년이 그러하였다. 이 기간은 백년전쟁의 종결부터 프랑스 종교 전쟁이 발생한 1562년까지 약 90년간의 절대군주제 형성기, 종교 전쟁(1562~1589) 동안 약 30년간의 절대군주제 중단기, 종교 전쟁 이후 앙리 4세, 루이 13세, 루이 14세 치세의 중반(1685)년까지 약 100년간의 절대군주제 융성기, 1685년부터 대혁명(1789)까지 약 100년간의 절대군주제 몰락기로 나눌 수 있다.

　프랑스의 절대군주제의 기초를 닦은 사람은, 영국과의 백년전쟁을 승리로 마감한 샤르르7세(재위 1422~1461)이다. 백년전쟁 기간 동안 영국의 오랜 침략을 겪으면서 프랑스 민족 감정이 프랑스인들에게 확고하게 형성되었고, 또한 전쟁시의 무질서를 경험한 프랑스 국민들은 강력한 국왕에 의한 질서 회복을 원하게 되었으며, 전쟁 수행을 통해 국가의 구심점으로서의 왕의 권위가 강화되었다. 이러한 배경을 이용하여 프랑스 왕들은 군사, 행정, 사법,

조세와 재정의 모든 면에서 일관되게 왕권 강화 정책을 시행하여 절대군주제를 건설하였다. 왕들은 귀족들과 교회와 자치 도시들이 갖고 있던 군대를 해산하고 귀족들의 요새들을 폐쇄하고, 이들이 갖고 있던 자치권(행정권, 조세권, 사법권 등)을 몰수하는 한편, 국왕의 상비군을 확대 강화하고, 경찰을 창설하고, 왕의 관할 하에 전국적으로 통일된 행정 제도와 사법 제도, 조세·재정 제도를 만들고, 법전을 편찬하고, 호적 제도를 도입하였다. 각 지방에 왕이 임명한 지사를 파견하여 지방의 군사, 행정, 조세 등 모든 업무를 관장하게 하였다. 왕들은 부국강병의 중상주의 정책에 입각하여, 주요 산업에 국영으로 무역 회사, 매뉴팩추어(공장제 수공업), 전매 사업들을 창업하고, 농업을 지원하고, 캐나다와 미시시피 연안, 인도, 세네갈 등 많은 해외 식민지를 개척하고, 도로와 운하와 항만을 건설하였다. 그리고 이 모든 확대된 국가 업무를 수행하는 관료 제도를 만들었다. 이 과정에서 왕들은 자신의 정치적 경쟁자인 귀족들 대신에 부르주아 출신의 관료들을 많이 등용하였고, 부르주아들도 치안을 확립해주고 시장을 통합해주는 왕을 지지하였다. 로마 교황과 맺은 볼로냐협정(1516)으로 프랑스의 주교와 수도원장의 임명권을 프랑스 왕이 갖게 됨으로써 교회에 대해서도 왕권이 확립되었다. 절대군주제 하에서 프랑스의 학문과 예술도 왕의 지원으로 발전하였다. 루이 13세는 왕립아카데미를 만들고, 루이 14세는 문학원, 미술원, 음악원, 천문대, 식물원, 국립극장을 왕립으로 건설하였다.

유능한 왕들과 리슐리에, 마재랑, 콜베르 같은 유능하고 헌신적인 재상과 대신들 덕분에 원래 유럽에서 가장 인구가 많고 자연도 가장 풍요로웠던 프랑스는 절대군주제도 하에서 국내 통일과 안정을 이루어 17세기에 군사, 정치, 경제에서 유럽의 최강국으로 발전하였을 뿐만 아니라 예술과 자연과학에서도 유럽의 중심이 되었고 프랑스어는 유럽 상류층의 일상어가 되었다.

'짐이 국가다'라는 루이 14세의 말에서 나타나듯이, 루이 14세 치세의 전반기(1661~1685)에서 프랑스의 절대군주제는 절정기를 구가하였다. 그러나 루이 14세는 자만에 빠져 점차 실정을 거듭하기 시작하였다. 신교도에게 종교의 자유를 허가하였던 낭트칙령 (1598)을 1685년에 폐지하면서 루이 14세의 실정기이자 절대군주 제의 몰락기가 시작되었다. 이로 인해 신교에 대한 탄압이 가해지자 20만 내지 40만 명36)에 달하는 위그노들이 화란, 영국, 북유럽 등으로 탈출하였다. 숫자는 적지만 이들은 군인, 법률가, 부유한 상공인이나 기술자였기 때문에 이들의 탈출은 프랑스 국력에 상당한 타격을 가하였다. 그 후 루이 14세의 실정이 계속되었는데 가장 중요한 것이 무리하게 대외 전쟁을 계속하여 국가 재정을 파탄시켰다는 것이다.37) 재정 파탄을 해결할 수 있는 유일한 방법은 조세 제도의 개혁이었다. 프랑스 왕들은 귀족들의 군대와 권한은 빼앗았으나, 세금을 내지 않는다는 귀족들의 특권은 유지시켰다. 루이 14세, 루이 15세, 루이 16세는 모두 가장 부유한 계급인 이들에게도 세금을 부과하는 세제 개혁을 단행하려고 시도하였으나 귀족들의 반대에 부딪혀 모두 포기하고 주로 공채 발행으로 재정 적자를 메웠고 이것이 엄청난 규모로 누적되어 그 후 혁명 발생의 직접 원인의 하나로 되었다.

(2) 대혁명

프랑스 대혁명은 어떤 개인이나 집단이 만든 각본에 의한 것이 아니라 역사적 상황과 우연이 겹쳐서 아무도 예측하지 않은 방향

---

36) 이 숫자를 리비에르는 17만 내지 20만으로, 모로아는 40만으로 봤다. Rivière, 최갑수 역, p.212, Maurois, 신용석 옮김, p.237.
37) 루이 14세의 54년간 치세 중에서 전쟁이 있었던 해는 37년이었다.

으로 전개되어 갔다. 다음과 같이 왕을 제외한 모든 계층의 불만이 혁명의 가장 큰 동인으로 작용하였다고 볼 수 있다. 먼저 귀족들은 자신들의 권한이 절대군주제 하에서 대부분 박탈되고 정치적으로 무력해진 것에 대하여 불만을 갖고 있었다. 부르주아들도 불만을 갖고 있었다. 왕들은 유능하고 유식한 부르주아들을 관료로 발탁하였을 뿐만 아니라 왕들은 재정 수입을 위해 관직의 판매를 애용하였기 때문에 많은 부유한 부르주아들이 관직을 사서 신분 상승을 하였다. 그러나 그들은 귀족들에 비하여 사회적으로 차별을 받았으며, 귀족들이 세금을 내지 않고 있는 것에 대하여 불만을 갖고 있었다. 농민들은 이미 절대군주제 하에서 농노의 신분에서 해방되어 자영농이나 소작농이 되어 영국 못지 않게 자유로운 농민이 되어 있었다. 그러나 과중한 세금과 병역, 아직도 남아있는 엄격한 신분 차별 그리고 아직 잔존하여 있는 영주들에 대한 부담(시장 사용료, 사냥세, 방앗간과 포도주 착즙기 사용료, 토지 매매세 등)에 대하여 이들의 불만이 컸다. 농촌 노동자와 도시 빈민들은 재정 파탄으로 인한 인플레, 특히 빵값 인상으로 생계가 곤란해져서 큰 불만을 갖게 되었다. 하위 성직자들도 싼 급료와 호사스러운 고위 성직자들의 사치 때문에 불만을 갖고 있었다.

18세기 절대 군주 시대 프랑스에서 나타난 계몽주의 사상이 이런 불만을 증폭시켰다. 계몽주의는 18세기 프랑스 국민을 의식화시켰다. 디드로와 달랑베르로 대표되는 백과전서파 그리고 이 논문의 7절에서 9절까지 살펴볼 몽테스키외, 볼테르, 루소로 대표되는 이 시절 프랑스의 계몽주의 사상의 내용은 크게 둘이다. 하나는 영국의 자유주의와 의회민주주의 제도를 소개하는 것이고, 둘째는 발달된 자연과학 지식을 보급하여 이성을 존중하고 전통적 권위를 비판하는 것이다. 이 둘이 모두 당시 프랑스의 절대군주제 하의 구체제에 대한 비판 의식을 높였다. 실제로 프랑스의 절대

군주들은 대부분 선정을 베풀기 위해 노력하였기 때문에, 영국과 화란을 제외하면 이 시절 프랑스의 농민들은 농노에서 해방된 지 이미 오래되어 유럽에서 가장 신분적으로 자유로웠고, 일반적으로 프랑스 국민들은 다른 절대 군주국들(오스트리아, 프러시아, 스페인, 러시아 등)의 국민들보다 경제적으로 부유하고 정치적으로도 더 자유롭게 살고 있었다. 그럼에도 불구하고 프랑스 국민들의 불만이 혁명으로 폭발한 것은 계몽주의 사상이 18세기 프랑스에 널리 보급되면서 이들을 의식화시켰기 때문이 아닌가 생각된다. 영국의 식민지였던 미국이 영국에 대항한 독립 전쟁에 성공하여 민주주의 공화국의 건국에 성공한 것도 실정을 거듭하는 왕정에 대한 프랑스인들의 저항 의식을 크게 고취하는 계기가 되었다.

① 국민회의 기간(1789. 5~1791. 9)

재정 파탄을 구하기 위하여 루이 16세(재위 1774~1789)는 귀족에게도 세금을 부과하는 세제 개혁을 1774년 이후 여러 번 시도하였으나 그때마다 귀족들이 반대에 부딪혀 모두 좌절되었다. 루이 14세 사망 이후 왕권은 약화되고 귀족들의 힘은 강화되어 있었기 때문이다. 이처럼 혁명은 평민이 아니라 귀족들의 반항에서 시작되었다. 이에 왕은 세제 개혁 문제를 해결하기 위하여 1614년에 열린 후 170년 동안 한 번도 열리지 않았던 3부 회의[38])를 소집하여 1789년 5월에 열었다. 이 회의에서 제1신분과 제2신분은 전통에 따라서 각 신분이 동등한 투표권을 갖자고 주장하였고 숫자가 많았던 제3신분 대표들은 이에 반대하여 개별 투표권을 주장하고 별도로 모여 '국민회의'를 결성한 후, 자신들의 동의를 얻지 않는

---

38) 1301년에 최초로 소집되어 왕의 세금 책정을 심의하는 프랑스의 일종의 의회. 의결권은 없고 왕의 자문에만 응하여 심의만 하게 되어 있는 이 회의에는 제1신분인 성직자 계급, 제2신분인 귀족 계급, 제3신분인 평민 계급의 대표들이 참가하며 각 신분이 동등한 발언권을 갖는다.

한 어떤 세금도 낼 수 없다고 선포하면서 국왕에게 정면 도전하였다. 이때 국왕이 군대를 왕궁에 불러들이자 왕이 국민회의를 공격하려 한다는 유언비어가 돌고 그 전 해의 심한 흉년으로 빵값이 폭등하여 기아에 허덕이던 파리의 빈민들이 중산층과 합세하여 1789년 7월 14일, 무기를 탈취할 목적으로 바스티유 감옥을 공격하여 유혈로 점령하였다. 이에 왕은 굴복하여 궁전에서 군대를 철수시키고 국민회의를 인정하였다. 그 후 국민회의는 신분 차별, 영주의 잔존 특권 등 봉건제의 잔재들을 거의 폐지하였다. 1789년 8월 26일에 국민회의가 선포한 인간과 시민의 권리의 선언(인권 선언)은 근대 시민 사상인 자유주의의 핵심 내용들인 법의 지배, 평등한 인권, 인민 주권, 사상과 종교·출판의 자유, 재산과 인신의 안전, 압제에 대한 저항권 등을 분명하게 표현한 근대사의 기념비적 문건이다. 이 정신을 프랑스 국민들은 자유, 평등, 박애로 요약하였다. 국민회의는 또한 단원제와 왕의 거부권을 인정한 입헌군주제를 주요 내용으로 하는 1791년 헌법을 공포하였다. 부르주아들이 주도하던 국민회의는 자유주의 경제 정책을 채택하여 가격통제를 철폐하고, 동업자 조합(노동조합에 해당)과 길드를 금지하였으며 교회와 수도원 재산을 몰수하여 주로 부르주아들에게 유상으로 판매하여 이들이 큰 이득을 보게 하였다. 새 헌법의 공포로 국민회의는 1791년 9월에 해산되었다.

② 전쟁과 공포 정치 기간(1791. 10~1794. 7)

새 헌법에 의해 '제헌의회'가 1791년 10월 1일에 개회되었다. 이 의회에서 온건파인 지롱드파는 점차 세력을 잃고 강경파인 자코뱅파가 점차 주도 세력이 되었다. 이때 프랑스는 안으로는 왕당파의 반란 그리고 밖으로부터는 망명한 귀족들과 오스트리아와 프러시아 등 외국군의 침입 위협을 함께 받게 되어 극심한 불안과 혼란에 빠지게 되었다. 제헌의회는 외국의 침략 위협에 맞서 1792년 4월 20일에 오스트리아에 선전 포고하였고 프러시아와 영국을 포함한 대부분의 유럽 국가들이 오스트리아 편에 가담하여 프랑스는 전 유럽을 상대로 전쟁을 치르게 되었다.

대외 전쟁이 시작되고 얼마 후인 1792년 8월 10일에 파리에서 대규모 폭동이 발발하였다. 개전 이후의 연이은 패전과, 그간 의회를 주도한 부르주아들의 자유주의적 정책 때문에 쌓여온 파리 민중들의 불만이 겹쳐져 폭발한 것이다. 파리 시민들은 파리코뮌을 설치하고, 궁정을 공격하여 수비병들을 죽이고 왕과 왕족을 투옥하였다. 이를 '제2의 프랑스 혁명'이라고 한다. 이후 반혁명 분자로 의심되는 1000명 이상의 사람들이 학살되고, 신헌법은 시행도 되지 못하고 폐기되었으며 '제헌의회'는 해산되었다.

1792년 9월 20일에 새로운 의회인 '국민공회'가 보통 선거를 통해 소집되었다. 국민공회는 공화국을 선포하고 징병제 실시, 국민군 창설, 남자보통선거제 실시, 경제 통제, 농민들 토지 구매와 관련 부채 탕감, 노예제 폐지, 반동파 체포 등 전시에 맞는 진보적인 정책들을 시행하였다. 그리고 외국으로 탈출하려다가 체포되어 외국군과 내통한다는 의심을 받은 루이 16세를 1793년 1월에 처형하고 공화국을 세웠다. 1792년 9월 20일의 발미 전투에서 프랑스군이 프러시아군을 격퇴한 후 애국심에 가득 찬 프랑스의 국민군은 수세에서 공세로 전환하여 국경을 넘어 진격하기 시작하였다.

국내의 반란과 외국과의 전쟁이란 비상 상황을 처리하기 위하여 국민공회는 1793년 4월 6일에 9인 위원으로 구성되는 '공안위원회'를 설치하여 전권을 위임하였다. 이 위원회를 장악한 것이 과격파인 자코뱅당의 로베스피에르, 마라, 당통의 3인이었다. 얼마 안 가서 마라는 피살당하고(1793년 7월 13일) 당통은 그 다음해에 로베스피에르에 의해 숙청되고(1794년 4월 5일), 로베스피에르 자신도 3개월 후인 7월 27일에 중산층의 음모로 실각되어 당통과 똑같은 운명을 맞았다. 로베스피에르가 실각된 것을 **데오르토르미의 반동**이라고 부른다. 공안위원회의 설치부터 데오르토르미의 반동까지 1년 3개월이란 짧은 기간 동안에 수만 명[39]의 사람들이 반혁명으로 몰려 처형되었기 때문에 이를 '공포의 통치(the Reign of Terror)'라고 부른다. 그러나 국내외의 반혁명 세력으로부터 심한 공격을 받고 있던 당시의 위기 상황을 고려할 때 이러한 과격 정책은 불가피한 측면이 있었다고도 볼 수 있다. 공안위원회는 총동원령을 내려 국민군을 만들어(이것이 근대 국민군의 효시다) 성공적으로 외적을 막고, 봉건적 권리의 완전한 폐지를 선포하고, 곡물 등 주요 물자에 최고 가격제를 도입하는 등 당시의 위기에 성공적으로 대처하였다.

③ 집정 정부와 나폴레옹의 등장(1795~1799. 11)

데오르토르미의 정변으로 정권을 잡은 부유한 중산층은 '국민공회'와 '공안위원회'를 장악하였다. '국민공회'는 새 헌법(1795년 헌법)을 제정하고 1795년 10월에 해산하였다. 곧이어 성립된 새 정부는 새 헌법에 따라서 상하 양원으로 구성되고, 행정은 상원에서 선출한 5인의 집정(directeurs)에게 위임되었다. 부르주아를 대변하는 무능한 집정 정부 하에서 위기가 계속되었다. 군대는 보급품이 떨어지고 재정난, 식량난, 인플레와 관료들의 부패는 극심하였으며, 비적과 강도가 도처에 출몰하여 무법천지를 방불하였다. 이에 따라서 민중들과 극좌파와 왕당파의 세력이 커지자 집정 정부는 점차 더 군대에 의존하게 되었고 그 결과 전쟁에서 영웅으로 등장한 나폴레옹이 1799년 11월 9일에 쿠데타로 통령이 되어 정

---

39) 이 숫자는 책마다 다르다. 비올트는 1만 6000명으로 보고, 리비에라는 4~5만 명으로 보았다 (Viault, p.190, Rivière, p.269).

권을 잡았다. 10년간 혁명으로 혼란에 지친 프랑스 국민들이 이 정변을 인정함으로써 프랑스 혁명은 종결을 고하게 되었다. 백년 전쟁이 끝난 후나 종교 전쟁이 끝난 후나 이번이나 모두 오랜 내전과 혼란에 지친 국민들이 혼란을 수습하는 강력한 권력자를 지지함으로써 새로운 중앙 집중적 권력이 등장하는 프랑스 역사의 패턴이 되풀이된 것이다.

독재자 나폴레옹의 등장으로 혁명은 끝나고 그 후 프랑스에 왕정과 제정이 진행되었으나 프랑스 혁명은 프랑스와 세계를 근본적으로 바꾸어놓았다. 무엇보다도 사람들의 생각을 바꾸어놓았다. 모든 사람이 신분과 상관없이 아무도 침범할 수 없는 기본권을 갖고 있다는 인권 사상, 그리고 모두가 사회적으로 법적으로 평등하다는 사회적 평등 사상이 사회적 통념으로 프랑스에서 확립되었다. 귀족들의 특권을 인정하는 봉건 제도의 잔재가 현실에서 완전히 일소되었으며, **나폴레옹 법전**은 사회적 평등과 사유 재산 제도를 명문화하였다. 10년간 나폴레옹의 유럽 지배를 통하여 이 사상은 전 유럽에 전파되어 유럽인들의 생각과 사회를 근본적으로 바꾸었다. 이것은 그 후 프랑스의 왕정과 제정이 반동으로 회귀하려고 할 때마다 파리를 중심으로 한 시민 혁명에 의해 모두 붕괴되었다는 것에서 확인할 수 있다. 1830년의 7월 혁명은 나폴레옹의 퇴위 이후 복귀한 부르봉 왕정(1815~1830)을 붕괴시키고 루이 필립의 왕정(1830~1848)을 세웠으며, 1848년의 2월 혁명은 루이 필립 왕을 축출하고 제2공화정(1848~1852)을 열었으며, 1870년 9월의 시민 혁명은 황제 나폴레옹 3세의 제정(1852~1870)을 막 내리게 하고 제3공화정을 열었다. "1789년 프랑스 혁명 이후 세계는 결코 그 이전으로 돌아갈 수 없게 되었다"(Palmer & etc. p.343)는 말처럼 프랑스 혁명은 프랑스만이 아니라 전 유럽과 전 세계를 근본적으로 다른 세계로 바꾸어놓았다.

7. 맺음말

지금까지 본 바와 같이 근대 시민 사상인 자유주의는 근대 서양에서 르네상스, 종교 개혁, 절대 군주에 대항한 시민 혁명을 통해 형성되었으며 그 배경을 이루는 것은 자본주의 경제의 발전이었다. 르네상스에서는 인본주의, 개인주의, 세속주의 그리고 이성에 대한 자각이라는 자유주의의 요소들이 등장하였고, 종교 개혁을 통해서 종교와 사상의 자유, 관용 그리고 자본주의적 윤리가 형성되었다. 절대 군주에 대항한 시민 혁명에서는 폭정에 대한 저항권, 개인의 자유와 재산을 보호하는 민주주의와 법치주의를 확립하였다. 이런 근대 유럽 역사의 발전의 주역은 중소 상공인을 주축으로 하는 부르주아지였고 이들은 13세기부터 유럽에서 자본주의 경제가 발전함에 따라 점차 성장하여 대략 17세기부터는 서구에서 사회 주역으로 자리잡았다. 이처럼 부르주아지를 양성하였다는 의미에서 자본주의 경제의 발전이 근대 시민 사회와 자유주의의 생성과 발전의 기초였다. 동시에 자본주의 경제의 발전으로 등장한 상공인들이 자본주의 자체의 발전을 더욱 촉진시켰다. 법과 제도와 윤리를 자본주의에 맞도록 바꾸고 끊임없이 생산 기술을 개발하여 자본주의 경제 발전을 주도한 것이 이들이기 때문이다. 앞[5-4)]에서 본 칼뱅의 신교도 윤리와 자본주의 발전도 이의 한 예일 것이다. 사람의 인식은 사회적 산물이지만 동시에 사람의 인식이 사회의 변화를 촉진한다는 것은 보편타당한 말일 것이다.

자유주의의 역사적 반동성도 많이 지적된다. 그것은 주로 자유주의의 계급적 한계에서 비롯된다. 자유주의의 주도 세력을 시민(citizen), 중간층(middle class), 중산층, 부르주아지 등 여러 가지로 부르나 이들은 중소 상공인 혹은 중소 자본가로서 유산자 계급이다. 이러한 계급 인식의 한계가 자유주의자들의 생각에서 분명하게 나타났다. 17세기 영국의 대표적 자유주의자였던 로크(John Locke : 1632~1704)는 사람의 생명은 뺏을 수 있으나 재산은 뺏을 수 없다고 주장하였으며, 18세기 프랑스의 자유주의자 볼테르(Voltaire : 1694~1778)는 빈민을 위한 교육은 노동자의 버릇을 망친다고 반대하였으며, 18세기 프랑스의 백과전서파인 디드로(Denis Didrot : 1713~1784)와 엘베티우스(Claude-Adrien Helvètius : 1715~1771)는 유산자만 시민으로 인정하여야 한다고 주장하였고, 독일의 자유주의 철학자 칸트(Emmanuel Kant : 1724~1794)도 불평등은 효율성을 위한 필요악이라고 보았다(Arblaster, p.190).

이러한 계급 인식의 한계는 시민 혁명 과정과 혁명에 성공한 다음 집권한 부르주아 정부의 정책에서도 분명하게 나타났다. 시민 혁명 후 영국과 프랑스에서 모두 공화정이 포기되고 왕정이 부활된 것은[40] 부르주아들이 빈민층의 사회 혁명을 두려워하여 왕정 복귀를 원하였기 때문이며, 화란, 영국, 프랑스 그리고 미국에서 시민 혁명이 성공한 다음 등장한 민주주의 정부들은 한결 같이 부르주아지의 입장을 반영한 정책들을 실시하였다. 이들 나라들은 모두 선거권을 유산자에게만 부여하였다. 재산이 있어야만 책임 의식이 있는 시민이 될 수 있다는 것이다. 사유 재산 제도의 보장을 법치주의의 가장 중요한 내용으로 보고 이를 위해 민법을 개정하고 사유 재산 제도를 확립하였다. 또한 절도 등 재산 범죄를 가혹한 형벌로 다스렸다. 18세기 영국에서는 주인집에 방화한 11세의 소년, 1실링을 훔친 남자, 손수건을 훔친 소녀가 교수형에 처해진 일도 있었고 수많은 죄인들이 해외 유형에 처해졌다. 18세기 영국 정부는 가혹한 형벌을 통한 공포를 계급 갈등에 대처하는 수

---

40) 영국에서는 1649년에 찰스 1세의 처형 이후 공화국이 되었으나 크롬웰의 사망 후 1660년 찰스 2세가 즉위하여 왕정이 복구되었으며, 프랑스에서는 나폴레옹의 제정에 이어 부르봉가의 루이 18세와 샤를 10세가 즉위하였다.

단으로 사용하였다고 볼 수 있다(Arblaster, p.170). 부르주아 정부는 노동조합을 금지하고 저임금 정책을 지속하고, 사회 보장 제도를 최소한으로 유지하였으며, 빈민들을 위한 공공 교육은 거의 시행하지 않았다. 이들에 의하면 빈곤은 태만과 무절제의 탓이며, 가난해야만 열심히 일하므로 근면을 위해서는 빈곤이 필요하다는 것이다. 반면에 자유로운 영업을 방해하는 가격 규제나 매매 규제 같은 중상주의의 경제 규제들은 철폐되었다.

이러한 계급적 한계에도 불구하고 자유주의와 시민 혁명은 역사 발전에 기여하였다고 보는 것이 공정한 평가일 것이다. 우선 시민 혁명이 절대군주제를 무너뜨리고 부르주아지의 민주 정부를 세웠다는 것은 비록 그것이 가난한 대중의 입장을 충분히 대변한 것은 아니라고 하더라도 역사의 발전이었음을 부인할 수 없을 것이다. 근로자나 도시 빈민 같은 가난한 대중이 시민 혁명 덕분에 과거보다 더 큰 자유와 평등을 누리게 된 것이 사실이다. 언론과 출판의 자유가 확대되었고 신분에 의한 사회적 차별이 대폭 축소되었기 때문이다.

자유주의는 진보적이다. 자유주의의 내용을 정치적 자유주의와 경제적 자유주의로 구분하면 이는 분명해진다. 경제적 자유주의란 자유방임의 자본주의 경제를 지지하는 것을 말하며, 정치적 자유주의란 경제적 자유주의를 제외한 자유주의의 모든 내용, 즉 사회적 의미에서의 만인 평등, 개인의 자유와 기본권의 보장, 관용, 국가 권력의 횡포를 막기 위한 법치주의와 민주주의의 지지 등 주로 정치에 관련된 자유주의의 내용을 말한다. 자유방임의 자본주의 경제에는 실업과 불황, 빈부 양극화, 환경 파괴 같은 시장의 실패가 분명히 존재하기 때문에 경제적 자유주의(자유방임주의)를 100퍼센트 실현할 수는 없고 현실에서 시장의 실패를 완화 내지 시정하기 위한 정부의 개입이 불가피하다. 위에서 본 자유주의의 한계에 대한 비판도 모두 경제적 자유주의에 대한 비판이며, 역사적으로도 경제적 자유주의가 주장하는 자유방임의 경제 정책은 항상 확대와 축소를 반복해왔다.[41]

그러나 정치적 자유주의의 모든 내용들은 시공을 초월한 보편 타당성을 갖고 있다고 생각된다. 특히 모든 개인은 사회적으로 평등한 권리와 존엄성을 갖고 있다는 정치적 자유주의의 기본 관점은 항상 역사를 진보시키는 힘찬 생명력을 갖고 있다. 19세기 이후 구미에서 선거권과 노동자들의 권익과 빈민에 대한 공적인 사회 보장이 계속 확대되어온 것은 모두 만인 평등이라는 정치적 자유주의의 기본 원리가 실현되어온 것이라고 평가할 수 있다.[42] 또한 법치주의와 민주주의라는 정치적 자유주의가 주장하는 제도도 자유방임의 자본주의가 항상 논란의 대상이 된 것과는 대조적으로 현실적으로 최선의 제도라는 데에 이견이 별로 없다.

분단이라는 특수한 사정 때문에 우리나라는 아직 자유주의가 정확하게 이해되지도 못하고 부르주아지의 편협한 이기주의나 반공주의로 오해되고 있다. 그러나 정치적 자유주의를 정확히 이해하는 것은 우리나라가 중진국에서 선진국으로 발돋움하기 위해서 꼭 필요하다고 생각된다. 언론의 자유를 보장하고, 다양성을 존중하는 관용의 풍토를 조성하며, 법치주의를 확립하여 국가의 횡포를 예방하고, 국가의 도움을 바라기 전에 각자 자기와 자기 가족에 대해서는 자기가 우선적으로 책임지며, 각자 사회에 대한 시민으로서의 의무를 회피하지 않는 시민 의식이 우리 사회의 발전에 꼭 필요할 것이다. 동시에 자유 시장경제의 효율성을 살리되 적절

---

41) 서양 근대사에서 보면 중상주의 시대 이후 경제적 자유주의는 시대에 따라 시계추처럼 확대와 축소를 반복해왔다. 이근식(2001), pp.32-52.

42) 평등과 자유를 갈등 관계로 이해하기 쉬우나 평등은 자유가 도출되는 기본 전제다, 모두가 평등하면 아무도 다른 사람을 강요할 수 없기 때문이다. 이근식(2001, pp.19-22), 참조.

한 정부의 개입으로 시장의 실패에 대처하는 것도 필요할 것이다.

□ 참고 문헌

김영중 · 장붕익, 『네덜란드사』, 대한교과서주식회사, 1994.

노명식, 『자유주의의 원리와 역사』, 대우학술총서 인문사회과학 56, 민음사, 1991.

이근식, 『자유주의 사회 경제 사상』, 한길사, 1999.

_____, 『자유주의와 한국 사회』, 이근식 · 황경식 편(2001), pp.13-75.

이근식 · 황경식 편, 『자유주의란 무엇인가?』, 삼성경제연구소, 2001. 9.

Arblaster, Anthony, *The Rise and Decline of Western Liberalism*, Basil Blackwell, 1984.

Cameron, Rondo, *A Concise Economic History of the World*, Oxford University Press, 1989.

Cantor, Norman F. & Berner, Samuel eds., *Early modern Europe 1500~1815*, Thomas Y. Crowell, 1970 : 노먼 캔토 · 사무엘 버너 편, 진원숙 역, 『서양근대사 1500~1815』, 혜안, 2000.

Delouche, Frédéric, *Hisoire de L'Europe*, Hacheyye Livre, 1997 : 프레데릭 들루슈편, 윤승준 역, 『새 유럽의 역사』, 까치, 2002.

Ferguson, Wallace Kippert, *Europe in Transition : 1300~1520*, Houghton Miffin, 1962 : 왈라스 클리퍼트 퍼거슨 저, 이연규 · 박순준 공역, 『서양 근세사 — 중세에서 근대로의 이행』, 집문당, 1989.

Gray, John, *Liberalism*, Open University Press, 1986.

Laski, J. Harold, *The Rise of European Liberalism* with a new introduction of John L. Stanley, Transaction Publishers, 1997. originally published in 1936.

Morgan, Kenneth O. ed., *The Oxford History of Britain*, Oxford, 1988 : 케네스 O. 모건 엮음, 영국사학회 옮김, 『옥스퍼드 영국 사』, 한울아카데미, 1997.

Maurois, André, 신용석 옮김, 『프랑스사』, 기린원, 1993.

Palmer, R. R., Colton, J. G. & Kramer, Lloyd, *A History of the Modern World*, 9th ed. Alfred A. Knap, 2002.

Rawls, J., *Political Liberalism*, Columbia University Press, 1993.

Rivièr, Daniel, *Histoire de la France*, Hachette, Livre, 1995 : 다니엘 리비에프, 최갑수 역, 『프랑스의 역사』(개정판), 까치, 1998.

Sabine, George H., *A History of Political Theory*, 4th ed. revised by Thomas Landon Thorton, Holt, Rinehart and Winston, 1973 : 조지 세이빈 · 토머스 솔슨 지음, 성유보 · 차남희 옮김, 『정치사상사』(1 · 2권), 한길사, 1996.

Seibt, Ferdinand, *Glanz und Elend des Mittelalters*, Wolf Jobst Siedler Verlag, 1987 : 페르디난트 자입트, 차용구 옮김, 『중세의 빛과 그림자』, 까치, 2000.

Tilly, Charles, *European Revolution 1492~1992*, Basil Blackwell etc. 1993 : 찰스 틸리 지음, 윤승준 옮김, 『유럽 혁명 1492~ 1992 — 지배와 정복의 역사』, 새물결, 2000.

Viaullt, Birdsall S. *Modern European History*, McGraw-Hill, 1991.

Weber, Max, *Die protestantische Ethik und der Geist des Kapitalismus*, 1904 : 막스 베버, 박성수 역, 『프로테스탄티즘 의 윤리와 자본주의 정신』, 문예출판사, 1988.

제 2 장
그로티우스의 법철학 사상

오 병 선(서강대 법학과 교수)

1. 역사적 배경

1) 정치 사상과 법사상사적 배경

중세에서 근대 사회로의 발전은 정치적으로 봉건적인 지방 분권적 형태로부터 절대주의적 형태의 과도기를 거쳐 국민적인 중앙 집권적 형태로의 추이였고, 경제적으로는 장원과 길드의 체제로부터 수공업, 상업 자본주의 형성의 과정을 거쳐 근대적 자본주의 경제로의 변천이었다. 근대 사회의 주인공인 시민층은 먼저 중세적인 것의 극복을, 다음으로 절대 왕조의 타도를 지표로 삼게 되었다. 근대 사회의 형성기에 이와 같은 시민층의 목적 달성을 위한 이론적 무기로서 근대적 의미의 자연법학파의 법사상이 큰 역할을 하였다. 법적인 측면에서 근대 초기를 새로운 형태의 자연법 철학이 지배하는 시기라고 하며 이것을 고전적 시기의 자연법

(the natural law of the classical era)이라고 부른다.[1]

고전적 자연법 철학의 발전은 크게 세 시기로 구분할 수 있다.[2] 이 세 시기는 사회적, 경제적, 지적 발전의 세 단계에 대략 상응한다. 르네상스와 당시의 종교 개혁 이후 발생한 중세 신학과 봉건 제도로부터의 해방 과정에서의 최초 단계는 종교적으로 프로테스탄트주의, 정치적으로 계몽전제주의 그리고 경제적으로는 중상주의의 발생으로 특징지워진다. 그로티우스(Hugo Grotius), 홉스(Thomas Hobbes), 스피노자(Benedict Spinoza), 푸펜도르프(Samuel Pufendorf), 볼프(Christian Wolff) 등의 이론이 이 시기에 해당한다. 이 이론가들의 특징은 자연법 실시의 궁극적인 보장은 통치자의 자기 제한과 지혜에서 찾아야 한다는 것이다. 두 번째 단계는 대략 1649년 영국의 청교도 혁명에서부터 시작되는데, 경제적으로는 자유자본주의, 정치와 사상적으로는 자유주의의 경향을 띠게 되었다. 로크(John Locke)와 몽테스키외(Baron Charles Louis de Montesquieu)의 사상이 이 시기를 대표하는데, 권력 분립으로 정부의 부당한 침해에 대항하는 개인의 자연권을 보장하고자 했다. 세 번째 단계는 국민 주권(popular sovereignty)과 민주주의에 대한 강한 신념으로 특징지워진다. 자연법은 일반 의지와 국민의 다수결에 위임되었다. 이 시기의 가장 탁월한 대표자는 루소(Jean Jacques Rousseau)였다. 자연법학파의 발전에서 이 세 번째 단계는 프랑스의 정치적, 입헌적 발전에 심대한 영향을 주었는데 미국에서도 자연법학파는 큰 지지를 받았다.

네덜란드의 위대한 법학자이자 사상가였던 휴고 그로티우스(Hugo Grotius : 1583~1645)는 비록 유일한 시조는 아니더라도

---

1) Edgar Bodenheimer, *Jurisprudence - The Philosophy and Method of Law*, Revised Edition, Harvard University Prerss, 1974, p.32 (보덴하이머 저 / 이상면 역, 『법철학개론』, 법문사, 1987, 48쪽) 참조.
2) 이에 대하여 Bodenheimer, 위의 책, pp.34-35 참조.

근대 국제법의 시조들 중의 한 사람이며 유력한 근대의 고전적 자연법 철학(classical natural-law philosophy)의 창시자이기도 했다. 17세기와 18세기 유럽을 지배했던 고전적 자연법 철학은 근대 초기의 프로테스탄트 혁명의 결과로서 유럽을 변형시켰던 세력들의 법적 부산물이었다.[3] 그러나 여기에서 주의할 것은 후기와는 달리 초기의 고전적 자연법 이론은 중세의 스콜라 법철학 사상과 완전히 별개의 이론이라고 말할 수는 없다.[4] 17세기 고전적 자연법 철학자들의 학설은 일반적으로 아리스토텔레스와 스콜라학파의 사상으로부터 많은 영향을 받았지만 일부 사상가들은 개별적으로는 부분적인 반대의 입장을 표명하기도 하였다.[5]

고전적 자연법은 그 대표자들에 의해 표현된 여러 가지 주목할 만한 견해에도 불구하고 중세 스콜라학파의 자연법과 구별되는

---

3) 그로티우스의 정의와 법의 이론은 아리스토텔레스주의와 프로테스탄트주의를 추종한 것으로 특히 "신의 명령으로 표현된 것이 법이다"라는 명제를 채택하고 있다는 설명에 대해 Richard Tuck, *Natural Rights Theories - Their Origin and Development*, Cambridge University Press, 1979, p.59 참조.

4) Anton-Hermann Chroust, "Hugo Grotius and the Scholastic Natural Law Tradition", *New Scholasticism*, XVII (2), 1943, p.364 ; Heinrich A. Rommen, *The Natural Law*, trans. by T. R. Hanley, Herder Book, 1947, pp.70-71 ; 이태재, 『법철학사와 자연법론』, 법문사, 1984, 123쪽 참조 ; 그로티우스가 데카르트의 수학적 방법과 자유를 인성으로 하는 인도주의적 이상에 의해 영향을 받아 근대적 과학주의적 특성을 지닌다는 설명에 대해 Hendrik Jan van Eikema Hommes, *Major Trends in the History of Legal Philosophy*, Amsterdam : North Holland Publishing Co., 1979, pp.88-91 참조.

5) 그로티우스가 아리스토텔레스를 반대하는 입장이 표명되었다는 견해(Prolegomena to De Jure Belli ac Pacis XLIII 참조)에 대해 John Dunn and Ian Harris, *Grotius*, Volime II, pp.263-282에 수록된 Richard Tuck, "Grotius, Carneades and Hobbes", *Grotiana*, n.s., IV, 43-62, p.263 참조 ; 반면 국가의 최고 권력이 변할 때 사회나 국가도 귀족주의나 민주주의로 변할 수 있다는 아리스토텔레스의 이론을 그로티우스가 따르고 있다는 견해에 대해 Leo Strauss and Joseph Cropsey (eds.), *History of Political Philosophy* Second Edition, University of Chicago Press, 1973, p.367 참조.

몇 가지 독특한 특징을 갖고 있다.[6] 첫째, 이 이론은 신에 의해 계시된 법과 인간 이성으로 판별할 수 있는 자연법을 구분한 토마스 아퀴나스(Thomas Aquinas)의 사상에서 영향을 받아 인간 이성 중심의 자연법을 정립한 후 이어 신학으로부터 법을 완전히 분리하였다. 둘째, 중세의 스콜라 철학자들이 자연법의 범위를 몇 가지 제1원칙들과 기본 공리들에 한정시킨 경향이 있던 반면에 고전적 자연법학자들은 인간 이성으로부터 직접 도출될 수 있다고 믿은 구체적이고 자세한 규칙들의 체계적 정비를 지지하는 경향이 있었다. 이 시대의 법 사상가들은 이성의 힘은 모든 사람, 국가, 시대에 보편적이며 완전하고 만족스러운 법 체계는 인간의 사회 생활을 이성적으로 분석함으로써 그 기반을 세울 수 있다고 확신했다. 셋째, 중세 후기의 자연법은 점진적 발전 과정을 거쳐 그 주안점이 인간의 사회적 본질에 객관적으로 기반을 둔 이성법으로부터 인간의 자연권과 인간의 개인적 열망, 행복이 주요한 역할을 하는 학설로 변천되었다. 중세 후기 자연법의 이와 같은 변천은 미국에서 광범위한 지지를 얻었는데, 개인주의적인 경향과 원리들을 대폭적으로 반영한 것이었다. 넷째, 점진적인 발전을 거듭한 고전적 자연법 철학은 인간의 본성에 대한 목적론적인 견해에서 인과적이고 경험론적 견해로 그 접근 방법을 달리하였다. 아리스토텔레스와 아퀴나스는 그들의 자연법 이론의 기반을 목적론적 인간상에 두고 있는데 그것은 인간은 완성을 위해 노력하며 그 자신이 이성적이고 사회적인 존재로서 완전하고 충분한 발전을 위한 잠재력을 보유하고 있다는 것이다.[7] 이러한 발전은 불건전하거나

---

6) 이에 대하여 Bodenheimer, 전게서, pp.32-33 참조.
7) 아리스토텔레스의 자연법론에 대해 W. von Leyden, *Aristotle on Equality and Justice*, London : Macmillan, 1985, pp.84-89 참조 ; 토마스 아퀴나스의 자연법론에 대한 분석적 해설서로 Anthony J. Lisska, *Aquinas' Theory of Natural Law*, Oxford : Clarendon Press, 1996 참조.

자연법에 어긋나는 방해물에 의해 방해를 받지 않는 한 진정한 본
성의 충분한 성숙을 초래한다는 것이다. 이 이론에 의하면 이러한
본성은 인간의 최고도의 잠재 능력과 대체로 동일시되고 있었다.
반면 홉스, 로크, 스피노자, 몽테스키외 같은 고전적 자연법 이론
가들에게서 인간이라 함은 인간의 행태를 결정하고 영향을 미치
는 인과 법칙들의 연구와 인간의 특성의 관찰에서 출발하고 있다.

2) 그로티우스의 생애[8]

휴고 그로티우스는 1583년 네덜란드의 델프트(Delft)에서 명문
의 아들로 태어났다. 11세에 라이덴대학(Leyden University)에 들
어가 3년 동안 수학, 철학, 법학을 공부했다. 15세에 특사의 일행
에 참가하여 파리에 체류하였으며 짧은 체류 동안 오를레앙대학
(University of Orleans)에서 법학 박사를 취득하였고 16세에 변
호사가 되었다. 곧이어 국제법에서 명성을 얻게 되었으며, 21세에
『포획법론(捕獲法論. *De Jure Praedae*)』을, 26세에는 『해양자유
론(*Mare Liberum*)』(1609)을 썼다. 이어서 스페인, 포르투갈의 해
양 독점을 비판하여 공해 자유 원칙의 기초를 세웠다.

그 후 정치적 성격을 띤 종교 분쟁에 휘말려 종신형을 받았으나
탈옥하여 프랑스로 망명했다. 거기에서 위대한 저작인 『전쟁과 평
화의 법(*De Jure Belli ac Pacis*)』(1625)을 집필하고, 인간성에 기
초를 둔 국제법 이론을 체계화하였다. 그 전제로서 그는 자연법을
신의 권위로부터 해방시키고 인간의 이성에 의한 인간의 본성에
합치하는 것으로 인식되는 자연법의 존재를 설명하였다. 그는 귀

---

8) 이에 대하여 Clarence Morris (ed.), *The Great Legal Philosophers - Selected
Readings in Jurisprudence*, Philadelphia : University of Pennsylvania Press,
1959, pp.80-82 참조.

국이 여의치 않던 중 1632년경 함부르크에서 비참한 생활을 해야
했으며, 1634년에는 스웨덴 왕의 고문 겸 대사로 초빙되어 프랑스
루이 13세의 궁중에 부임했다. 그 후 대사로 봉직하던 중 1644년
스웨덴 정부의 소환을 받아 스웨덴을 방문하게 되었다. 스웨덴을
떠나 독일 쪽으로 돌아오는 뱃길에 폭풍우를 만나 배가 난파를 당
했으며 근처의 로스토크의 병원에서 1645년에 61세로 일생을 마
쳤다.

2. 그로티우스의 자연법 사상

1) 법사상의 배경

　　그로티우스의 법 이론의 형성은 그의 종교와 철학적 소양에 의
해 영향을 받았다. 먼저 그로티우스는 칼빈파의 그리스도교인이
었다. 그의 법 이론은 칼빈주의의 영향을 받았으며 도덕 규칙 위
에 법의 체계를 구성하려 하였다.[9] 그의 주저인 『전쟁과 평화의
법』에는 『성경』과 교부들의 주장이 많이 인용된다. 둘째, 그로티
우스는 17세기 유럽의 부르주아 출신의 학자로서 인문학의 소양
이 풍부하였으며 특히 스토아 철학의 영향을 크게 받아 그의 법
이론은 철저한 이성주의에 기초를 두고 있다. 세네카, 마르쿠스 아
우렐리우스 등을 자주 인용하며 키케로의 사상이 그의 이론 체계
를 지배하다시피 한다. 그로티우스는 법의 실질적 연원을 설명하
기 위하여 종교적 연원인 『성경』이나 신학과의 연결을 단절하여

---

[9] 그로티우스가 경건한 프로테스탄트의 신봉자였지만 가톨릭 교회를 공격하는
말은 삼갔다고 한다. 이에 대해 Arthur Nussbaum, *A Concise History of the
Law of Nations*, New York : The Macmillan Company, 1954, p.109 참조.

비종교적인 자연법만이 공동 규칙의 구실을 할 수 있다고 생각하였다. 이와 같이 17세기 초의 알투지우스, 그로티우스와 같은 칼빈주의의 신봉자들은 자연법을 중세의 신학으로부터 분리한 세속적 근대 자연법론을 발전시켰으며 지적 원천을 그리스와 로마 시대의 철학에서 찾았다.10) 그렇다면 여기에서 자연법 이론은 어떤 의미와 유래를 가지고 있는가?

2) 자연법 이론의 개요

자연법론이 사변적으로 연구되기 시작한 것은 고대 그리스 시대부터며, 특히 플라톤과 아리스토텔레스의 자연법론에서 이론화되었다.11) 그 후 스토아학파를 거쳐 중세 스콜라학파, 특히 토마스 아퀴나스에 이르러 가톨릭 신학과 종교철학을 기반으로 하여 그 이론 체계가 완성되었다. 이것을 형이상학적, 전통적 자연법론이라 부른다. 그러나 17세기 이래 대두한 개인주의·합리주의·공리주의 사상은 전통적 자연법론에 도전하여 신학적 유대를 단절하고, 사변 이성(思辨理性)의 자족론(自足論) 위에 새로운 자연법론을 구성하는 데 성공하였다. 이것을 근대 자연법론 또는 합리주의적 자연법론이라 부른다. 국제법과 자연법의 아버지라 불리는 휴고 그로티우스를 매개로 하여 토마스 홉스, 존 로크, 사무엘 푸펜도르프, 크리스찬 토마지우스 그리고 뒤이어 장 자크 루소, 임

---

10) 이에 대해 George H. Sabine and Thomas L. Thorson, *A History of Political Theory*, Fourth Edition, Hindale, Illinois : The Dryden Press, 1973 pp.386~399 참조.

11) 자연법 이론의 역사적 전개에 대한 해설과 논평으로서 Francis H. Eterovich, *Approaches to Natural Law - From Plato to Kant*, New York : Exposition Press, 1972 ; Vukan Kuic (ed.), *Yves R. Simon : the Tradition of Natural Law, A Philosopher's Reflections*, New York : Fordham University Press, 1965 참조.

마누엘 칸트 등이 이 시대의 대표자다. 근대의 자연법론은 있는 그대로의 자연이나 신과 결부된 자연법에 관한 이론이 아니라 자연 상태에서의 인간, 즉 국가와 실정법을 초월한 인간 본성이나 이성에 기초한 자연법에 대한 이론이었다. 물론 자연법이라 할 경우 자연도 법도 모두 다의적(多義的) 개념이지만, 근대 자연법론은 기능적인 측면에서 볼 때 두 가지 경향으로 크게 나누어볼 수 있다. 국가 권력의 절대성과 그에 대한 강력한 통제력을 강조하는 절대주의적 자연법론의 경향이 그 하나이고, 또 하나는 어디까지나 개인을 위한 자유로운 영역을 확보하려고 주장한 자유주의적 자연법론의 경향이다.12) 그리하여 근대 자연법론은 당시의 사회철학 사조와 더불어 법사상을 지배하여 이른바 자연법 시대를 이루었다. 그러나 자족적이라 보았던 사변 이성의 구체적 판단은 다기(多岐)한 자연법 이론을 전개하여 분열되는 자기 모순에 빠지게 되었다. 이때 근대 자연법론을 논박하여 대두한 것이 법실증주의 사상이었다. 약 한 세기에 걸쳐 법학계를 풍미한 실증법학도 19세기 말부터는 역시 자기 모순에 빠져 혼돈과 비판을 겪게 되었다. 20세기의 중반에 들어서면서부터 법실증주의의 맹점을 극복하기 위하여 전통적 자연법 사상이 이른바 신자연법론의 이름으로 재흥하였고 이 이론은 오늘날에도 꾸준히 실정법 위주의 법사상을 비판하는 대안으로 역할을 하고 있다.

3) 그로티우스의 자연법 이론

르네상스 시대의 획기적인 법사상의 전환은 그로티우스의 자연법론에서 출발하였다. 그로티우스를 '자연법과 국제법의 아버지'

---

12) 근대 자연법 사상을 절대주의적 경향과 자유주의적 경향으로 분류하여 설명하는 것에 대해 김여수, 『법률사상사』, 박영사, 1967, 48-64쪽 참조.

라고 부르거나 '세속적 자연법론'의 시조라고 부를 수 있는데, 이 것은 중세의 자연법이 신에게서 출발하였는 데 반하여, 그는 자연법을 신과 단절시킴으로써 '근대적 인간주의 자연법론(modern humanist theory of natural law)'의 정초자가 되었다는 뜻이다.[13] 그는 자연법론의 출발점은 인간의 자연적 본능, 즉 인간이 자기 보존뿐만 아니라 동포까지도 고려하는 근본적 성향으로서 '사교성(社交性)'과 일반 원칙에 의하여 인식하고 행동할 줄 아는 능력으로서의 '이성'에서 구했다. 그것은 동포와 함께 평화롭게 그리고 이성이 지시하는 방식에 따라 공동 생활을 영위해나가려는 인간의 본성을 말하는 것이다. 이때 자연법이란 이성에 의하여 인간의 사회적 본성에 합치되는 것이라고 인식되는 공동 생활의 법칙이다. 그리고 그것은 비록 우리가 최대의 죄악을 범하지 아니 하고는 인정할 수 없지만 신이 존재하지 않는다거나 인간사에 관하여 아무런 관계도 하지 않는 경우에도 타당한 것이다. 다시 말하면 그것은 오로지 인간 이성의 명령일 뿐인 것이다.

"자연법은 신이라 할지라도 바꿀 수 없는 정도의 불변의 것이다. 신의 힘은 측정할 수 없는 것이라고는 하지만 그 힘이 미치지 못하는 것이 존재한다고 말할 수 있다"거나 "신조차도 2의 2배가 4가 되지 않는다고 말할 수 없는 것과 같이 본질적으로 나쁜 것을 나쁘지 않은 것이라고는 말할 수 없는 것이다"라고 하는 그의 유명한 말은 그의 이론이 아직 다분히 신학적 색채를 띠고 있음에도 불구하고 '근대 자연법의 아버지'라고 불리기에 족한 것이다.

그는 자연법과 대비되는 법을 의사법(意思法)이라고 부르고,[14]

---

13) 이에 대해 Hendrik van Eikema Hommes, "Grotius on Natural and International Law", *Netherlands International Law Review*, 1983 : XXX (1), pp.61~71 참조.

14) 그로티우스는 아리스토텔레스의 방법(*Nichomachean Ethics*, Book v. chap, vii 참조)을 따라서 법(jus)을 자연법과 의사법(또는 실정법)으로 나누었다.

의사법을 신의법(神意法. 신이 의욕한 법)과 인의법(人意法)으로 구별하고, 인의법을 다시 시민법(市民法. 국가법)과 만민법(萬民法)으로 분류한다.15) 그에 의하면 자연법의 어머니는 인간의 본성에 있으나 "국가법의 어머니는 합의에 의하여 생기는 의무 자체에 있고 그 의무는 자연법에 의하여 그 힘을 부여받은 것이기 때문에 인간의 본성은 말하자면 법의 증조모라고 해야 할 것이다"라고 한다. 그는 협의의 또는 본래적 의미의 자연법을 정의하여 "인간의 지성과 일치하는 이 사회 보전(societatis custodia)의 본능은 본래적 의미의 법(즉, 협의의 자연법)의 연원이 되는 것인데, 이 법에는 타인에게 속하는 것을 침범하지 않는 것, 우리가 타인의 그 무엇을 점유하든가 그것으로부터 이익을 얻었을 경우에는 그것을 반환하는 것, 약속을 지키는 것, 자기의 과실로 말미암은 손해를 배상하는 것, 자연법 등을 위반해 벌을 받을 만한 사람에게 벌을 가해야 하는 것이 포함된다"고 하고 '인간 이성'을 근거로 하는 비본래적 의미의 법(즉, 광의의 자연법)은 이러한 본래적 의미의 법 개념과는 다른 또 하나의 '광의의 법 개념'이 생겨난 것이라고 한다.

과연 인간은 사교적 본능에서 뿐만 아니라 무엇이 이익이고 또한 불이익인가를 판단하는 능력에서도 다른 동물보다는 탁월한 것인데, 이것은 현재에서 좋고 나쁜 것에 대한 판단에서 뿐만 아니라 장래에서도 좋고 나쁜 것 그리고 그들이 각각 어떠한 결과를 가져올 것인가에 대한 판단에서도 또한 그러한 것이다. 그러므로 우리는 이러한 사람들에 관하여 바로 판단에 따르고 공포나 목전의 쾌락으로부터 유혹에 현혹됨이 없고, 맹목적인 충동에 휩쓸리지 않는 것이 인간의 본성에 맞는다는 것임을 인정하게 된다. 그리고 이러한 바른 판단에 조금이라도 위배되면 그것은 즉, 자연법

---

15) 이에 대한 설명으로 Tanaka Tadashi, "Grotius's Concept of Law", in Onuma Yasuaki (ed.), *A Normative Approach to War*, pp.38-47 참조.

인 인간의 법에 반하는 것임을 인정하게 된다고 한다.

그로티우스가 인류의 번영을 위해서 국가 사이의 상호 관계를 지배하는 포괄적이고 체계적인 처방이 필요하다고 믿은 국제 관계와 정치 사상의 철학적 원리는 그의 위대한 저작인 『전쟁과 평화의 법』 서설(Prolegomena)에서 확립하였다. 그가 모든 국가의 시민법의 배후에 놓여 있으면서 그 시민법을 구속하던, 보편적으로 승인된 하나의 근본법 혹은 자연법에 호소해야 했던 것은 17세기의 상황에서 불가피한 선택이었을지 모른다. 왜냐 하면 이 근본법 혹은 자연법은 모든 인민, 모든 신민과 통치자들이 한결같이 의존하고 있던 본질적 정의였기 때문이었다. 오랜 기독교적 정치 사상의 전통 속에서 그 어떤 저술가도 기독교적 법의 타당성을 부정하지 않았으며 심지어 그 타당성을 의심조차 하지 않았다. 그러한 기독교적 통일성과 기독교적 권위의 붕괴와 도전이 제기되면서부터 그 타당성의 근거를 재검토해야 한다는 요청이 절실히 대두되었다. 사실 교회의 권위나 성서의 권위 혹은 어떠한 형태의 종교적 계시도 프로테스탄트 인민과 가톨릭 인민을 함께 구속하며 기독교와 비기독교 통치자들 간의 관계를 다스릴 법률의 토대를 확립할 수는 없었다. 그리하여 그로티우스가 그의 인본주의적 교양을 배경으로 하여 고대의 고전적 저술가들 속에서 발견한 기독교 이전의 오래된 자연법의 전통으로 복귀한 것은 당연한 것이었는지 모른다. 그는 이전에 키케로가 그러했듯이 스토아 철학의 회의적 비판자인 카르네아데스(Carneades)[16]와의 토론의 형태 속에서 자연법의 근거를 검토하고 보편적인 자연법 이론을 정립

---

16) BC 2세기경 그리스에서 에피쿠로스학파를 이은 철학자로서 회의주의의 입장에서 스토아학파를 비판하였다. 이에 대해 B. Russel, *History of Western Philosophy*, 1969, pp.236-238 참조.

할 수 있었다.17)

자연적 정의에 대해 카르네아데스는 모든 인간 행위는 사리사욕에 의거하며 따라서 법률은 단지 보편적으로 편리하며 정의의 감정이 아니라 분별의 감정에 의해 지지되는 하나의 사회적 관행에 불과하다는 논리를 전개한 바 있었다. 이에 대해 그로티우스는 인간의 본성, 공리, 국제법의 존재, 정의의 개념의 네 가지 항목을 중심으로 카르네아데스를 반박하고 있다.18) 요컨대, 인간은 본래가 사회적 존재이기 때문에 그와 같은 이기성과 공리성 위주의 설명은 타당하지 않다는 것이다.

"분명히 인간은 하나의 동물이지만, 그러나 인간은 모든 다른 동물이 서로 차이가 있는 것보다 훨씬 더 여타의 모든 동물과 차이가 있는 우수한 종류의 동물이다. ─ 그러나 인간에 특징적인 여러 특성 중에는 사회, 즉 사회 생활에 대한 강한 욕구가 있다. 이 사회는 아무렇게나 이루어지는 사회가 아니라 평화적이며 자신과 유가 같은 사람들과 함께 자신의 지성의 정도에 따라 조직하는 사회다. 이러한 사회적 성향을 스토아주의자들은 '사교성(sociableness)'이라고 불렀다."19) 따라서 평화로운 사회 질서의 유지는 그 자체가 본질적 선이며 또 그러한 목적을 위해서 요구되는 조건들은 더욱 철저하게 개인적 목적에 봉사하는 조건들과 마찬가지로 구속적이다.

"우리가 대충 묘사한 인간 지성과 일치하는 이 사회적 질서의 유지는 이른바 적절한 법의 원천이다. 우리가 타인의 것을 손대지

---

17) 이에 대해 Richard Tuck, "Grotius, Carneades and Hobbes", *Groatia*, n.s., IV, 43-62 참조.

18) 이와 같이 그로티우스가 네 가지 항목에 기초하여 카르네아데스를 비판한 것에 대한 설명으로 Tanaka Tadashi, "Grotius's Method : With Special Reference to Prolegomena", in Onuma Yasuaki (ed.), *A Normative Approach to War - Peace, War, and Justice in Hugo Grotius*, Oxford : CLarendon Press, 1993, pp.14-18 참조.

19) 그로티우스, 『전쟁과 평화의 법』, Prolegomena, sect. 6 참조.

않는 것, 우리가 취할 수도 있는 타인의 것을 타인에게 반환하는 것은 이 법의 영역에 속하며, 또 우리는 이 법으로부터 약속 이행의 의무, 우리의 과오로 발생한 손실의 보상과 공과에 따른 인간에 대한 형벌의 부과 등의 이득을 얻는다."[20] 따라서 질서 있는 사회가 지속되기 위해서는 본래 그대로의 인간 본성에 따라 실현되어야만 하는 어떤 최소한의 조건들 혹은 가치들이 충족되어야 한다. 특히 이러한 조건들 중 중요한 것은 재산의 안전, 훌륭한 신앙, 공정한 거래, 인간 행위의 결과와 그 상벌에 관한 일반적 합의다. 이러한 조건들은 임의적 선택이나 관행의 산물이 아니라 그 반대다. 즉, 선택과 관행은 그 상태의 필연성에 따른다. "설사 우리가 우리를 사회의 상호 관계 속으로 인도할 어떤 것을 많이 갖고 있다 할지라도 인간의 본성 바로 그것이 자연법의 모체다."[21]

그러나 한 걸음 더 나아가면 이 자연법은 제 국가의 실정법을 등장하게 하는데, 그 실정법은 그 타당성을 모든 사회적 의무의 근원적 근거 그리고 특히 계약을 준수하는 신의에 입각한다. "왜냐 하면 어떤 집단에 스스로 가입하였거나 일인 또는 몇 사람에게 스스로 복종해온 사람들은, 그들이 어떤 경우에는 다수에 의해서, 또 다른 경우에는 사람들의 협의에 의해서 결정된 권위에는 순종하겠다는 것을 명백히 약속하였거나 혹은 계약의 본질상 묵시적으로 약속한 것으로 이해되어야 하기 때문이다."[22]

자연법의 이러한 틀 속에서 그로티우스는 공리를 고려할 충분한 여지가 있다고 믿었는데, 그러한 공리는 인민과 인민을 다양하게 할 수도 있으며 또한 그들의 국제적 교섭에서 모든 국가의 이익을 보살필 관행을 제시해줄 수도 있는 것이었다. 그러나 정의에

---

20) 위의 책, Prolegomena, sect. 8 참조.
21) 위의 책, Prolegomena, sect. 16 참조.
22) 위의 책, Prolegomena, sect. 15 참조.

대한 어떤 포괄적 원리들은 자연적, 즉 보편적이고 불변적인 것이며, 이 원리들에 입각하여 각종의 국내법이 생겨나며 — 이 모든 국내법은 계약의 신성성에 입각한다 — 또한 통치자간의 계약의 신성성에 입각한 국제법도 생겨난다. 따라서 그로티우스는 자연법에 관해 다음과 같은 정의를 내렸다.

"자연법은 올바른 이성의 명령이며, 그것은 이성적 자연에 일치하느냐 않느냐에 따라 어떤 행위가 도덕적 근거나 도덕적 필연성의 속성을 그 속에 가지고 있느냐 없느냐를 가려낸다. 결국 그러한 어떤 행위는 자연의 창조자인 하느님에 의해서 금지되거나 허용되는 것이다."[23]

하느님의 명령에 대한 이러한 언급은 검토해볼 필요가 있다. 그러나 그로티우스가 이 말을 천명한 것이 번거로운 수고에 지나지 않았다는 것은 그것이 그 정의에 아무것도 부가하지 못했고 또한 전혀 종교적인 제재를 뜻하지도 않았기 때문이다. 왜냐 하면 하느님이 없다고 가정한다 하더라도 자연법은 똑같은 것을 향유할 것이기 때문이다. 자연법은 하느님의 의지에 의해서 변경될 수 없는 것이었다. 즉, 하느님의 권력은 본질적으로 자가당착적인 명제를 진실한 것으로 만드는 데까지는 미치지 못하기 때문이다. 이렇게 볼 경우 하느님의 권력은 강한 것이 아니라 허약한 것이 된다. "따라서 하느님이라 할지라도 2×2를 4가 아니게 만들 수는 없는 것과 꼭 마찬가지로, 하느님은 본질적으로 악한 것을 악하지 않은 것으로 만들 수는 없다."[24] 자연법에서는 산수에서보다도 자의적인 것이 더 이상 존재하지 못한다. 올바른 이성의 명령은 인간 본성과 사물의 본성이 당위적으로 존재해야 하는 어떤 것이다. 의사는 그 상황의 한 요소로 포함되지만, 그러나 하느님이나 인간의

---

23) 위의 책, Bk. I, ch. 1, sect. x, 1 참조.
24) 위의 책, Bk. I, ch. 1, sect. x, 5 참조.

'의사와 명령(sic volo, sic jubeo)'은 의무적인 자연법을 창조하지
않는다.

4) 스토아 철학의 영향과 이성주의

전반적으로 볼 때 그로티우스의 법철학의 정립에서 스콜라의
전통이 매우 중요한 비중을 차지하는데, 그러나 그에 못지 않게
고대의 원전, 특히 스토아 철학이 더 큰 비중을 차지하는 것을 알
수 있다.[25] 즉, 그로티우스는 스토아 이론의 깊은 영향을 받아 법
의 실질적 연원을 인간 이성에서 추구하였다. 그에 의하면 인간은
평화롭고 조직된 사회에서 무리를 지어 살려는 본성을 가지고 있
으며 아무 필요가 없는 경우에도 동료들과의 교통을 추구한다. 그
로티우스는 이와 같은 인간의 본성을 사회성 내지 사회적 욕망이
라고 부른다. 이러한 인간 본성의 특징은 인간의 이성에서 유래한
다는 것이다. 즉, 인간은 이성을 가지고 있기 때문에 아무 사회에
서나 살려는 것이 아니라 평화롭고 질서 있는 사회에서 살려고 한
다. 이와 같은 자연적 사회 질서는 인간 이성에서 유래되는 규칙
이다. 즉, 인간 이성에 새겨진 규칙이 자연 법규다. 여기에서 자연
법규란 어떤 행위가 이성적 본성에 합치하는지 안 하는지를 올바
른 이성이 제시해준 것을 말한다. 이것은 바로 키케로가 말한 것
과 같다. 키케로에 의하면 인간은 그 이성의 빛이 지시해주는 대
로 잘 규제된 사회 속에서 비슷한 동료들과 평화롭게 살려는 사회
적 욕망이 있다. 그리고 이러한 인간 이성의 빛에 합치하는 방식으
로 사회를 유지해나가는 것이 법의 실질적 연원이라는 것이다.[26]
이와 같이 그로티우스의 법철학의 근본 명제는 인간의 제1자연

---

25) 이에 대해 유병화, 『법철학』, 진성사, 1991, 219-225쪽 참조,
26) 키케로와 스토아 법사상에 대해 유병화, 위의 책, 진성사, 1991, 제3장 참조.

(본성)과 제2자연에 대한 스토아 철학 이론에서 나온다. 즉, '본래적으로 타고난 제1의 것들'과 이성적 자연의 구별에 기인하는 것이다. 키케로를 계승하여 발전시킨 이 이론에 따르면, 그리스인들이 천성적으로 타고난 제1의 것들이라고 불렸던 제1의 자연적 원리가 있고 또 제1의 원리보다 선호되어야 하는 제2의 자연적 원리가 있다는 것이다. 제1의 자연적 원리에 속하는 것은 모든 생물이 타고난 것으로서 자기 보존 본능이다. 이로부터 모두에게 생기는 제1의 의무는 스스로를 자연 상태에서 보존하고 자연에 부합하는 모든 것을 행하고 자연에 위배된 모든 것을 회피하는 것이다. 그런데 사람들이 이에 대한 통찰에 이르게 되자마자 다시금 깨닫게 되는 것은 사물들은 육체보다 더 높이 있는 이성과 조화를 이룰 수 있어야 한다는 것이다. 우리를 제1의 자연적 성향에 따라 조종되게 하기보다는 이성과 조화롭게 행동해야 하는 이유는, 윤리가 바로 여기에 자리잡고 있기 때문이라고 한다. 제1의 자연적 성향은 우리를 올바른 이성에 따르도록 충고할 수는 있지만 우리에게는 올바른 이성이 전자보다 훨씬 더 중요시되어야 한다는 것이다. 이와 같은 스토아 철학 이론은 아주 명백한 까닭에 자연법 문제에서 우리는 우선은 제1의 자연적 성향과 조화를 이루는가를 물어야 하고, 그 다음에는 비록 나중에 생기기는 했지만 훨씬 더 가치 있는 것인 이성으로 넘어가야 한다는 것이다.27)

이와 같은 스토아 철학의 전통 속에서 그로티우스는 자연법의 원천에 대한 그의 이론을 발전시킨다. 그는 명시적으로 스토아 철학 식으로 사회성이라고 불렀던 제1의 자연적인 것들로부터, 즉 인간은 자기 보존뿐만 아니라 동료 인간까지 배려하는 기본 성향으로부터 하나의 특성을 도출해낸다. 그것이 바로 사회적 성향이

---

27) 이에 대해 한스 벨첼(박은정 역), 『자연법과 실질적 정의』, 삼영사, 2001, 182-184쪽 참조.

다. 이는 그로티우스의 정의에 따르면, 자의적인 공동체가 아닌 평화롭고 이성적으로 질서지워진 공동체를 형성하려는 성향인 것이다. 동물들이 제 새끼와 동료들을 돌본다면 동물도 어느 정도까지는 이러한 성향을 외적인 이성적인 원리로부터(따라서 본능적으로) 지니고 있다. 어떤 식의 교육을 받기 이전의 아동도 마찬가지다. 그러나 성인에게 이 본능적 성향은 일반 규칙에 따라 인식하고 행동할 능력과 결합한다. 이는 모든 생물이 아닌 오로지 인간의 (이성적인) 자연에만 적합한 것이다. 그래서 인간의 이성과 일치하는 이 공동체에 대한 배려는 좀더 좁은 의미에서 자연법의 원천이다. 이 밖에 인간의 이성은, 사회적 성향과 상관 없이도, 현재와 미래를 위해 안락한 것과 유해한 것을 인식하는 능력을 지닌다. 이 올바른 이성의 판단에 따르는 것은 인간의 사회적인 자연(본성)뿐만 아니라 이성적인 자연에 상응하는 것이다. 이 이성적인 자연과의 조화를 그로티우스는 더 넓은 의미의 자연법이라고 부른다.

5) 법의 실질적 연원

그로티우스는 키케로가 말한 이러한 인간 이성의 일반 규칙에 따라 세 가지 공리를 내세운다. 즉, ① 다른 사람의 재산을 침해하지 말고, 남의 재산에서 이익을 얻었으면 돌려주어야 한다. ② 서약은 지켜야 한다. ③ 자기 잘못으로 남에게 준 손해는 배상해야 한다. 이것은 하느님이 인간 이성에 새겨준 규칙으로 국경을 초월하여 모든 사람들에게 부여된 공동 법규다. 이것은 구체적 의견이나 관습과 독립되어 있으며 보편적이고 항구적이며 불변이다. 이것은 자체 내에 진실성을 지니고 있으며 아무도 부인할 수 없을 만큼 확실한 개념이고 하느님이라도 변경할 수 없는 것이다. 이와 같이 자연법 규칙은 올바른 이성의 규칙으로 인간의 이성이 제시해주는 것이다.

여기까지는 그로티우스는 본질적으로 스토아 철학 이론에 따른다. 그러나 그는 여기서 더 나아가 그의 사상을 계속 발전시켜 그 시대에 발생한 자연법의 문제점에 연결시킨다. 즉, 그로티우스는 1차적 공동 법규 이외에 국제법 규칙이 있다고 말한다. 국제법 규칙들은 인간 이성의 합의에 기초를 둔 규칙이다. 이 규칙들은 직접 인간 이성의 보편적 합의에 근거하고 있다는 데 특색이 있으며 모든 국가를 구속한다. 그로티우스는 앞에서 말한 기본 공리인 공동 법규로부터 연역해낸 많은 규칙들을 다시 추가한다. 예컨대 "서약은 지켜야 한다"로부터 의사적 법 규칙을 도출한다. 그리하여 각 사회 그룹에 고유한 개별적 실정 법규가 나온다. 여기에서 실정 법규란 인간 이성의 규칙인 자연 법규에 기초하여 합의적 의사에서 나오는 것이다. 이러한 실정 법규의 특성은 강제성, 즉 집행 가능성이다. 자연 법규는 인간 이성의 명령이며 내부 권력으로부터 나오는 것이지만 실정 법규는 제재를 갖춘 규범을 제정하는 정치 권력에서 나온다. 그리고 이 실정 법규의 효력 근거 내지 타당 근거는 자연 법규에 있으며 형식적으로 "서약은 지켜야 한다"에 근거하고 있는 합의적 법 규칙인 것이다. 모든 실정 법규는 이와 같이 "서약은 지켜야 한다"는 자연 법규에 기초하고 있다는 것이다.

정치학에서 자연법 체계에 통일성을 부여하는 것은 그 원리 자체의 자명성이 아니라 시간이 흐름에 따라 무엇을 강조하는 것이 중요한가에 관한 일반적 합의가 생겨난 여건이라고 말한다. 거의 모든 사상가들에게 공리적인 것으로 여겨진 것은 진정으로 구속적인 의무는 상대방에 의해 속박을 받는다는 생각에서 벗어나야 한다는 점이었다. 진지하게 생각해보면 이러한 선택이 인간 본성을 고려해볼 때 불가피한 것이라는 것이 현명한 생각일지 모른다. 의무를 궁극적으로 분석해보면 의무는 강제에 의해 부과될 수 있는 것이 아니고 언제나 자기 부과적이라는 것이다. 모든 의무가 약속이라는 외양으로 나타나게 된 것은 이 같은 확신 때문이었다. 인간은 자기 자신의 행위로 의무를 창조했기 때문에 그는 이성적으로 자기가 약속한 바에 따를 수가 있는 것이다. 이런 점에서 그로티우스는 후대의 홉스, 로크, 루소와 더불어 대표적인 사회계약론의 주창자로 분류된다.[28] 그로티우스의 사회계약론은 인민이 정부에 복종해야 하는 절대적 의무의 정당화와 국가 사이의 구속력 있고 안정적인 국제 관계의 기초 이론을 제공하기 위한 것이었다.[29] 이와 같은 방법을 통해 그로티우스는 자연법으로 구성된 보편적 국제법 규범과 관습 또는 동의에 기초한 규범을 추가하는 다원적 규범 체계를 옹호하여 국제법을 자연법과 의사법의 결합체로 이해했다.[30] 상반되는 것처럼 보이는 두 조류의 접근 방법을 결합시킨 그로티우스의 '절충주의(eclecticism)'[31]는 뒤이어 자연법론자인 푸펜도르프(Samuel Pufendorf)뿐만 아니라[32] 실증주의

---

28) 이에 대해, Wolfgang Fridmann, *Legal Theory*, 5th Edition, New York : Columbia University Press, 1967, p.119 참조.

29) 위의 책, pp.119-120 참조.

30) 이에 대해 Benedict Kingsbury and Adam Roberts, "Introduction", *Hugo Grotius and International Relations*, p.48 참조.

31) 그로티우스의 국제법 방법론이 '절충주의(eclectic)'라는 Hedley Bull의 견해에 대해 이를 반박하고 그로티우스는 실제적으로는 기독교 전통에 충실한 '전통적 자연법 이론가(traditional naturalist)'로 보는 것이 좀더 타당하다는 견해에 대해 William Greene, "The Miracle of Holland, Hugo Grotius : Naturalist, Eclectic, or Theonomist?", from http://www.mcu.edu/papers/Grotius.htm 참조.

32) 푸펜도르프가 자신이 그로티우스의 세속적 자연법 이론을 계승하였을 뿐만 아니라 그것을 완전한 과학적 형태로 발전시켰다고 주장하는 것에 대해 Anton-Hermann Chroust, "Some Critical Remarks about Samuel Pufendorf and His Contributions to Jurisprudence", *American Journal of Jurisprudence*, 24 (1979),

자인 셀덴(John Selden)과 홉스(Thomas Hobbes) 같은 추종자들
을 나오게 하였다.[33]

3. 그로티우스의 국제법 사상

1) 국제 사회의 관념

그로티우스가 주장했던 국제 사회의 관념은 유럽에서 오랜 전
쟁을 종식시키고 주권 국가간의 병렬 체제를 도입시켰던 1648년
웨스트팔리아 평화 체제에 구체적으로 반영되었다. 그리하여 그
는 국제 분쟁의 평화적 해결 방법에 프랑스의 리슐리에와 함께 지
적인 선구자로서 인정될 수 있었다. 그로티우스가 제시했던 국제
사회라는 관념은 다섯 가지 특징을 띠고 있다고 평가된다.[34]

첫째, 국제 사회에서는 국제법이 중심적 지위를 갖는다. 군주도
사람이고 국가는 사람들의 집합체이고 군주간의 관계나 군주와
국가 사이의 관계가 법의 지배를 받아야 하는 것은 모든 사람들이
이성적이고 사회적 성질을 반영한 자연법의 규칙에 구속되기 때
문이다. 이 법은 모든 사람들의 합의에 의해 또는 적어도 최선의
정신을 가진 사람들의 합의에 의해 받아들여질 수 있는 규칙이기

---

p.72 참조.

33) 이에 대해 Richard Tuck, "The 'modern' theory of natural law", in Anthony
Pagden (ed.), *The Language of Political Theory in Early-Modern Europe*,
Cambridge : Cambridge University Press, 99-119 (reprinted in John Dunn
and Ian Harris, *Grotius* Voume II, pp.493-513) p.100 참조. 이 논문에서 Tuck는
특히 그로티우스와 푸펜도르프, 그리고 그로티우스와 홉스를 비교하고 있다.
34) 이에 대해 Hedley Bull, "The Importance of Grotius in the Study of Inter-
national Relations", in Hedley Bull and Others (eds.), *Hugo Grotius and
International Relations*, pp.78-91 참조.

때문이다. 여기에서 자연법은 단순히 사랑이나 자비와 같은 도덕법을 의미하는 것이 아니고 모든 이성적 존재에게 알려진 도덕 규칙으로서 국가의 관행이나 의지의 평가 척도가 되는 것을 말한다. 그로티우스는 그를 뒤따른 독일의 푸펜도르프의 강한 자연법 위주의 이론과는 달리 자연법에만 한정하지 않고 의사법으로서의 인정법, 즉 실정법의 도입을 인정하여 이 양자의 규칙의 절충적 결합에 의한 규칙들(eclectic rules)로서 국제 관계의 규율을 추구했다.

둘째, 그로티우스가 상정했던 국제 사회는 유럽의 기독교 국가들의 군주나 사람들뿐만 아니라 비기독교국가의 군주와 사람들도 포함하는 보편적인 세계였다. 당시 유럽인들이 아메리카와 아프리카, 남아시아와 동남아시아와의 접촉이 이루어졌던 시대였고 그로티우스는 그들이 이교도이거나 유럽인들이 먼저 발견했다는 이유로 그들에게 정치적 독립이나 주권, 재산권이 부정되어서는 안 된다는 견해를 가지고 있었다. 물론 이러한 국제 사회의 보편성에 관한 견해는 전 시대에 스페인의 인도 정복과 관련하여 비토리아가 제시했던 입장으로서 그로티우스가 비토리아의 입장을 계승한 것이었다.

셋째, 그로티우스의 견해에 따르면 국제 사회의 구성원은 국가나 국가의 통치자뿐만 아니라 국가 이외의 집단과 개인들을 포함한다는 것이다. 그의 전쟁과 평화의 법의 서두에서 국가 사이의 분쟁뿐만 아니라 개인과 군주 사이의 분쟁도 다루고 있어서 오늘날의 용어로 국제 공법뿐만 아니라 국제 사법, 보편적 국제 인권법(또는 만민법)까지 포괄하고 있다는 점이다. 이와 같이 그로티우스가 상정했던 국제 사회는 인류를 포괄하여 대사회로서의 국제 관계의 정당한 행위를 고찰하는 것이었지만 오늘날에서 보는 것 같은 국민 주권이나 자유주의의 인권 개념은 아니고 홉스와 같

은 절대주의 주권 개념을 가지고 있었다(주권은 국민에게 있다고 보지 않았다).[35]

넷째, 그로티우스의 국제 사회는 연대주의(solidarism)로 특징 지을 수 있는 것으로 후기인 18세기와 19세기의 다원주의적인 국제 사회라는 관념과 달리 중세의 기독교 중심 국가 정치 이론의 영향을 여전히 반영하고 있는 것이다. 이 이론은 그의 정전론에서 분명히 드러나고 있다. 전쟁의 정당한 목적과 부당한 목적 간의 구별은 모든 사람에게 그들의 천부적 이성에 의해 밝혀질 수 있는 것이라고 그로티우스는 보았다. 전통적 기독교 이론에 따라 그로티우스는 전쟁이 양 당사자 모두에게 정당한 것이 될 수는 없고 또한 양 당사자 모두에게 부당한 것이 될 수도 있다고 주장했다. 정당한 전쟁은 방어와 상실된 재산의 회복, 징벌을 위해 수행할 수 있고 피해자는 이러한 목적을 위해 전쟁을 수행할 수 있으며 동맹 관계에 있는 다른 국가도 피해국의 원조를 위해 전쟁에 참여할 권리가 인정된다고 주장했다. 그로티우스는 자연법에 따라 전쟁의 정당한 행위는 목적의 정당성에서 도출된다고 보았다. 이러한 견해는 18세기와 19세기에 정당한 목적의 전쟁과 부당한 목적의 전쟁 간의 구별을 실정 국제법에서 배제하고 전쟁 행위만 규율하면서 그리고 전쟁을 개시하는 이유를 도덕과 정치학에 넘겼던 태도와는 대비되는 것이다.

다섯째, 그로티우스의 국제 사회는 국제 기구나 제도에 대한 인식이 미약하다. 그로티우스의 시대에는 국제 기구나 제도의 출범은 아직 맹아기에 머무르고 있었다. 단지 외교관의 상주 제도와 치외법권의 관념만이 정립되어 있었을 뿐이나 이것도 오늘날과 같이 발달된 외교 사절 제도는 아니었다. 그로티우스가 예방적 전쟁과 같은 관념을 부정했기 때문에 강대국간의 힘의 균형 같은 관

---

35) 이에 대해 그로티우스, 『전쟁과 평화의 법』, Book I, Chap.3 제8절 참조.

넘도 성립하지 않았다. 그로티우스가 상정했던 국제 사회는 주로 이념적이고 규범적인 비전을 반영한 것이었다.

그로티우스가 1625년에 출간한 『전쟁과 평화의 법』은 바로 자연법 사상에 입각하여 쓰여진 것이다. 이 책은 근대 국제법학의 기초가 되었고, 그로티우스는 이 책으로 말미암아 '국제법의 아버지' 또는 '자연법의 아버지'로 불렸다. 이 책은 총 3권으로 되어 있는데, 제1권에서는 전쟁과 법의 개념, 전쟁의 권리와 그 종류를 말하고 있다. 제2권에서는 전쟁의 정당 원인으로서의 방위, 재산 회복·징벌에 대하여, 제3권에서는 교전 법규를 논하고 있다. 이 책의 주요 내용은 전쟁의 법인데, 평시법(平時法)도 전쟁의 정당 원인에 관련해서 저자의 로마법에 대한 넓은 지식을 바탕으로 상세하게 해설하고 있다.[36] 그로티우스는 국제 사회가 평화를 유지하기 위하여 최소한 주권 국가가 법의 지배(the rule of law) 아래 놓여야 한다는 비전을 제시하고 있고 이것이 그의 『전쟁과 평화의 법』의 주제[37]라고 할 수 있다.

2) 해양자유론

그로티우스의 해양자유론에 의하면 해양은 어느 나라의 영유에도 속하지 않으며 어느 누구도 자유로이 사용할 수 있다고 하는 주장이다. 중세 후기인 16세기에 해양영유(海洋領有)의 일반적 관행을 반대하는 프란치스코 비토리아(Francisco Vitoria) 등의 주장이 있었으나, 휴고 그로티우스의 『자유해론(Mare Liberum)』

---

36) 그로티우스가 성향 면에서 로마법학자라는 주장에 대해 David J. Bederman, "Reception of the Classical Tradition in International Law : Grotius's De Jure Belli ac Pacis", 10 Emory Int'l L. Rev. 1 (1996) 참조.
37) 이에 대해 H. Lauterpacht, "The Grotian Tradition in International Law", British Yearbook of International Law, 1946 : 23, p.19 참조.

(1609)이 특히 유명하여 해양자유론이라 하면 이 자유해론을 가리키는 경우가 많다. 이 책은『포획법론(捕獲法論)』(1604)의 제12장을 독립시켜 간행한 것으로 그 이론은 자연법과 만민법을 기반으로 한 것이며, 특히 비토리아의 영향을 크게 받고 있다. 그 요지는 다음과 같다. ① 해양은 자연의 성질로서 점유할 수 없으므로 어느 나라도 영유할 수 없다. ② 해양은 자연이 인간의 공동 사용에 제공한 것이므로 인류 사회에 속하며, 그 항해는 어느 누구에게도 자유다. ③ 자연은 생활 필수품을 모든 장소에 공급하고 있지 않으므로 교역이 필요하며, 따라서 그 요로(要路)인 해양을 이용하는 통상은 모든 사람에게 자유다.

이에 대하여 많은 학자의 반론이 있었는데 제국의 관행에 근거한 존 셀덴(John Selden)의『폐쇄해론(*Mare Clausum*)』(1635)이 특히 유명하다. 그러나 자유해론은 국제 교통의 발달에 따른 시대적 요구와 합치되는 것이어서 점차 인정을 받게 되었고, 18세기에는 영해에 대한 공해의 자유라는 개념이 일반화하였고, 그것이 19세기 초에 국제법상의 원칙으로서 확립되었다.

그로티우스는 다음과 같은 논거에서 해양자유론을 전개하고 있다.[38] 그로티우스에 따르면 인간 사회에서 사람이 향유할 수 있는 모든 사물은 그 자연적 속성에 따라 크게 두 가지로 분류된다. 즉, 그 하나는 모든 인간에게 공통되는 물건이며, 다른 하나는 각자의 노력에 의하여 특정개인의 소유로 될 수 있는 물건이다. 그는 이러한 물건의 속성으로부터 세 가지의 원칙을 도출한다. 첫째, 모든 개인은 스스로의 소유물을 자유로이 처분할 권리가 있다. 둘째, 모든 개인은 하천 등 공물(公物)을 평등한 자격으로 사용할 자유가 있다. 셋째, 만인은 해양을 통하여 항해, 통상할 자유가 있다. 이러한 세 가지의 원칙은 자연의 섭리로부터 도출된 자연법의 기본 원

---

38) 이에 대해 최종고,『위대한 법사상가들 I』, 학연사, 1984, 52-53쪽 참조.

칙이며, 이는 인간 사회의 질서 유지를 위하여 절대적으로 필요한 것이다. 따라서 군주들과 국가 사이에서 이러한 원칙을 위반하는 것은 전 인류 사회의 평화를 위협하는 것이므로 이는 당연히 처벌받아야 한다는 것이다. 조물주는 이러한 자연법 원칙과 관련하여 인간 사회에서 발생하는 모든 문제를 해결하기 위하여 두 재판관을 임명하였으니 이는 양심과 여론이라고 한다. 전자는 자율적 판단이며 후자는 타율적 강제라고 이해할 수 있을 것이다. 그로티우스는 이러한 두 개의 법정에 수탁된 모든 분쟁에 대해서는 자연법의 원칙이 적용되며, 여기에서는 여하한 불법 행위자도 결국 패소한다고 한다. 이와 같이 설정된 법정에 제기되는 가장 중요하며 큰 관심의 대상이 되는 것은 해양에서의 항해 권리와 통상 자유의 문제라는 것이다. 이에 대해 그는 자연의 섭리와 인간의 이성에 관련된 문제로서 이는 오로지 만물의 모체인 자연으로부터 파생된 자연법의 원칙에 의하여 결정되어야 한다고 말한다.

3) 사유재산권 이론[39]

중세의 소유권 체계는 공동체주의를 특성으로 하는 것이었다. 그로부터 개인주의적이며 배타적인 사소유권의 체계로 이행하면서 근대 사회가 성립한다. 근대의 개인주의적 소유권의 사상에 기초를 놓은 대표적인 사람으로서 그로티우스, 푸펜도르프, 로크를 꼽는다.[40] 이들은 근대 변혁의 이념인 자연권 사상과 선점 이론,

---

39) 그로티우스의 소유권 이론은 그의 "해양자유론(Mare Liberum)"과 "전쟁과 평화의 법(De Jure Belli ac Pacis)"에서 다루는 주요 주제 중의 하나다. 이에 대한 설명으로 Stephen Buckle, *Natural Law and the Theory of Property - Grotius to Hume*, Oxford : Clarendon Press, 1991, p.44 이하 참조.
40) 그로티우스의 『전쟁과 평화의 법(*De Jure Belli ac Pacis*)』, Book II, chap. 2 ; 푸펜도르프의 『자연법과 국제법(*De Jure Naturae et Gentium*)』, Book IV,

사회계약론을 무기로 하여 중세 공동체적 사회에서 개인적 소유권을 창출해내었다. 이 단계에서는 원천적으로 공동 소유였던 세상으로부터 사소유권 체계를 창출하는 것이 중요한 과제였다.[41] 그로티우스는 사회가 발전하면서 인간은 더욱 이기적 존재가 되고 따라서 사회의 존속을 위하여 사소유권이 필요하게 된다고 한다. 그런데 과연 특정의 개인에 사유의 권한을 부여해줄 수 있는 근거는 무엇일까? 그로티우스와 푸펜도르프는 선점과 동의의 이론으로 사소유권을 정당화한다. 공동 소유가 불가능하다면 이제 개인적인 수취를 통한 분할의 과정이 남을 뿐이며 먼저 자신의 것으로 수취하여 점유하고 있는 이들의 권리를 존중할 수밖에 없다는 것이다.[42]

여기서 소유권은 자연권이라는 점이 강조된다. 이는 모든 개인들이 원천적으로 소유에 대한 권한을 가지고 있음을 암시한다. 특히 그로티우스는 원천적 공동 소유를 상정한다. 즉, 세계는 신에 의하여 인류에 공유의 상태로 주어졌다고 상정하는 것이다. 여기에서 그로티우스의 소유권 이론의 근저에 흐르는 공동체적 관념 혹은 중세적 관념을 읽을 수 있다. 세계를 원래 공유의 상태로 가정하는 것은 다른 입장, 즉 푸펜도르프처럼 세계를 소극적 공동 소유, 즉 무주물의 상태로 보는 입장 혹은 그러한 기본 전제를 아예 상정하지 않는 이후의 다른 이론가들의 태도와는 큰 차이가 있는 것이다.

그로티우스는 동물을 포함해서 지상의 생물들이 자신의 삶을

---

chap. 4 ; 로크의 『통치론 II(*Second Treatise of Government*)』, chap. v 참조.

41) 이에 대해 J. W. Harris, *Property and Justice*, Oxford : Clarendon Press, 1996, p.114 참조.

42) 그로티우스와 푸펜도르프의 근대의 개인주의적 소유권 사상의 전개에 대한 요약으로 정태욱, 「근대 소유권 사상의 형성 — 영국의 경우를 중심으로」, 『법철학 연구』 제3권 제1호(2000), 173-176쪽 참조.

영위하기 위해 자연을 이용할 수 있는 권리인 공유의 권리가 중세의 많은 신학자들과 유사하게 인간의 동의에 의해 배타적 소유권으로서 확립된다고 한다. 즉, 사물에 대한 인간의 권리는 원래 사유 재산이 아니라 공유 재산(common property)이었고 원시적 공유 재산이 문명의 발달에 따라 동의에 의해 개인에게 분배되었다는 것이다. 따라서 그에게 사유재산권은 절대적인 것이 아니다. 따라서 이 단계의 사소유권 이론은 아직 근대의 전형적인 소유권 개념과는 거리가 있다. 사회적 연대성이 여전히 남아 있는 것이다. 우선 개인의 소유권은 타인에 의하여 직접적으로 제한되는 형태를 띤다. 그 가장 두드러진 것으로 필요충족권(the right of necessity)을 들 수 있다. 필요충족권이란 곤궁에 처한 이들이 타인의 재산을 취할 수 있는 권리다.43) 이를테면 긴급 피난의 차원에서 타인 소유권을 침해하는 것을 합법적으로 인정하는 것이다. 물론 이는 보충적이고 부수적인 효력을 가질 뿐이다. 그리고 필요충족권의 행사 후에는 원칙적으로 사후 보상이 필요한 것으로 이해된다. 그로티우스는 이러한 필요충족권 이외에 이른바 무해사용권을 긍정한다. 타인에게 해를 가하는 것이 아닌 한 그 소유물을 잠정적으로 이용할 수 있다는 것이다. 이는 바다와 산림 같은 공공재적 재화는 물론 개인의 사유물에 대해서도 긍정된다. 나아가 이 단계에서는 개인 소유권은 군주의 고전적 권리에 양보하여야 하는 것으로 인식된다. 그로티우스는 군주의 재산적 요청은 제3채권자의 권한에 앞선다고 하는 등 군주의 고권적 소유권을 옹호하여 사익에 대한 공익의 우월성을 긍정하고 공공성을 위한 사적 재산권의 제한을 허용한다. 예컨대 상거래의 특허권 부여, 사치 금지의 법령, 임금과 가격 통제, 상속과 혼인의 규제, 근로에의 강제 등을 거론한다. 이는

---

43) 필요충족권(the right of necessity)에 대하여 그로티우스는 『전쟁과 평화의 법』, Book I, chap. 2. i. 6 참조.

이들 사상가가 중세에서 벗어나기는 하였지만 아직 시민이 주체가 되는 근대 사회로 넘어오지 못한 절대주의 시대에 살고 있음을 단적으로 말해준다.

요컨대 이 단계에서의 사소유권 개념은 아직 근대적 개인주의적 소유권과는 거리가 있는 것이다. 대신 중세의 공동체적 요소가 다분히 섞여 있었다. 즉, 빈민들의 생존권적 물권과 공공재에 대한 보편적인 무해사용권이 보장되었고 공동체의 권위에 의한 공공의 목적에 따른 소유권의 제한과 조정을 당연한 것으로 인식하고 있었다. 사소유권 이론이 결코 공동체의 요구에 앞서는 개인의 배타적 소유권을 강조하는 데에 이용되지는 않았다. 비록 보충적인 것이긴 하지만 필요충족권과 무해사용권이 인정되어 개인주의적 사소유권에 대한 직접적 부담이 긍정되었다. 생존권적 물권이 소유자의 배타적 자유를 제한하였다. 이 시대에 사소유권을 자연권으로 주장하는 것은 중세의 소유권의 봉건적 제약과 절대주의 시대의 왕의 우월적 권한으로부터 개인의 사적 소유권을 확립하는 데에 의의가 있다고 볼 수 있다. 이 단계에서 근대적 소유권의 속성인 '배타적 자유'는 비소유자에 대한 배척이라기보다 중세적 제약으로부터의 해방이라는 측면이 강한 것이다. 유산 계급의 자기중심주의로 해석되기보다는 보편적인 소유권 주장, 즉 자연법상 모든 개인들은 자신의 자유의 실현을 위하여 온전한 소유권자가 될 수 있다는 것으로 이해되는 것이다. 여기서 사소유권은 아직 확립된 체제가 아니었고 그것을 촉구하며 그것으로 이행하는 것이 과제였다.

그로티우스의 사유재산권 이론에 대해 17세기의 왕권옹호론자인 영국의 필머(Sir Robert Filmer)는 그로티우스의 재산권 이론은 모든 사람이 재산을 공유하고 있다가 어느 순간 갑자기 그것을 포기하고 사유 재산으로 나누기로 동의했다는 있을 수 없는 주장을 편다고 비판한다.44) 필머는 성서의 역사적 이해를 기초로 하여 가족에서 출발하여 시민 사회와 정부의 역사적 기원의 발견을 시도하는 동시에 가장의 자연적 권리로부터 왕권의 기초를 설정하려 했다. 그는 아담의 가부장적 권력이 정부의 기원이 된다고 하는데, 사유 재산은 가부장의 허가나 상속을 통해 정당화된다는 주장을 한다. 따라서 개인의 사유재산권은 왕권에 의해 제한될 수 있다는 것이다.45)

4. 결 어

그로티우스의 법철학 사상은 오늘날에도 자연법 이론과 국제법, 국제 관계의 이론 연구에 중요한 위치를 차지하고 있다. 자연법 이론은 전통적으로 그리스의 고르기아스 같은 소피스트들이 지적하는 바와 같이 논증상의 난관을 안고 있다. 즉, 객관적인 가치 개념은 존재하지 않는다. 객관적인 가치 개념이 존재하더라도 그것을 알 수 없다. 객관적인 가치 개념이 존재한다는 것을 알 수 있더라도 그것을 전달할 수 없다. 이와 같은 자연법 이론의 핵심 명제의 입증상의 난제에 대응하여 근대 초기의 자연법 이론은 중세의 형이상학적, 신학적 논증 방법을 벗어나서 인간주의적, 합리적인 논증 방법을 추구하였다. 그리하여 그로티우스의 자연법 이론은 근대 초기의 시대적 상황에 부합하는 인간주의적이고 세속적이며 합리적인 접근 방법을 추구했다. 인간의 이성과 사교성이

---

44) 이에 대해 Stephen Buckle, 앞의 책 pp.162-167 참조.

45) Robert Filmer, *Patriarcha* (London, 1680) pp.11-12, 16, 38-39, 이에 대해 Alan Ryan, *Property and Political Theory*, Oxford : Basil Blackwell, 1984, pp.14-15 참조.

라는 인간 본연의 특성에 바탕을 둔 그의 자연법 이론은 이성과
의지의 결합에 의한 절충적인 방법으로 인하여 자연법론과 법실
증주의의 어느 한쪽의 극단론을 피하려는 이론가들에게 큰 지침
을 주게 되었다. 이 이론은 오늘날 자연법 이론과 법실증주의의
이론이 각자의 근본적 영역을 벗어나서 상호 접근, 수렴하는 현상
을 볼 때 현대에도 그 영향력을 끼치고 있다고 할 수 있다.

  그로티우스의 사상이 오늘날에도 여전히 큰 시사점을 주고 있
는 분야는 국제법과 국제 관계의 이해 방법에 관한 것이다. 그로
티우스가 17세기에 일찍이 보편적 국제 사회의 비전을 제시하고
국제법의 유럽 중심적 접근 방법을 극복하고 비기독교 국가인 제3
세계에 대해 개방적인 태도를 보인 점은 높이 평가할 만하다. 그
로티우스의 사상은 국제 기구와 집단 안보 체제의 단초를 열었고
1982년 해양법 협약 체제의 도입의 필요성에도 긍정적인 영향을
준 것이라고 평가된다.

  그로티우스가 자신이 생존했던 시대에 자신의 고용주였던 네덜
란드 동인도회사나 네덜란드 국가 또는 스웨덴 국가의 이익을 충
실히 대변하기 위한 이론만을 개발했다는 일부의 비판은 부당한
점이 있다고 평가된다. 그는 그가 활동했던 당대와 현장에서 요구
되었던 이론은 물론 그 시대를 넘어 국제 관계 분야에서 장기적으
로 바람직한 목표를 추구한 선구적 이론가였다는 평가가 좀더 적
절한 것이라는 지적이 있다. 즉, 그로티우스는 격변기의 새로운 국
제 관계의 비전을 제시하는 선구자로서 이해될 수 있다. 그 자신
중세로부터 근대로 이행하는 격변기에 살았기 때문에 그가 체험
하고 발전시킨 이론들이 프린스턴대학교의 국제법 교수인 리차드
포크(Richard Falk)가 부르듯이 '그로티우스의 시기(a Grotian
Moment)'에서 새로운 국제 사회의 구조와 국제법의 필요성을 창
출한다고 한다.

오늘날 상호 의존 시대, 대량 살상 무기의 위협 아래 놓여 있는 시대, 빈곤과 기아로 시달리는 지역과 인구가 풍요와 낭비에 젖은 지역과 인구에 의해 불평등이 심화되는 시대, 근본주의와 민족주의에 의해 불신과 대립이 심화되는 시대에서 현재의 실정 국제법 체제의 결함을 극복할 수 있는 새로운 이론의 개발의 필요성을 느낀다. 민주주의와 자본주의가 보편화된 현대 사회, 과학 기술이 발전된 시대, 핵무기 시대의 자연법, 인권과 환경의 대규모 파괴의 시대에 적합한 해법을 제공하는 보편적이고 타당한 자연법적 규범의 도입 필요성이 있다. 이러한 실정에서 그로티우스의 자연법과 국제법 방법론은 큰 시사점을 준다고 할 수 있다. 그러나 오늘날의 국제 사회의 환경과 상이한 근대 초에 생존했던 그로티우스가 정립한 국제법의 이론과 개념을 모두 오늘날 되풀이할 수는 없고 또 그럴 필요성도 없다. 다만 그로티우스가 지녔던 기본적인 국제 사회의 비전, 국제 사회의 문제에 대한 접근 방법, 즉 그로티우스의 비전(Grotian Vision)을 배울 필요가 있다. 그것은 국제 평화와 안전의 유지를 위해 최소한 주권 국가가 법의 지배(the rule of law) 아래 놓여야 한다는 그의『전쟁과 평화의 법』의 주제라고 할 수 있다.

□ 참고 문헌

김여수,『법률사상사』, 박영사, 1967.
유병화,『법철학』, 진성사, 1991.
이태재,『법철학사와 자연법론』, 법문사, 1984.
정태욱,「근대 소유권 사상의 형성」,『법철학 연구』제3권 1호, 163-188쪽, 2000.

최종고, 『위대한 법사상가들 I』, 학연사, 1984.

David J. Bederman, "Reception of the Classical Tradition in International law : Grotius' *De Jure Belli ac Pacis*", *Emory International Law Law Review*, Vol. 10, No. 1, 1996.

Edgar Bodenheimer, *Jurisprudence*, Revised Edition, Harvard University Press, 1974 (E. 보덴하이머 저 / 이상면 역, 『법철학 개론』, 법문사, 1987).

Adda B. Bozeman, "On the Relevance of Hugo Grotius and *De Jure Belli Ac Pacis* for Our Times", *Grotiana*, n.s. 1 (1980), pp.65-124.

Hedley Bull, "The Importance of Grotius in the Study of International Relations", Bull, Kingsbury and Roberts (eds.), *Hugo Grotius and International Relations*, Oxford : Clarendon Press, 1990.

Hedley Bull, "The Grotian Conception of International Society", in Herbert Butterfield and Martin Wight (eds.), *Diplomatic Investigations : Essays in the Theory of International Politics*, Chap. 3, London : Allen & Unwin, 1966, pp.51-73.

Hedley Bull, Benedict Kingsbury and Adam Roberts (eds.), *Hugo Grotius and International Relations*, Oxford : Clarendon Press, 1990.

Anton-Herman Chroust, "Hugo Grotius and the Scholastic Natural Law Tradition", *New Scholasticism*, XVII (2), 1943, pp.101-133.

Anton-Hermann Chroust, "Some Critical Remarks about Samuel Pufendorf and His Contributions to Jurisprudence", *American Journal of Jurisprudence*, 24 (1979), pp.72-85.

John Dunn and Ian Harris (eds.), *Grotius*, Vols I-II, Cheltenham, UK : Edward Elgar Publishing Ltd., 1997.

Francis H. Eterovich, *Approaches to Natural Law - From Plato to Kant*, New York : Exposition Press, 1972.

W. Friedmann, *Legal Theory*, Fifth Edition, Columbia University Press, 1967.

William Greene, "Hugo Grotius : Naturalist, Eclectic, or Theonomist?", http://www.mcu.edu/papers/grotius.htm.

Hugo Grotius, *On the Law of War and Peace* (*De Jure Belli ac Pacis*) [1625], tranl. F. W. Kelsey, The Classics of International Law, Oxford : Clarendon Press, 1925.

Knud Haakonssen, "Hugo Grotius and the History of Political Thought", Political Theory, 13 (2), (1985), pp.239-265.

J. W. Harris, *Property and Justice*, Oxford : Clarendon Press, 1996.

Benedict Kingsbury and Adam Roberts, "Introduction", Hedley Bull, Benedict Kingsbury and Adam Roberts (eds.), *Hugo Grotius and International Relations*, Oxford : Clarendon Press, 1990 Hugo Grotius and International Relations.

E. H. Kossmann, "The Development of Dutch Political Theory in the Seventeenth Century", Bratain and the Netherlands, Chap. 5, London : Chatto & Windus, 1960, pp.91-110.

Vukan Kuic (ed.), *Yves R. Simon : the Tradition of Natural Law, A Philosopher's Reflections*, New York : Fordham University Press, 1965.

H. Lauterpacht, "The Grotian Tradition in International Law", *British Yearbook of International Law*, 23 (1946), pp.1-53.

Anthony J. Lisska, *Aquinas's Theory of Natural Law*, Oxford : Clarendon Press, 1996.

Clarence Morris (ed.), *The Great Legal Philosophers*, Philadelphia : University of Pennsylvania Press, 1959.

Arthur Nussbaum, *A Concise History of the Law of Nations*, The Macmillan Company, 1954.

Alan Ryan, *Property and Political Theory*, Oxford : Basil Blackwell, 1984.

George H. Sabine and Thomas L. Thorson, *A History of Political Theory*, Fourth Edition, Hindale, Illinois : The Dryden Press, 1973 (조지 세이빈·토머스 솔슨 지음 / 성유보·차남희 옮김, 『정치사상사 1』, 한길사, 1997).

Leo Strauss and Joseph Cropsey eds., *History of Political Philosophy*, Second Edition, University of Chicago Press, 1973

Richard Tuck, *Natural Rights Theories - Their Origin and Development*, Cambridge University Press, 1979.

Richard Tuck, "Grotius, Carneades and Hobbs", *Grotiana*, n.s. IV (1983), pp.43-62, reprinted in John Dunn and Ian Harris, *Grotius* Volime II, Cheltenham, UK : Edward Elgar Publishing Ltd., 1997, pp.263-282.

Richard Tuck, "The Modern Theory of Natural Law", in Anthony Pagden (ed.), *The Languages of Political Theory in Early-Modern Europe*, Cambridge : Cambridge University Press, 1987, pp.99-119.

Hendrik van Eikema Hommes, *Major Trends in the History of Legal Philosophy*, North-Holland Publishing Company,

1979.

Hendrik van Eikema Hommes, "Grotius on Natural and International Law", *Netherlands International Law Review*, 1983 : XXX (1).

W. von Leyden, *Aristotle on Equality and Justice*, London : Macmillan, 1985.

Hans Welzel, *Naturrecht und materiale Gerechtigkeit*, 1962 (『자연법과 실질적 정의』, 한스 벨첼 지음 / 박은정 옮김, 삼영사, 2001).

Onuma Yasuaki (ed.), *A Normative Approach to War - Peace, War, and Justice in Hugo Grotius*, Oxford : CLarendon Press, 1993.

제 3 장
홉스의 자유주의 정신

김 용 환(한남대 철학과 교수)

1. 들어가는 말

근대적인 의미에서 자유주의 사상(classical liberalism)은 르네
상스로부터 시작되었다고 보는 것이 일반적이다. 왜냐 하면 근대
적 자유주의의 핵심에는 개인주의 사상이 놓여 있으며, 르네상스
는 바로 개인의 가치를 무엇보다 우선해서 보려는 문화 운동의 시
작이기 때문이다.[1] 아블라스터(A. Arblaster)는 근대 자유주의의
시작을 알리는 중요한 사건으로 미술에서 개인주의의 경향이 출
현한 것과 종교 개혁을 들고 있다. 루터와 칼뱅이 주도한 종교 개
혁은 성직자 중심의 교회로부터 벗어나 개인적 신앙의 자유를 얻
게 하는 데 결정적인 역할을 했다. 신앙의 자유는 관용과 양심의
자유라는 자유주의적 가치를 유럽 사람들의 의식에 뿌리내리는

---

[1] 정치적 운동으로서의 자유주의는 1812년 스페인의 정당(Party of Liberales)
이름에서 처음 사용되었다. John Gray, Liberalism, Open Univ. Press. 1986.
p.ix.

데 안내자 역할을 했다. 이런 점에서 "프로테스탄티즘에서 신(神)을 빼고나면 남는 것은 자유주의다"라고 말하는 아블라스터의 지적은 적절하다.[2]

사전적인 의미에서 자유주의 또는 자유주의자란 대략 다음과 같은 요소들로 구성되어 있다.[3] 자유주의자는 이성의 권위를 지지하고 계시적 진리가 아니라 논증적 진리의 권위를 더 지지하는 사람들이며, 군주가 통치하는 사회보다는 제도에 의한 비인격적 통치가 더 바람직하다고 믿는 사람들이며, 강요보다는 동의와 설득의 방법을 더 선호하고 개인주의자며, 관용의 가치를 토대로 한 다원주의자들이며, 법치국가와 시장 경제를 더 선호하는 사람들이며, 권력의 독점보다는 권력의 분립을 지지하는 사람들이라 볼 수 있다.

존 그레이(John Gray)는 인간과 사회에 대한 자유주의의 공통된 특징을 다음과 같이 정리하고 있다.[4] 첫째, 자유주의는 개인주의적 가치를 지지한다. 이것은 사회 집단의 주장보다 개인의 도덕적 우선성을 강조하는 입장이다. 둘째, 자유주의는 모든 인간이 동일한 도덕적 지위를 가진다는 점에서 평등주의를 지향하고 있다. 셋째, 인류는 다른 특정한 역사적, 문화적 형식보다 더 우선하는

----

2) 치마부에(Cimabue), 지오토(Giotto), 마사치오(Massacio) 등의 회화에서 사실주의가 회복되기 시작했으며, 작가 자신의 사인이 등장하고 몽테뉴 등의 작가들이 개인의 전기에 관심을 기울이면서 사적인 경험을 기록하기 시작했다. 몽테뉴의 사상은 데카르트 철학의 출발에 직접적으로 영향을 주었다. Anthony Arblaster, The Rise and Deciline of Western Liberalism, Basil Blackwell, 1984. pp.95-115. 참고.

3) David L. Sills(ed.), International Encyclopedia of the Social Sciences, The Macmillan Company & The Free Press, 1974. vol. 9. p.276.

4) John Gray, Liberalism, Open Univ. press, 1986. p.x. 이 외에도 이근식은 자유주의의 원리를 '개인 자유의 보장', '인간의 사회적 평등', '자기 귀속의 원리' 그리고 '비판의 자유와 관용' 등으로 보고 있다. 이근식·황경식(편), 『자유주의란 무엇인가』, 삼성경제연구소, 2001. pp.18-24.

도덕적 단위라는 점을 강조한다는 점에서 보편주의를 지향한다. 자유주의의 보편적 가치에 대한 신뢰를 강조한다. 넷째, 자유주의자는 개선주의자의 입장을 지지한다. 인간은 모든 사회의 제도나 정치의 구조를 개선 발전시킬 수 있는 능력의 소유자라는 신념을 가지고 있다.

일반적인 의미에서 자유주의를 이해할 때 토마스 홉스(Thomas Hobbes : 1588~1679)는 과연 자유주의자인가? 자연 상태에서 만인에 대한 만인의 투쟁이 벌어지고, 인간의 본성이 본래 악하기 때문에 질서 있는 사회를 만들기 위해서는 절대 군주가 필요하다는 식의 이론을 주장했다는 점에서 그의 이미지는 자유와 먼 거리에 있는 듯이 보인다. 그러나 이것은 나무의 가지만 보고 뿌리는 못 보는 것과 같다. 꽃을 피우기 위해서는 뿌리로부터 영양분이 제공되어야 하는 것처럼 로크나 흄 그리고 밀(J. S. Mill)에 와서 자유주의라는 꽃이 활짝 피기 위해서는 이들보다 앞선 세대에 속하는 홉스 같은 사람의 자유주의 정신이 선구자적인 역할을 해야만 했다.

이 글은 홉스 철학의 전체를 관통해서 흐르는 자유주의 정신의 궤적을 추적함으로써 그를 명실상부한 자유주의자로 복원시키려는 시론이다.

홉스의 철학을 평가하고 해석하는 입장 가운데 가장 오래된 것에 '전통적 견해'라는 것이 있다. 전통적 견해란 홉스 당시부터 형성되었던 비판적 견해를 말하는데 홉스가 죽은 후에도 그의 철학을 대변하는 일련의 해석들을 통칭한다. 홉스 철학을 추종하던 사람들, 즉 호비스트(Hobbist)들이 따랐다고 믿어지는 전통적 견해의 핵심은 홉스를 유물론자, 이기주의적 인간론자, 절대 군주론자 그리고 종교적 무신론자로 보려는 데 있다. 전통적 견해를 마음에 두고 홉스 철학을 본다면 그의 철학과 자유주의 사이에 관련성이 많아보이지 않는다. 존 그레이는 홉스를 스피노자와 마찬가지로 자유주의(liberalism)의 선구자로 보면서도 자유주의자(liberal)로 볼 수 없다고 지적하고 있다. 그 이유는 홉스나 스피노자가 모두 개선주의자(meliorist)가 되기에 부족하다는 관점에서 그렇게 평가하고 있다. 홉스는 인간의 이기성이 자연 상태로 복귀할 가능성을 언제나 가정하고 있다는 점에서, 스피노자는 인간이 이성이 아니라 감정에 의해 지배되는 존재라는 가정을 하고 있다는 이유에서 그러하다.5)

자유주의와 자유주의자 사이에 어떤 간격이 있는가에 대한 합의된 기준이 없는 한 이런 구분은 논란의 여지가 많다. 개선주의자가 될 수 없었다는 이유로 홉스나 스피노자를 자유주의자의 반열에서 배제한 존 그레이의 해석이나, 홉스를 소유적 개인주의자로 보면서도 그의 철학적 결론이 거의 자유주의적이지 않다고 주장하는 맥퍼슨(C. B. Macpherson)의 주장에는 문제가 있다.6) 홉스의 자유주의 사상은 실제로 그의 전체 철학 체계, 즉 형이상학에서 윤리학, 정치론 그리고 종교론을 관통해서 드러나고 있으며, 그를 자유주의자로 보는 데 별다른 어려움이 없기 때문이다.

레오 스트라우스(Leo Strauss)의 지적처럼7) 홉스를 근대 자유주의의 초석을 놓은 사람으로 볼 수 있는 이유가 충분하게 있으며, 그가 자유주의자였음을 보여주려는 것이 이 글의 목적이다. 홉스가 시대적으로 반세기 또는 한 세기 뒤에 등장하는 로크나 흄처

---

5) John Gray, 위의 책, p.10.
6) C. B. 맥퍼슨도 홉스를 자유주의 전통의 가장 두드러진 특징인 개인주의의 출발자로 보면서도 그의 철학적 결론이 거의 자유주의일 수 없다고 보고 있다. C. B. Macpherson, The Political Theory of Possessive Individualism, Oxford, 1972. p.1.
7) Leo Strauss, 'On the spirit of Hobbes's Political Philosophy', in K. C. Brown (ed.) Hobbes Studies, Oxford, Blackwell, 1965. p.13.

럼 성숙한 자유주의자(liberal)는 아니었지만 영국 고전적 자유주의(classical liberalism)의 토대를 제공했다는 점에서 자유주의자임에는 틀림없다.

2. 홉스의 생애와 작품

영국인들이 뽑은, 지난 1000년의 최고의 정치가는 엘리자베스 1세였다. 그녀는 오늘의 영국을 있게 한 군주였다. 지중해와 대서양을 지배하던 스페인의 무적 함대 '아마다'를 물리치고 해상 지배권을 장악함으로써 해양 제국 건설의 초석을 놓은 이가 바로 그녀였기 때문이다. 그것이 1588년의 일이었다. 그 해 4월 5일에 철학자 홉스는 영국의 서남부 맘스베리(Malmesbury) 근처의 작은 마을 웨스트포트(Westport)에서 태어났다. 홉스는 칠삭둥이로 태어났는데 그의 어머니가 스페인의 무적 함대가 침공한다는 소문에 놀라 조산했기 때문이다. 홉스가 훗날 자신의 출생에 대해 "나는 공포와 쌍둥이로 태어났다"고 말하는 이유도 여기에 있다.

장갑 장사로 성공한 삼촌의 도움으로 토마스 홉스는 14세에 옥스퍼드대에 들어갈 수 있었다. 이미 4세 때부터 그리스어와 라틴어에 특출한 재능을 보인 홉스는 대학에 가기 전 고향에 있는 학교에서 로버트 라티머 선생에게 교육을 받았는데, 그리스어로 된 유리피데스의 「메디아」라는 작품을 라틴어로 번역하여 선생님에게 제출하기도 했다. 홉스가 프란시스 베이컨의 개인 비서 일을 하면서(1618~1622) 그의 에세이들을 라틴어로 번역해준 일도 그가 얼마나 어학에 재능이 있었나를 보여주는 사례다. 그리고 홉스가 처음 출판한 책이 투키디데스의 『펠로폰네소스 전쟁사』(1629) 번역판이었으며, 마지막 출판한 책이 호메로스의 『일리어드』와

『오딧세이』(1675)였다는 사실도 그의 어학적 재능을 짐작하게 해준다.

옥스퍼드대에서의 교육은 아주 불만족스러운 과정이었다. 스콜라 철학과 아리스토텔레스 철학 그리고 청교도주의로 무장된 대학 교육은 근대 초기의 사회적 분위기를 적절하게 반영하기에는 역부족이었으며 젊은 홉스의 관심을 끌 수도 없었다. 아리스토텔레스 철학과 스콜라 철학 그리고 청교도주의에 대한 홉스의 반감은 아마도 이 시기에 형성되었을 것이다. 홉스는 자주 지도를 파는 가게에 들러 세계 지도를 들여다보면서 여행하는 꿈을 꾸기도 했다. 1608년 2월에 5년간에 걸친 지루한 대학 교육을 마치고 존 윌킨슨 학장의 추천으로 후에 1대 디본셔 백작(Earl of Devonshire)이 된 윌리암 카벤디시(William Cavendish) 가문의 가정 교사로 취직하였다. 이 귀족 가문과의 인연은 몇 년간의 공백기를 제외하고는 평생을 통해 지속된다. 중산층 출신의 홉스가 귀족 가문과 깊고 긴 인연을 맺게 된 것은 두 가지 중요한 의미가 있다. 하나는 현실 정치 세계의 중심부에 접근할 수 있는 기회를 가짐으로써 의회주의보다는 왕당파에 더 우호적인 성향을 갖게 된 것이며, 다른 하나는 학문적으로 폭넓은 지식을 얻을 수 있는 기회를 가질 수 있었다는 점이다. 당시의 귀족들은 교육의 대부분을 가정 교사에 맡겼으며, 그 교육 과정의 마지막 단계로서 선생과 학생이 같이 외국으로 수학 여행을 하는 것이 하나의 관행이었다.

1641년에 프랑스로 망명을 간 것을 포함해서 모두 네 차례에 걸친 해외 여행을 통해 홉스는 당시 유럽의 대표적인 지식인들과 교류를 하게 된다. 1634년부터 3년간 파리에 머물면서 그는 메르센느(Mersenne)가 주축이 된 과학자들의 모임에 참여하게 되고 거기서 프랑스의 대표적인 과학자들과 철학자들을 만나게 된다. 1634년에 피렌체로 가서 갈릴레오를 방문한 것은 홉스의 철학적 방법론에 결정적인 영향을 준다. 프랑스의 유물론자인 가상디(Gassendi)와의 평생에 걸친 우정은 홉스와 가상디를 근대 제일의 유물론자로 만들었다. 홉스는 유물론의 관점에서 데카르트의 작품『성찰』에 대해 비판의 글을 썼는데, 이 두 철학자는 서로 사이가 별로 좋지 않았다.

1637년에 유럽 여행에서 돌아온 홉스는 자신의 철학적 임무가 무엇인지를 깨닫게 된다. 유물론의 입장에서 물체(natural body), 인간(human body) 그리고 사회(artificial body)를 다루겠다는 것이 그의 세 가지 철학적 주제가 된다. 그리고 저술의 순서도 그 차례를 지키려고 계획하지만 시민 전쟁을 눈앞에 둔 영국 사회의 혼란은 홉스에게 사회 문제부터 먼저 다룰 것을 요구하였다. 그래서『시민론(De Cive)』(1642)이 먼저 세상에 나오게 된다. 망명지 파리에서 귀국하기 직전에 출판한 홉스의 대표작『리바이어던』(1651)은 새로 왕이 된 찰스 2세의 환심을 사기 위한 책이라고 오해를 받으면서 일반인들에게 호평을 받았다. 이 작품 이후 홉스는 정치적으로 죽을 때까지 거의 침묵을 지키며 살게 된다. 대신 자신의 나머지 철학적 주제인『물체론(De Corpore)』, 『인간론(De Homine)』을 1655년과 1658년에 출판한다. 예외적으로 장수한 홉스는 말년을 유고집으로 출판된 두 권의 책—『비히모스(Behemoth)』와『영국 관습법에 관한 대화(A Dialogue between a philosopher and a student of the Common Laws of England)』—을 저술하는 일과『리바이어던』의 라틴어 판을 출판하고 호메로스의 두 책을 번역하는 일로 보냈다. 1679년의 겨울 날씨는 91세의 노철학자가 건강을 유지하기에 좋은 기후가 못 되었다. 평생의 주인이었던 카벤디시 가문의 저택인 하드윅 홀(Hardwick Hall)에서 지내던 홉스는 12월 4일, 평화롭게 세상을 뜨게 된다. 그리고 그 저택에서 1마일 가량 떨어진 조용한 올트 허크넬의 작은 교회 제단 앞바닥 밑에서 잠들고 있다.

3. 형이상학적 자유주의와 홉스의 자연철학

홉스의 자연철학에다 '형이상학적 자유주의(metaphysical liberalism)'라는 말을 붙이려면 그의 형이상학이 자유주의적 가치와 공유하는 부분이 있어야 한다. 나는 홉스가 시도한 철학의 해방과 반(反)아리스토텔레스주의 그리고 유물론의 입장에서 새롭게 구성하려고 한 그의 형이상학에서 '구질서'에 대한 저항과 '학문의 자유'에 대한 이상을 볼 수 있었고, 바로 이런 태도가 그의 철학 전 체계를 관통해서 흐르는 자유주의의 이상과 맥을 같이 한다고 본다. 그래서 형이상학적 자유주의는 철학의 해방과 학문의 자유 그리고 반아리스토텔레스주의에 붙여진 홉스 철학의 또 다른 이름이라 할 수 있다.

1) 철학의 해방과 학문의 자유

르네상스를 거처 근대로 접어들었지만 17세기 유럽의 대학은 아직도 아리스토텔레스주의의 전통과 스콜라 철학이 주류를 이루고 있었다. 옥스퍼드대학의 교과 과정도 구태의연한 전통 과목들로 구성되어 있었다. 과학 혁명의 시대에 살면서 새로운 세계에 눈을 뜨기 시작한 홉스는 낡은 커리큘럼으로 짜여진 대학 교육에 별로 흥미를 갖지 못했다.[8] 베이컨이나 데카르트와 마찬가지로 홉스도 철학 또는 학문을 신학과 교회로부터 해방시키는 일을 중요하게 생

---

8) 대학 교육에 불만을 보였던 사람은 비단 홉스만이 아니었다. 자서전이나 전기를 보면 데카르트, 로크, 흄도 마찬가지였다.

각했다. 이 세 사람은 모두 학문의 나무(학문분류표)를 새롭게 그리고 있는데, 이는 학문과 철학의 자유를 확보하고 탐구의 자유를 꿈꾸던 이들에게는 자연스러운 일이었다. 홉스가 『리바이어던(*Leviathan*)』 제9장에서 그린 학문의 나무에는 이성의 권위를 존중하고 계시적 진리보다는 논증적 진리를 더 신뢰하려는 자유주의의 이상이 그대로 담겨 있다. 자연적 물체(natural bodies)와 인공적 물체(artificial bodies) 그리고 인간의 몸(human body) 등 세 가지 물체의 운동을 진정한 학문의 대상으로 삼고 있다.

건강한 나무를 만들려면 필요 없는 가지들을 잘라버려야 하는 것처럼 학문의 나무도 가지치기가 필요하다고 홉스는 생각했다. 신학을 가장 먼저 제외했고 다음으로 물체의 속성을 지니지 못하는 천사론을 쳐냈다. 그리고 비록 철학에 유용하기는 하지만 경험이나 권위에 의존되어 있는 자연사와 정치사도 잘라내야 할 가지였다. 이 밖에 신적인 영감이나 계시에 의해서 얻어진 지식, 거짓이거나 근거가 빈약한 점성학 같은 것도 사라져야 했다. 마지막으로 지식의 대상이 아니라 단지 신앙의 대상이며 교회의 권위에 의해서 주장된 교의학도 홉스가 그린 학문의 나무에서는 잘라내야 할 가지들이었다. 그렇다면 어떤 기준으로 앞에서 말한 분과들을 학문의 세계에서 추방했는가?

홉스에 따르면 철학 또는 학문이란, "원인이나 생성에 대해서 우리가 먼저 알고 있는 것으로부터 참된 추론(ratiocination)을 통해 얻어진 결과 또는 나타난 것(appearances)에 대한 지식이다. 그리고 다시 먼저 알고 있는 결과들로부터 얻게 되는 원인이나 생성에 대한 지식이다."[9] 즉, 인과적 관계(causal relation)를 가지고

---

9) The Collected Works of Thomas Hobbes, (ed. by William Molesworth), Routledge, 1992. vol. I. p.10. 이하 E.W.로 표기함. Leviathan, C. B. Macpherson (ed.), Penguin Books, 1980. ch. 9. p.147. 이하 Leviathan으로 표기함.

있거나 바른 추론(ratiocination)에 의해서 도달한 지식만 진정한 학문 또는 철학이라고 보았다.[10] 위에서 배제된 분과들은 모두 인과적 관계를 갖지 못하거나 논리적 추론이 불가능한 것들이었다. 특히 종교와 철학을 엄격히 구분하지 못하고 오히려 종교와 신학을 위해 철학을 악용하고 있는 신들린 스콜라 철학의 미신은 마치 악령을 추방하듯 학문의 나무에서 잘라내야 할 부분이다. 또 이해할 수 없는 '형이상학적 암호(metaphysical codes)'로 쓰여진 스콜라 철학의 이론들도 학문의 세계에서 지워져야 할 대상들이다. 철학은 더 이상 '마제타의 돌'처럼 오랜 세월 해독(解讀)을 기다리는 그런 '철학자의 돌(philosopher's stone)'이 되어서는 안 된다.[11] 신들린 철학자들을 구하는 악령 추방자의 임무를 스스로 부여한 흡스는 종교의 규칙과 철학의 규칙을 구분하고, 성서에다 종교를, 자연적 이성에다 철학을 세우는 일이 가장 효과적인 방법이라고 말한다.[12]

쿤(Thomas Kuhn)의 용어대로 중세에서 근대로의 이행은 세계관의 변화, 즉 패러다임의 전환(transformation of paradigm)을 의미하며 이것은 단지 과학의 영역에서만 일어나는 변화가 아니라 삶의 세계 전반에 걸친 변화를 의미했다. 아리스토텔레스의 우주론을 대체할 만한 새로운 패러다임이 등장함으로써 이제까지 지탱해온 형이상학의 기초들은 붕괴되거나 다른 것으로 대체될 필요가 생겼다. 아리스토텔레스주의에 뿌리내린 과학과 형이상학은 근대의 정신에 맞는 것으로 바뀌어야 할 필요가 생겼다. 새로운 근대 과학의 정신에 맞물리는 형이상학의 새로운 구성은 시대적 요청으로 인식되었다. 흡스가 자각한 자신의 시대적 사명 가

---

10) E.W. vol. I, p.6.
11) 앞의 책, 독자를 위한 서문.
12) 앞의 책, p.xi.

운데 하나가 바로 과학과 형이상학이 하나의 학문 세계에서 양립할 수 있도록 그 공동의 기반을 확보하는 일이었다. 그렇게 하기 위해서는 전통이라는 억압적인 권위로부터 학문 연구가 자유로워야 했고 또 철학의 해방이 선결 조건일 수밖에 없다고 홉스는 생각했다.

2) 반(反)아리스토텔레스주의

아리스토텔레스주의가 유럽의 사상사에 미친 영향을 평가한다는 일은 결코 간단하지 않다. 왜냐 하면 그의 영향력은 11세기 이후 스콜라 철학자들에게는 절대적이었으며, 유럽인들의 의식 세계를 거의 독점적으로 지배했기 때문이다. 그러나 르네상스를 거치면서 과학 혁명의 시대에 걸 맞는 새로운 철학을 구성하면서 유럽의 근대인들은 아리스토텔레스의 권위를 부정하는 일부터 시작했다. 특히 그의 형이상학에 뿌리를 둔 목적론적 세계관을 거부하는 일은 근대의 문을 여는 데 결정적인 열쇠가 되었다.

베이컨이 『노붐 오르가눔』에서 배격하고자 했던 아리스토텔레스 철학 또는 그 계승자인 스콜라 철학은 '극장의 우상'이었다. 역사적 권위나 전통으로부터 오는 중압감 때문에 우리의 의식을 잘못된 방향으로 이끌려는 마음의 경향에다 그는 '극장의 우상'이라 이름 붙이고 이를 공격하였다. 한때 베이컨의 사서 역할을 했던 홉스도 아리스토텔레스 철학과 스콜라 철학에 대해 비판적인 시각을 가질 수밖에 없었다. 여기에 덧 붙여 근대 과학의 문을 연 갈릴레이나 케플러, 코페르니쿠스의 과학 이론들은 홉스에게 새로운 세계를 볼 수 있는 눈을 주기에 충분하였다. 홉스가 40세가 되던 해에 우연히 접한 유클리드 기하학은 논증적 진리의 엄밀성에 감탄하게 만들었고 갈릴레이의 운동론이 자연 세계를 설명하는 데 탁월하다는 사실을 보면서 운동의 개념을 인간과 사회에도 적용할 수 있다는 확신을 얻게 되었다. 기하학과 운동론은 홉스가 아리스토텔레스의 형이상학을 근본부터 거부하고 새로운 형이상학을 구축할 수 있도록 만드는 데 결정적인 역할을 하였다. 가장 극명하게 반아리스토텔레스 철학의 태도를 보이는 구절을 우리는 『리바이어던』에서 찾을 수 있다:

 "아리스토텔레스의 형이상학만큼 자연철학에 대해서 더 불합리하거나, 정치학에서 말한 것보다 더 정부에 해롭거나, 윤리학의 대부분에서 말한 것보다 더 무지한 것은 없다."13)

 홉스의 반아리스토텔레스 철학에 대한 태도를 어떻게 이해할 것인가. 그것은 학문의 주류였던 아리스토텔레스주의에 대한 거부며 학문의 자유주의 정신을 표출하는 근대인들의 몸짓으로 이해할 수 있을 것이다. 특히 아리스토텔레스의 운동론과 목적론적 세계관에 대한 거부는 이미 갈릴레이나 케플러, 코페르니쿠스로부터 시작되었으나 철학의 영역에서는 홉스가 이들의 정신을 계승하고 있었다. 비록 홉스가 '운동'을 자신의 철학적 중심 개념으로 삼을 때 갈릴레이에게서 진 빚을 『물체론』의 헌정사(Epistle Dedicatory)에서 고백하고 있지만 사실 홉스의 운동 이론은 아리스토텔레스가 『형이상학』에서 보여준 운동 모델을 대신할 만한 이론적 대안이었다. 이런 의미에서 홉스는 갈릴레이가 제공한 새로운 운동 개념을 무기 삼아 아리스토텔레스를 상대로 전투를 하고자 했던 철학자였다.
 아리스토텔레스의 4원인론(형상인, 질료인, 동력인, 목적인)이 중세 스콜라 철학자들에게는 기독교 신학과 잘 조화를 이루는 이

---

13) Leviathan, 46장, p.687.

론 체계였으나 근대인들에게는 더 이상 수용하기 어려운 신화와 같은 이야기로 들렸을 뿐이다. 홉스는 갈릴레이가 운동론과 법칙론적 세계관 그리고 질료인과 동력인 만으로 자연을 설명하는 데 성공했다는 사실에 주목하면서 물리학에서 거둔 성공을 인간학과 사회과학에다 그대로 적용하려고 했다. 그리고 새로운 형이상학을 새로운 개념으로 재구성하려고 시도했다. 형상인과 목적인 없이 오직 질료인(대상)과 동력인(자극과 반응 운동)만을 가지고 자연의 모든 운동이 설명 가능하다고 보았다. 새로운 형이상학의 구성 가능성을 보인 홉스는 정신적으로 이미 중세 기독교의 세계관으로부터 자유롭게 되었음을 의미한다.

4. 심리적 자유주의와 홉스의 인간론

1) 추상적 개인과 욕망의 자유

자유주의와 개인주의를 따로 떼어놓고서 각각을 설명한다는 것은 실제로 불가능하다. 이것은 자유의 주체자가 곧 개인이며, 개인의 가치 실현을 최상의 목적으로 삼는 개인주의의 정신에는 자유가 필수불가결한 요소이기 때문이다. 존 그레이는 홉스가 자유주의와 연관되어 있다면 그것은 그가 세습제를 거부하고 자연 상태에서 모든 사람이 평등한 자유를 가지고 있다는 점을 지지했기 때문만이 아니라 비타협적인 개인주의 사상 때문이라고 지적하고 있다.14)

스티븐 루커스(Steven Lukes)는 『개인주의』라는 작품에서 개인주의의 5가지 요소를 지적하고 있는데, 그것은 인간의 존엄성

---

14) John Gray, 앞의 책, p.8.

(dignity of man), 자율성(autonomy), 사적 영역(privacy), 자기 발전(self-development) 그리고 추상적 개인(abstract individual) 등이다.15) 이 가운데 추상적 개인은 다른 네 가지와 구별되는데, 앞의 네 가지는 개인주의의 본질적 가치를 의미한다면 추상적 개인은 개인에 대한 근대적인 이해 방식을 의미한다. 추상적 개인이란 개인을 '이익, 욕구, 목적, 필요성 등을 가지고 태어난' 존재로 보려는 태도를 의미한다. 따라서 사회나 국가는 이런 개인의 '이익, 욕구' 등을 충족시켜주기 위한 인공적인 수단 또는 변경 가능한 도구에 불과하다.16) 루커스는 이런 추상적 개인의 특성을 가장 극명하게 보여주는 사람이 바로 홉스라고 지적하고 있다.17)

그렇다면 홉스가 마음에 두고 그린 추상적 개인은 어떤 존재인가? "자연이 운동을 통해 활동"하는 물체들로 이루어졌듯이 인간은 몸이라는 물체가 내부에서 일어나는 지속적인 운동을 통해 활동하는 유기체일 뿐이다. 자연의 물체가 운동하는 힘을 갈릴레이의 용법에 따라 코나투스(conatus)라고 했듯이 "인간의 몸 안에서 일어나는 운동의 작은 시작을 의도(endeavour)라고 부른다." 물리학적 개념인 코나투스를 홉스는 인간의 몸 안에서 일어나는 운동을 나타내기 위해 의도라고 번역하여 사용하고 있다. 이 의도는 심리적 운동이며 그 운동이 대상을 향할 때 욕구(appetite) 또는 욕망(desire)이라 부르고 대상으로부터 멀어지려는 운동은 혐오(aversion)라고 부른다. 이 욕망과 혐오가 특정한 대상들과 관계

---

15) Steven Lukes, Individualism, Oxford Basil Blackwell, 1973. pp.45-73. 추상적 개인이란 60억 개인들이 각기 지니고 있는 우연적인 개별성(인종, 역사적 전통, 관습, 언어 등)을 모두 제거(추상)했을 때 남는 개인의 보편적 성질에 붙여진 이름이다. 이런 개인의 보편적 성질이란 오직 이익 추구를 본성으로 하는 인간의 욕망이다.

16) 위의 책 p.73.

17) 위의 책 p.76.

를 가질 때 감정(emotion) 또는 정념(passion)으로 표출된다.

조금 범박하게 말해서 인간은 움직이는 욕망 덩어리다. 비유적으로 말하면 인간은 전기적 자극, 즉 코나투스라는 동력을 통해 움직이되 정해진 궤도가 없이 아무 데나 달릴 수 있는 무궤도 전차처럼 욕망에 의해 움직이는 전차와 같다. 베이컨의 말처럼 욕망(cupiditas)과 욕구를 가진 인간은 '벌거벗은 큐피드'와 같다.

홉스는 인간의 욕망과 욕구가 자유롭다는 것과 욕망을 추구하는 일이 결코 부도덕한 일이 아니라는 점을 보여주려고 했다. 인간이 과연 존재론적으로나 심리적으로 자유로운 존재인가? 홉스의 말을 직접 인용해보자.

"버섯처럼 땅에서 갑자기 솟아나는 것처럼 인간은 다른 사람과 어떤 종류의 연대성도 없이 완숙한 상태로 존재하게 된다."18) "자연은 인간을 신체적으로나 정신적인 기능에서 평등하게 만들었다. 이런 능력의 평등으로부터 목적을 얻고자 하는 똑같은 희망이 생기게 된다. 두 사람이 동일한 대상에 대해 소유하고 싶은 욕구를 가지나 서로 만족할 수 없을 때 두 사람은 적이 된다."19)

위의 인용문에서 우리는 인간의 존재론적 자유를 읽을 수 있다. 다른 사람에 의존되어 있지 않으며, 독자성을 확보하고 있는 개인은 자유와 평등의 권리를 자연으로부터 부여받고 던져진 존재다. 사람마다 능력의 차이가 있다는 것을 부정하는 것이 아니다. 신체적 약점이 있는 사람은 재능이 뛰어나고 재능이 뛰어난 사람은 신체가 약하기 쉬운 것처럼 자연은 인간을 서로 대등한 조건을 가지고 존재할 수 있도록 만들었다는 의미에서 평등을 말하고 있다. 이런 능력의 평등은 욕구의 평등을 낳고 욕구의 평등은 위에서 루

18) E.W. vol. II, p.109.
19) Leviathan, ch. 13, p.183.

커스가 지시하는 추상적 개인의 특징이다.

2) 자유와 필연

자유와 필연의 문제는 자연 세계에서 뿐만 아니라 인간의 행위
와 관련해서도 늘 다루어져 왔던 고전적 문제다. 인간은 자유로운
존재인가 아니면 필연의 사슬에 묶여 있는 결정론적 존재인가?
홉스는 이 문제에 관해 다른 어느 누구보다 많은 시간을 들이고
있다. 그가 『리바이어던』 제21장에서 내리고 있는 자유에 대한 정
의를 보면, "자유란 반대가 없음을 의미하며, 반대란 운동의 외적
인 방해를 의미한다."20) 그리고 이어서 그는 "자유와 필연은 일치
한다"고 말하고 있다. 이 인용문은 자유에 관해 홉스가 내리고 있
는 정의 가운데 가장 많이 인용되고 있는 문장이다.21) 이 인용문
에서 주목해볼 만한 점은 자유를 소극적으로 정의하고 있다는 점
과 자유와 필연이 일치한다는 주장이다. "운동하는 사물은 다른
어떤 것이 방해하지 않는 한 영원히 운동하려고 한다"22)는 자연
세계의 법칙처럼, 인간도 외부의 방해가 없는 한 자유롭게 운동하
려는 속성을 가진다. 홉스는 인간이 정념에 따라 자유롭게 행동할
수 있는 존재라는 점을 분명하게 선언하면서도 동시에 자유 의지

---

20) 이 밖의 다른 정의를 보면, "자유는 외적인 방해가 없음을 의미하며 방해는
사람이 자기가 하고 싶은 일을 할 수 있는 힘의 일부를 종종 앗아가지만 판단과
이성의 지시에 따라 남겨진 힘의 사용을 가로막을 수는 없다." "자유는 오직 운
동의 장애나 방해가 없는 것으로 정의될 수 있다." "자유란 자연법 안에서 합법
적으로 누구에게나 주어진 것을 필연성 없이 금지하지 않는 것이다."

21) 이 밖에도 자유에 관해 홉스가 내린 정의를 보면 다음과 같다 : "자유는 오직
운동의 장애나 방해(hinderence)가 없는 것으로 정의될 수 있다." — De Cive,
9.9. p.216. "자유란 자연법 안에서 합법적으로 누구에게나 주어진 것을 필연성
없이 금지(prohibition)하지 않는 것이다." — The Elements of Law, 2.9.4. p.180.

22) Leviathan, ch. 2, p.87.

에 대해서는 부정하고 있다. 언뜻 보아 모순처럼 보이는 이 주장 때문에 홉스 자신도 비판에 직면했으며, 우리 자신도 혼란스럽게 느낀다.

자유와 필연 그리고 의지의 자유 문제는 1646년에 홉스가 프랑스에 망명하고 있을 때 그곳에서 만난 데리(Derry)의 주교 브럼홀(Bramhall)과 1668년까지 계속된 논쟁을 통해 유명해진 문제였다. 의지의 자유를 부인한 홉스와 자유 의지를 굳게 믿는 브럼홀 사이의 견해 차이는 결국 감정적인 다툼으로까지 이어졌다. "필연성과 자유가 일치하느냐 않느냐의 문제가 우리 두 사람 사이의 문제다"[23]라는 홉스의 언급은 이를 증명해준다.

자유와 필연의 문제는 17세기 초반 대부분의 과학자와 철학자들 사이에서 자주 논의되었던 문제였다.[24] 갈릴레오가 물리학의 이론을 통해 자연이 엄밀한 자연 법칙에 의해 지배된다는 사실을 증명했을 때 스콜라 철학에 익숙한 로마 교황청의 충격이 어떠했는지는 잘 아는 바와 같다. 자유의 자리는 필연으로, 신의 섭리와 목적의 자리는 내재적 법칙으로 대체되어야 한다고 근대 과학자들이 주장했을 때 교회는 종교 재판으로 응수했다. 그리고 성 아우구스티누스 이후 인간 원죄의 근원을 자유 의지에 둔 기독교 신학은 자유 의지의 확실성을 더욱 확고하게 옹호해야 했다. 필연성에 바탕을 둔 결정론과 인간의 자유의지론의 대결은 데카르트 이후 근세 철학자들 모두의 관심사였다. 자연 세계는 필연적인 법칙이 지배하고 인간의 마음은 자유로운 의지가 지배한다는 이원론은 데카르트가 생각해낸 절충안이었다. 마음과 몸, 정신과 물질이라는 이원론적 실체관이 낳은 필연적 귀결이었다. 그러나 홉스는 이와 전혀 다른 관점에서 결정론과 자유의지론의 절충을 시도하

---

23) E.W. vol. v. p.366.
24) Mark Thornton, do we have free will?, St. Martin's Press, 1989. pp.11-16.

고 있다. 홉스가 선택한 방법은 결정론의 입장에서 의지의 자유를 부인하는 동시에 인간의 행위는 자유롭다는 역설적 방법이었다. 쏜톤(M. Thornton)이 말한 것처럼, 홉스에게는 '자유 의지와 필연성 사이에 근본적인 대립이 없다.'[25] 오히려 자유와 필연성이 일치한다는 주장까지 했다.[26]

인간의 의지가 자유롭다는 브럼홀의 주장과 이에 반박하는 홉스의 주장은 두 사람이 오래 끌어온 논쟁 기간만큼 복잡한 것은 아니다. 『리바이어던』에서 언급된 자유와 필연의 일치라는 간단한 진술만으로는 이 둘의 쟁점을 파악하기 어렵다. 그러나 『자유, 필연 그리고 우연에 관한 질문들』에서 전개된 논쟁을 압축적으로 정리하면 다음과 같다. 홉스에 따르면, 초대 기독교인들이나 바울은 '자유 의지'라는 개념을 사용하고 있지 않았다. 인간의 모든 행위는 하느님의 거역할 수 없는 의지로부터 나온다고 바울은 생각했다. 그러나 후에 로마 교회의 신학자들은 인간의 의지를 신의 의지로부터 독립시키고 인간과 인간의 의지가 모두 자유롭다는 주장을 하기 시작했다. 브럼홀의 주장도 이런 전통에 서 있을 뿐이다. 홉스는 인간에게 자유 의지가 없다는 바울의 생각이 더 정확하다는 견해를 갖고 있었다. 그렇다고 해서 인간에게 자유가 없다는 주장은 아니라고 홉스는 강변하고 있다. 여기서 홉스가 정확하게 자신의 견해를 밝히기 위해 강조해서 구별하고 있는 것은 '의지의 자유'와 '행동의 자유' 사이에 놓여 있는 차이점이다. 홉스가 부인한 것은 의지의 자유이지 행동의 자유는 아니었다. 홉스의 정념론에 따르면, 의지는 숙고(deliberation)한 후에 그 결과로 일어나는 심리적 운동의 한 가지 현상일 뿐이다. 그리고 의지는 무

---

25) 위의 책 p.14.
26) 홉스의 이런 입장은 예정론자인 칼빈주의자들의 주장과 잘 어울린다. 결정론적인 신의 섭리와 예정을 인정하면서도 신의 자유를 인정하는 칼빈주의자들은 인간의 자유 의지를 주장하는 아르메니안들을 비판한다.

엇을 할 수 있거나 또는 하지 않을 수 있는 두 가지 의지로 구분된다. 이 의지는 모두 외부의 자극에 대한 심리적 반응으로서 인과적 필연성의 지배를 받는다. 반면 의지에 의해 결정된 것을 행동으로 옮길 수 있거나 아니면 중지할 수 있는 '행동의 자유'가 인간에게는 있다. 즉, 정해진 의지에 따라 행동을 결정할 수 있는 자유가 있다. 의지의 필연성은 자유와 대립하는 것이 아니라 오히려 행동의 자유를 가능케 하는 것이다.[27] 행동의 자유만이 홉스가 인정한 자유며, 이 자유는 필연과 양립할 수 있다. 자유와 필연의 관계를 설명하기 위해 홉스는 물과 물길의 상관 관계와 같은 비유를 들고 있다. 물은 자연스럽고 또 자유롭게 아래로 흐른다. 물의 흐름은 자유이지만 그 물이 물길을 따라 반드시 흘러야 하는 것은 필연이다. 둑이 있어서 물이 그 둑을 넘지 못하는 것은 물에게 방해물이며 자유를 제한하는 것이다.[28] 물의 자유는 인간의 행동의 자유를 의미하며, 물길과 강둑의 존재는 자유를 구속하는 필연성을 의미하는 것으로 보인다. 자유로우면서도 필연의 질서를 거부할 수 없는 존재가 바로 인간이다. 따라서 '문제는 인간이 자신의 의지에 따라 글씨를 쓰거나 말거나 또는 말하거나 침묵을 지킬 수 있는 자유로운 존재인가가 아니라, 쓸 수 있는 자유와 그만둘 수 있는 자유가 자신의 의지에 따라 나오는가의 문제다.'[29]

형이상학에서 단일 실체론(유물론)과 원자론의 입장을 지지한 홉스가 인간론에서 개인주의를 지지하는 것은 논리적으로도 자연스러운 일이다. 그리고 행위의 주체자가 개인일 수밖에 없는 이유도 자연 세계에서 물체가 독립적인 실체로 존재하는 것과 같다.

---

27) E.W. vol. v. p.218.
28) E.W. vol. v. p.367.
29) E.W. vol. v. p.39.

5. 수인의 딜레마에 대한 반론

홉스를 서양의 순자(荀子)로 보면서 성악설의 대표적인 철학자로 보는 것은 오해다. 왜냐 하면 그는 인간의 본성이 악하다는 생각을 하지 않고 있기 때문이다. 그리고 자연 상태에서 자기 이익을 극대화하기 위해 이기적으로 행동하는 홉스적 인간을 '수인(囚人)의 딜레마(prisoner's dilemma)'라는 게임 모델의 주인공으로 묘사하는 것도 오해다. 홉스가 마음에 두고 있던 인간의 모습은 자유롭게 욕망을 추구하는 인간이다. 그리고 합리적으로 그 욕망을 충족하는 한 도덕적으로 문제가 없다는 생각을 했다.

홉스는 "인간의 욕구나 정념은 그 자체로 죄악이 아니다"라고 말한다. 이런 주장은 인간의 본성이 이기적이라는 전제와 인간은 전적으로 자기 이익을 도모하기 위해서만 행동한다는 '심리적 이기주의(psychological egoism)'를 전제로 해야만 한다. 홉스적 인간이 누리는 삶은 '경쟁의 연속이며 달리는 경주와 같다'. 그리고 '그 최종적인 목표는 자기 만족이며 최고가 되는 것이다.'[30] 더 나아가서 홉스의 인간을 이기주의자로 해석할 수 있는 근거는 자연 상태에서 자연으로부터 주어지는 자연권과 무제한의 자유와 깊은 관련이 있다. 앞에서 언급했듯이 자연 상태에서 인간은 자기 보호를 위해 어떤 일도 할 수 있으며, 심지어 도덕률을 어기지 않고서도 다른 사람의 생명을 빼앗을 수 있는 자유와 권리가 주어져 있다. 왜냐 하면 자연 상태에서는 도덕성(morality)이 없으며 자연권의 이름으로 자유와 권리가 무제한으로 확대될 수 있기 때문이다.

여기서 우리는 홉스적 인간이 소위 '수인의 딜레마'에 나오는 죄수인가 하는 물음에 대답하려고 한다. 먼저 '수인의 딜레마' 상

---

30) The Elements of Law, F. Tonnis(ed.), 2nd Edition, Frank Cass, 1969. 1부 9장 21절, p.47.

황을 나타내주는 전형적인 예를 하나 들어보자. 중죄를 범한 두 피의자 '가'와 '나'를 각각 격리시킨 채 검사가 동일한 조건을 제시한다. 만약 한 사람이 자백하고 다른 사람이 자백하지 않으면 자백한 사람은 배심원들을 설득해서 형을 1년으로 줄여줄 것이고 다른 사람은 10년을 살게 할 것이라고 말하고 선택을 요구한다. 이 선택적 상황을 논리적인 형식으로 바꾸어 표현하면 다음과 같이 할 수 있을 것이다: '만약 공범자가 고백한다면 나도 고백하는 것이 좋다. 왜냐 하면 그렇지 않을 경우 나는 10년의 형이 선고될 것이기 때문이다. 만약 그가 자백하지 않으면 나는 자백하는 것이 좋다. 왜냐 하면 나는 1년이면 출옥할 수 있기 때문이다. 그는 자백하거나 자백하지 않거나 둘 중의 하나다. 따라서 그가 어떻게 결정하든 나는 자백하는 것이 좋다.' 이것은 단순 구성적 딜레마(simple constructive dilemma)다. 두 죄수는 서로 대화할 수 없는 상황에서 모두 자백할 것을 결정했고 5년의 징역을 살아야만 했다.

대부분의 게임 이론가들이나 '합리적 선택 이론가'들은 이 수인의 딜레마를 자연 상태에서 합리적이고 이기적으로 계산하고 행동하는 홉스적 인간의 전형으로 이해하고 있다. 피상적으로 보면 그럴 듯해 보이지만 이것은 홉스의 인간관을 잘못 이해한 데서 오는 잘못된 추론의 결과로 보인다. 다시 말해 자연 상태에서 존재하는 홉스적 인간은 위의 '수인의 딜레마'처럼 서로 전혀 접촉이 불가능하거나 통화할 수 없는 상황에 놓여 있는 것이 아니다. 두 사람의 접촉이 규제되지 않고 평화롭지도 않으며 전쟁처럼 파괴적인 성향을 가진 그런 접촉일 뿐 전혀 통화할 수 없는 상황은 아니다. 따라서 '수인의 딜레마'에서 설정하고 있는 두 죄인의 존재 조건은 홉스적 인간의 이기성을 대표하기에 적합한 상황 설정이 못 된다. 이 점은 알란 라이언(Alan Ryan)의 지적에서도 드러난다. 그의 설명에 의하면, 딜레마에 빠진 두 수인은 '효용성을 극대화하려는 사람들(utility-maximizer)'이기 때문에 상대방을 최대한으로 이용하고 착취하려는 사람들이며, 반면 자연 상태에서 존재하는 홉스적 인간은 폭력적인 죽음과 같은 '파국을 피하려는 사람들(disaster-avoider)'이기 때문에 상대방을 이용하기보다는 평화를 모색하는 사람들이다.[31] 알란 라이언은 다른 논문에서 이 '수인의 딜레마' 이론이 홉스 연구가들에게는 일종의 레드 헤링(red-herring. 관계없는 일로 주의를 딴 데로 돌리는 것)일 뿐이라고 지적하고 있다.[32]

마티니치(A. P. Martinich) 역시 게임 이론가나 합리적 선택 이론가들이 집착하고 있는 '수인의 딜레마' 모델은 홉스의 생각을 탈문맥화하는 잘못을 범했다고 비판하고 있다. '자연 상태는 두 사람보다 많은 사람이 존재하며, 그렇기 때문에 합리적 선택의 내용이 달라질 수 있다. 또 수인의 행위는 자신이 공범자를 배신했을 때 상대방이 어떻게 나올지 안다는 사실에 의해 영향을 받으며, 자신이 배신자라는 사실을 다른 사람들이 알았을 때 어떻게 자신을 취급할지 안다는 사실에 의해서도 영향을 받는다. 그렇기 때문에 자연 상태에서 존재하는 인간은 수인의 딜레마 상황 아래서처럼 그렇게 단순한 계산에 의해 행동할 수 없다.' 홉스는 결코 자연 상태에서 생존하는 개인들의 모습을 수인과 유사하거나 동일한 것으로 보는 입장에 동의하지 않을 것이다.[33]

---

31) Alan Ryan, Hobbes's Political Philosophy, The Cambridge Companion to Hobbes (ed. by Tom Sorell), Cambridge, 1996. p.224.

32) Alan Ryan, Hobbes and Individualism, in Perspectives on Thomas Hobbes, G. A. J. Rogers and A. Ryan (eds.), Oxford, 1988. pp.92-93.

33) A. P. Martinich, Thomas Hobbes, Macmillan, 1997. pp.35-36.

6. 정치적 자유주의와 홉스의 사회계약론

홉스의 정치적 자유주의(political liberalism)의 핵심은 사회계약론에 있다고 해도 지나친 말이 아니다. 근대 사회계약론은 왕권신수설을 대체하는 정부 구성의 원리다. 홉스 정치철학에 대한 긍정적 평가가 주로 사회계약론을 둘러싸고 이루어진 것이라면 부정적 평가는 그의 절대군주론을 중심으로 형성되어 왔다. 사회계약론과 절대군주론이라는 언뜻 보기에 잘 어울릴 것 같지 않은 두가지 입장이 어떻게 홉스의 정치철학 안에서 양립이 가능한가? 홉스의 정치적 자유주의를 드러내는 가장 적절한 방법은 홉스가 어떻게 사회계약론을 통해 합법적 정부의 구성 원리를 찾아냈는가를 규명해보는 일이다. 또 연구자들에 의해 간과되어온 그의 평화에 대한 관심을 제대로 평가함으로써 절대군주론과 사회계약론의 양립 가능성을 볼 수 있다. 이 두 가지 접근법을 통해서 우리는 홉스가 정치적으로 자유주의와 유사 민주주의의 입장을 취하고 있으며, 동시에 진정한 보수주의와 계몽된 권위주의자였음을 알 수 있을 것이다.

1) 정치적 계약과 권위 부여하기

"계약이란 권리의 상호 양도다." 이때 권리란 개인이 자연으로부터 부여받은 자연권을 말한다. 이미 앞에서도 언급했듯이 자연 상태에서 존재하는 개인은 자연이 부여한 절대적 권리와 자유를 향유할 수 있는 평등한 존재들이다. 자기 보존(self-preservation)이라는 존재의 목적을 달성하기 위해서라면 어떤 행동도 정당화될 수 있다. 그러나 역설적이게도 자연 상태는 자기 보존을 유지하는 데 가장 나쁜 조건이다. 왜냐 하면 자연 상태에서 인간은 끊임없는 전쟁을 계속해야만 하기 때문이다. 자연 상태에서 살아가는 인간의 존재 상황을 압축적으로 말하면 "만인에 대한 만인의 투쟁 상태(bellum ominum contra omnes)"며, "인간은 인간에 대해 늑대(homo homini lupus)"일 뿐이다. 이런 자연 상태에서 벗어나는 유일한 통로는 자연권을 모두가 자발적으로 포기하는 길이다.

사회 계약은 자연권을 포기 또는 유보하는 첫 번째 단계와 자연권을 제3자에게 양도하는 두 번째 단계를 거쳐 완결된다. 첫 번째 단계를 우리는 '예비적 계약'이라 부를 수 있으며, 두 번째 단계는 '정치적 계약'이다. 예비적 계약이란 자연권을 포기하는 개인들간에 이루어지는 약속이다. 자연 상태에서 자기를 보존하기 위해 타자와 죽기 살기로 싸워야 하고, 또 언제나 승리한다는 보장이 없는 상황에서 폭력적인 죽음으로 몰고 가는 전쟁 상태를 멈추는 길은 우선 개인들간에 전쟁을 중지할 것을 약속하는 일이다.

사적인 계약이란 상호 호혜적으로 적대 행위를 중지하고자 하는 욕구에서 나온다. 이는 "평화를 추구하라"는 자연법의 제1명령과도 일치한다. 계약은 의무를 발생시킨다. 그러나 이런 사적인 계약의 의무는 강제성이 약하다. 따라서 이런 예비적 계약은 언제라도 파기될 위험이 있다. 계약의 한쪽 당사자가 자기 보호를 위해 파기하는 것이 더 이롭다고 판단되면 이 사적인 계약은 파기될 수 있다. 왜냐 하면 아무도 그 약속 파기에 대해 처벌할 수 있는 힘이나 수단이 없기 때문이다. 여기서 정치적 계약의 필요성이 요청된다.

정치적 계약은 자연권과 자연적 자유의 양도를 통해서 이루어진다. 자연 상태에서 상호 호혜적으로 포기되거나 유보된 권리를 누군가 제3자에게 양도할 것을 약속함으로써 이루어지는 계약이 곧 정치적 계약이다. 사적인 계약을 위반할 수 없도록 안전 장치를 마련하는 일이 필요한데, 그 안전 장치란 계약 위반이 초래할 고통이 지키는 부담보다 더 크도록 만드는 일과 고통을 부여할 수 있는 힘의 소유자를 세우는 일이다. 모든 개인들이 계약을 위반함으로써 얻는 이득보다 위반했을 때 따라나오는 고통, 즉 처벌이 더 크도록 만들고 그것을 집행할 수 있는 힘의 소유자, 즉 통치권자를 세우는 일이 정치적 계약의 목적이다. 이 통치자는 공동의 힘(common power)이라고도 불린다.

정치적 계약은 통치적 권위를 정당화하는 일이다. 이것은 권위 부여하기(authorization)와 같다. 『리바이어던』 제16장에서 홉스는 다른 사람의 말과 행동을 대표하는 인격체를 인공적 인격체(artificial person)로 규정하고 이 인공적 인격체를 대리인과 본인, 배우와 작가의 관계로 설명하고 있다. 대리인과 배우는 본인과 작가의 지시에 따라 행동하는 사람이다. 통치권자도 국민이라는 본인과 작가의 지시에 따라 행동하는 대리인이자 인공적 인격체일 뿐이다.

정치적 계약은 세워진 통치자에게 복종할 의무를 발생시킨다. 그리고 통치자에게 권위를 부여하는 이유는 '보호와 복종'의 새로운 관계를 세우기 위해서다. 즉, 혼자서는 결코 확신할 수 없는 자기 보존의 목적을 달성하기 위해서는 누군가 나를 보호해줄 강자가 있어야 하고 보호받는 대가로 복종할 의무를 지게 된다. 이 의무는 자연적 의무가 아니라 인위적 의무며, 이해 타산을 따져본 후에 나오는 타산적 의무다.

2) 양도 불가능한 권리와 자유 : 묵비권과 양심의 자유

정치적 자유는 자연법이 보장하고 자연 상태에서 누구에게나 무제한적으로 사용할 수 있는 절대적 자유가 아니다. 절대적 자유는 이론적으로는 최대한의 자유이지만 실질적으로는 아무도 이런 자유를 향유할 수 없다는 점에서 무의미하다. 진정한 정치적 자유는 법에 의해 허용된 만큼의 제한된 자유를 의미한다. 홉스의 말대로, "국가 안에서 모든 백성들이 조용하게 잘살 수 있기에 충분할 만큼의 자유"가 진정한 백성의 자유다.34) 그런데 백성의 자유는 법으로 규정하기에는 그 범위가 넓다. 그래서 홉스는 법으로 정하지 않더라도 백성들 스스로 판단하여 행동할 수 있는 자유를 허용하고 있다. 『시민론(De Cive)』에서 홉스는 이런 백성의 자유의 범위를 상징적인 비유를 들어 설명하고 있다 :

"물을 둑으로 가두어두면 썩게 되고, 반대로 경계가 없다면 넘쳐흘러 흩어지게 된다. 물길이 많으면 많을수록 물은 자유롭게 흐른다. 마찬가지로 백성들이 법의 명령 없이는 아무것도 할 수 없다면 침체되고 다루기 어렵게 되며, 반대로 무엇이나 할 수 있다면 흩어지게 된다. 법으로 결정하지 않은 채 남겨진 것이 많을수록 백성들은 많은 자유를 누릴 수 있다."35)

홉스에 따르면 법은 마치 둑이나 울타리와 같다. 울타리가 일차적으로는 도둑을 막고 자신의 생명과 재산을 보호하는 방어벽의 기능을 하는 것이지만 또 다른 역할은 다른 사람들로 하여금 안전하게 길을 가도록 안내하는 역할도 한다. 왜냐 하면 길이란 울타리를 따라 만들어지며 그 길을 따르는 것이 안전하기 때문이다. 마치 이처럼 법도 금지와 억제의 기능뿐만 아니라 백성들이 안전하게 살 수 있고 제한된 자유를 향유할 수 있도록 보호하는 기능도 있다. 법 안에서 보장된 자유만이 진정한 자유인 것은 바로 이

---

34) De Cive, Man and Citizen, Bernard Gert(ed.) Humanities Press, 1972. 10장 1절. p.222.
35) 위의 책, 13장 15절, p.268.

런 이유에서다.

"법은 인공적인 사슬이다." 다시 말해 사람들이 자신의 평화와 안전을 위해 자발적으로 만든 사슬이며, 이는 스스로를 구속하기 위해 만든 것이다. 평화, 안전 그리고 보호를 담보로 자연권과 자연적 자유를 포기하고 대신 통치자에 복종하고 그 명령인 법에 복종할 것을 약속함으로써 백성들은 제한된 정치적 자유만을 얻게 된다. 자유와 권리의 양도는 자기 보호를 위한 선택 사항이 아니라 필수 조건이 된다.

그러나 홉스는 모든 권리와 자유가 양도되는 것은 아니라는 점을 여러 번 강조하고 있다. 아무리 자연 상태에서 벗어나기 위해, 그리고 자기 보호를 위해 자발적이고 상호 호혜적으로 권리와 자유를 양도한다고 하더라도 끝내 양도할 수 없는 권리와 자유가 있다는 점을 지적하고 있다. 그것은 자신의 생명을 위협하는 적대적 타자들에 대해 저항할 수 있는 권리와 자유다. 넓은 의미에서 생존권과 기본권이 여기에 해당한다 할 수 있다. 그러나 홉스는 『리바이어던』 제21장 '백성의 자유'에서 구체적으로 두 가지를 적시하고 있다. 하나는 묵비권(默秘權)이며, 다른 하나는 '양심적인 병역 거부자(conscientious objector)'의 권리다. 이 두 가지 권리는 모두 자기 보호라는 존재의 궁극적 목적과 관련된 권리다. 아무리 통치권자가 명령한다고 하더라도 자신이 범한 범죄에 대해 사면에 대한 확신이 없는 한 범죄를 고백할 의무를 지지 않는다. 그 이유는 자신에게 불리한 말을 함으로써 자신의 생명과 재산의 보호를 위태롭게 하는 것은 권리 양도를 규정하는 계약의 내용이 될 수 없기 때문이다. 정치적 계약은 오직 자기 보호라는 목적을 달성하기 위한 수단인데, 묵비권의 포기는 본래 목적에도 위배되기 때문이다.

또 양심적인 병역 거부자의 경우도 마찬가지다. 양심적인 병역 기피자의 권리를 어떻게 볼 것인가에 대해서는 나라마다 다를 수 있다. 최근 우리나라에서도 이 문제에 대해 공론화된 적이 있다. 그러나 국방의 의무가 양심의 자유보다 더 우선한다는 사회적 분위기에 밀려 논의가 계속되지는 못했다. 홉스의 주장에 따르면, 양심적인 병역 거부 행위가 정당화될 수 있는 근거는 생명을 위태롭게 할 수 있는 병역의 의무가 정치적 계약의 내용이 될 수 없다는 데 있다. 자발적으로 병역의 의무를 수행하고 전쟁에도 참여할 수 있는 것은 개인의 선택적 문제이지만 그렇다고 해서 국가가 병역을 의무화할 수 있는 근거는 사실상 없다는 것이다. 왜냐 하면 양심적으로 병역 의무를 거부할 수 있는 권리와 자유를 한 번도 양도한 적이 없기 때문이다. 양심적인 병역거부권은 결국 양심의 자유 문제와 직결되어 있는 문제며, 홉스는 이 문제에 대해 전향적인 태도를 보이고 있다.

심지어 죽음에 대한 공포 때문에 탈영하거나 전투를 피하는 병사의 경우도 권리와 자유의 관점에서 용납해야 한다고 홉스는 말하고 있다. 이들이 불명예스럽거나 비겁하다는 비난은 받을 수 있으나 부정의(injustice)하다는 평가는 적절하지 않다는 것이 홉스의 생각이었다. 왜냐 하면 죽음에 대한 공포를 피하고자 하는 인간의 욕망은 가장 기본적이며, 자기 생명 보호가 계약의 절대 조건이기 때문이다.

3) 평화애호주의

나는 홉스의 평화에 대한 관심을 '평화애호주의(pacificism)'라고 부르고자 한다.36) 그리고 이 평화애호주의가 가장 분명하게 드러나는 곳은 자연법의 제1명령에서다. 그것은 다음과 같다 :

---

36) 김용환, 『홉스의 사회·정치철학』, 철학과현실사, 1999. pp.170-174.

"모든 사람은 평화를 얻을 수 있다는 희망을 가지는 한 그것을 추구해야만 한다. 그리고 그것을 얻을 수 없을 때 전쟁의 이로움과 도움을 추구하고 이용할 수 있다."[37]

홉스가 자연법의 제1조항으로 "평화를 추구하라"로 한 것은 중요한 의미가 있다. 이것은 칸트 식으로 말하면 정언 명령과 같다. 그 밖의 18개 자연법은 모두 이 제1자연법의 명령을 수행하기 위한 수단적 명령일 뿐이다. 홉스의 정치철학의 중심에 평화에 대한 그의 관심이 놓여 있다는 사실을 간과해서는 안 된다. 왜냐 하면 평화에 대한 그의 관심에 주목하지 않고 그의 정치철학을 해석하는 것은 왜곡된 해석으로 흐를 가능성이 있기 때문이다.[38]

홉스가 볼 때 평화는 자기 보존이라는 존재의 목적과 동의어에 가깝다. 평화 없이 자기 보존은 불가능하며, 자기 보존 없이 평화는 무의미하기 때문이다. 따라서 자기 보존이 그 자체로 목적이라면 평화를 추구하라는 자연법의 제1명령 역시 조건적 명령이 아니라 무조건적인 지상 명령이며, 그 자체로 목적이 되어야 한다. 사회 계약을 통해 통치권자를 세우는 일도 모두 평화에 대한 확보와 자기 보존을 위한 전략적 수단에 불과하다.

홉스의 절대군주론 역시 평화애호주의의 관점에서 해석되어야 한다. 그가 절대군주론을 주장함으로써 반민주적, 반자유주의적 사상가라는 오해를 낳게 한 것도 사실이지만 그 본뜻을 제대로 이

---

37) Leviathan, ch. 14, p.190.
38) 홉스의 평화에 대한 관심에 주목한 현대 해석가로는 C. B. 맥퍼슨과 로베르토 보비오(Roberto Bobbio)가 있다. 맥퍼슨은 홉스가 평화에 관심을 갖게 된 것은 국내의 시민 전쟁을 피하는 문제에서부터 비롯되었다고 지적하고 있으며, 보비오는 홉스에게서 가장 중요한 문제가 전쟁과 평화의 문제였다고 말하고 있다. C. B. Macpherson, Introduction to Leviathan, Leviathan, Pelican Classics, 1981. p.9. Norberto Bobbio, Thomas Hobbes and The Natural Law Tradition, Chicago Univ. Press, 1993. pp.197-198.

해하기 위해서는 평화애호주의를 고려해야 한다. 앞에서 설명했듯이 통치권자는 대리인에 불과하다. 그리고 국가는 국민의 안전(salus populi)을 확보하기 위한 수단에 불과하다.[39] 그렇다면 절대 군주는 왜 필요하며, 그는 어떤 위상을 지닌 존재인가? 홉스가 사회 계약을 통해 정당화한 권력은 국가의 통치권 자체이거나 인공적 인격체로서의 국가 자체이지 어느 특정한 개인 군주가 아니었다는 점에 주목할 필요가 있다. 홉스의 절대군주론을 둘러싼 오해는 대부분 그가 당시의 영국 왕이었던 찰스 2세를 살아 있는 '리바이어던'으로 간주했을 것이라는 데서 비롯된다. 이는 마치 마키아벨리가 『군주론』을 쓰면서 체르사 보자르를 마음에 두고 쓴 것과 대비해서 그렇게 생각한다. 그러나 홉스는 결코 어느 특정한 개인에게 절대권을 부여하려는 의도를 가지지 않았다. 그가 왕당파나 의회주의자들 모두로부터 의심을 받았다는 사실은 그가 의회주의자의 편에도 왕당파의 편에도 속하지 않았다는 것을 의미한다. 오히려 그는 정치 권력의 근거를 사회 계약에서 찾았으며, 통치권의 분열이 시민 전쟁의 한 원인이 된다는 역사적 경험을 통해 통치권의 분열을 막기 위한 전략으로 절대군주론을 주장한 것이다.

사회 계약을 통해 구성하는 정부나 권력자도 결국 자기 보호라는 개인의 궁극적 가치와 평화 보장이라는 사회적 가치를 실현하기 위한 수단에 불과할 뿐이다. 그런데 여기서 한 가지 주목해야할 점은 평화에 대한 갈망에는 '죽음에 대한 공포' 감정이 자리잡고 있으며, 이 공포의 감정은 자유와 직접 연결되어 있다는 사실이다. 폭력적인 죽음에 대한 공포는 일생 동안 홉스를 따라다닌 기본 감정 가운데 하나다. 자신은 "공포와 쌍둥이(twin of fear)로 태어났다"고 말할 정도로 공포의 감정은 홉스의 일생에 걸쳐 동반

---

39) Leviathan, Introduction, p.81.

된 감정이다. 그리고 시민 전쟁을 피해 11년 동안 이국 땅에서 망명 생활을 해야 했고, 자신의 대표작『리바이어던』이 금서로 지목되고, 신성모독죄로 기소될지도 모른다는 두려움 때문에 자신의 작품을 소각해야만 했던 홉스에게 공포는 피할 수 없는 존재 상황이었다. 그리고 이 공포, 그것도 폭력적인 죽음에 대한 공포는 어떻게든 피해야만 하는 상황이었다. 사회 계약, 통치권의 확립 그리고 그런 과정에서 자발적으로 양도하거나 포기해야만 했던 자연권과 자유는 모두 자기 보존과 평화를 확보하기 위한 수단적 행위들이었다.

'공포는 사람을 자유롭게 만든다'는 다소 어색한 주장이 홉스의 문맥에서 보면 자연스럽게 의미를 가진다. 자연 상태에서 누구나 느낄 수밖에 없는 '폭력적인 죽음에 대한 공포'는 사실 절대적 자유에서 온다는 사실을 직시할 필요가 있다. 절대적 자유는 역설적으로 절대적 공포를 의미한다. 왜냐 하면 나의 절대적 자유는 타자의 절대적 자유와 동일한 가치를 지니며, 자기 보존을 위해서는 어떤 행위도 정당화되기 때문에 살인할 수 있는 자유까지도 인정한다. 따라서 자연 상태에서 인간은 끊임없는 적대적 타자의 도전으로부터 자유로울 수 없다. 자기가 가지고 있는 온갖 기술과 지혜를 동원하여 도전자를 제거한다고 하더라도 언제나 승리할 수 있다는 것을 보장받지는 못한다. 그렇기 때문에 언젠가는 자신도 폭력적인 죽음을 당할지도 모른다는 공포로부터 벗어날 수 없다. 그래서 공포는 절대적 자유의 포기를 유도하고 대신 평화가 보장되는 정치적 자유를 확보하게 만든다. 정치적 자유는 이런 공포로부터 벗어난 후에 얻을 수 있는 제한된 자유일 뿐이다. "자유와 공포가 일치한다"40)는 홉스의 진술은 이런 맥락에서 이해될 수 있다.

---

40) Leviathan, ch. 21, p.261. 홉스는 난파선에 탄 승객이나 승무원이 침몰을 피하기 위해 적재물을 바다에 던지는 행위를 비유로 들어 자유와 공포의 상관 관

7. 종교적 자유주의와 홉스의 '교회에 대한 국가우위론'

홉스와 동시대 사람들은 홉스의 사상을 따르던 사람들인 호비스트들을 libertine이라고 불렀다. libertine을 우리말로 옮긴다면 자유분방한 사람 정도가 될 것이다. 자유분방주의(libertinism)라는 말이 처음 사용된 것은 1560년대 이후부터인데, 이 말의 원래 뜻은 자유 사상, 도덕률 폐기론 또는 이성(異性)간에 도덕적 구속력을 무시하는 행위 등으로 사용되었다. 홉스를 자유분방주의자라고 부른 사람들은 그 이유를 홉스가 무신론자이고 종교를 거부하고 당시의 일반적인 도덕률에 대해 비판적이었기 때문이라고 했다.41)

이들이 홉스를 자유분방주의자라고 부르는 것은 경멸적인 의미에서 그렇게 불렀지만 이는 오히려 홉스가 종교적 자유주의자였다는 것을 역설적으로 반증해주는 것이라 볼 수 있다. 홉스는 결코 무신론자거나 반그리스도인이 아니었는 데도 종교에 대해 폭넓은 이해를 하고 있었다는 이유 때문에, 그리고 성서를 계약론적 관점에서 해석하고 있다는 이유로 그를 자유분방주의자로 불렀다면 이는 곧 그가 종교적 자유주의였다는 것을 말해준다.

1) 홉스의 종교관

『리바이어던』 제12장에서 홉스는 자신의 종교관을 간결하면서도 분명하게 밝히고 있다. 먼저 홉스는 공포와 두려움에다 종교의

계를 설명하고 있다. 침몰에 수반되는 죽음의 공포는 자기 물건을 버리는 자유로운 행위(jettison)를 하게 만든다. 그래서 공포와 자유는 일치한다고 말할 수 있다.

41) Samuel I. Mintz, The Hunting of Leviathan, Cambridge Univ. Press, 1970. p.134.

기원을 두고 있는 루크레티우스(Lucretius)의 종교관을 그대로 따르고 있다. 눈에 보이지 않는 힘을 소유한 여러 종류의 신은 인간의 무지와 공포가 만들어낸 인공적인 산물이다. 인간의 종교 감정은 다신론에서 출발해서 일신론으로 자연스럽게 이행해왔다고 보고 있다.[42]

홉스는 지적하기를, 눈에 보이지 않는 힘에 대한 두려움을 공적(公的)으로 인정하면 그것이 종교가 되고 허용되지 않으면 미신이 된다고 한다. 또 자신이 믿는 것은 정통 종교이고 다른 사람이 믿는 것은 이단적인 미신이라 말한다는 점을 지적하기도 한다. 종교와 미신, 정통과 이단 사이의 차이를 단순화한 홉스의 의도는 종교의 기준을 느슨하게 함으로써 종교적 분파주의를 극복하고 종교적 관용의 정당성을 확보하려는 데 있었다.

홉스가 이해하고 있는 신(하느님)은 간결하면서도 분명하다. 신은 인식과 이해의 대상이 아니다. 즉, 우리 인간은 신의 본질과 속성에 대해 아무것도 알 수 없다. 신에 대해 '무한한', '영원한', '이해할 수 없는', '가장 절대적인' 그리고 '가장 위대한' 등의 수식어를 사용하고 있는 것은 이런 신의 이해 불가능성을 나타내는 말들이다. 신은 논리적 증명의 대상이 아니라 단지 숭배와 찬양과 고백의 대상일 뿐이다. 홉스는 이방 종교의 신이나 그리스도교의 하느님이나 모두 신이 존재한다는 신앙 고백이라는 점에서 동일하다고 보고 있다.

종교의 기능 가운데 하나는 권위 있는 대상에 대해 복종하는 것이 미덕이라는 것을 가르치는 데 종교가 아주 적절한 역할을 한다는 데 있다. 어느 종교를 막론하고 성직자와 교리에 대해 순종할

---

42) 흄은 『자연종교사』에서 종교의 발달사를 홉스와 동일하게 이해하고 있다. 이 점과 관련해서는 필자의 논문, 「흄의 철학에서의 독단주의와 회의주의」, 『철학』 제50집 참고.

것을 요구하는 것이 일반적이다. 고대 이래 정치 권력이 종교를 이용하는 것은 바로 이런 복종의 덕목이 지배자의 입장에서 유용하기 때문이다. 로마 제국이 식민 통치를 하면서도 개별 국가의 전통과 종교에 대해 인정한 것은 그것이 로마 정부에 저항하지 못하도록 만드는 데 기여한다고 믿었기 때문이다. 로마 제국에 정치적으로 저항을 하지 않는 한 종교에 대해 관용적인 태도를 보인 것은 로마 제국의 뛰어난 통치술의 하나였다. 로마 제국의 기독교 박해는 정치적 이유에서였다. 홉스는 로마의 종교적 관용 정책이 유용하다는 점을 강조하면서 종교적 자유의 필요성을 말하고 있다.

2) 종교적 자유와 교회에 대한 국가우위론

1517년 마틴 루터의 종교 개혁은 가톨릭 교회의 종교 독점주의를 종식시키는 계기가 되었을 뿐만 아니라 종교적 개인주의와 신앙의 자유를 확보하는 데 결정적인 역할을 하였다. 영국 왕 헨리8세의 수장령 발표로 영국 교회는 로마 교회로부터 독립하게 되고 청교도들의 의회 장악은 종교의 자유를 더욱 가속화시켰다. 그러나 종교 개혁이 알려진 것처럼 그렇게 긍정적인 결과만을 초래한 것은 아니다. 종교 개혁의 후유증은 종교 박해로 나타났으며, 결국 종교 전쟁의 원인이 되기도 했다. 루터와 칼뱅 같은 종교개혁가들은 종교에 대해 관용적인 사람들이 아니었다. 이교도나 이단들을 처형하는 데 적극적이었으며, 유대인에 대해서도 적대적이었다. 심지어 루터는 "유대인을 팔레스타인으로 보내라. 만약 실패하면 유대교회당을 불태워라"고 선동하기도 했다. 유대인 거주 지역인 게토(ghetto)가 확산되었으며, 스코틀랜드에 처형 제도를 처음 도입한 이들은 칼뱅주의자들이었다. 종교 개혁의 첫 번째 결과는 종교적 박해를 재등장시키는 것이었다.

17세기 유럽의 종교적 상황은 종교 개혁 이후의 상황과 크게 다르지 않았다. 개신교와 가톨릭 교회의 대립, 국교주의자(Conformist)들과 비국교주의자들 사이의 긴장과 대립이 지속되었다. 부정적으로 보면 종교의 자유는 개신교 내부의 분파주의로 확대 재생산되었으며 이런 분파주의가 종교 분열과 종교 전쟁으로 이어졌다. 성서의 자국어 번역은 평신도들에게 신앙의 자유를 제공한 대신 교리 해석의 차이를 낳게 했으며 이것이 빌미가 되어 교회 내부의 갈등은 심화되었다. 이런 종교적 분파주의는 교회 안에서의 갈등을 넘어 사회적 혼란과 분열로 이어졌다. 홉스는 1642년부터 1648년까지 지속된 영국 시민 전쟁을 겪으면서 그 전쟁의 원인 가운데 하나를 성서 해석의 차이에서 비롯된 교회 분열에서 찾고 있다.

　교회 분열을 막고 성서 해석의 차이를 극복할 수 있는 유일한 길은 성서 해석의 최고 권위를 국가가 가져야 한다는 '교회에 대한 국가우위론(Erastianism)'에 의존하는 수밖에 없다고 홉스는 생각했다. 왜냐 하면 교회의 분열은 곧 국가의 분열과 붕괴로 이어질 위험이 있기 때문에 이를 막기 위해서는 교회 분열의 한 중요한 원인인 성서 해석의 최종적인 권위를 국가, 곧 통치자가 가지고 있어야 하기 때문이다.

　『비히모스(Behemoth)』에서 홉스는 국가의 구조를 약화시키는 두 원인을 지적하고 있는데, 하나는 군주가 재정적으로 허약할 때며, 다른 하나는 잘못된 교설에 국민들이 속았을 때다. 이 중 잘못된 교설을 가르치는 사람들의 절반이 성직자들이었다. 장로교인들, 재침례교인들, 조합교회파 등 개신교인들과 로마 가톨릭 교인들 등이 이들이다. 이들의 잘못된 교설을 교정하고 종교적 갈등을 최종적으로 조정할 수 있는 사람은 그렇게 할 수 있는 힘과 권리를 가진 군주뿐이다.

　홉스가 '교회에 대한 국가우위론'을 지지한 것은 교회를 억압하거나 개인의 신앙의 자유을 구속하기 위한 장치로서가 아니라 오히려 개인들이 소유할 수 있는 신앙의 자유를 교회나 성직자가 휘두르는 권력의 횡포로부터 보호하기 위한 장치로서 필요하다고 생각했기 때문이다.

8. 계몽된 권위주의와 자유주의의 만남

홉스에게 통치자는 대리인이며, 대리인의 말과 행위의 근거는 장본인인 백성들로부터 나온다. 통치자는 계약을 파기하는 사람을 처벌할 수 있는 정의의 칼(sword of justice)과 외부 침입으로부터 계약자들을 보호할 수 있는 전쟁의 칼(sword of war)이 주어진다. 계약론과 권리 양도를 통해 홉스가 얻어내고자 했던 것이 무엇인지를 정확하게 읽을 필요가 있다. 그의 숨은 의도는 계약을 통한 강력한 통치권의 정당화와 그 결과로 주어지는 절대군주론의 적절한 조화였다. 그 배후에는 자기 보호와 평화 유지라는 조건이 붙은 백성의 권리 양도가 놓여 있으며, 통치자는 단지 대리인일 뿐이라는 사실도 선명하게 드러나 있다. 그래서 홉스는 계약의 한 당사자인 백성들이 지켜야 할 복종의 의무 조항에 대해 설명함과 동시에 대리인으로서 군주가 지켜야 할 보호의 의무 조항을 지시하고 있다. 보호와 복종의 관계를 수평적 관계로 놓음으로써, 그리고 의무보다는 개인의 자유와 권리의 개념을 강조함으로써 근대 초기에 급격히 변화하는 사회와 자유주의 의식을 반영하고자 했다. 절대군주론의 예찬자라는 오해 속에 파묻혀버린 홉스의 유사 민주주의적 사상의 열정을 들추어내는 일은 그의 사상을 제대로 평가하는 데 필수적이다.

그는 혁명론자가 아니었으며, 로크처럼 의회민주주의의 신봉자도 아니었다. 정부 구성의 정당성을 사회계약론에서 찾으려 했던 진보적 생각과, 기존의 체제인 군주 정치를 유지하려고 하는 보수주의의 접목을 우리는 홉스에게서 발견한다. 기존의 가치를 크게 손상시키지 않으려 했다는 점에서 그는 진정한 보수주의자였다. 동시에 배타적인 권위보다는 명실상부한 정통성을 지닌 통치적 권위를 세우려고 했다는 점에서 그는 계몽된 권위주의자였다. 또 개인의 자기 보호와 평화를 무엇보다 우선적으로 생각했으며, 개인을 정치적 주체자로 간주하고 개인의 자유를 확보하려고 했다는 점에서 자유주의자였다.

□ 참고 문헌

Arblaster Anthony, *The Rise and Decline of Western Liberalism*, Basil Blackwell, 1984.

Bobbio Norberto, *Thomas Hobbes and The Natural Law Tradition*, Chicago Univ. Press, 1993.

Gray John, *Liberalism*, Open Univ. Press. 1986.

Hobbes Thomas, *Leviathan*, C. B. Macpherson(ed.), Penguin Books, 1980.

──────────, *The Elements of Law*, F. Tonnis(ed.), 2nd Edition, Frank Cass, 1969.

──────────, De Cive, Man and Citizen, Bernard Gert(ed.) Humanities Press, 1972.

Macpherson C.B., *The Political Theory of Possessive Individualism*, Oxford, 1972.

Strauss Leo, 'On the spirit of Hobbes's Political Philosophy', in

K. C. Brown(ed.) Hobbes Studies, Oxford, Blackwell, 1965.

Lukes Steven, *Individualism*, Oxford Basil Blackwell, 1973.

Martinich A. P., *Thomas Hobbes*, Macmillan, 1997.

Mintz Samuel I., *The Hunting of Leviathan*, Cambridge Univ. Press, 1970.

Molesworth W.(ed), *The Collected Works of Thomas Hobbes*, Routledge, 1992. vols. I-X.

Ryan Alan, *Hobbes's Political Philosophy*, The Cambridge Companion to Hobbes, (ed. by Tom Sorell), Cambridge, 1996.

_____, *Hobbes and Individualism*, in Perspectives on Thomas Hobbes, G. A. J. Rogers and A. Ryan(eds.), Oxford, 1988.

Thornton Mark, do we have free will?, St. Martin's Press, 1989.

김용환, 『홉스의 사회, 정치철학』, 철학과현실사, 1999.

제 4 장
밀턴의 언론 자유 사상
—『아레오파지티카』를 중심으로

임 상 원(고려대 언론학과 교수)

1. 바하와 밀턴

역사가 스키너(Quentin Skinner)는 17세기 영국의『자유』에 관한 한 글에서 이런 말을 하고 있다. 바하(Bach), 모차르트(Mozart), 베토벤(Beethoven) 같은 우리의 문화 영웅들이 있듯이 우리의 가치와 관행들 가운데도 영웅들이 있다. 그 가운데 어떤 것은 지속적으로 현재(顯在)해오는 것도 있고 또 다른 어떤 것은 역사 속에서 묻혀 있다가 다시 발굴되어 세상에 나와 사람들에 의해 숙고되기를 기다린다.[1] 필자는 밀턴(John Milton)의 1644년 글『아레오파지티카(Areopagitica)』에 담겨 있는 언론 자유 이론을 이런 영웅들의 하나로 생각하면서 이 글을 쓴다. 이 글의 주인공은『아레오파지티카』다. 그러나 밀턴의 몇몇 다른 글들도 언급될 것이다.

---

1) Quentin Skinner 1998, p.111. 이 부분은 전체 의미가 달라지지 않는 선에서 필자가 의역하였다.

사실 『아레오파지티카』는 밀(J. S. Mill)의 『자유론(*On Liberty*)』
과 함께 언론 자유 이론의 고전으로 읽히고 있다. 그러나 『아레오
파지티카』는 『자유론』과는 본질적이고 중요한 차별성이 있음에도
불구하고 아무런 구별 없이 현대 언론 자유 이론의 고전으로만 읽
히고 있다. 다시 말하면 주의 깊게 읽히지 않고 있다는 것이다. 이
글은 직접적으로 밀턴과 밀의 차이를 규명하기 위한 것은 아니다.
이 글은 『아레오파지티카』의 언론 자유 이론을 좀더 상세히 살펴
봄으로써 언론 자유 이론 논의에서 그것이 차지하고 있는 위치를
가늠해보기 위한 것이다. 이것은 한편으로는 『아레오파지티카』의
의미를 더욱 명료하게 해명하기 위한 것이며 다른 한편으로는 밀
등의 자유주의(liberalism)의 언론 자유 이론과의 차이를 천착하는
데 하나의 디딤돌이 될 수 있을 것이라는 의미다. 이에 더하여 이
글이 실천적인 측면에서도 기여할 수 있기를 희망한다.
   흔히 『아레오파지티카』와 같은 고전에 대한 연구는 일종의 학
문적 골동품수집주의(scholarly antiquarianism)라는 비판과 함께
오직 골동품 애호가의 관심을 충족시킬 수 있을 뿐이라는 지적을
받기 쉽다. 이런 유의 학문적 연구란 단순한 미적인 탐구며 무(無)
목적적이라는 비판이다. 이는 부분적으로는 진실이기도 하다. 그
러나 필자는 바하의 음악을 그것이 이 시대에 우리들이 무엇을 행
하여야 하는가에 대해 말해주는 것이 없기 때문에 의미나 가치가
별로 없다는 의견에 동의할 수가 없다. 오히려 필자는 『아레오파
지티카』 같은 고전에 대한 연구에는 단순히 미적인 요소만이 아
니라 실천적인 의미가 있기를 기대한다. 물론 그렇다고 믿으면서
말이다.
   『아레오파지티카』가 실천적인 의미를 가질 수도 있다고 생각하
는 이유는 오늘날 언론 자유 내지 자유주의 이론이 도전을 받고
있는 중요한 문제가 그 속에 포함되어 있기 때문이다. 언론의 자

유 이론이 당면하고 있는 현저한 고민의 원천은 크게 나누어 두 가지다. 하나는 언론의 자유와 다른 자유들 간의 갈등이다. 이것은 자유주의(liberalism)라는 틀 안의 문제로 흔히 권리(rights)간의 갈등으로 정의되면서 조정되고 있다. 다른 하나는 자유주의라는 틀을 넘어선 좀더 거시적인 가치들간의 갈등이다. 그것은 언론 자유와 자유를 구성하는 하나의 요소로서 덕성(virtues)이라는 가치를 강조하는 입장으로부터 제기되고 있는 도전이다. 이것은 권리가 아니라 의무(duties)를 중요한 가치로 간주하는 입장이다.[2] 이들 문제에 대한 이해와 극복을 위해 우리는 무엇을 해야 하는가?

우리는 이론을 그저 유산으로 물려받아 적용하는 경우가 많다. 그 이론에 대한 진정한 이해 없이 말이다. 만일 이것이 진실이라면 우리가 이의 이해를 향상시키는 방법은 스키너가 적절히 말하고 있듯이 정치적 이론이 처음 만들어질 때의 역사적 상황이라는 과거로 돌아가보는 것이다.[3] 그렇게 할 때만이 우리는 우리가 지금도 사용하고 있는 개념들이 당초 어떻게 형성되었는가 그리고 그들이 의도한 목적은 무엇이었는가를 이해하는 것을 가능케 할 것이다. 필자는 『아레오파지티카』를 언론 자유 이론의 이해 그리고 그것이 오늘날 도전을 받고 있는 문제를 극복하기 위해 되돌아보아야 할 의미 있는 거점으로 간주하면서 이 글을 시작한다.

『아레오파지티카』라는 이름은 결코 낯설지 않은 문헌의 이름이다. 그러나 그 내용은 충분히 알려져 있지 않다. 흔히 사람들은

---

2) 이러한 두 가지 입장을 다른 말로 표현하면 하나는 언론의 자유 이론을 정치적 이론(political theory)으로 보는 입장이고 다른 하나는 도덕적 이론(moral theory)으로 보는 입장이다. 이에 관한 논의는 다음의 글에서 부분적으로 언급한 바 있다. 임상원, 「언론의 자유와 자유주의」, 『언론과 사회』 제6호(1994년 겨울), 5-39쪽.

3) Skinner, 1998, p.110.

『아레오파지티카』에서 밀턴은 "자유방임주의적인 장엄한 지적 자유"를 정당화하는 논리로 "인간은 이성에 의하여 진실과 오류 그리고 선과 악을 구별할 수 있으며 이러한 능력을 행사할 수 있기 위해서는 인간은 다른 사람의 사상이나 사고에 제한 없이 접근할 수 있어야 한다"는 주장을 하고 "진리는 확정적인 것이고 증명 가능한 것이며 '자유롭고 공개적인 대결'을 하게 되면 이길 수 있는 독특한 힘을 갖고 있다는 것을 확신하고 있었다"고 설명하고 있다. 여기서 현대의 언론 자유의 핵심 개념인 '사상의 공개 시장(the open market place of ideas)'과 '자율 조정 과정(self-righting process)'이 산출되었다고 말한다.4)

그러나 이와 다른 해석들이 있다. 이들 가운데 켄달(N. Kendall)의 해석을 특별히 중요하게 받아들인다. 그는 『아레오파지티카』에 대한 이해에는 많은 오류가 있다고 지적한다. 즉, 밀턴의 표현의 자유 이론은 후일 밀(J. S. Mill)과 그 후 자유주의자들의 주장과 겉으로는 유사한 주장을 하고 있지만 그 근원적인 전제에는 상당한 차이가 있다는 것이다. 그래서 켄달은 『아레오파지티카』를 주의 깊게 읽지 않으면 오해가 생길 수 있다고 말한다. 오해란 이런 것이다. 하나는 밀턴의 특정 문제에 대한 자유방임주의적 입장을 보편적인 입장으로 추론하는 것이다. 예로서 그가 사전 허가를 반대하기 때문에 사후에도 책임을 지지 않아야 한다는 자유방임주의(libertarian)적 주장을 하는 것으로 해석한다는 것이다. 또 다른 오해는 밀턴의 글에는 예로서 "나에게 어떤 자유보다 양심에 따라 자유롭게 알고 말하고 주장할 수 있는 자유를 달라"는 등과 같은 매력적인 수사가 많은데 이런 것들이 사람들로 하여금 그가 개인주의적 자유를 주장하고 있는 것처럼 만든다는 것이다. 그리하여 그가 추구하는 사회가 열린 사회(open society)라고 해석하

---

4) F. Sirbert, p.44.

게끔 유혹하고 그리하여 밀이나 그 후의 자유주의자들과 동일한 주장을 한 것처럼 보이게 만든다는 것이다. 그러나 켄달은 밀턴이 밀과 같은 자유주의자가 아니라고 본다.[5]

다시 말하는 것이지만 이 글의 첫 번째 목적은 『아레오파지티카』에서의 밀턴의 주장을 성찰하고 해명하기 위한 것이다. 그리고 이를 통해 밀턴의 언론 자유 이론 그리고 그의 자유가 과연 어떤 것인가를 밝히는 것이다. 이를 위해 필자는 『아레오파지티카』를 사상들의 역사라는 큰 틀 속에서 읽고자 한다. 이것은 다시 말하면 『아레오파지티카』라는 메시지에 함축되어 있는 보편적인 원리 내지 법규(canon)보다는 『아레오파지티카』의 내용이 당시 과연 무엇을 의미하였는가에 초점을 두고자 한다는 말이다.[6] 이것은 『아레오파지티카』라는 글은 당시 영국 사회가 안고 있던 문제에 관한 밀턴이 이해한 혹은 선택한 질문이었고 그리고 이러한 질문에 대한 밀턴의 답변이었다는 것이다. 이런 의미에서 『아레오파지티카』는 영원 불변의 문제와 답을 담은 『성경(Bible)』은 아니다. 이 글의 두 번째 목적은 현실적이고 실천적인 문제와 관련된 것이다. 다시 말하면 『아레오파지티카』에 대한 이해를 통해 오늘날 우리 ─ 당연히 한국 사회의 언론을 포함하여 ─ 가 당면하고 있는

---

5) N. Kendall, p.446.

6) 스키너는 지성사가의 역할은 소위 고전적 문헌이 담고 있는 법규 혹은 원리만 아니라 사상사적으로 좀더 넓은 전통과 틀 속에서 그것이 차지하고 있는 위치에서 그 의미를 성찰하는 것이라고 말한다. 이러한 접근 방식은 고전적인 텍스트를 해석할 때 그곳에는 영원히 변하지 않는 정초적인 것이 있다고 전제하고 이 변하지 않는 근원적인 의미를 탐구하는 접근 방식과는 대비되는 것이다. 그는 로크(John Locke)의 정부에 관한 두 개의 논문(Two Treatises of Government)을 예로 든다. 그는 이 책자를 계약론(contractarian)에 대한 고전적인 옹호로 읽는 것을 틀렸다고 할 수는 없지만 그러나 그것을 찰스 2세(Charles II) 하에 영국 군주제가 위기를 맞았을 때 하나의 중재안으로 나온 것이고 그리고 1680년대 초반에 있었던 정치적 논쟁에서 하나의 특정한 입장을 대변한 글이라는 점을 인식함이 없이는 그 글을 제대로 이해할 수 없을 것이라고 말한다. Skinner, pp.101-103.

언론 자유의 문제를 다시금 조명해보고 현대 언론 자유 이론의 현존하는 갈등 구조로부터 벗어날 수 있는 가능성을 탐색해보는 것이다.

이 글은 크게 세 부분으로 되어 있다. 첫째 부분은 밀턴이 살았던 시대, 특히 『아레오파지티카』라는 글이 쓰여질 당시의 정치, 종교적 상황과 『아레오파지티카』의 내용이다.[7] 두 번째 부분은 『아레오파지티카』 등에 담겨 있는 언론 자유와 자유 이론의 배경 이론이라고 할 수 있는 신로마 이론(neo-roman theory), 특히 자유 국가(free state)에 관한 내용이며, 마지막 세 번째 부분은 이런 맥락 속에서의 밀턴의 이론에 대한 해석과 평가 그리고 그것이 현대의 언론 자유 이론에서 가질 수 있는 의미를 다룬 부분이다. 이 세 번째 부분 가운데 밀턴의 언론 자유 이론이 현대적 자유 이론에서 어떤 의미를 가질 수 있는가 하는 문제는 별도의 긴 글이 되어야 할 만한 문제다. 따라서 이 글에서는 이를 상세히 다루지 않는다. 그러나 이 문제에 대한 필자의 개략적이지만 기본적인 생각은 밝히려 한다.

2. 밀턴의 시대 : 정치 및 종교적 상황

존 밀턴(John Milton)은 청교도 혁명이라는 근대 영국사에서 급격한 변혁기의 인물이다. 그는 스튜어트(Stuarts) 왕조 초기인 1608년 12월 9일에 런던(London)에서 태어나 제임스 1세와 찰스 1세의

---

7) 이 부분은 가급적 간략히 다룬다. 좀더 상세한 내용은 밀턴 저 · 임상원 역주, 『아레오파지티카』, 나남 1998년의 169-260쪽의 해제용 글 「표현의 자유 원리」에 있다.

시대를 살면서 시민 전쟁(Civil War)과 크롬웰(Oliver Cromwell)의 공화정 시대를 거쳐 찰스 2세(Charles II)의 왕정이 복고된 후인 1674년 11월 8일까지 66년간의 생애를 살았다. 이 시기 영국은 엘리자베스 여왕 시대의 정치적 종교적 안정이 서서히 무너져가고 있었다. 1603년 엘리자베스가 후사 없이 죽자 제임스 1세(James I)가 영국(England)의 왕위를 이었다. 그리하여 스튜어트 왕조가 출발하였다. 제임스의 재위 중 난제는 두 가지 이었다. 첫째는 의회와의 갈등이었다. 제임스는 왕권신수설을 주장하면서 의회의 복종을 주장한 반면 의회는 의회주권론을 주장하면서 의회의 입법권을 주장했다. 이러한 왕권신수설과 의회주권론의 대립은 찰스 1세(Charles I)에 의해 더욱 깊어졌다. 즉, 찰스 1세는 주권을 그만의 고유 권한이라고 고집하였는데 의회파는 이것은 자의적인 권력인 대권을 국왕 찰스가 행사할 수 있다는 것을 의미하는 것이라고 주장하였다. 영국의 시민 전쟁은 정치적으로는 찰스가 주권을 그만의 고유한 권한이라고 하는 고집에 대한 의회파의 반란이었다.

둘째는 종교 개혁 문제였다. 전통적으로 영국에는 세 개의 종교 세력이 있었다. 가톨릭과 청교도 그리고 영국 국교회였다.[8] 종교 문제에서 제임스는 가톨릭과 청교도 모두를 탄압하면서 영국 국교를 강제하였다. 그의 이러한 종교 정책은 점증하고 있던 청교도(Puritans)들의 반감을 낳았고 동시에 로마 가톨릭 교도들의 불안을 고조시켰다. 1625년 제임스가 죽고 그의 아들 찰스(Charles I)가 왕위에 올랐다. 그는 제임스 재위시의 난제였던 의회와의 갈등 그리고 종교 문제를 그대로 이어받았다. 제임스와 마찬가지로 그는 왕권신수설을 주장하면서 1629년부터 1640년까지 의회 없이 영국을 통치하였다. 종교 문제에서도 그는 더욱 강경한 정책을 취해 장로파가 지배하던 스코틀랜드에 영국 국교회를 강요하였다.

8) 이동섭, 206-207.

이에 저항하는 스코틀랜드를 찰스는 무력으로 진압하려 하였다. 그러나 성공하지 못하고 휴전에 들어갔다. 그러나 찰스는 기회를 노리고 있다가 또다시 전쟁을 결심하고 전비를 마련하기 위해 1640년 3월에 의회를 소집하였다. 의회는 소집되자마자 존 핌(J. Pym)등의 지휘 하에 찰스를 공격하고 나섰다. 이에 놀라 찰스는 3주 만에 서둘러 의회를 해산하였다. 소위 단기의회(The Short Parliament)라고 불리는 것이 바로 이것이다. 1640년 7월에 찰스가 다시 스코틀랜드와 전쟁을 시작했다가 패배를 당한다. 이것이 '주교 전쟁(Bishops War)'이다. 찰스는 배상금을 지불하기 위해 의회를 소집하지 않을 수 없었다. 의회는 1640년 11월 다시 20여 년간 지속되었고 이것이 장기의회(Long Pariliament)다.[9]

장기의회는 처음부터 찰스와 의회 사이의 심각한 대결의 장이었다. 1642년 마침내 의회군과 왕군은 전투를 벌이게 되었다. 시민 전쟁(Civil War)이 시작되었다. 초기에는 왕군이 우세하였으나 크롬웰(Oliver Cromwell)이 철기군을 조직하여 의회군을 이끌면서 승리하였다. 이 내란은 정치적으로는 찰스가 고집한 왕권신수설과 의회 주권 이론 간의 충돌이었고 종교적으로는 국교회(Anglicanism)로 영국과 스코틀랜드 모두를 통일하려는 찰스와 국교회의 개혁을 요구하는 청교도들이 중심이 된 의회파 간의 충돌이었다. 그러나 청교도들은 국교회의 주교감독제(Episcopacy) 등 일체의 기존 질서를 해체하고 각 교회의 자율성을 주장하는 독립파 등 급진 세력과 국교회를 스코틀랜드 식의 장로 교회 제도를 따라 개편하려는 보수적인 장로파 세력으로 분열되어 있었다. 의회파는 그들 내의 이러한 교파간의 갈등은 미지수로 남겨둔 채 국교회를 강요하는 찰스에 반대하여 연합한 세력이었다. 의회는 종교적 분파 문제를 해결하기 위해 1643년 7월 웨스트민스터 종교

---

9) 이 부분은 임희안의 『영국 혁명의 수평파 운동』 등에 의존한 것임.

회의(Westminster Assembly)[10]를 소집하여 교회 정체(Church-Government) 문제 등을 해결하려 하였지만 장로파를 설득하지 못하였다. 요컨대 당시 영국에는 두 개의 종교적 경향을 지닌 세력들이 대립하면서 갈등을 일으키고 있었다. 그들 두 개의 세력 가운데 하나는 장로파로 그들은 질서와 통합을 위해 자유를 엄격하게 규제해야 한다는 보수적 입장을 주장하고 있었다. 다른 하나는 독립파로 이들은 교회 개혁을 위해 통합보다는 자유를 우선적으로 확보해야 하고 주교 등 고위성직자의 권력을 박탈하고 교파의 다양성을 인정해야 한다는 진보적 입장을 지닌 측이었다. 다시 말하면 당시의 종교적 갈등은 주교감독제를 고집하는 영국 국교회(Anglicanism)측과 이의 개혁을 주장하는 청교도(Puritanism) 사이의 교리와 교회 정체를 둘러싼 갈등이었으며 그리고 여기에 더하여 청교도 내에서는 중앙 집권적인 장로파와 각 교회의 독자성을 주장하는 독립파 간의 갈등이었다.

밀턴의 『아레오파지티카』가 나온 것은 1644년 11월로 이때의 상황은 왕당파와 의회파 간의 전쟁이 한창 진행중이었고 의회파 내에서의 장로파와 독립파 간에 교리와 교회 정체 문제를 둘러싼 갈등이 더욱 증폭되고 있던 때였다. 이러한 과정에서 의회파 내의 각 교파들의 교회 정체를 둘러싼 논쟁은 일반 지식인들에게까지 확대되었다. 굿윈(John Goodwin), 윌리엄스(Roger Williams), 로빈슨(Henry Robinson), 월윈(William Walwyn), 오버톤(Richard Overtone) 그리고 밀턴(John Milton) 등이 이와 관련된 팸플릿을 내놓고 문제를 제기하였다. 이들이 제기한 문제는 본질적으로 영국이라는 국가 체제 내에서 종교적 자유의 범위와 기능이 무엇인

---

10) 이 회의는 상하원 의원, 청교도, 성직자 그리고 완전한 장로교 제도를 구축하려는 8명의 스코틀랜드 대표로 구성되어 있었다. 스코틀랜드 대표는 의회군이 왕군과의 대결에서 스코틀랜드의 지원이 중요하였기 때문에 의회파에 영향력을 행사할 수 있었다. 임희안, 『영국 혁명의 수평파 운동』, 1988, p.67 참조.

가 하는 것이었다. 그러나 결과적으로 이러한 논쟁은 당초의 교회 개혁 문제 이상의 것이 되었다. 즉, 양심의 자유, 사상과 표현 자유 등이 그들이 제기한 문제들이었다. 그리하여 기존의 교회를 어떻게 개혁하느냐 하는 문제는 영국의 헌법 질서라는 좀더 근원적이며 보편적인 문제로 확대 발전하게 되었다. 밀턴의『아레오파지티카』는 이 과정에서 산출된 청교도 혁명을 지원하는 르네상스적 개혁의 지성을 대변하고 있는 글로서 나온 것이다.[11]

그러나 밀턴이 청교도 혁명 과정에서의 다양한 논쟁점 가운데 특별히 출판의 자유 문제에 개입하게된 것은 한 사건이 계기가 되었다. 그것은 1643년 6월 초판을 내놓았던 그의『이혼의 교의와 질서(Doctrine and Discipline of Divorce)』가 출판허가법 위반으로 문제가 된 사건이었다. 여기서 그는 교회가 이혼의 허가권을 갖는 것은 개인의 사적인 자유를 억압하는 것이라는 비판을 했다. 당시 의회를 지배하고 있던 장로파는 그것을 적대적인 독립파의 글로 받아들였다.[12] 그리하여 의회는 이 글의 저자와 출판업자를 소환 조사할 것을 명령하였다. 그러나 밀턴이 소환 조사나 괴롭힘을 받았다는 기록은 없다. 사실 당시 영국에서는 출판을 엄격히 통제할 수 있는 상황이 아니었다. 출판에 대한 통제는 장기의회가 1641년 성청법을 폐지하였을 때 거의 유명무실해졌고 허가를 받지 않은 출판물들이 해외로부터 유입될 뿐만 아니라 사람들은 인쇄기를 외지고 한적한 곳으로 옮겨가면서 출판물을 인쇄하곤 하였다. 또 검열관들이 무엇을 허용하고 불허해야 할지 알 수도 없었다. 종교 개혁으로 프로테스탄트의 경우『성경』의 해석권이 일반인에게도 주어짐에 따라『성경』을 인용하고 이를 해석한 것이 무엇을 생각게 하든 허가되지 않으면 안 되었다. 이런 상황에서는

---

11) Haller 1955, p.xiii-xiv.
12) Haller 1955, 178-180.

출판물을 검열 통제한다는 것은 실제적으로는 불가능한 일이었다. 또 의회 내의 다양한 교파는 그들이 임명한 검열관들이 신(神)성과 관련된 모든 중요한 주제에 대해 하나의 통일된 기준을 세울 수도 없었다.[13]

이런 상황에서 밀턴은 『아레오파지티카』를 세상에 내놓았다. 1644년은 밀턴이 문학보다 정치적 글을 활발하게 내놓은 해다. 이 해에 『이혼의 교의와 질서』와 『아레오파지티카』 외에 『교육론(*Of Education*)』이 나왔는데 이들은 모두 자유(liberty)라는 대의를 위한 것이었다. 그의 교육론도 이 자유를 위한 것이었다.[14]

3. 밀턴 사상의 공화주의와 신로마 이론

정치 사상사적으로 밀턴의 시대를 지배하고 있던 사상은 공화주의(republicanism) 혹은 신로마 이론(neo-roman theory)이란 이름으로 회고되고 있다. 페티트(P. Pettit)는 17세기 영국의 시민 전쟁(English Civil War)과 그 후의 공위 시대를 공화주의 정치철학의 시대로 규정한다. 여기서 페티트가 말한 공화주의란 로마공화정 시대의 키케로(Cicero)의 정치철학에서 비롯된 것을 의미하는 것이다. 그것이 르네상스 시대 마키아벨리(Machiavelli)에 의해 부활되어 북이탈리아의 도시 공화국들의 헌정 체제의 골격을 이루었다. 그 후 공화주의는 화란공화정(Dutch Republic), 영국의 시민 전쟁(English Civil War) 기간 주된 정치 사상으로 역할하였고 후에 미국과 프랑스 혁명에 크게 영향을 미쳤다. 페티트는 해링톤(Harrington), 몽테스키외(Montesquieu), 토크빌(de Tocqueville)과

---

13) Haller 1955, pp.137-140.
14) Hales, 1875, p.viii.

루소(Rousseau)의 사상을 근대적 공화주의로 들고 있다.15) 그러나 사실 공화주의는 정치철학으로서보다는 오히려 현실 정치에서 더욱 큰 영향을 미쳤다. 예로서 밀턴 훨씬 후의 일이지만 미국의 독립 혁명 때 혁명 이데올로기의 주요 공급 소스였던 트렌차드(James Trenchard)와 고돈(Thomas Gordon)의 『카토의 편지(*Cato's Letters*)』16)나 매디슨(James Madison)의 『연방주의자의 글(*Federalist Papers*)』 등은 모두 공화주의자 ― 신로마 이론가 ― 의 글이었다.

페티트는 공화주의의 자유를 두 가지 차원에서 정의하고 있다. 첫째로 자유란 '비지배(non-domination)'다. 자유란 '지배(domination)' 반대다. 이런 의미에서 '자유'란 주인의 지배 하에 있는 '노예'의 반대말이라는 것이다. 둘째는 첫 번째 명제로부터 연역될 수 있는 것인데 그것은 홉스(Hobbes)가 말하는 외적인 간섭(interference)이나 강제가 반드시 자유의 장애가 아니다. 페티트는 이를 홉스가 말한 "법이 끝나는 곳에 자유가 있다"는 소극적 자유(negative freedom)는 진실이 아니라는 말로 해석한다. 법과 자유는 서로 갈등적이 아닐 수 있다는 것이다.17)

페티트는 로마 시대 자유인(liber or free person)의 반대어가 노예(servus or slave)였다는 것을 상기하고 있다. 이것이 로마 시대 '자유'라는 말의 가장 핵심적인 특징이었다는 것이다. 로마 시대 노예는 그 주인(master)의 간섭이 아무리 관용적이라고 하더라도 혹은 주인이 전혀 간섭을 하지 않는 자유로운 상태에서 살고 있다 하더라도 노예는 노예이고 그가 향유하는 자유는 자유가 아니라

---

15) Pettit, 1997. p.19.
16) John Trenchard and Thomas Gordon, 1995.
17) Pettit, 1997, pp.31-50.

는 것이다. 왜냐 하면 노예는 주인의 지배 하에 있기 때문이다. 마키아벨리도 같은 말을 하고 있다. 그는 자유 도시와 노예 도시를 대비하면서 자유를 논하고 있다. 또 해링톤도 부자유를 타자의 의지에 예속되어 있는 상태로 정의하였다. 요컨대 공화주의적 전통의 자유란 자의적인 권력에 예속되지 않은, 즉 자신의 의지에 따라 행위할 수 있는 상태를 말하는 것이다. 페티트에 의하면 공화주의는 시민으로서 자유롭다는 것은 그가 그의 목표를 추구할 때 그의 능력을 행사하는 데 장애를 받지 않는 것을 의미할 뿐이라는 홉스의 주장에 동의하지 않는다. '비지배' 상태에서의 간섭 (the interference-without-domination)은 부자유가 아니다. 단지 이 경우의 간섭은 시민 공동체의 자율 의지에 의해 만들어진 법에 의한 경우를 의미한다. 이 경우 법은 시민의 자유를 창조하는 것일 수 있다. 자유란 무엇보다 '비지배' 상태에서 가능하다는 것이다.

스키너도 밀턴이 『아레오파지티카』를 내놓은 17세기 영국의 주된 이데올로기를 넓은 의미의 '공화주의'라고 하는 데 동의한다. 그러나 그는 이를 엄밀하게 말하면 공화주의의 한 특수한 유형으로서 '신로마 이론'이라고 명명한다.[18] 그리하여 스키너는 영국 혁명 과정의 이데올로기를 '신로마 이론' — 공화주의라는 말 대신 — 이라고 부른다.[19] 바로 이 신로마 이론은 그 후 18세기 영국의

─────────────────

18) 이 글은 페티트의 공화주의보다는 스키너가 제시한 신로마 이론이 밀턴의 자유 이론을 설명하는 데 더 유용하다는 판단에서 신로마 이론에 관한 내용을 좀더 자세히 언급한다. 필자는 과거 다른 글에서 밀턴을 공화주의자로 명명한 후 그의 자유론을 논의한 바 있다. 임상원, 1998, 239-254쪽.
19) 17세기 영국 혁명기의 주도적인 이데올로기를 페티트는 공화주의(republicanism)라고 주장하였지만 스키너는 신로마 이론(neo-roman theory)이라고 주장한다. 넓게 보아 공화주의와 신로마 이론 사이에는 명료하고 본질적인 차이가 있는 것은 아니다. 그러나 스키너는 자유 이론(theory of liberty)에서 양자간의 차이를 강조하고 있다. 그러면서 그는 신로마 이론의 자유 이론(theory of liberty)은 특징을 갖고 있어서 공화주의라고 애매하게 부르는 것보다 별도의 단독적인 학파

과두 정치를 공격하는 데 동원된 중요한 이념적 무기였고 또 미국의 독립 전쟁을 옹호한 핵심적 이데올로기였다.[20]

스키너는 이처럼 밀턴 시대의 이데올로기를 신로마 이론이라고 주장하고 있다. 위에서 말한 바 있지만 스키너는 공화주의라는 개념이 애매하다고 하면서 신로마 이론의 시민 자유 이론(theory of civil liberties)을 "사상사적으로 하나의 독립된 학파"라고까지 할 수 있는 특징을 갖고 있다고 말한다.[21]

스키너에 의하면 신로마 이론은 공화주의와 차이가 있다. 구체적으로 말하면 신로마 이론이 말하는 자유 국가(free state) 그리고 특히 개인의 자유(individual liberty)의 의미는 공화주의와 달리 소극적 자유(negative liberty)의 성격을 상당히 지니고 있다는 것이다.[22] 그러면 여기서 '자유 국가'와 '개인의 자유'를 신로마 이론가들은 어떻게 말했는가를 살펴본다.

로 분류할 만하다고 말한다. 신로마 이론가들은 흔히 덕의 정치를 주장하는 공화주의를 넘어서서 시민 자유(civil liberty)라는 가치를 중시하고 이를 분석하였다고 본다. 여기서 신로마 이론이란 특정한 시민 자유 이론의 이름인 셈이다. 그래서 스키너는 페티트가 자신을 '공화주의적 자유(republican freedom)'의 주창자라고 하였는데 이는 잘못된 것이라고 말한다. Pettit, 1997, p.5, Skinner, 1998, pp.22-23. n.87, p.54, n.174, p.55, n.176. 이와 함께 공화주의와 신로마 이론의 차이에 관하여 스키너는 일부의 공화주의자는 왕정에 반대하고 또 다른 공화주의자는 제한된 군주제와 그들의 자유 이론이 병존할 수 있다고 보았지만 신로마 이론가들은 혼합 정부 체제를 적극적으로 지지하였다고 말한다. 그러나 스키너는 양자 사이에 깊은 연관이 있다는 점은 인정한다. 하지만 페티트는 양자간의 차이를 사소한 것으로 본다. 그는 공화주의자들이 군주제를 반대하는 이유는 군주제에서 왕은 결국 절대 권력을 추구하기 때문이라는 것이다. 따라서 만일 절대 권력을 방지할 수 있는 장치만 있다면 군주제에 대한 반대나 찬성은 중요한 문제가 아니라는 점에서 양자간의 차이를 그는 중요시하지 않는다. Pettit, 1997. p.20.

20) Skinner, 1998, ix.
21) 위의 같은 책 p.23, n.16.
22) 위의 같은 책 p.83, n.53.

신로마 이론은 영국의 혁명 과정에서 홉스나 필머(Filmer) 그리고 왕당파들의 이론에 대한 의회파 지지자들이 내놓은 이데올로기다. 홉스나 왕당파들의 이론은 자유 국가라는 이탈리아 르네상스에서 공화주의자들이 채택한 고전적 아이디어를 반박하기 위한 것이었다. 신로마 이론은 이러한 고전적 아이디어, 즉 공화주의에서 한 걸음 더 나아간 것이다. 스키너는 신로마 이론의 '자유'에 관한 이론을 그들 사상의 핵심이라고 하면서 신로마 이론이 말하는 '시민 자유(civil liberty)'는 '공화주의' 그리고 '덕의 정치' 이상으로 그들만의 특징적인 이데올로기라고 주장한다.

하나의 예로 '자유'의 의미와 관련하여 영국의 신로마 이론가— 밀턴도 이 중의 하나인데 — 들은 마키아벨리나 이탈리아 르네상스 사상가들과는 다른 견해를 갖고 있었다. 즉, 마키아벨리 등 이탈리아 고전주의자들은 '잘 질서화된 정부(a well-ordered government)'로부터 얻게 되는 이익을 '자유'라고 주장한 반면에 신로마 이론에 의하면 '자유의 상태(the state of liberty)'는 '인간의 자연적 조건(the natural condition of mankind)'이다. 밀턴은 『군주와 행정관의 재직권(The Tenure of Kings and Magistrates)』에서 "모든 인간은 태어날 때부터 자유롭게 태어났고 그리고 하느님의 이미지와 동일한 모습을 갖고 있다는 것을 부정하는 바보는 없다고 말한다."[23]

'자연 상태'라는 관념 그리고 '자연 상태'에서는 '완전한 자유'가 있었다는 이론은 로마나 르네상스 문헌에는 전혀 낯선 것이었다. 그러나 17세기 신로마 이론가들 사이에 '원초적인 자유들(primitive liberties)'은 신이 부여한 생득적인 권리였고 이들 천부의 자연권은 밀턴의 표현에 따르면 "정부의 목적은 이를 보호하고 지켜주어야 하는" 권리들이다. 스키너는 이 점에서 신로마 이론과 계약 이

---

23) 위의 같은 책, p.19.

론 사이에는 차이가 없다고 말한다.[24]

밀턴의 동료였던 네드함(Marchamont Nedham)은 이를 더욱 강력하게 주장한다. 우리들은 일련의 권리와 자유를 하느님으로부터 받았을 뿐만 아니라 '모든 정부의 목적은 통치자나 동료 시민들로부터 어떤 압력이나 억압 없이 인민들이 그들의 권리를 안정적으로 향유하고 인민들의 선과 편안함'을 추구한다는 것이다.[25] 여기서 말하는 자연권이란 언론의 자유(freedom of speech), 이주의 자유(freedom of movement) 계약의 자유(freedom of contract) 등으로, 그들은 이를 평등하게 향유할 권리를 모든 시민들은 지니고 있다는 것이다.

신로마 이론은 이들 개인의 자유는 공화국과 같은 시민 연합체 혹은 국가의 자유와 직결되어 있다고 본다. 다시 말하면 자유공화국만이 개인의 자유를 보장한다는 것이다. 그렇기 때문에 신로마 이론은 개인의 자유(the freedom of individuals)가 아니라 밀턴이 말한 '공통적 자유(common liberty)' 혹은 자유 정부(free government) 그리고 해링톤이 이 말한 '커먼웰스의 자유(the liberty of common-wealth)', 시드니(A. Sidney)가 말한 '국가의 자유(Liberties of Nations)'를 강조하고 있다. 이들은 모두 네드함의 '자유 국가의 수월성(the excellency of a free state)'이란 책의 제목처럼 자유 국가의 정당성을 주장하고 있다. 다시 말하면 영국의 신로마 이론가들의 자유 이론은 개인의 자유가 아니라 자유로운 정부 혹은 자유 국가라는 관념으로부터 출발하고 있다.[26]

신로마 이론의 '자유 국가'란 다음과 같은 국가다. 무엇보다 자유 국가란 시민들에 의하여 헌법이 만들어진 국가다. 네드함은 고

---

24) 위의 같은 책. p.19.

25) 위의 같은 책. p.20.

26) 위의 같은 책, pp.23-24.

대 로마인은 '진실로 자유로웠는데' 왜냐 하면 의회에서는 시민들의 동의 없이는 어떤 법도 강제될 수 없었기 때문이라고 말한다. 그는 자의적인 권력을 방지하기 위한 유일한 방법은 시민의 동의 없이는 어떤 법 혹은 지배도 없도록 하는 것이라고 말한다. 밀턴도 그의 『우상파괴론(*Eikonoklastes*)』에서 만일 우리가 자유인이라면 '우리가 선택한 법에만 우리는 복종하지 않으면 안 된다'고 말한다. 시드니도 자유를 향유하는 국가란 우리들 자신이 만든 법에 의해서만 통치되는 국가를 의미한다고 말한다.

신로마 이론가들은 자유 국가를 자유로운 몸과 비유한다. 자유의 상실은 한 개인의 경우 몸의 자유를 상실한 경우와 같다는 것이다. 그리고 그들은 고대의 예를 들면서 그들의 자유 개념은 노예의 조건과 비유된다. 다시 말하는 것이지만 자유란 노예의 반대말이다. 노예라는 아이디어는 로마의 법으로부터 나온 것이다. 마키아벨리는 그의 『강론(*Discorsi*)』에서 '자유롭게 사는' 도시와 '본래적으로 자유롭지 못한' 도시 간의 차이를 논하면서 후자를 노예적인 상태에서 사는 것이라고 말한다. 밀턴도 그의 『자유 커먼웰스의 건설을 위한 간편하고 쉬운 길(*Readie and Easie Way to Establish a Free Commonwealth*)』에서 같은 이야기를 하고 있다. 이들의 생각은 로마 역사가들이 말한 노예에 관한 관념에 의존한 것이었다.

자유 국가라는 아이디어는 17세기 밀턴의 시대에는 하나의 혁명적인 이념이었다. 그리하여 신로마 이론가들은 자유를 최고의 도덕적 가치로 삼으면서 대의 정부라는 급진적 형태의 정치적 변화를 주장하였다. 이러한 견해는 결국 후에 프랑스의 앙상 레짐과 북미의 영국 식민지를 노예 국가라고 부르게끔 만들었다.

이와 같이 신로마 이론가들은 시민 개인의 자유(the liberty of

individual citizen)가 아니라 도시 국가의 자유(the liberty of cities)를 주장한 것으로 알려져 있다. 그러나 스키너에 의하면 이러한 주장은 자유에 관한 신로마 이론의 핵심을 제대로 파악한 것이 아니다. 물론 그들은 자유 국가라는 아이디어(the idea of free states)를 그들 논리의 출발점으로 삼고 있지만 그들은 개인의 자유라는 관념(the concept of individual liberty)을 더욱 발전시키기를 원했다. 그들의 주장은 거칠게 말하면 자유 도시에서만이 개인의 자유가 가능하다는 생각 때문에 자유 국가를 주장한 것이었다.27)

그러나 개인의 자유가 자유 국가를 정당화할 수 있는 이유의 전부도 아니었다. 더욱 중요한 논리는 국가가 자유 국가일 때 가장 발전한다는 것이다. 고대 로마의 저술가들과 르네상스 시대의 그들 추종자들에 의하면 자유 도시에 사는 최대 이점은 이런 공동체가 영광과 위대함을 성취하는 데 가장 좋다는 것이다. 마키아벨리에 의하면 로마가 전제 군주로부터 해방된 후 그들이 획득한 위대한 성취는 참으로 경이로운 것이었다. 그 이유는 로마의 공화정은 개인의 선을 추구한 것이 아니라 공공 선을 추구하였기 때문이었다. 그리고 의심의 여지가 없는 것은 공공 선이란 것은 공화국들이 아니고는 결코 고려된 일이 없었다는 사실이다. 군주국의 경우는 그 반대의 현상이 일어났는데 개인에게 좋은 것은 국가에게는 나쁜 것이고 국가에게 좋은 것은 개인에게 해로운 것이었다. 이와 동일한 사고가 1650년대 영국의 신로마 이론가들에 의해 주장되었다. 그들이 인용한 고전은 살르스트(Sallust)의 로마사 — 구체적으로는 Bellum Catilinae — 인데 그것은 로마가 군주제를 폐지하고 자유 도시가 되어 매년 선거에 의해 행정관을 선출하게 되자 로마는 믿기 어려울 정도로 빨리 발전하였다는 내용이었다.28)

---

27) 위의 같은 책, p.60.

그러나 이와 같은 주장에도 불구하고 네드함 등 신로마 이론가들은 자유 국가일 때 국가의 영광과 위대함을 성취할 수 있다는 주장에 대해 회의적이 된다. 즉, 그들은 영광스럽고 위대한 국가가 과연 의미 있는 가치인가 하는 데 대해 회의감을 갖게 되고 그런 국가를 성취하기 위해 개인의 자유가 희생될 수 있다는 점을 주목하게 된다. 그들은 다시 살르스트의 로마사에서 전제적인 황제의 축출 후 로마의 발전에 대한 그의 경탄에도 불구하고 로마공화국의 역사에서 기대보다는 우울하고 아이러니컬한 사실을 발견하게 된다. 살르스트는 로마공화국의 위대성을 말하면서 동시에 한탄을 금하지 못하는데 그것은 로마의 지도자들 가운데에 탐욕스러운 자가 나타나 권력이 커지면서 만족할 줄 모르는 요구를 하게 되었고 그리하여 결국 승리를 타락으로 이끌었다는 것이었다. 그 이야기는 술라(Lucius Sulla)라는 악당의 이야기인데, 그는 위험할 정도로 많은 군대를 기르고 아시아의 사치품을 턱없이 탐내게 한 후 그들을 로마 국가를 장악하는 데 이용하였다. 그리하여 훌륭하게 시작된 모든 것이 악으로의 종말을 낳았다는 것이다. 그리하여 신로마 이론가들은 자유 국가의 정당성을 국가의 영광과 위대함보다는 공화국이라는 자유 국가가 공화국 시민들의 자유를 증대시키고 보호하는 능력을 갖고 있다는 점을 강조하게 되었다. 즉, 자유 국가의 존재 이유는 국가의 영광과 위대함이 아니라 개인의 자유와 권리를 보호하는 데, 즉 자유로운 시민에 있다는 것이었다.[29]

해링톤은 가장 이상적인 커먼웰스를 기술한 『오시아나(*Oceana*)』에서 이러한 자유 공동체의 특별한 가치는 그들의 법은 모든 사적 개인들의 자유를 보호하기 위해 모든 사적 개인들에 의해 틀 지워

---

28) 위의 같은 책. p.61.
29) 위의 같은 책, p.65.

지고 이것이 곧 커먼웰스의 자유가 된다는 사실에서 나오는 것이라고 말한다. 네드함도 그의 자유 국가의 수월성(The Excellency of a Free State)에서 왜 영국 국민들이 공화국을 선택하였는가 하면 자유 국가가 국민의 자유를 가장 잘 보장하기 때문이라고 말한다. 밀턴도 그의 『자유 커먼웰스의 건설을 위한 간편하고 쉬운 길』에서 이를 재확인한다. 그는 종교 자유나 시민의 권리 그리고 시민의 발전과 이것들의 향유를 자유로운 커먼웰스 이상으로 보장하는 것은 없다고 말한다.30) 이들은 자유 국가의 시민으로 있을 때만이 시민의 권리를 충분히 향유할 수 있는데 왜냐 하면 자유 국가의 법은 시민의 의지에 따라 제정되기 때문이라고 주장한다. 이들은 자유 국가를 주장한다. 그러나 요점은 개인의 자유이고 자유 시민이다.

그렇다면 개인의 자유 그리고 자유 시민이란 아이디어에 관한 신로마 이론을 보자. 신로마 이론가들은 시민으로서 우리의 자유의 한계는 우리가 선택한 목적을 성취하고자 하는 우리의 의지(will)에 따라 행하는 행동이 어디까지 억제되지 않고 혹은 억제되는가 하는 한계에 의해 측정될 수 있다는 점에 대해 완전히 동의한다. 따라서 이 점에서는 신로마 이론가들은 소극적 자유론자다. 그들은 벤담(J. Bentham) 등의 자유주의(liberalism) 진영이 내놓은 자유의 의미에 대해 아무런 이견을 갖고 있지 않다는 것이다.31) 벤담이 제시한 자유주의의 자유 개념은 홉스적인 것으로 이는 억제나 금지의 부재를 의미하는 소극적 자유다. 이렇게 신로마 이론가들은 외적 힘이나 강제 혹은 위협의 행사가 개인의 자유를 간섭하는 억제 형식의 하나라는 것을 부정하려고 하지 않는다. 그들은 부자유(unfreedom)를 강제(coercion)가 아니라 오직 의존

---

30) Skinner 1998, p.67. Milton 1980, p.458.
31) Skinner 1998, p.53.

(dependence)의 산물이라고만 생각한 것은 아니었다.

그렇다면 신로마 이론의 자유와 고전적 자유(classical liberal)의 자유는 무엇이 다른가? 신로마 이론이 부인하는 것은 개인의 자유를 방해하는 억제의 유일한 형식이 힘이나 강제력이라는 고전적 자유주의의 가정이다. 이에 반해 신로마 이론은 예속 하에 사는 것이 억압의 소스이고 억압의 한 형식이라는 점을 고집하고 있다. 우리가 예속 하에 살고 있다는 것을 인지하게 되면 이러한 인지 곧 그 자체가 일련의 시민적 권리를 행사하는 것을 억제케 한다는 것이다. 예속 상태 하에서는 그 자체가 자유로운 발언이나 행동을 억제한다는 것이다. 이것이 왜 그들이 이러한 예속 하의 삶이 자유의 안전성뿐만 아니라 자유 그 자체를 제한하는 것이라고 고집하는 이유다.32) 다시 말하는 것이지만 고전적 자유주의는 자유란 강제의 부재를 의미하지만 신로마 이론은 의존 혹은 예속 하에 있다면 그것은 자유가 아니다. 요컨대 문제는 억제(constraint)라는 아이디어를 어떻게 해석하는가에 있다. 즉, 자유를 '억제'하는 것이 '강제의 부재'인가 아니면 자유롭지 못한 '노예적 상태'인가 하는 것이 문제다.

홉스는 자유를 강제의 부재라고 하면서 개인의 자유와 관련된 것은 법의 소스가 아니라 자유의 한계이고 그렇기 때문에 국가 혹은 커먼웰스가 군주제의 국가든 대중 정부든 자유는 동일한 것이라고 조롱조로 말을 한다. 이에 대해 해링톤은 분개하면서 말하기를 만일 우리가 술탄(sultan)의 국민이라면 루카(Lucca) 자유공화국의 시민보다 결코 자유로울 수가 없다고 주장한다. 왜냐 하면

---

32) 스키너는 이 점에 대해 다음과 같이 부연 설명하고 있다. 신로마 이론과 고전적 자유주의자는 자율성(autonomy)에 대한 인식이 대립적이라고 할 수 있다. 전자, 곧 고전적 자유주의는 '의지(will)'가 강제되지 않는다면 '자율적'이라고 하고 후자, 곧 신로마 이론은 '의지' 그것이 강제될 수 있는 위험이 없어야 '자율적'이라고 할 수 있다는 것이다. Skinner 1998, pp.84-85, n.57.

콘스탄티노플(Constantinople)에서 아무리 자유롭다고 하더라도 그 자유는 전적으로 술탄의 선의에 의존한 것이기 때문이다. 그런 곳에서는 아주 보통 시민들의 경우에도 자유에 대한 억압을 느끼게 된다. 그리하여 우리는 말하고 행동하는 데 자유로울 수가 없다. 해링톤은 콘스탄티노플의 최고위 인사라 하더라도 그는 술탄에게 머리를 맡기고 있는 노예에 지나지 않아 만일 그가 술탄을 비난하는 말이나 행동을 하게 되면 즉시 그의 머리는 잘리게 된다고 말한다. 술탄의 의지가 곧 법이라 그것이 곧 당신의 자유를 제한하는 결과를 낳는다는 것이다. 이렇게 군주제든 대중 정부든 자유의 범위가 동일한 것이 아니라고 그는 주장한다. 시드니 역시 만일 어떤 왕국에 법은 없고 오직 군주의 의지만 있다면 자유라는 것은 없다고 말한다.[33]

여기서 우리는 신로마 이론가들이 그들의 주장 — 예속이 자유를 억압한다는 — 을 입증하기 위해 그들은 고전적 의미에서 시민이라고 할 수 있는 저명한 사람들이 처하게 되는 경우를 말하고 있다는 점을 주목할 필요가 있다. 신로마 이론가들이 초점을 두고 말하는 대상은 현대 유럽의 통치자와 정부의 자문관이나 고문으로서 공공 서비스에 봉사하는 사람들이다. 무엇보다 이들이 필요로 하는 것은 말과 행동을 양심에 따라 공공 선을 위해 행동하는 것이다. 만일 시민의 자유가 이런 측면에서 제한을 받거나 없어진다면 이는 곧 그들이 덕성스러운 시민으로서 최고의 의무 — 그들이 생각하는 최대의 이익이라고 믿는 정책을 수행하는 — 를 수행하는 것을 막는 것이다. 이런 의미에서 신로마 이론가들의 자유란 공적 문제에 봉사하는 자유를 의미한다. 사적인 자유가 아니었다.

---

33) Skinner 1998, pp.85-86. Pettit 1997, p.32. 이 내용은 페티트도 공화주의를 설명하면서 인용하고 있다. 그는 여기서 해링톤이 부자유(unfreedom)의 극단적인 경우를 타자의 의지에 예속된 상태라고 하였음을 지적하고 있다.

비록 그것이 개인의 자유라 하더라도 말이다.

이와 관련하여 또 하나의 이야기를 스키너는 인용하고 있다. 그 것은 휘그(the Whig)가 영국 역사에서 토마스 모어(Thomas More)가 1523년에 하원의장으로서 언론의 자유를 호소한 것을 특별히 평가하는 이유에 관한 것이다. 모어는 헨리 8세(Henry VIII)에게 의회에서 언론의 자유를 막아 의원들의 자문과 충고를 못하게 만드는 것은 안 된다고 호소하였다. 모어는 이미 1516년의 저서 『유토피아(*Utopia*)』에서 현대 정부에서는 결정적으로 중요한 자유를 행사하기가 어렵다고 말한다. 그 이유를 유토피아 섬을 찾아온 여행객 히스로데이(Raphael Hythloday)를 통해 이야기한다. 문제는 만일 당신이 공정하고 명예로운 정책을 말하는 용기를 갖고 있다 하더라도 통치자들이 이에 대해 관심을 기울이는 경우가 별로 없다는 것이다. 통치자들은 그것이 결과적으로 국가를 파멸로 이끌 것이라고 할지라도 정복과 영광만을 추구할 것이다. 이렇게 되는 주된 원인은 모든 궁중 조신들과 자문관들이 예속 혹은 노예적 상황에 있기 때문이다. 그들에게서 공공 선을 위한 말이나 행동은 바랄 수 없다. 왜냐 하면 그들은 군주로부터 최대의 신뢰를 받고 있는 자들이 어떻게 말하든 그들을 지지하지 않으면 안 되기 때문이다. 이들 총신이 말하는 것이 아무리 잘못된 것이라 하더라도 그들은 이들 총신에게 아첨을 해서 즐겁게 해야 하는 기생충과 같은 역할을 한다. 히스로데이는 결론적으로 "이런 굴욕적인 상태에서의 행위가 낳는 결과인 왕에 대한 봉사(service to kings)와 노예 상태(servitude)란 두 개의 단어 사이에는 한 음절(syllable)의 차이가 있을 뿐이다"라고 말한다.[34]

요컨대 이와 같은 주장 밑에 깔려 있는 가장 중요한 전제는 이러한 일들이 일어나는 이유는 강제가 낳는 결과가 아니라는 것이

---

34) Skinner 1998, pp.87-89.

다. 강자에게 자문하는 이들이 겪는 자유의 결핍이라는 고통은 물론 강제나 힘에 의한 것이다. 그러나 이들 자문관들이 갖고 있는 전형적인 노예적 태도는 그들이 처해 있는 예속 상태 그리고 군주가 그들에게 요구하고 있는 것이 무엇인가에 관한 그들 자신의 이해에도 동일하게 연유하는 것이다. 물론 강제가 자유를 침해하지만 동시에 노예적 상태도 자유를 침해한다는 것이다. 그들은 부와 권력을 가진 자에게 맹목적인 의존을 하게 되면서 오직 그의 의지가 무엇인가를 알고자 하며 그리고 결국 만일 대가가 지불만 된다면 그들은 정의롭지 못한 것을 행하는 것을 주저하지 않게 된다. 신로마 이론가들은 이런 예속 하의 노예와 같은 상황의 사람을 아주 '역겨운(obnoxious)' 성품의 소유자라고 부르고 있다. 이에 반해 그들은 독립적이고 자율적인 국가의 신사들은 도덕적 존엄성과 현대 사회의 고귀한 가치를 지니고 있다고 말한다. 해링톤은 『오시아나』에서 존경을 받을 만한 신사를 이렇게 말하고 있다. 그는 평범한 심장을 지니고 있다. 그는 꿋꿋하고 충만한 자존심을 갖고 있다. 무엇보다 그는 진정 사나이다운 용기를 지닌 남자이고 위험을 아무렇지도 않게 여기는 용기와 고뇌를 이기는 꿋꿋함을 지닌 남자다. 그의 덕성은 혐오스런 하인과 궁중에 퍼져 있는 기생충과 같은 자들의 악덕과 대비된다. 그러나 궁정의 조신들은 음란하고 무절제하며 방탕하다. 그는 굽실굽실 아첨이나 하고 노예 같으며 저질스럽다. 그는 또 용감한 것이 아니라 알랑거리면서 아양을 떨고 야비하고 천하며 남자다운 곳이라곤 없다.[35]

　이러한 도덕적 평가가 신로마 이론가들로 하여금 그들의 이데올로기가 타당하다는 절대적 신념을 갖고 자신들의 주장을 하게끔 만들었다. 요컨대 신로마 이론은 자유 국가라는 '공적 자유(public liberty)'와 개인의 자유 혹은 자유 시민이라는 '사적 자유

---

35) 위의 같은 책, pp.95-96.

(private liberty)' 간의 필연적인 관계를 적극적으로 수렴하고 있다.36) 그러면서 신로마 이론가들은 어떤 자유를 선행시켜야 하는가의 고뇌를 했다. 물론 그들은 공적 자유를 그들 논리의 출발점으로 삼고 있었지만 결코 사적 자유를 간과한 것은 아니었다. 페티트의 공화주의적 용어를 빌리면 신로마 이론은 자유의 문제를 '지배(domination)'의 문제면서 동시에 '간섭(interference)'의 문제로 보았다. 물론 '지배'가 '간섭'보다는 근원적인 문제였지만 말이다. 그러나 신로마 이론은 놀랄 만큼 짧은 세월에 쇠퇴하기 시작했고 그리고 소멸하였다. 이 가운데 지배의 문제로서 자유 이론은 사라진 것이다. 18세기 고전적 공리주의의 발전과 그 다음의 19세기에서 공리주의 원리가 자유주의 국가(liberal state)의 기저가 되면서 자유 국가(free states) 이론은 악명을 띠게 되고 결국 우리들의 시야에서 거의 사라졌다. 이런 지적 배경을 『아레오파지티카』는 지니고 있다.

4. 『아레오파지티카』의 주장들37)

『아레오파지티카』는 왜 출판은 자유로워야 하는가의 이유를 밝힌 글이다. 그의 주장은 네 개 부분으로 되어 있다. 네 가지 이유 가운데 첫 번째 것은 출판 허가 조례의 역사적 뿌리를 로마 가톨릭 교회라고 하면서 고대 그리스의 아테네나 로마의 경우 언론은 자유로웠다고 말한다. 그에 의하면 그리스 아테네에서는 독신과

---

36) 여기서 나오는 '공적 자유'와 '사적 자유'라는 말은 스키너가 홉스를 비판하면서 사용한 말이다. 그러면서 그는 신로마 이론은 이들 두 가지 자유간의 연관성을 전제하고 있다고 본다. Skinner 1998, p77.

37) 이 부분에 대한 좀더 상세한 내용은 다음 책에 있다. 임상원, 1998, 189-220쪽.

무신론 그리고 비방적인 저술만이 문제가 되었다.

책을 금서로 묶고 불태우기 시작한 것은 로마의 교황들이 정치적인 권력을 장악하면서부터였다. 그래도 그들은 초기에는 여유가 있어서 그렇게 많은 책을 금하지는 않았다. 최초로 엄격한 금서 정책을 채택한 것은 영국인 위클리프(Wickliffe)와 보헤미아 출신의 후스(Huss) 등 종교 개혁 세력이 확산되자 교황청이 위기에 처하게 되면서였다. 이러한 금서 정책은 트렌트(Trent) 공의회와 스페인 종교 재판(Spanish Inquisition)에 의해 더욱 강화되어 금서와 삭제 목록이 만들어졌다.[38]

다음 두 번째로 밀턴은 어떤 책이든 책을 읽는다는 것은 이롭다는 주장을 한다. 그는 지식의 힘을 강조한다. 밀턴은 지식이란 선한 지식과 악한 지식이 따로 있는 것이 아니라고 한다. 인간은 교육을 통해서 지식을 가져야 하며 그 도구의 하나가 책이라는 것이다. 그는 지식의 학습을 막는 것을 가장 가혹한 억압으로 보았다. 그래서 로마 황제 율리아누스(Julian)가 기독교인들의 교육을 오직 기독교에 관한 것만으로 국한하고 다른 교육은 일체 금지하는 명령을 내렸을 때 그 명령은 기독교도들에게는 어떤 다른 억압보다도 가장 가혹한 것이었다고 그는 말한다. 그러면서 밀턴은 "고대 헬레니즘의 학문에 대한 지식을 박탈하는 이 법이 낳은 해악

---

38) 이 금서 목록은 세 부분으로 구성되었다. 첫 번째는 모든 금서의 이름이고, 두 번째는 금서로 분류되지는 않았지만 금서 목록에 올라 있는 동일 저자의 책 이름이며, 마지막 세 번째는 1519년 이후 저자의 이름 없이 출판된 금서의 이름과 과거 로마 교회 학자들이 읽어왔지만 비난받아야 할 책과 저자 이름으로 구성된 것이었다. 밀턴은 이를 어기면 "무덤 속으로 파묻히는 것보다 더 가혹한 결과"가 따랐으며 "그들은 이단적인 것만을 문제삼은 것 아니라 그들의 기호에 맞지 않는 것은 어떤 것이든 모두 금서로 묶거나 잠정적 금서 목록(Purgatory of an Index)에 넣어버리곤 했다"고 비판하였다. 그리하여 최종적으로 모든 책, 팸플릿 문서는 출판 전에 두세 명의 검열 담당 수도사의 허가를 받아야 한다는 명령이 공포되었다.

은 참으로 큰 것이어서 이는 데키우스(Decius)나 디오크레티안(Diocletian)의 공개적인 잔인성보다 더 나쁜 음흉하고 은밀한 박해였으며 교회를 더욱더 쇠퇴하게 만드는 것으로 생각되었다"고 말한다.39)

한마디로 밀턴은 지식이란 ― 선한 지식이든 악한 지식이든 ― 이로운 것이라는 근대적 신념을 표명한다. 밀턴의 주장 가운데 이 부분이 표현의 자유 이론에서 『아이디어의 시장(*market place of ideas*)』 그리고 이성에 의한 『자율 조정(*self-rightening*)』이란 원리로 해석되는 부분이다. 요약하면 밀턴의 두 번째 주장은 이런 것이다. 책, 즉 지식은 이로운 것이다. 이 세상에는 선과 악이 혼재되어 있으며 따라서 악과의 대면은 불가피한 원죄다. 이런 속에서 우리는 이성을 갖고 있기 때문에 나쁜 책이라 할지라도 그 속에서 악이 아니라 선을 선택할 수 있다. 한마디로 자유와 자율성이 선을 낳을 수 있다는 것이다.

밀턴의 세 번째 주장은 출판허가제가 현실성이 없다는 프래그머틱한 것이다. 밀턴은 "허가 조례는 원래 의도하는 목적에 맞는 실질적인 결과를 낳지 못한다"고 말한다.40) 그는 허가 명령은 공원의 문을 닫고 공원 안의 모든 까마귀를 가두어놓았다고 생각하는 것과 같은 어리석은 정책이라고 비유한다. 여기서 밀턴이 주장한 목적을 이룰 수 없다는 이유는 두 가지로 요약된다. 그것은 첫째로 출판물 외에도 악이 전파될 수 있는 길이 많기 때문이다. 악이 전파되는 모든 길을 막는다는 것은 불가능하다.41) 그러면서 그는 인간이 덕성을 내세운다. "하느님이 아담에게 이성을 주실 때 그것은 하느님이 아담에게 선택하는 자유를 주신 것이다."42) 그가

---

39) 밀턴 1998, 56–57쪽.
40) 위의 같은 책, 81쪽.
41) 위의 같은 책, 86쪽.

강조하는 것은 인간의 자율성이다. 그는 인간은 조종에 의해 움직이는 인형극 속의 인형이 아니라고 하면서 타자의 의지에 예속된 존재가 아니라고 주장한다. 다음 둘째로 그는 허가제의 부작용을 그 이유로 든다. 그는 "죄를 낳는 문제 그 자체를 제거함으로써 죄를 제거할 수 있다고 상상하는" 것은 성숙한 생각이 아니라고 하면서 이런 식으로 죄를 줄이려는 행위 자체가 바로 죄를 더욱 크게 하여 거대한 죄의 더미를 만드는 것"이라고 주장한다. 그러면서 그는 대안을 제시한다. 즉, 자율적인 규제다.[43] 요컨대 밀턴의 세 번째 주장은 도덕적인 그리고 현실적인 차원에서 허가제의 부적절성을 지적하는 것이다. 그리고 문제를 해결하는 유일한 방법은 인간의 자율성에 맡기는 것이라는 것이다.

『아레오파지티카』의 네 번째 주장은 출판의 허가제가 진리의 발견을 억제할 뿐만 아니라 개인이나 국가의 지적 발전에 장애를 낳는다는 진리론이다. 밀턴의 주장은 진리의 발견을 위해서는 자유롭고 공개적인 토론이 필요하며 때문에 관용이 필수적이라는 것이다. 그에 의하면 지난날에는 완전한 진리가 있었지만 지금은 그것이 파편화되고 흩어져버리게 되었다는 것이다. 지금 우리는 이 파편화되어 흩어져 있는 진리를 탐색 수집하고 다시 원래의 것으로 회복하는 과정에 있다고 그는 말한다. 이와 관련하여 그는 오시리스(Osiris)의 신화[44]를 비유로 들고 있다.

---

42) 위의 같은 책, 90쪽.

43) 위의 같은 책. 91쪽.

44) 선의 신 오시리스는 악의 신 타이폰(Typhon)을 형제로 갖고 있었다. 타이폰은 오시리스를 죽이려는 음모를 꾸민 후 아름다운 상자를 하나 만든 후 이 속에 들어가보는 자에게 이를 주겠다고 말한다. 여러 신들 가운데 오직 오시리스만이 자원하여 그 속에 들어가자 타이폰과 그 일당은 뚜껑을 굳게 닫은 후 이를 강에 버렸다. 오시리스의 누이며 아내인 이시스(Isis)는 고난 끝에 그 상자를 찾아냈다. 그러나 이시스가 잠시 자리를 비운 사이에 타이폰은 다시 오시리스의 시신을 14개로 잘라 사방에 뿌렸다. 이시스는 다시 그의 아들 호러스(Horus)와 함께

그러나『아레오파지티카』의 이 네 번째 주장은 위의 다른 세 가지보다 복잡하다. 써럭은 이를 세 개로 나누고 있다.[45] 이를 간략히 요약하면 제일 먼저 밀턴은 지적 탐구와 저술을 하는 지식인의 노고를 찬양하면서 검열과 허가제가 "학문과 학자들에게 최대의 좌절과 모욕을 가하는 것이다"라고 분노한다.[46] 두 번째로는 그는 토론을 옹호하고 있다. 그는 먼저 진리의 발견을 위해서는 공개적인 토론이 필요하다고 주장한다. 그는 정통성(orthodoxy)과 관습(custom)이라는 이름 아래 군림하는 진리를 거부한다. 그는 진리가 진리이기 위해서는 공개적인 토론이라는 과정을 통과해야 한다고 주장한다. 마지막 세 번째 주장은『아레오파지티카』해석에서 가장 논쟁적인 관용의 문제다. 그는 당시 영국에서 갈등을 일으키고 있던 다양한 종교적 종파들을 모두 한 뿌리에서 나온 것들이라고 한다. 이러한 다양성이 궁극적으로는 "좋은 결과를 낳을 것이라는 희망을 가질 수 있다"고 그는 말한다.[47] 때문에 다양성은 억압될 것이 아니라 관용되어야 한다는 것이다.

관용을 정당화하는 밀턴의 두 번째 논리는 그가 명시적으로 말하고 있지는 않지만 앞서 그가 그토록 강조한 진리의 발견을 위한 토론이 가능하기 위해서는 서로 다른 의견들에 대한 관용이 필수적이라는 것이다. 이러한 논리는 고전적 수사학의 전통적인 원리의 하나로 그것은 토론이란 서로간에 관용이 없이는 불가능하다

사방을 탐색하여 오시리스의 시신 조각을 찾아내어 이를 맞추어 몸체를 완성한 후 타이폰을 몰아내었다는 이야기다. 여기서 말하는 완전히 회복된 오시리스의 시신은 완전한 진리를 말한다.

45) 그러나 그내용의 독해는 써럭의 해석만을 좇지는 않았다. 필자 나름대로의 해석을 덧붙인 부분이 있다. 예로서 지식인의 자긍심에 대한 밀턴의 언급이 하나의 예다. 이 부분에 대해서는 서록은 거의 언급이 없다. Sirluck, 1959, p.171.
46) 밀턴 1998, 98쪽.
47) 위의 같은 책, 142쪽.

는 것이다. 그러나 그의 관용론은 근원적인 것까지 포함하는 것은 아니다. "나는 천주교(Popery)와 공공연한 미신도 관용해야 한다는 것은 아니다. 그들은 모든 종파와 국가의 주권을 근절하려 하기 때문에 뿌리뽑혀져야 한다. 독신(瀆神)이나 절대적인 악 그리고 어떤 법도 허용할 가능성이 없는 신앙이나 도덕적 행위를 부정하는 것과 법 그 자체를 불법화하려는 것들 또한 관용의 대상이 아니다. 그러나 교의나 규율에서의 어떤 유사하고 가벼운 차이나 대수롭지 않은 차이는 그런 차이가 수없이 많다 하더라도 그들이 정신의 통일성을 해하는 것이 아니라면 그리고 우리들 사이에 평화의 유대를 유지할 수 있다면 이런 차이는 관용되어야 한다"고 말한다.[48]

이것이 『아레오파지티카』에서 밀턴이 주장한 출판의 허가제가 폐지되어야 하는 네 가지 이유다.

5. 밀턴의 언론 자유와 자유 이론

정치 사상사에서 밀턴은 공화주의자로 분류된다.[49] 그러나 스키너는 최근 그를 신로마 이론의 저술가로 명명하고 있다. 밀턴의 신로마 이론 사상은 그가 찰스 1세가 처형된 후 그리고 잔여의회(Rump Parliament)의 선전원으로 고용된 후 또 영국의 커먼웰스 출범 이후 내놓은 글에 더 많이 담겨 있다. 그러나 『아레오파지티

---

48) 위의 같은 책, 156쪽.

49) 밀턴은 흔히 공화주의자로 분류된다고 필자는 다른 글에서 말한 바 있다. 임상원, 1998, 238-260쪽 참조. 그러나 이 글은 신로마 이론가라고 부른 스키너의 견해를 따른다. 하지만 그를 넓은 의미의 공화주의라고 하더라도 틀린 것은 아니라는 것이 스키너의 평가다. 따라서 간혹 필요한 경우 공화주의와 신로마 이론이란 이름을 같이 사용하기도 한다.

카』에도 신로마 이론이 그 밑바탕에 깔려 있다고 필자는 읽는다.[50] 때문에『아레오파지티카』에 담겨 있는 밀턴의 '자유'라는 아이디어는 이런 맥락 속에서 해석되어야 할 관념이다. 그렇다면 밀턴의 언론 자유 이론 혹은 자유 이론은 자유방임주의(libertarian)의 자유나 자유 이론이 아니라 스키너가 말하는 신로마 이론의 자유이고 자유 이론이라고 보아야 한다. 그러나 신로마 이론의 자유라는 아이디어에는 고전적 자유(classical liberal)라는 관념은 물론 마키아벨리의 공화주의 그리고 홉스의 소극적 자유 이론까지 혼재되어 있다.

사실『아레오파지티카』내용 가운데는 상호 모순된 것처럼 보이는 주장이 — 예로서 출판의 자유와 동시에 이의 규제를 주장하는 등 — 다수 있다. 또 후에 그가 크롬웰(O. Cromwell) 정권 하에서 출판물의 감독관을 한 사실도 출판의 허가제를 반대한 그의 주장과는 모순된 것이다. 그러나 밀턴의 주장을 고전적 자유방임주의자의 주장이라기보다 신로마 이론적인 것으로 해석할 때 이런 일들은 그렇게 놀랄 일만은 아니다. 왜냐 하면 신로마 이론 내지 공화주의의 자유 이론에 의하면 이들은 모두 정당화될 수 있기 때문이다.

---

50) 스키너가 인용하고 있는 밀턴의 신로마 이론적 주장의 소스는 대체로 Eikonoklastes (1649), The Readie and Easie Way to Estalish a Free Commonwealth (1660), The Tenure of Kings and Magistrates(1649)다. 이들은 모두『아레오파지티카』(1644)보다 후에 집필된 것이다. 이로부터『아레오파지티카』는 밀턴의 정치 사상이 충분히 체계화되기 이전의 저술로『아레오파지티카』에는 그의 정치철학이 충분히 반영되어 있지 않다고 해석될 수도 있다. 분명히 영국의 혁명 과정에서 신로마 이론이 강력히 부상한 것은 1649년 찰스 1세가 처형된 후 영국이 커먼웰스이고 자유 국가라는 공식 선언이 나온 후부터다. Skinner 1998, p.13. 그러나 신로마 이론의 사유는 이미 16세기 엘리자베스 1세 시대에 영국에 널리 퍼져 있었다. 밀턴이『아레오파지티카』를 집필할 당시도 영국 지성계의 주도적 이데올로기는 신로마 이론 내지 공화주의였고 밀턴도 이런 지적 환경 하에 있었다고 보아야 한다.

이 글이 탐구하고자 하는 것은 밀턴이 『아레오파지티카』에서 주장한 언론의 자유 이론(theory of liberty)다. 이 과정에서 그가 주장한 '개인의 자유'라는 '사적 자유(private liberty)'와 '자유 국가'라는 '공적 자유(public liberty)' 간의 관계를 해명하고자 한다.

『아레오파지티카』는 출판의 자유를 부르짖는다. 그런데 여기에는 이를 정당화하는 핵심적인 관념들이 있다. 그것은 '자유 국가'와 '자율적 시민'이란 것이다. '자유 국가'와 '자율적 시민'에게는 출판의 자유가 허용되어야 한다는 것이다. 신로마 이론에 따르면 '자유 국가'와 '자율적 시민'은 '노예 국가' 그리고 '노예'와 반대되는 개념들이다. 먼저 그가 '자유 국가'와 출판의 허가제를 어떻게 연관시켜 논의하는가를 보자.

그는 영국은 교황의 지배를 받지 않는 '자유 국가'라고 정의한다. 그는 영국이 교황청의 노예 국가가 아니라고 하면서 "우리와 교황의 관계에서 … 우리가 예속되어있지 않다는 것"에 감사한다고 말한다.51) 그러면서 그는 영국의 자유는 인간의 능력으로 이를 수 있는 최고로 높은 수준의 것이라고 하면서 외국인들은 영국의 자유를 부러워한다고 말한다.

밀턴이 출판의 허가제를 반대하는 제일 첫 번째 이유는 이렇듯 자유국가론이다. 그는 "허가제의 발명자는 당신들이 지긋지긋하게 싫어할 사람들", 즉 가톨릭 세력이라고 하면서 "로마의 교황들은 정치적인 권력을 그들 손에 장악한 후 … 그들이 좋아하지 않는 것을 결정하고 이를 불태우고 금지하였다"고 말한다.52) 출판허가제의 원형은 교황 세력에 의해 만들어졌다는 것이다. 한마디로 밀턴은 노예 국가가 아닌 자유 국가 어디에 출판허가제가 있었는가 하면서 영국의 의회를 비판하고 있다. '자유 국가'에는 출판허

---

51) 같은 책, 129쪽.
52) 밀턴 1998, 28, 45–46쪽.

가제 같은 것은 있을 수 없는데 자유 국가인 영국의 의회가 이런 '노예 국가'에나 있는 법을 만들었다는 것이다. 그러면서 그는 그 증거로 고대 그리스와 로마를 예로 들고 있다. 아테네나 로마공화정의 경우 국가가 간섭하고 금지한 저술은 오직 두 종류였는데 그것은 독신 혹은 무신론 그리고 비방적인 내용이었다는 것이 밀턴의 주장이다. 이런 의미에서 『아레오파지티카』에서의 출판허가제를 비판하는 밀턴의 언론 자유 이론은 '자유 국가(free state)' 혹은 '자유 정부(free government)' 이론의 일부인 것이다.

앞서 신로마 이론을 설명하면서 이미 이야기된 바 있지만 신로마 이론의 '자유 국가'란 헌법이 시민들의 동의 하에 만들어진 국가다. 신로마 이론이 말하는 자유 국가는 이렇게 자의적인 권력과 타율을 가장 반대한다. 출판허가제를 반대하는 밀턴의 논리가 바로 이 '자의성'이고 타자의 의지에 의한 '지배'다. 검열은 검열관의 자의적 판단에 의존하지 않을 수 없다. 검열을 받는다는 것은 책의 저자가 검열관이라는 타자의 의지에 의존케 만드는 것이다. 이것은 곧 검열관이 나를 지배하는 것이고 이와 같이 지배를 강제하는 법은 자유 국가의 법이 될 수 없다는 것이다.

물론 밀턴의 자유 이론은 '자유 국가', 즉 '공적 자유'만을 주장하지는 않는다. 밀턴은 '개인의 자유', 즉 '사적 자유' 또한 강조한다. 그러나 여기서 유의해야 할 점은 그의 사적 자유는 다분히 자유 국가, 즉 공적 자유를 위한 '시민'으로서의 자유다.[53] 이런 의미에서 그의 자유 이론은 기본적으로 공적 자유 이론에서 출발한 것이며 또 공적 자유로 경도되어 있다. 이러한 사실은 밀턴이 『아레

---

53) 여기서 '자유 국가'와 '시민'이란 말은 신로마 이론적 시각에서 본 것이고, 밀턴의 주장을 종교적으로 해석한다면 그가 추구하는 것은 '신성한 공동체(holy community)'라고 할 수 있다. 이런 측면에서 '시민'이란 말은 이런 하느님의 나라 시민을 의미하는 것으로 해석할 수도 있다. Baker, p.xxi, 임상원 1998, 244-245 참조.

오파지티카』에서 주장한 자유가 공공 선을 위한 언론의 자유라는 점에서도 확인된다. 그는 『아레오파지티카』의 첫머리를 이렇게 시작한다 : "누구나 국가 수반과 통치자를 대상으로 말할 때는 그들이 생각하기에 '공공 선'을 증진시킬 것을 목적으로 말하는 것이다."[54] 그는 공공 선을 위해서는 말이 자유로워야 한다는 것이다. 그는 또 자유 언론은 공공 선을 낳는다고 말한다. 그는 "한 도시가 외적에 의해 포위되어 위기에 처했을 때 자유로운 토론만이 그들 공동체에 대한 시민들의 진정한 충성과 용기 그리고 적을 물리칠 수 있다는 확실한 자신감을 갖도록 한다"고 말하면서 자유 국가를 보존하는 데 언론의 자유가 필수적임을 주장한다.[55] 그리고 그는 흔히 오류는 좋은 정부에서나 나쁜 정부에서나 거의 똑같이 일어나는데 그래서 관리들은 잘못 알지 않아야 한다고 하면서 만일 언론의 자유가 없다면 그들은 오류를 훨씬 빨리 범하게 된다는 말로 그의 글을 끝맺는다.[56] 자유 국가 혹은 좋은 정부를 위해 언론의 자유는 요구된다는 것이다. 이와 같은 주장은 『아레오파지티카』 여러 곳에서 발견된다. 이렇게 그의 언론 자유는 자유 국가 그리고 공공 선을 위한 것이다. 이 점에서 그의 자유 이론은 신로마 이론의 자유 이론과 조화로운 것이다.

그러나 다시 말하는 것이지만 『아레오파지티카』는 '공적 자유'만을 주장한 것은 아니다. 밀턴은 '개인의 자유'라는 '사적 자유'의 가치를 높이 평가하고 있다. 특히 밀턴은 이런 '사적 자유'를 생득적인 권리라고 말하면서 자유롭게 쓰고 말하는 자유는 모든 지혜의 유모이고 그리고 이 자유는 우리의 정신을 정화하고 진리를 최

---

54) 밀턴 1998, 17쪽.
55) 같은 책, 142-143쪽.
56) 같은 책, 166쪽.

고의 수준으로 끌어올렸다고 하면서 자유를 찬양한다.[57] 위의 로마 이론에 대한 설명에서 이미 지적한 바 있는 것처럼 신로마 이론도 개인의 자유를 결코 간과하고 있지 않다. 신로마 이론은 초기에는 '자유 국가'라는 관념을 중심으로 사유하였지만 후에는 그 초점이 '개인의 자유', 즉 '시민의 자유'였다.[58]

'자유 국가'와 함께 『아레오파지티카』에서 읽게 되는 또 다른 중요한 관념은 '개인의 자유' 혹은 '시민의 자율성'이다. 『아레오파지티카』의 논증을 뒷받침하고 있는 가장 대표적인 관념을 잠재(潛在)적인 것과 현재(顯在)적인 것으로 분류한다면 '자유 국가'란 관념은 전자의 것이고 '시민의 자율성'이란 후자의 것이다. 밀턴은 이렇게 쓰고 있다. 밀턴이 주장한 출판허가제를 반대하는 이유로 첫 번째를 제외하고는 모두 이 '시민의 자율성'에 근거한 것이다. 이와 관련하여 밀턴은 이렇게 말한다 : "나는 생각하건대 하느님이 단지 절제의 규칙을 제외하고는 인간의 육체를 위한 음식의 종류를 넓게 허용하셨는데 하느님은 정신을 위한 양식도 육체의 양식을 결정하실 때와 마찬가지로 그 종류와 양은 사람들이 그들에 의하여 자율적으로 결정하도록 하셨다."[59] 그러면서 그는 계속해서 "하느님은 인간을 어떤 규율 아래 어린아이처럼 묶어놓고 사용하시는 것이 아니라 사람에게 이성이란 선물을 주신 후 그 자신이 선택자로서의 신뢰를 주셨다. 만일 이들에게 법과 강제가 그렇게 단단하게 가해져서 오직 훈계에 의해서만 지배된다면 설교할 것

---

57) 밀턴 1998, 145쪽.

58) 여기서 '개인'이란 말은 '시민'이란 말로 읽는 것이 옳다. 물론 밀턴의 아레오파지티카에서는 시민(citizen)이란 말은 전혀 나오지 않는다. 그러나 그가 이야기하는 개인이란 공공선을 염두에 두고 행동하는 개인으로 이는 '시민'을 의미하는 것으로 해석할 수 있다. R. Dagger, 1997. pp.98-99 참조.

59) 밀턴 1998, 65쪽. 이 책의 역주자인 이 글의 필자는 원문의 'left arbitrary'를 '자율적으로'란 말로 옮겼다. 'autonomy'를 자율적이란 말로 번역한 것이 아니다. Hales 1954, p.16 참조.

이 거의 없을 것이다"라고 말한다.60) 그는 또 "인간의 존귀함은 힘에 의한 순종" 때문이 아니라고 하면서 "인간은 인형극 속의 인형"이 아니라고 한다.61) 여기서 밀턴은 시민이 자율적으로 선(善)을 선택함으로써 공훈을 세울 수 있다고 말한다. 그는 '자율성'으로부터 공화주의적인 '덕(virtue)'을 이끌어내고 있다.

자율성은 노예라는 관념과 대비되면서 강조된다. 예로서 밀턴은 이탈리아 여행 중의 경험을 이야기하면서 "그들의 학문은 노예 상태(servil condition)에 있으며 … 이것이 이탈리아에서 지혜의 영광을 시들게 한 원인이었다"고 말한다.62) 그는 또 출판허가법에 대해 "출판의 자유는 다시 고위 성직자 20인의 출판허가위원회 하의 '노예화'(liberty of Printing must be 'enthall'd' again …)(인용부호는 필자의 것임) 상태에 들어갔고 인민의 특권은 무효화되었다"고 하면서 '노예화'라는 말을 사용한다.63) 밀턴은 이렇게 국가든 개인이든 자율성을 가장 중요한 덕목으로 주장한다. 그래서 그는 "나는 학생밖에 못 되면서 가르치는 선생을 증오한다. 나는 주먹을 가지고 감시하면서 나를 후견인의 보호를 받는 미성년자로 만드는 교사를 참을 수 없다. … 누가 나에게 그의 판단이 옳다는 것을 보증해줄 수 있단 말인가?" 하면서 분개한다.64) 이 이상의 인용은 필요치 않을 것이다.

신로마 이론은 다시 말하지만 '자유'의 반대가 '예속'이고 '노예' 상태라고 말한다. 여기서 우리는 페티트가 말하는 공화주의적 개념을 상기하게 된다. 그의 공화주의 이론은 노예의 예속적 상태를 '지배(domination)'로 그리고 '자유'를 '비지배(non-domination)'

---

60) 밀턴 1998, 66-67쪽.
61) 위의 같은 책, 90쪽.
62) 밀턴 1998, 111쪽, Hales, p.35.
63) 밀턴 1998, 118쪽. Hales, p.38.
64) 밀턴 1998 102-103쪽. Hales p.32.

라고 정리한다. 다시 말하면 공화주의는 자유를 '강제'나 '간섭 (interference)'의 문제가 아니라 '지배'의 문제라는 것이다. 그리고 '타자의 자의적인 의지(arbitrary will of others)'에 예속된 상태를 비자유(unfreedom)로 규정한다. 이것이 페티트가 말하는 공화주의의 입장이다. 신로마 이론도 예속, 즉 타자를 주인(master)으로 모시고 그에게 의존하여, 즉 그의 지배 하에 산다는 것은 억압의 소스이고 또 억압의 한 양식이라는 점을 강조한다. 예속이라는 것 그 자체가 자유로운 말과 행위를 억제하게 한다는 것이 신로마 이론의 주장이다. 그러나 신로마 이론은 공화주의가 주장하는 지배만이 아니라 간섭도 비자유의 한 소스라고 본다. 따라서 신로마 이론은 소극적 자유론으로 해석될 수도 있다. 다시 말하지만 스키너는 신로마 이론과 19세기에 만들어진 벤담(J. Bentham)의 자유주의의 자유 개념, 즉 소극적 자유와 일치하는 부분이 있음을 지적하고 있다.[65] 다시 말하면 신로마 이론은 힘이나 강제가 개인의 자유를 간섭하는 양식의 하나라는 것을 부정하지 않는다는 것이다.

요컨대 『아레오파지티카』에서 밀턴이 주장한 이유 네 가지 가운데 두 번째의 책을 읽는 것이 이익을 낳는다는 논리, 세 번째 출판의 허가제가 결코 악을 방지할 수 없다는 논리, 그리고 마지막 네 번째의 허가제가 진리의 발전을 막는다는 논리는 모두 그 전제적 조건이 개인, 즉 시민이 자율성을 지닌 존재이기 때문이라는 것이다. 또 첫 번째 이유인 자유 국가란 것도 자율적인 국가를 의미하는 것이다.

이런 의미에서 밀턴의 『아레오파지티카』를 관통하고 있는 핵심적 가치는 국가와 시민의 '자유'와 '자율성'이다. 그러나 그의 '자유'와 '자율성'은 오늘 우리가 이해하고 있는 현대 자유주의(liberalism)

---

65) Skinner 1998, p.53.

의 자유나 자율성과 정합적인 부분과 그렇지 않은 부분이 혼재되어 있다. 정치철학으로서의 자유주의는 인간을 천부의 권리 소유자로 그리고 국가는 이들 권리를 보호하기 위한 존재로 간주한다. 그래서 자유주의는 개인의 사적인 이익을 극대화하려 한다. 보편적인 선은 직접적인 목표는 아니다. 물론 오늘날 자유주의는 많이 수정되었지만 말이다. 밀턴의 자유 사상에는 이런 자유주의적 성격 그리고 흔히 공화주의라고 부르는 다른 정치학이 발견된다. 이 점은 이미 앞서 언급한 바 있다. 그러나 좀더 이야기하면 그의 자유 사상은 인간을 사익만 추구하는 존재로 보는 것은 아니다.

밀턴의 『아레오파지티카』에는 많은 부분에 시민적 덕(civic virtue)이라는 가치가 명시적 혹은 함축적으로 포함되어 있다. 여기서 말하는 덕이란 시민이 시민으로서 수행하게끔 기대되는 특정 행위를 의미하는 것이다. 다시 말하면 시민적 덕이란 시민의 역할을 의미하는 것이다. 덕이란 아리스토텔레스적인 관념이다. 즉, 시민이란 사회적 개인을 의미하는 것이다. 이런 의미에서 자율성이란 관념은 덕과는 대립적일 수 있다. 왜냐 하면 자율성이란 개인 혹은 개별자의 자유와 관련된 관념이며 덕은 사회라는 집합적 공동체와 관련된 관념이기 때문이다. 이런 이유로 우리는 자율성을 우선시하는 자유주의와 덕을 강조하는 공화주의를 대립적인 것으로 이야기한다. 그러나 밀턴의 경우는 이런 자율성과 덕은 같이 동거하고 있다. 사실 자율성과 덕 사이에 공약성이 전혀 없는 것은 아니다. 시민적 덕의 부재 속에서는 자율적 정부는 불가능하다. 자율성이란 시민적 덕을 필수적으로 요구하는 것이기 때문이다. 고전적 공화주의 이론은 자율성과 덕은 공존하는 가치들이다.[66] 이 점에서도 우리는 밀턴의 자유 이론이 고전적 공화주의 —혹은 신로마 이론— 의 영역을 벗어난 것이 아니라는 사실을

---

66) Dagger 1997, pp.13-18.

확인하게 된다.

여기서 또 하나 『아레오파지티카』의 주장이 단순히 자유주의적인 것이 아니라는 점을 말하고 있는 부분은 그의 진리(truth)에 관한 관념이다. 밀턴은 그의 진리관을 다양한 메타포를 사용하면서 제시한다. 가장 대표적인 예가 오시리스(Osiris)의 신화다. 그는 이렇게 말한다 : "진리는 실로 지난날 신성한 구세주와 함께 이 세상에 왔었고 보기에 가장 영광스러운 완전하고 순결한 모습이었다. 그러나 그가 하늘로 승천하자 그의 사도들이 그를 따라 잠들게 되고 사악한 사기꾼들이 곧바로 나타났다. 이 사기꾼들은 이집트의 타이폰(Typhon)과 그의 공모자들이 선한 오시리스(Osiris)를 다룬 이야기에 나오는 것처럼 더럽혀지지 않은 동정녀와 같은 진리를 수천의 조각으로 토막내어 사방으로 흩뿌렸다. … 우리는 아직 그들을 다 찾지 못했다. 주님이 재림하실 때까지는 또 그럴 수도 없을 것이다."[67] 그러면서 그는 완전한 진리에 이를 때까지 우리가 해야 하는 것은 진리를 탐구해야 하고 아무도 이를 방해해서는 안 된다는 것이다. 우리는 항상 파편화된 진리의 조각들을 모두 연결하여 하나의 몸통을 이룰 때까지 노력해야 하는데 이런 출판허가제는 방해가 된다는 것이다. 밀턴은 "하나의 굳건한 뿌리"가 되는 진리를 전제한다.[68] 원래의 진리가 있었다는 것이다.

여기서 우리는 그의 실낙원(Paradise lost)과 복낙원(Paradise regained)을 상기하게 된다. 그의 진리관은 기독교적이다. 그런 의미에서 그의 진리는 태초에는 완전했으나 그것은 죄악으로 불완전하고 결함을 지니게 되었다. 그러나 미래에는 완전성을 회복한다. 이러한 완전성을 회복하기 위해 자유가 필요하다. 그의 진리관은 메시아적인 것이지 근대의 진화론적이고 과학적인 것과는

---

67) 밀턴 1998, 129-130쪽.
68) 위의 같은 책, 141쪽.

거리가 멀다. 이 점은 켄달도 지적하고 있는 것이다. 그의 해석에 따르면 밀턴은 진리의 가장 권위 있는 소스를 계시(Revelation)로 생각하였다.[69] 이런 측면에서 그가 주로 관심을 갖고 강조한 진리는 종교적인 것이다.

요컨대 밀턴의 『아레오파지티카』는 단순한 자유방임주의적 문헌은 아니다. 특정한 작은 문제에서는 자유방임적인 경우가 있지만 그러나 이를 보편적인 문제로 확대해서 사유하는 것은 잘못된 것이다. 위에서 언급한 신로마 이론 혹은 공화주의적 맥락 그리고 그의 진리관이 이를 말해주고 있다. 그는 자유인을 두 종류로 나누고 있는데 첫 번째 유형은 공적인 문제에 충고할 수 있는 능력이 있고 그런 의지가 있는, 즉 그들은 그들의 자유에 대해 책임을 기꺼이 지려는 사람들이다. 이렇게 『아레오파지티카』에서 밀턴이 주장한 자유는 자유방임주의 이전 아니면 그 이상의 자유라고 읽는 것이 옳다.

6. 공화주의적 자유주의

이 글에서 필자는 밀턴의 『아레오파지티카』를 중심으로 그의 언론 자유와 자유 이론을 살펴보았다. 즉, 이 글이 해명하고자 하는 것은 그의 자유 이론이다. 이러한 작업을 하는 데에 필자는 17세기 중반 영국 사회를 지배하고 있던 이데올로기인 신로마 이론이란 맥락 속에서 밀턴의 글을 이해하려 하였다. 이 글에서 제기한 질문은 밀턴의 자유의 의미는 무엇인가 그리고 좀더 나아가 그의 자유란 '자유 국가'라는 '공적 자유'인가 아니면 개인의 자유, 즉 '사적 자유'인가, 그리고 개인의 자유와 국가의 자유 간의 관계

---

69) W. Kendall 1960, p.453.

를 그는 어떻게 보았는가 하는 것 등이다. 결론은 밀턴의 언론 자유 내지 자유 이론은 신로마 이론의 자유 이론과 대단히 조화롭다는 것이다. 밀턴의 주장에는 이를 관통하는 주된 관념들이 있는데 그것은 '자유 국가'와 '자율적인 시민'이란 것이다. '자유 국가'와 '자율적인 시민'은 '노예 국가'와 '노예'라는 개념과 대립적인 개념들이다. 요컨대『아레오파지티카』에서 밀턴이 강조한 가치는 그것이 국가든 개별적인 시민이든 자율성이다.

『아레오파지티카』는 밀턴의 저술 가운데 가장 널리 알려진 글이다. 이 저술은 밀의『자유론(*On Liberty*)』과 더불어 영어권에서 언론의 자유에 관한 고전적 문헌이다.『아레오파지티카』의 주장은 의회가 제정한 출판의 허가 명령을 폐기하라는 것이었다. 그는 이것이 공공의 이익을 위한 길이라고 주장한다. 그의 허가제 반대 이유는 첫째로 허가 명령은 로마의 교황주의자들이 고안한 반자유 국가적 제도라는 것이다. 즉, 이런 법은 자유 국가가 아닌 노예 국가 그리고 자율성을 지닌 시민이 아니라 예속적인 노예에게나 합당한 법이라는 것이다. 그는 그러면서 이런 법의 시행은 자율적 시민에게는 모욕적이라고 말한다. 둘째로는 출판의 검열과 허가제는 서적에 대한 자유로운 접근을 방해하여 지적 발전을 저해한다. 시민은 선을 선택할 수 있는 이성과 자율 능력을 지니고 있다. 따라서 서적 안에 악의 내용이 있다 하더라도 검열과 허가는 필요 없는 것이다. 셋째로는 허가 명령은 소기의 목적을 성취할 수 없다는 것이다. 왜냐 하면 자율성을 지닌 시민들에게 이런 법은 효과가 없기 때문이라는 것이다. 넷째로는 허가 명령은 진리의 본질적 속성과 원리에 배치된다. 진실과 허위의 공개장에서의 대결이 진리를 확보하는 최선의 길이다. 진리란 이렇게 자유로운 토론의 장에 맡길 때 나타난다는 것이다. 이 또한 자율성의 문제인 것이다.

『아레오파지티카』의 주된 관념은 이렇게 '자유 국가'와 '자율적인 시민'이다. 다시 말하지만 '자유 국가'와 '자율적인 시민'은 '노예 국가'와 '노예'에 반대되는 말이다. 그는 '자유 국가'와 출판허가제와 연관시켜 그의 글을 시작한다. 밀턴의 주장은 노예 국가가 아닌 자유 국가에는 출판허가제 같은 것은 없었다면서 자유 국가인 영국의 의회가 노예 국가와 노예에게나 합당한 출판허가법을 만들었다고 주장한다. 이렇게 그의 언론 자유 이론은 '자유 국가' 혹은 '자유 정부' 이론에 근거하고 있다. 이것은 밀턴의 자유 이론이 '공적 자유' 이론에서 출발하고 있다는 것을 의미한다.

그러나 밀턴의 자유 이론은 자유 국가만 주장하는 것이 아니다. 밀턴은 개인의 자유 혹은 자율적 시민이라는 사적 자유의 가치도 주장한다. 특히 밀턴은 개인의 자유들을 생득적인 권리라고 주장한다. 그러나 그의 개인의 자유, 즉 사적 자유는 자유 국가, 즉 공적 자유 내지 공공 선을 위한 것이다. 이런 의미에서 그의 자유 이론에는 '자유 국가'라는 가치와 '시민의 자율성'이라는 가치가 중첩되어 있다. 그러나 더욱 근원적인 가치는 '자유 국가'다. 따라서 언론의 자유는 자유 국가를 위해 필요한 가치인 것이다. 이것은 신로마 이론의 자유 이론에서 주장하고 있는 것과 동일한 논리다.

다시 말하는 것이지만 『아레오파지티카』의 가장 중요한 관념은 자율성이다. 밀턴은 국가든 개인이든 자율성을 가장 중요한 덕목으로 주장한다. 신로마 이론에서 '자유'의 반대는 '예속'이고 '노예' 상태다. 페티트가 말하는 공화주의도 부자유(unfreedom)의 소스를 지배(domination), 즉 예속이라고 고집한다. 중요한 것은 공화주의는 자유를 '강제'나 '간섭'의 문제가 아니라 '지배'의 문제라고 본다는 점이다. 그리고 '타자의 자의적인 의지(arbitrary will of others)'에 예속된 상태를 비자유(unfreedom)로 규정한다. 이것이 페티트가 말하는 공화주의의 입장이다.

신로마 이론도 예속, 즉 타자를 주인(master)으로 모시고 그의 지배 하에 산다는 것이 억압의 소스이고 또 억압의 한 양식이라는 점을 강조한다. 예속이라는 것 그 자체가 자유로운 말과 행위를 억제하게 한다는 것이 신로마 이론의 주장이다. 그러나 신로마 이론은 공화주의가 주장하는 '지배'만이 아니라 '간섭'도 부자유의 한 소스라고 본다. 따라서 신로마 이론은 소극적 자유론으로 해석될 수도 있다. 다시 말하지만 스키너는 신로마 이론과 19세기에 만들어진 벤담(J. Bentham)의 자유주의의 자유 개념, 즉 소극적 자유와 일치하는 부분이 있음을 지적하고 있다. 다시 말하면 신로마 이론은 힘이나 강제가 개인의 자유를 간섭하는 양식의 하나라는 것을 부정하지 않는다는 것이다.

결론적으로 밀턴의 언론 자유 그리고 자유 이론은 스키너가 말한 신로마 이론의 자유론이다.[70] 그것은 자유 국가에서 출발하여 개인의 자유를 동시에 정당화한 이론이라고 해석할 수 있다. 그러나 여기서 주목해야 할 점은 개인의 자유의 '개인'이 단순한 개인이 아니라 '시민'이란 사실이다. 그리고 이 시민이란 공공 선이란 공적 문제와 관련된 존재로서의 사회적 개인을 의미하는 것이다. 시민이란 자율적인 개인이며 덕성을 지니고 있으며 해링톤의 말처럼 고난을 극복하는 진정한 용기 그리고 꿋꿋함을 지니고 있는 자다. 이런 의미에서 밀턴이 『아레오파지티카』에서 말하는 언론의 자유는 시민의 자유이고 공공 문제에 대한 언론의 자유를 의미하는 것이다. 밀턴의 자유 이론과 언론 자유 이론에는 이렇게 공화주의 혹은 신로마 이론이 짙게 깔려 있다.

밀턴의 『아레오파지티카』에서 우리가 읽게 되는 또 하나의 의

---

70) 종교적인 해석은 밀턴의 자유를 크리스천의 자유(christian liberty) 그리고 이 크리스천의 자유는 현자를 위한 자유로 주장된다. Barker, p.120, 필자는 기독교적 자유(christian liberty)에는 신로마 이론 내지 공화주의가 전제하는 자유 국가 혹은 기독교적으로는 신성 공동체(holy community)가 있다고 생각한다. 임상원, 1998, 257-259쪽 참조.

미 있는 지향성은 그의 진리관이 과거로의 회귀적인 것이라는 점이다. 우리는 이를 종교적 — 기독교적 — 이라고 할 수도 있고 또 심하게는 반자유주의적이라고도 할 수 있을 것이다. 그는 구원을 통해 처음으로 되돌아갈 것을 요구한다. 요컨대 그는 태초에 완전함이 있었음을 전제한다. 그런 의미에서 그의 자유 이론은 과거의 불완전성에서 출발하여 완전성으로의 진화를 전제하는 근대적인 자유 이론은 아니다. 그가 지향하는 것은 부활이다. 잃어버린 파라다이스의 회복이 그의 희망이고 기대다.

그러나 스키너의 말처럼 신로마 이론은 그 수명이 길지 못했다. 놀랄 만큼 짧은 세월에 소멸했고 홉스의 소극적 자유 이론이 근대 자유주의의 주인공이 되었다. 그리하여 밀턴의 신로마 이론적 자유 이론도 그 출발점이며 배경이었던 자유 국가 이론이나 시민 자유 이론은 탈색되고 단지 개인의 자유라는 부분만 남게 되었다. 더구나 개인의 자유의 '개인'은 '시민'이 아니라 사적 개인으로 수용되었다. 그리하여 밀턴의 언론 자유는 아나키적 혹은 자유방임주의적인 것으로 읽히고 있는 것이다. 다시 말하지만 밀턴의 언론 자유에 깔려 있는 자유 국가의 자율적 시민의 자유라는 성격은 잊혀진 채로 말이다. 그러나 여기서 오해를 막기 위해 한 가지 부연해야 할 것이 있다. 그것은 밀턴의 자유 이론은 소위 '고대의 자유(ancient liberty)'와 '현대의 자유(modern liberty)'가 혼재 혹은 미분화되어 있는 것이었다.[71] 이런 의미에서 밀턴의 자유 이론에는 분명 '현대의 자유'라는 요소도 포함되어 있다. 그것이 현대가 진행되면서 과장되고 혹은 일방적으로 강조되어 왔다는 것이 필자

---

71) B. 콩스탕트(Benjamin Constant)에 의하면 고대의 자유란 기본적으로 집합적인 것으로 이를 보존하기 위해서는 정치에 적극적이고 지속적인 참여를 의미하는 것이었다. 이와 반대로 현대의 자유란 사적 개인의 독립성을 평화롭게 향유하는 것을 의미한다. 그것은 공적인 것이 아니라 개인적 차원의 것이다. Holmes, S.1984, p.31.

의 이해다.

필자는 이 글 서론에서 『아레오파지티카』가 오늘날 실천적인 의미를 가질 수 있다고 말한 바 있다. 즉, 이 시대에 언론의 자유 이론이 도전을 받고 있는 문제는 크게 보아 두 가지다. 하나는 언론의 자유와 다른 자유들 간의 갈등 문제로 이것은 권리들(rights) 간의 갈등으로부터 발생하는 문제들이다. 그러나 더욱 근원적인 도전은 자유주의라는 틀을 넘어선 더욱 거시적인 차원에서 제기되고 있는 것들이다. 그것은 다시 말하면 덕성(virtues)이 언론 자유의 한 구성 요소여야 한다는 가치가 전제된 명제로부터 제기되고 있는 문제다. "덕성스러운 자유"에 대한 요구인 것이다. 오늘날 흔히 제기되고 있는 자유주의의 자유 언론 그리고 언론 자유 이론에 대한 비판은 그것이 인간의 덕성스러운 삶이 아니라 단지 자기 보존이라는, 즉 홉스 이래의 만인에 대한 만인의 투쟁 속에서 생존을 위한 것이라는 비판이다. 이는 현대성(modernity)에 대한 비판과 동일한 궤도의 사유로 오늘날 공동체론(communitarianism) 이나 공화주의(republicanism)의 핵심적 비판의 하나가 바로 이것이다. 우리 사회에서 지금 제기되고 있는 언론 비판을 음모론적인 것이 아니라 이론적으로 — 이러한 평가는 대단히 호의적인 것인데 — 연관시킨다면 이들 이론과 연관될 수 있을 것이다. 이런 의미에서 오늘날의 언론 비판은 현대성에 대한 비판이라고도 할 수 있다. 여기서 우리는 몇 가지 문제를 질문으로 제기하게 된다. 그것은 무엇보다 먼저 자유와 덕성은 병존 가능한가 하는 문제다. 이에 대해 많은 사람들은 현대는 실패하였다고 비판한다. 현대의 자유주의는 덕성은 개인 안에 사밀화시키고 자유는 권리화하여 차가운 자유주의를 만들었다는 것이다. 그러나 한편으론 덕성과 자유 가운데 어느 하나, 즉 자유를 선택한 후 그것을 권리로 제도화한 것은 현대 사회가 강요한 결과라는 해석도 가능하다. 동일한 논리가 언론 자유 이론에도 적용 가능할 것이다. 그러나 지금 우리는 자유와 덕성은 병존 가능한가 하는 물음을 다시 묻고 있다. 그리고 그것이 가능하다면 어느 정도의 병존이 가능한가 또 그 방법은 무엇인가 하는 문제를 다시금 열정을 갖고 성찰하고 있다. 그러면서 또 지금 우리는 그러한 병존을 가능케 하는 사회는 어떤 사회인가 하는 문제를 사유하고 있는 것이다.

필자는 우리가 언론 자유에 대한 진솔한 사유와 느낌을 회복할 필요를 느끼고 있다면『아레오파지티카』는 반드시 다시 읽어보아야 할 고전적 문헌이라는 생각을 갖고 있다. 그 이유는 오늘날 언론 자유에서 가장 핵심적인 문제의 하나는 자유의 덕성과 수월성에 대한 느낌을 회복하는 것인데『아레오파지티카』는 바로 이러한 덕성이라는 가치가 전제되어 있는 언론 자유 그리고 언론 자유라는 가치의 수월성을 간곡하게 설득하는 이야기가 가득한 문헌이기 때문이다. 한 가지 더 부연하자. 그것은『아레오파지티카』는 자유에 관한 '이야기'라는 점이다. 여기서 '이야기'라는 말은『아레오파지티카』는 언론 자유의 '역사'가 병존해 있는 언론 자유의 '이론'이라는 의미에서 서사(narrative)가 있는 자유 이론이라는 의미다. 나는 이 시대 우리는 서사, 즉 이야기가 있는 이론에 너무 궁핍해 있는 것이 아닌가 하는 생각에서 이런 말을 하고 있는 것이다.

□ 참고 문헌

김영한, 『르네상스 휴머니즘과 유토피아니즘』, 탐구당, 1989.
맥그레스, A. E 저 · 박종숙 역, 『종교 개혁 사상 입문』, 성광문화사, 1992.

밀턴 J. 저 · 임상원 역주, 『아레오파지티카』, 나남, 1998.

시버트 등, 『언론의 4이론』(강대인 역), 나남, 1991.

세이빈 · 솔슨 저, 『정치사상사 1 · 2』(성유보 · 차남희 역), 한길사, 1983.

알철 저, 『현대언론사상사』(양승목 역), 나남, 1993.

이동섭, 『영국의 종교 개혁』, 수서원, 1990.

이종우, 「밀턴의 아레오파지티카」, 『사회비평』 제16호, 1996, pp.277-301.

임상원, 「표현의 자유 원리」, 『아레오파지티카』(존 밀턴 저 · 임상원 역주), 나남, 1998.

_____, 「자유와 언론」, 『커뮤니케이션 과학 11』, 고려대 신문방송연구소, 1991,

_____, 「언론의 자유와 자유주의」, 『언론과 사회』 제6호, 1994 여름, pp.5-39.

임희완, 『영국 혁명의 수평파 운동』, 민음사, 1988.

Altschull, J. H., *From Milton to McLuhan*, Longman, 1990.

Armitage, D, Himy, A, Skinner, Q,ed. Milton and Republicanism, Cambridge, 1995.

Barker, A., *Milton and the Puritan Dilemma*, The Univ. of Toronto Press, 1942.

Brown, Cedric C., *John Milton, A Literary Life*, Macmillan, London, 1995.

Bush, D., *John Milton*, Macmillan, New York, 1964.

Canavan, F., "John Milton and Freedom of Expression", *Interpretation 7*, 1978.

_____, "Freedom of speech and press : for what purpose", *American Journal of Jurisprudence 16*, 95., 1971.

Davies, T., "Borrowed Language : 'Milton, Jefferson, Mirabeau' in Milton and Republicanism", edited by Armitage, Daivd, Himy, Armand, Skinner, Quentin, Cambridge Univ. Press, Cambridge, 1995. pp.254-271.

Dagger, R., Civic Virtues, Oxford University Press, Oxford, 1997.

Dzelzainis, M. "Milton's classical republ：icanism" in Milton and Republicanism, edited by Armitage, Daivd, Himy, Armand, Skinner, Quentin, Cambridge Univ. Press, Cambridge, 1995. pp.3-24.

Fallon, R. T., *Milton in Government*, The Pennsylvania State Univ. Press, Pennsylvania, 1993.

Haller, W., *Liberty and Reformation in the Puritan Revolution*, Columbia Univ. Press, New York, 1955.

Hobbes, Thomas, *Leviathan*, The Bobbs-Merril, New York, 1958.

Holmes, Stephen. Benjamin Constant and the Making of Modern Liberalism, Yale Univ. Press, New Haven, 1984.

Hutchinson, F. E., *Milton and the English Mind*, Hodder & Stoughton, London, 1946.

Hunter, *A Milton Encyclopedia*, ed. by Hunter, Associated Univ. Press, London, 1978, pp.71-74.

Keightley, T., *Life, Opinion, and Writings*, Chapman And Hall, London, 1855.

Kendall, W., "How to read Milton's 'Areopagitica'", *Journal of Politics*, Vol.22, 1960, pp.439-473.

Levy, L. W., *Emergence of a Free Press*, Oxford Univ. Press, 1985.

Locke, John., The Second Treatise of Government, the Bobbs-Merrill, New York, 1952.

Loewenstein, *Milton and the Drama of History*, Cambridge Univ. Press, Cambridge, 1990.

MacCallum, H. R., "John Milton", *Encyclopedia of Philosophy*, Vol. 5, Macmillan, 1978, pp.332-335.

Milton, John, *Areopagitica*, 1644.

   ed. by John W. Hales, Oxford Univ. Press, London, 1875.

   ed. by Ernest Sirluck, *Complete Prose Works of John Milton*, Vol.I-IV, Yale Univ. Press, New Heaven, 1959.

   ed. by Laura E. Lockwood, *Selected Essays of Education, Areopagitica, The Commonwealth by John Milton*, Houghton Mifflin Company, Boston, 1911.

   ed. by Charles E. Eliot, *Areopagitica* in The Harvard Classics, Collier & Son, 1961.

Milton, John, Eikonklastes in Complete Prose Works of John Milton, vol.III, ed. M. Y. Hughes, New Haven, Conn., 1962, pp.336-601.

_____, The Readie and Easie Way to Establish a Free Commonwealth in Complete Prose Works of John Milton, vol.VII, ed. Robert W, Ayers, revised ed., New Haven, Conn., 1980, pp.407-463.

_____, The Tenure of Kings and Magistrates in Political Writings, ed. Martin Dzelzainis, Cambridge, 1991. pp.1-48.

Parker, W. R. Milton : A Biography I, Oxford 1968.

Pettit, Philip, *libveralism and Republicanism, Australasian Journalal of Politic al Science 28*, pp.162-189.

_____, *Republicanism*, Oxford Univ. Press, New York. 1997.

Pocock, J. G. A., *The Machiavellian Moment : Florentine Political Thought and the Atlantic Republican Tradition.* Princeton Univ. Press, Princeton, 1975.

_____, Historical Introduction to The Political Works of James Harrington, Cambridge, 1977.

Remer, G., *Humanism and the Rhetoric of Toleration*, The Pennsylvania State Univ. Press, 1996.

Sabine, George H., Thorson, Thomas L., *A History of Political Theory*, 4th ed., Dryden Press, Hinsdale, Ill, 1973.

Shapiro, Ian, "J. G. A Pocock's Republicanism and Political Theory", in *Critical Review*, Summer 1990, pp.433-471.

Schauer, Frederick, Free speech : a philosophical enquiry, Cambridge, 1982,

Shawcross, J. T., *John Milton, The Self and the World*, The Univ. Press of Kentucky, Lexington, 1993.

Siebert, E., *Four Theories of The Press*, Univ. of Illinois Press, Urbana, 1963.

Sirluck, E., "Milton's Political Thought : The First Cycle", *Modern Philology*, Vol.61, 1964, pp.209-224.

_____, *Complete Prose Works of John Milton*, Vol.II, Yale Univ. Press, New Haven, 1959.

Skinner, Quentin, *The Foundations of Modern Political Thought*, Vol.I, II, Cambridge, 1978.

_____, Machiavelli, Oxford, 1981.

_____, Liberty Before Liberalism, Cambridge Univ.

Press, Cambridge, 1998.

Trenchard, John and Gordon, Thomas, Cato's Letter, vol.I-II. Liberty Fund Indianapolis, 1995.

제 5 장
로크의 정치 사상 : 자유와 관용

서 병 훈(숭실대 정외과 교수)

1. 생애와 사상

존 로크(John Locke : 1632~1704)는 영국 서머싯에서 태어났
다. 할아버지는 섬유업에 종사했고 아버지는 토지를 소유한 공증
인(notary)이었다. 한마디로 중류 가정이었다. 로크는 청교도 집
안의 장남으로서 엄숙하고 청결한 분위기 속에서 교육을 받았다.
어려서부터 고전 교육을 받았고 옥스포드대에 들어가서는 경험과
학에 관심을 가졌다.

로크는 길다란 얼굴에 매부리코, 툭 튀어나온 이마에 축 처진
눈자위가 특징인 외모를 가졌다. 그러나 이런 겉모습보다는 그것
을 관통하는 그의 내면 세계가 특별히 우리의 관심을 끈다. 많은
사람들이 그를 '온화한 성품에 치우치지 않은 판단력을 가진 사람
(man of moderation, balanced judgement)'으로 기억한다. 열정에
빠진 나머지 한쪽으로 치우쳐 독선으로 흐른다는 것은 그의 삶에
서 생각할 수 없는 일이다. 자신에 대한 믿음이 자만으로 번져나

가지 않도록 조심했으며 그런 가운데서도 밝은 천성(caution and wit)을 잃지 않았다.

우리가 로크에 대해 특별히 감탄하지 않을 수 없는 것은, 그가 다양한 학문 분야를 섭렵했을 뿐 아니라 그러면서 동시에 숱한 영역에서 특출한 성과를 거두었다는 사실이다. 철학, 윤리학, 교육학 등 인문학뿐만 아니라 지학, 천문학, 의학 등 오늘날의 자연과학 분야에서도 무시 못할 업적을 남겼던 것이다. 그래서 후대 사람들은 그를 평하며 영국 경험철학의 아버지(인식론), 자연법에 관한 위대한 사상가(법철학), 근대 정치 이론의 확립자, 위대한 민주주의 사상가로 자리매김한다.

그는 경제 이론사에서도 족적을 남겼다. 이자율, 화폐 가치 등에 관해 주목할 만한 이론을 제시했고 경제 문제에 대해 정부가 간섭하지 말 것을 주장, 자유주의 경제의 틀을 세우는 데 기여하였다. 제품의 가치는 투입된 노동량에 의해 결정된다고 하는 로크의 노동가치설(labour theory of value)은 특히 유명하다. 예를 들어, 만일 다섯 사람이 1시간 일을 해서 석탄 1톤을 채굴했다면, 이는 5명이 2시간 또는 10명이 1시간 일해서 파낸 구리의 양이 얼마든 그것의 절반 정도의 가치를 지닌다는 것이다. 후일 마르크스가 자본주의를 공격하는 주된 무기로 삼았던 노동가치설이 이미 로크 사상 속에서 발견된다는 것은 의미심장한 일이라 하겠다.

그뿐만 아니다. 로크는 응용의학, 제약, 약초 등 의학 연구에도 매진했다. 당시 이름이 높았던 외과 의사 시든햄(Thomas Sydenham)과 동업할 정도였으니 그 실력이 만만치 않았을 것이다. 1666년 애쉴리 경(Lord Ashley. 나중에 Shaftesbury 백작이 된 인물)과 만나 교분을 나누었는데 1668년 그의 간에 생긴 종양을 제거하는 수술을 해주었다. 이 성공에 힘입어 그의 주치의가 되면서 그 집에 같이 살게 되고 평생 동안 그의 후원을 받게 되었다. 예전에 옥스포드대에서 의학을 가르치는 교수직을 신청했다가 실력은 충분하지만 학사 학위가 없는 까닭에 뜻을 이루지 못한 적이 있었는데, 그의 후광에 힘입어 강의를 할 수 있게 되었다. 1675년 옥스포드대에서 정식으로 의학 학사를 취득, 외과 임상 교수 자격을 획득하게 되었다.

한마디만 덧붙인다면, 로크는 화학 방면에서도 일가견이 있었다. 그래서 당대의 화학자 보일(Robert Boyle)과 깊은 교제를 나누었다. 보일의 실험실에서 같이 화학을 공부했는데, 그의 유언을 집행할 정도로 친분이 깊었다. 1692년에 보일이 죽자 그가 쓴 『공기의 역사(History of the Air)』를 상당 부분 개정해서 재출간한 사람도 바로 로크였다.

로크는 '상아탑'에만 머물러 있지 않았다. 여러 공직도 두루 맡았던 것이다. 외교관으로도 성공한 편이었다. 1680년대 들어 스페인이나 스웨덴의 대사를 맡아달라고 하는 제의가 있었으나 거부하였다. 술('warm drinking')을 감당할 수 없었기 때문이다. 1696년에는 천식 때문에 건강이 악화되었음에도 불구하고 상무성(商務省. Board of Trade) 최고 책임자가 되었다. 당시 영국은 대(對)네덜란드 무역의 수입 초과, 식민지 행정의 난맥, 해적 출몰 등 산적한 난제를 안고 있었다. 1697년, 로크는 자유주의자라고 하는 그의 평판과 어긋나는 정책을 제안한다. 도처에서 골치를 앓게 만드는 거지 문제를 해결하기 위해 거지들을 잡아 투옥시키거나 부두나 바닷가에서 강제 노역시킬 것을 지시했던 것이다.[1]

---

1) 이 밖에도 '자유주의자' 로크의 한계를 보여주는 사례들이 더 있다. 이를테면 가톨릭이나 퀘이커교도(Quakers)들을 너무 위험한 존재라고 경계를 하거나, 무정부 상태에 빠진 영국의 장래를 걱정하고 불안해하며 '영국의 미래가 암울하다. … 인간에 대해 실망했다 …'는 내용을 담은 편지를 썼다. 왕정 복고(Restoration)를 찬양하고 그 반대편 사람들을 과소평가하기도 했다. 1661년에 아버지의 유산

로크는 자신이 이런 다양한 공직을 마다하지 않은 것을 나름대로 미화, 정당화하기도 했다. 정치 일선에서의 경험이 유익했다는 것이다. 독특하고 거센 개성을 지닌 사람들의 판이하고 독선적인 성격을 많이 접할수록 자기처럼 진리를 모색하고자 하는 사람에게는 중요한 훈련이 되기에 그와 같은 중책을 피하지 않았다는 것이다. 실제로 그는 1665년에 외교관이 되어 각 국을 여행하면서 종교적으로 다양(캘빈, 루테란, 가톨릭 등)하면서 관용스러운 태도를 보이는 다른 나라를 통해 견문을 넓히면서 정치적 관점도 변화하게 되었다.

2. 로크와 홉스 비교

로크는 여러 면에서 홉스(Thomas Hobbes : 1588~1679)와 비교된다. 더 정확히 말해서 홉스와의 차이를 통해서 로크 사상의 특징이 잘 부각될 수 있다. 두 사람은 몇 가지 면에서 공통점을 가지고 있었다.

이를테면 둘 다 영국 남서부의 조그만 마을 출신이었고, 옥스포드대에 다녔으나 그 학교의 교육 방식에 만족하지 못했다. 그리고 두 사람 모두 평생 독신으로 지냈다. 17세기 사상가로서 홉스나 로크 모두 내란과 혁명을 두루 경험했다. 이 와중에서 정치적 신념 때문에 홉스는 프랑스로, 로크는 화란으로, 비록 행선지는 달랐지만 망명을 떠났다는 점에서 공통적이었다. 만년에는 둘 다 왕정 복고 후 또는 명예 혁명 후 수립된 새 정권에 만족하였다.

을 물려받아 충분한 토지를 소유하게 되었지만, '참을성이 없고 눈꼬리가 치켜 올라간 지주(impatient, sharp-eyed landlord)'라는 평가를 받기도 했다.

그러나 비슷한 것보다는 서로 구별되는 것이 더 많았던 두 사람이었다. 로크는 20대에 홉스의 『리바이어던(Leviathan)』을 읽고 큰 영향을 받았다. 그러나 자신을 홉스주의자(Hobbist)로 규정하는 것에 대해서는 거부감을 느꼈다. 해소하기 어려운 이질감이 두 사람 사이를 갈라놓고 있었던 것이다.

우선 그 가정 환경부터 달랐다. 홉스는 어려서 불우한 환경에서 자랐다. 스페인의 무적 함대(Armada)가 영국 해안을 침공하자 이에 놀란 어머니가 홉스를 조산하고 말았다. 홉스가 "공포와 자신은 쌍둥이(Fear and I were born twins)"라고 회상했던 것은 이런 연유에서였다. 혼자 남은 아버지도 홉스가 아직 어릴 때 이웃과 다툼 끝에 행방을 감추고 말았다. 이에 비해 로크는 앞에서 보았듯이 비교적 유복하고 안정된 집안에서 자랐다. 그리고 아버지의 기억이 희미했던 홉스와는 달리, 그는 찰스 왕조에 반대하며 의회파 혁명에 참여했던 아버지로부터 큰 영향을 받았다.

두 사람을 갈라놓는 결정적인 차이는 인간과 세상을 바라보는 관점에서 발견된다. 우연인지 아니면 각자 살아온 가정 환경 탓인지는 알 수 없으나 한 사람은 비관적이었는 데 반해 다른 한 사람은 비교적 낙관적이었다. '공포와의 쌍둥이' 홉스는 인간을 공포와 사욕에 사로잡힌 존재로 그렸다. 그 결과 홉스의 세계에서는 '인간이 죽기 전에는 결코 권력에 대한 추구를 단념하지 않고, 따라서 만인에 대한 만인의 투쟁'을 피할 수가 없다.[2] 상황이 이렇다보니,

---

2) 홉스는 끊임없이 권력을 추구하고, 오직 죽을 때야 그것을 중단하게 되는 것 (a perpetual and restless desire of power after power, that ceases only in death)이 인간의 일반적이고도 보편적인 모습이라고 주장한다. 이 규정이 '만인에 대한 만인의 투쟁'이라고 하는 그의 언급만큼이나 널리 회자되고 있다. 그러나 이런 인간관이 평면적으로만 해석되어서는 곤란하다. 인간이 특정 상황에서 누리고 있는 즐거움보다 더 큰 것을 얻고 싶어하거나 현재 획득한 권력에 아쉬움을 느껴서 그런 것이 아니라고 주장하기 때문이다. 홉스가 운명처럼 안고 살았던 '평화와 안정에 대한 갈구(渴求)', 이것이 문제인 것이다. 인간이 원래부터

'꿩 잡는 게 매'라고, 안정과 질서만 안겨줄 수 있다면 그것이 절대
왕정이든 민주주의 체제든 상관하지 않겠다는 것이 홉스의 입장
이었다. 그러나 로크는 달랐다. 인간에 대한 낙관적 평가를 전제
로 그 어떤 형태의 권력 집중에 대해서도 엄중한 비판을 가하였
다. 출발점, 즉 인간을 바라보는 눈길이 다르다보니 그 귀결점, 즉
정치적 입장도 뚜렷하게 다른 것이다(Masters 참조).

3. 『통치론』의 주요 사상

로크의 핵심 3부작으로 불리는 『인간 지성에 관한 시론(*The
Essay Concerning Human Understanding*)』, 『관용에 관한 서한
(*A Letter concerning Toleration*)』, 『통치론(*Two Treatises of
Government*)』은 모두 1689년에 출판되었다. 이 중 『통치론』은 로
크의 정치철학에 관한 중요한 내용을 많이 담고 있어 자세한 분석
이 필요하다.

원래 이 책자3)는 그가 필머(Robert Filmer)의 논저 *Patriarcha*
를 반박하고 입헌주의를 제창하기 위해 1681년경 저술했던 것이
다. 필머는 신-아담(Adam)-왕 체계를 연결하는 절대주의를 강조
한 당시 보수주의 사상의 대표자다. 그는 신과 인간 사이에 아무

욕심이 많아서가 아니고, 현 상태를 유지하기 위해서라도 더 많은 권력이 필요
하다(because he cannot assure the power and means to live well, which he
has present, without the acquisition of more)는 인간적 현실을 보여주는 것, 이
것이 홉스의 목적이었던 것이다 (Hobbes, Ch.11).
3) 정식 제목은 다음과 같이 아주 길다 : *Two Treatises of Government. In the
Former, the false Principles and Foundations of Sir Robert Filmer and his
Followers are detected and overthrown : The latter is an Essay concerning
the true Original, Extent, and End of Civil Government.*

런 정치도 개입할 수 없는 원초적이고 직접적인 관계를 상정하면 서 사람은 각자가 그 자체로 신의 소유물(property)이라고 주장했 다. 그의 주장에 따르면 아담이 하나의 모델 지배자가 된다. 자연 상태는 신이 내린 법에 의해 규율되며 그 테두리 안에서 각자는 신 앞에서 평등하고 자유로운 존재가 된다. 신의 위임을 받은 절 대군주제를 옹호하는 것이 그의 목적이었다.

로크는 이런 필머의 논지를 반박하기 위해 『통치론』을 썼다. 당 시 Country Party의 지도자였던 그의 후원자 Shaftesbury의 생각 을 많이 반영한 것으로 후일 제임스 2세가 되는 Catholic Duke of York가 후계자로 되는 것을 방지할 목적 아래 작성되었다. 따라 서 찰스 왕의 탄압이 무서워 1689년까지 출판이 보류되었을 뿐 아 니라 처음 출판될 때는 무기명으로 했다.[4]

정치적 의도로 쓰다보니 이 책은 논리적으로 그다지 일관된 체 계를 갖추지 못하고 있다. 의회주의를 강조한 Whig파의 생각을 대변한 일종의 정치 팸플릿에 가까운 것이었다. 그럼에도 불구하고 이 『통치론』의 정치 사상사적 의미가 과소평가될 수 없음은 물론이 다. 흥미로운 것은 이 책자가 매디슨(Madison), 제퍼슨(Jefferson) 등 미국의 '건국의 아버지(Founding Fathers)'에게 영향을 주었다 는 사실이다. 그래서 매디슨은 1783년 '미국 정치가들의 필독서 목 록' 첫 머리에 로크를 적시했다. 로크의 혁명 이론(특히 sensible and reasonable revolution 이론)이 4세대 이후 미국 독립 운동가 들의 반영(反英) 투쟁의 이론적 지침으로 원용되었다는 것은 역사 의 아이러니가 아닐 수 없다.

---

4) 1683년에 공화주의 성향의 Algernon Sydney가 *Discourses Concerning Government*를 썼다가 처형당할 정도로 당시 분위기가 살벌하였다.

1) 자연 상태

홉스는 인간이 자연 상태에서 자기 보존의 욕구에 따라 움직인다고 보았다. 로크는 그에 덧붙여 인간이 서로 협력(natural cooperation)할 수 있다고 하는 측면을 중시했다. 로크에 따르면, 자연 상태에서 인간은 완전한 자유와 평등을 누린다. 다시 말해 인간은 자연 상태 속에서 완전한 자유를 누리며 또 이 자유를 평등하게 향유한다는 의미에서 평등하다.

그렇다고 인간이 자연 상태 속에서 무엇이든 해도 되는 방종 상태(state of license)에 있었던 것은 아니다. 자연법을 벗어날 수는 없었기 때문이다. 자연법의 한계 안에서 자기 행위를 규율하고, 자기 소유물을 처리하며, 자기 스스로 자신의 인격(personality)을 닦을 수 있었던 것이다. 로크의 자연 상태에서는 각 개인이 자연법에 따라 스스로를 다스려야 하므로 홉스가 묘사했던 '만인의 만인에 대한 투쟁'은 일어나지 않는다.

모든 사람을 구속하는 이성의 명령으로서 자연법은 다음과 같은 것을 요구한다. 첫째, 타인의 생명, 자유, 건강, 신체, 재산을 존중하고 해를 가하지 말아야 한다. 둘째, 자기 자신에 대해 해를 가하는 것도 금지된다. 왜냐 하면 인간은 전지전능한 조물주의 작품으로 그의 소유물이기 때문이다. 따라서 자연법은 자의적으로 타인은 물론 자신의 생명도 함부로 침해해서는 안 된다는 것을 명령한다(6절).

이처럼 로크는 인간이 자연 상태에서 자기 보존의 욕구에 의해 일차적으로 움직이기는 하나 동시에 남을 해쳐서는 안 된다고 하는 의무에 의해 제약을 받기 때문에 홉스처럼 공포와 불안이 넘쳐나는 자연 상태를 상정하지 않았다.

2) 사회 계약을 맺어야 할 이유

그렇다면 왜 굳이 국가를 만들어야 하는가? 로크는 불안이 아니라 불편(inconvenience)을 그 이유로 꼽았다. 인간은 원래 선한 존재이기는 하나 완전한 존재는 못 된다. 그러다보니 자기를 지키고자 하는 욕구(self-love) 때문에 자연의 명령과는 어긋나게 타인을 해치거나 이용할 수도 있다. 또 악의는 아니라 하더라도 자신의 권리를 주장하는 과정에서 서로간에 갈등이 생길 수 있다. 이 갈등을 중재할 제3자가 존재하지 못하므로 각자가 자신을 보호하지 않으면 안 된다. 또 각자가 동일한 권리를 지니나 능력은 차이가 난다. 따라서 강자의 논리가 정의가 되는 정의롭지 못한 상황이 벌어질 수 있다.

다시 말해, 자연 상태에서는 ① 옳고 그른 것을 판단할 기준이 없다. 사람들 사이의 다툼을 판결할 공통된 기준으로서 일반의 동의에 의해 승인, 확정된 법률이 존재하지 않기 때문이다. ② 확립된 법률에 따라 온갖 분쟁을 해결할 권위 있는 재판관이 없다. ③ 판결이 정당했을 때 이를 지지, 집행할 권력이 없다(124-126절). 이처럼 법, 재판관, 권력이 결여된 탓에 사람들은 자연 상태에서 자유와 평등을 향유하고자 하나 잘못하면 전쟁 상태로 전락할 가능성을 배제할 수 없다. 이러한 자연 상태의 불편을 회피하기 위해 각자가 계약에 의해 사회를 만들고, 신탁(trust)에 의해 국가를 수립하게 된 것이다.

홉스는 자연 상태의 혼란을 극복하고 안정과 평화를 유지하는 데는 절대주의 정부가 최선이며 또 불가피하다고 주장했다. 그러나 로크는 이에 동의하지 않았다. 우선 그의 자연 상태는 홉스의 그것과는 달리 지옥과 같은 혼돈을 빚지 않는다. 자연 상태에서도 평화와 선의(善意. good will), 상호 협조(mutual assistance)가 가능하다. 따라서 절대군주제는 불필요하다. 자연 상태에서건 아니면 정부의 지배 아래에서건 간에 인간의 자기 보존을 위해서는 자의적 권력(arbitrary power)으로부터의 자유가 절대적으로 필요하다. 또 이 양자는 서로 밀접히 관련을 맺고 있다. 그래서 로크는 절대 권력은 그 어떤 상황에서도 '진딧물(bête noire)' 같은 존재라고 강력하게 비판하였다.

홉스는 인간에 대한 비관적 견해를 피력하면서 구속(restraint)을 통해 인간이 자유롭게 된다고 생각했다. 로크는 정반대로 낙관적 인간관을 전개하면서 구속이 없을 때 인간이 자유롭게 된다고 주장했다. 이런 전제 위에서 바라볼 때 국가는 인민에게 봉사하기 위해 존재하고, 그렇게 하자면 그 역할이 소극적 중재자(passive arbitrator)에 한정되어야 한다. 로크의 권력분립론은 이렇게 시작된다.

로크는 국가 권력의 집중으로 인한 타락을 막기 위한 견제 장치로서 권력분립론을 처음 제창하였다. 정부 권력이 그 존립 목적에 위배되게 자의적으로 운영되는 것을 방지하기 위해 국가 권력을 입법권, 집행권, 연합권(federative power. 즉, 외교권)으로 분할했던 것이다. 로크는 몽테스키외(Montesquieu)보다 반세기 앞서 권력분립론을 제창했으나 여러 모로 불완전한 것이었다. 우선 사법권이 독립된 지위를 갖추지 못했다. 또 견제와 균형(check and balance) 이론을 제시했으나 연합권 또한 집행권의 일부이므로 완전한 의미의 권력분립론에는 미치지 못했다. 또 최고 권력은 입법권에 집중되어 있었다. 국민은 입법권의 소재를 결정함으로써 정체를 결정하게 된다.5)

---

5) 그러나 입법권에도 한계가 있다. ① 명확히 공포된 법의 지배를 받아야 하며, 법은 모든 인간에게 평등하게 적용되어야 한다. ② 법은 국민의 복지를 위해 제정되어야 한다. ③ 입법부는 국민 또는 그들 대표자의 동의 없이 재산에 과세할 수 없다. ④ 입법부는 이 권한을 누구 또는 다른 곳에 이전할 수 없고 단지 국민

3) 저항권

지금까지 살펴보았듯이 홉스와 로크는 여러 면에서 비교, 대조된다. 저항권 개념에 이르면 두 사람의 차이가 더욱 두드러진다. 홉스는 주권의 절대 불가침성을 강조했지만 주권자의 의무에 대해서도 상당한 비중을 두어 역설했다. 이 과정에서 주권자로서의 의무를 다하지 못할 때 저항할 수 있는 가능성을 배제하지 않았다. 이에 비해 로크는 정부가 신탁을 위배하면 언제든지 정부에게 준 권한을 무효화할 수 있다면서 혁명권 이론을 더욱 분명하게 제창하였다.

홉스는 주권자가 인민의 안전 확보와 복지 증진의 의무6)를 진다고 주장했다. 이러한 의무는 법적 구속력을 지니지 않은 도덕적 의무이기는 하나 그럼에도 불구하고 중요(real)한 것이다. 바로 그것이야말로 정치 사회가 존재해야 하는 이유이기 때문이다. 따라서 절대주권론을 편 홉스이지만, 자기 보존(self-preservation)이라고 하는 자연권을 위배한 경우에는 그 권한이 제약받을 수밖에 없다고 생각했다. 그 논리는 다음과 같다 :

첫째, 주권자의 통치권 자체가 백성들의 동의에서 나왔다. 통치

이나 그 대표자만이 이것을 결정할 수 있다(142절).

6) 주권자의 의무가 단순히 인민의 생명 보전에만 국한되는 것은 아니다. 인민이 행복하고 즐겁게 삶을 영위할 수 있게 만들어주어야 하는 것이다. 따라서 '인민의 안전(safety of the people)'을 지켜야 한다는 말은 인민의 생명 보존은 물론 각자가 국가에 해로움이나 위험을 주지 않으면서 스스로 근면하게 노력하여 삶의 만족을 얻을 수 있는 터전을 마련해주어야 한다는 뜻이다. 이렇게 보면 주권자의 의무가 상당히 확대된다. 외부의 적으로부터 나라를 지키는 것은 기본이고, 내부의 평화를 유지하는 것도 중요한데, 이를 위해서는 사유 재산 보장, 국민 부담, 즉 조세의 공평 분배와 정의 실현이 요구된다. 나아가 국민을 무시한 채 방치해서는 안 되며 통치자의 필수적인 권리의 근거와 이유에 대해 잘못 알고 있지 않도록 계몽해야 할 의무도 지닌다(Hobbes, Ch.30).

권자는 계약 당사자로서 상대자에 대해 정치적 의무를 지는 대리인에 불과하다. 그러므로 백성들에게 불의와 해로운 일을 할 수가 없다. 둘째, 그가 모든 권한을 위임받은 것은 아니다. 자기 생명을 위협하는 대상에 대해 저항할 수 있는 권리는 양도가 불가능한 것이다. 자기 보호가 모든 존재의 궁극적 목적이므로 인민은 부당한 처벌이나 위험에 대해 저항할 권리를 보유하고 있다. 셋째, 수단은 목적에 의해 제한된다. 통치권자가 소유하는 권리는 수단이며, 이것은 평화와 자기 보존이라는 목적에 의해 제한된다. 결국 통치권의 절대화는 최선의 수단일 뿐, 그 자체가 목적은 아니다.

홉스는 이처럼 자기 생존을 위한 자유는 어떤 경우에도 유지되어야 한다는 전제 아래, 주권이 존재하는 이유 그 자체, 즉 자기 보존과 평화의 유지를 거스르는 명령에 대해서는 아무리 주권의 명령이라 하더라도 거부가 가능하다고 역설했다. 이를테면, 자신을 살해, 부상시키게 되는 명령이나 생명이 위태로운 상황에 빠질 전쟁에 대한 참가는 거부할 수 있다. 반란은 정당화될 수 없지만, 일단 시작된 것이라면 반란군들이 자신의 생명을 지키기 반란을 계속할 권리를 지닌다. 반란권을 자연권의 연장선상에서 인정한 것이다. 나아가 사면의 확신이 없는 한, 자신의 범죄에 대해 묵비권을 행사할 수 있다고 주장했다. 양심적 병역 기피를 도덕적 권리로 인정하기도 했다. 비겁함과 죽음에 대한 공포 때문에 병역을 기피하거나 탈영하는 것은 명예롭지 못한 일이다. 그러나 그렇다고 그런 행동이 옳지 못한 불의(不義. injustice)는 아니다.[7]

---

7) 그러나 이런 권리까지 인정해주고 나면 누가 국방의 의무를 지려고 할 것인가? 이런 우려에 대해 홉스는 주권자의 처벌권을 정당화하고 있다. 주권자는 전쟁에 참가하지 않으려는 인민에 대해 명령을 거부할 때 당하게 될 처벌의 공포가 전쟁 참가로 인한 위험 부담보다 더 크다는 사실을 주지시킬 필요가 있다. 반란 가담자는 그 3~4대 후손까지 처벌받게 된다는 것도 알려야 한다. 그런 한편, 국가를 위해 자신의 한 몸을 희생시키는 영웅적 행위의 아름다움(glory)을

결국 홉스가 무조건적으로 절대군주제를 옹호했던 것은 아니다. 국가(commonwealth)는 인간의 창조물이기 때문에 국가가 제 기능을 다한다는 것을 전제할 때 그 존재가 정당화되는 것이다. 인간의 동의 아래, 인간의 목적을 달성할 수 있도록 도와주기 위해 존재하고 활동하는 것이 바로 국가이기 때문에 그런 국가, 곧 주권자가 제 의무를 다하지 못한다면 그 존재 이유에 대해 심각하게 의문을 제기할 수 있다는 것이다. 넓은 의미의 저항권 이론이 홉스의 절대주권론 속에서도 발견되는 것이다. 그러나 전체적으로 볼 때, 홉스의 사상 속에서 저항권 개념이 차지하는 비중은 그리 크지 못하다. 그 의미도 그다지 명확하지 않다. 이에 비한다면 로크는 좀더 분명하게 저항권 개념을 발전시키고 있다.

로크는 정부가 인민의 동의를 받아 성립되었다는 사실을 주지시킨 다음, 그 신탁을 이행하지 못할 때 내부로부터 해체되는 것이 불가피하다는 점을 분명히 밝힌다. 인간은 폭정으로부터 벗어날 권리뿐만 아니라 그것을 예방할 권리도 가지고 있다는 것이다(220절).

우선 입법부가 권한 없이 법률을 제정하거나 기존의 정당한 법률을 자의적으로 대체한다면 그런 법률에 대해 인민이 복종해야 할 이유가 없다. 인민은 권한 없이 자신들에게 복종을 강요하는 자들에게 저항할 충분한 자유를 지니며 자신의 의지에 따라 행동해도 무방하다. 새로운 입법부를 구성할 권리를 지닌다(212, 214절). 입법부가 인민의 재산을 빼앗거나 파괴하고자 기도할 경우 또는 인민을 자의적 권력 하에 놓인 노예로 만들고자 할 경우, 인민은 그런 부당한 명령에 복종할 의무가 없다. 입법부가 인민과 전쟁을 벌이려는 상황이라면 인민은 계약 이전의 원래 자유를 회복할 권리를 가지고 있는 것이다(222절). 최고 집행권을 가진 자

고쳐시켜나가야 한다(Hobbes, Ch.13, 21, 28).

가 자신의 임무를 게을리 하고 방기함으로써 이미 제정된 법률이 더 이상 집행될 수 없을 때도 정부는 해체될 수 있다(219절).

일단 정부가 해체되고나면, 인민은 자신들의 안전과 복지를 위해 가장 최선이라고 판단하는 바에 따라 입법부의 인원이나 형태 중 어느 것 또는 그 양자를 동시에 변경시킴으로써 이전의 것과 다른 새로운 입법부를 창립할 수 있다(220절).

혹자는 저항권의 남용을 우려할지도 모르겠다. 인민은 무지하고 항상 불만에 차 있는데, 그들의 불안정한 의견과 변덕에다 나라를 맡기면 국정의 파멸을 피할 수 없다고 생각할 수도 있을 것이다. 인민이 불만과 분노를 느낄 때마다 입법부를 바꾼다면 그 혼란은 감당하기 어려울 것이라는 지적도 없지 않다(223절).

그러나 로크는 생각이 다르다. 인민은 그렇게 쉽사리 기존의 통치 형태를 벗어던지고 싶어하지 않기 때문이다. 체제에 문제가 있다 하더라도 그것을 고치기는 결코 쉬운 일이 아니다. 이런저런 이유에서 인민은 낡고 잘못된 제도라 하더라도 그것을 버리는 일을 지체하거나 꺼려한다. 그리고 인민은 통치자의 인간적 약점에서 비롯되는 사소한 비리는 물론, 커다란 과오나 많은 잘못과 폐단을 야기하는 법률에 대해서도 반항이나 이의를 제기하지 않고 감당한다. 따라서 과거의 예를 보더라도 인민들이 왕관을 다른 왕가로 옮긴 적은 결코 없었다는 것이 로크의 주장이다. 따라서 저항권을 인정하면 곧 혼란이 발생하리라는 걱정은 현실성이 떨어진다는 것이다(223, 225절).

결국 로크는 입법부가 변경된 경우, 그리고 입법자들이 그들의 존재 이유와 목적에 반하게 행동하는 것은 스스로 인민에 대해 반란을 일으킨 것이나 마찬가지라는 논리를 펴면서 저항권을 합리화한다. 무력으로 입법부를 제거한 사람들이 반란자라면, 임명 목적에 어긋나게 인민의 자유와 재산을 무력으로 침해하거나 박탈하려는 자들 역시 반란자와 다름없다고 보아야 한다. 아니 그들을 임명한 인민과 전쟁 상태에 들어가는 것이기 때문에 문자 그대로, 그리고 죄질이 가장 나쁜 의미에서 '전쟁 상태를 재개하는 반란자들(rebellantes)'이 되는 것이다(227절). 로크는 저항권을 인정하는 것이야말로 입법자들의 경각심을 고취시킴으로써 결과적으로 '반란에 대한 최선의 방비책이며 반란을 가장 확실하게 저지할 수 있는 수단'이라는 말로 자신의 주장을 매듭짓는다(226절).

4) 재산권 이론

노동가치설, 자유주의 경제 이론 개척 등 경제 현상에 대해서도 일가견을 가졌던 로크였다. 특히 재산권에 관한 그의 생각은 흥미로운 논란의 대상이 되고 있다. 그 특유의 신관(神觀) 위에서 사유재산의 한계를 규정 또는 그 정당화를 시도한다고 평가되기 때문이다.

로크에 따르면 신은 이 세상을 창조하였고 따라서 모든 물질의 원 소유주다. 그러나 신은 인간의 생존을 돕기 위해 자신의 소유인 이 세상을 인간에게 주었다. 더 정확히 말하자면, 인간 전부에게 공동 소유하도록 주었다(God gave the world to men in common). 인간은 이 자연에다 자신의 노동을 가미하여 소유물을 만들 수 있다. 인간은 자신의 노동이 투입되는 한, 자연의 산물을 자신의 소유로 만들 도덕적 권한과 자유를 지니는 것이다(25-27절). 그가 노동가치설의 원조라고 하는 점을 상기할 필요가 있다. 노동이 재산권 이론의 출발점이 되고 있는 것이다.

그러나 거기에는 단서(qualification)가 있다. 신은 인간에게 물질을 빌려주면서 그 물질의 노예가 되지 않을 것을 요구하고 있는 것이다(31-36절). 첫째, 아무리 자연에 노동을 투입하여 그 결과물을 사적 소유로 할 수 있다 하더라도, 자연이 정하는 한계를 넘어서는 안 되는 것이다. 생존에 필요한 정도를 넘어 낭비(spoilation)를 해서는 안 된다는 것, 이것이 바로 자연의 한계다. 미처 다 사용하지 못해 버려야 할 만큼 과다하게 소유하는 것은 인정되지 못한다.

둘째, 신이 준 공동 소유물인 자연 세계를 각 개인이 취득하되, 그것이 인류 전체에게 이익(benefit)이 되는 방향으로 소유하여야 한다. 개인 소유가 허용된 것은 전체에게 이득이 되는 생산물을 더 잘 생산할 수 있도록 자극(incentive)을 주기 위해서인 것이다.

셋째, 가장 중요한 것으로, 다른 사람의 욕구나 노동 의지를 만족시킬 수 있을 정도로 자연의 이용 가능성이 충분히 열려 있는 한도 안에서만 각자의 소유를 늘려가는 것이 정당화될 수 있다.[8]

이런 주장에 대해 후대의 평가가 엇갈리고 있다. 한쪽에서는 로크 재산권 이론의 '사회주의적 경향'을 주목한다. 로크가 노동의 신성함을 강조했을 뿐 아니라 생활에 필요한 정도를 넘어서는 재산 소유를 인정하지 않고 있기 때문이다. 무제한적인 재산 축적을 예찬하지 않았다는 것이다. 그뿐만 아니라 남에 대한 배려를 강조함으로써 오늘날 천박한 자본주의가 보여주는 물신주의와는 근본적으로 다른 경향을 보여주고 있다는 것이다. 한마디로 건전한 자본주의 발전의 이론적 토대를 마련하고 있다는 해석이다.

그러나 로크의 '낭비 금지' 조항이 썩지 않는 재화(imperishable commodities)에 이르면 무력해진다는 점을 주시하는 사람들도 있다. 이를테면, 금이나 은처럼 실제 사용 가치보다 더 비싸게 값이 매겨지는 귀중품이나 보화는 이런 제약을 얼마든지 벗어날 수가 있다. 특히 화폐는 이런 제한을 완전히 초월한다. 낭비(waste)가 자연의 법칙에 위배되는지 여부를 판단하는 기준이 된다고 하지

---

8) 이것을 로크의 '단서 조항(Lockean proviso)'이라고 부르기도 한다.

만, 화폐는 낭비 없이 무한정 소유할 수 있다. 따라서 돈을 많이 가진 부자는 단지 부자라는 이유 하나만으로 자연의 법칙을 두려워 할 이유가 없어진다. 이것은 결국 평등주의(egalitarianism)와 귀족주의(aristocracy)의 합작품이 아닌가? 보기에 따라서는 일부 사소한 것을 양보하는 척하면서 실제로는 대자본가의 무한 탐욕을 정당화하고 있는 것이다. 그가 인색한 지주 풍모를 보였고 거지에 대해 가혹한 대처를 촉구했던 일화를 기억해본다면 일리가 없지 않다.

로크의 소유권 이론을 어떻게 평가하든, 그가 자본주의적 소유 체계를 무비판적으로 옹호한 것만은 아니라는 사실은 기억할 필요가 있다. 전부 다 양보해서, 로크가 사적 소유권을 합리화했다고 하더라도 그의 소유권 이론의 저변에 흐르는 '낭비에 대한 경계'와 '타인에 대한 배려의 강조'에 대해서는 적극적으로 평가하는 것이 필요하다. '자본주의 소유 이론'의 대가(大家)가 과다 소유의 문제점을 지적하였다면, 자본주의의 수정을 기대하는 사람들의 입장에서 이 이상 더 중요한 우군(友軍)이 있겠는가?

4. 적극적 자유론

필머는 자유를 '각자 하고 싶은 대로 행동하고, 자기 원하는 대로 살며, 어떤 법에도 구속되지 않는 상태'로 규정했다. 그러나 이런 자유는 로크가 볼 때 방종(licence)에 불과하다(『통치론』, 22절). 모든 사람이 자신의 기분이 내키는 대로 행하는 것이 자유라면, 다시 말해 사람마다 기질대로 권력을 휘두르고자 한다면 어느 누구도 자유로울 수 없을 것이기 때문이다(『통치론』, 57절).

로크는 자유를 두 가지로 나누었다. 첫째, 자연적 자유(natural

liberty)는 지상의 모든 우월한 존재로부터 자유를 의미한다. 다른 사람의 의지나 입법권에 구속되지 않고 다만 자연법만을 자신의 준칙으로 삼는 것이 바로 자연적 자유다. 둘째, 사회 속에서 사는 사람의 자유(liberty of man, in society)는 공동체의 동의에 의해 제정된 것이 아니라면 그 어떤 입법권에도 구속되지 않으며, 입법부가 신탁에 따라 제정한 법을 제외하고는 그 어떤 사람의 의지나 입법권에 의해 제약을 당하지 않는 자유를 뜻한다(『통치론』, 22절).

그는 자유를 상태(state)나 조건(condition) 또는 능력(ability)과 힘(power)이라고 하는 두 차원으로 나누어 해석했다(*Human Understanding* / 지금부터 HU로 표기, Book 2, chapter 21, section 15-16). 이런 자유관(自由觀)은 인간이라고 하는 행동 주체와 자연법 또는 이성의 지시 사이의 상호 관계를 둘러싸고 치열한 논쟁을 불러일으킬 수 있다. 더 구체적으로는 오늘날 흔히 거론되듯이, 소극적 자유 또는 적극적 자유에 대한 입장 차이로 발전될 수 있기 때문이다.

아리스토텔레스는 인간이 이성에 따라 처신할 때 인간답게 살수 있다고 생각하면서 자연법을 이성의 지배(law of reason)와 등식화했다. 아키나스도 모든 인간은 전지전능한 유일 창조주의 작품이라는 전제 아래, 조물주에 대한 인간의 도덕적 의무를 강조했다. 로크는 두 견해를 모두 수용한 것으로 보인다. 그 결과, 자연법은 인간의 주관적 의지와 관계없이 시공을 초월하여, 인간이 무엇을 해야 하고 해서는 안 되는가를 표현해주는 객관적 도덕 원리의 체계며 이성에 의해 발견될 수 있는 것으로 간주되었다(Tully, 68).

인간은 흔히 목전(目前)의 선(good)을 추구하고 당장의 불편에 못 견뎌한다. 그러나 인간은 이성을 가진 존재다. 이성은 우리 인간이 해야 할 바를 찾아준다. 이성을 통해 인간은 더욱 큰 선(greater good)을 파악할 수 있으며 그 선을 행복으로 간주하게 된다. 따라서 이성의 선택과 판단에 의해 선을 지향하도록 결정되는 것은 자유의 축소나 제한이 아니고 오히려 자유의 목적이자 그 자유를 사용하는 것이다. 이에 반해 눈 앞(de facto)의 욕망에 끌려가는 것은 비참한 일이고 노예나 하는 짓이다.

로크가 이성에 따라 행동하는 것을 자유라고 부르지는 않았다. 그러나 그렇게 하는 것이 자유의 목적이고 궁극적 귀결(perfection or end)이라고 주장했다. 그렇게 하지 않으면, 신이 우리에게 자유를 부여한 목적, 다시 말해 최고도의 완전과 행복에 이르는 것에 부합되게 자유를 사용하지 못하게 되는 것이다.

인간적 삶의 가변성과 우연성을 감안해볼 때, 자연법을 특정 상황에 응용하는 옳은 판단이 하나만 있는 것은 아니다. 따라서 수단에 관한 한 도덕적 다원성(moral pluralism)은 불가피하다. 그러나 목적에 관해서는 그럴 수 없다. 자연법 또는 이성을 따르는 것, 다시 말해 자유의 도덕적 사용(moral use of liberty)은 신에 대한 의무(obligation)이고 영원한 행복을 획득하기 위한 조건이 되는 것이다((HU, Book 2, chapter 21, section 35, 46-52).

이처럼 자연법적 자유를 신에 대한 인간의 이성적 의무를 수행하는 과정에서 우리의 본성을 완전하게 만드는 것이라고 해석하게 된다면, 결국 자유와 법 또는 의무는 동일한 것이 된다.『통치론』에서 '법이 없으면 자유도 없다'고 하고 법은 자유를 구성하는 것(constitutive)이며, 법의 목적은 자유를 부정하거나 제한하는 것이 아니고 오히려 그것을 보존하고 확대시키는 것(57절)이라는 언급은 이런 맥락에서 이해되어야 한다.

다소 지나친 단순화의 위험은 있지만, 로크의 자유론은 벌린(Berlin)이 개념화한 적극적 자유(positive freedom)와 유사하다.[9] 그러나 그는 로크를 오해하고 있다. 소극적 자유론자로 규정하기

---

9) 벌린의 자유론에 대해서는 서병훈, 61-69쪽 참조.

때문이다. 그러나 그렇지 않다 : "절대자의 법 또는 자연법의 절대적 권위에 대한 믿음 또는 신의 품안에서 모든 인간은 평등하다는 믿음은 각자가 원하는 대로 살아갈 자유에 대한 믿음과 대단히 다르다." 로크의 입장에서는 '구원을 위한 수단'(『통치론』, 60절)이라는 측면에서 적극적 자유만큼 중요한 것은 없기 때문이다(Tully, 74).

다음 구절을 보자. 미성년자에게 자유를 허용할 것인가? 로크의 답은 부정적이다 : "자신의 의지를 지도할 수 있는 이해력을 가지지 못한 상태에 있는 동안, 그는 준수해야 할 자신의 의지를 가지지 못한 셈이다. 따라서 그를 대신해서 이해력을 사용할 수 있는 사람이 그를 위해서 또한 의욕해주어야 한다. 그(대행자)가 그의 의지에 지시를 하고 그의 행동을 통제해야 한다. 그러나 아들 역시 부친을 자유인으로 만들었던 상태에 이르게 되면 자유인이 된다"(『통치론』, 58절).

육체적 미성년자뿐 아니라 '정신적 미성년자'에 대해서도 같은 논리가 적용된다 : "자연의 정상적인 경로에서 벗어나 발생한 결함에 의해서 어떤 사람이 충분한 정도의 이성—그것을 통해서 능히 법을 이해할 수 있고 따라서 그 법칙에 따라서 생활할 수 있는—을 가지지 못하고 태어났다면, 그런 사람은 결코 자유인이 될 수 없으며, 자신의 의지대로 처신하도록 허용될 수 없다. 왜냐하면 그는 자신의 의지에 대한 한계를 알지 못하며 그 의지의 적절한 지침인 이해력을 결여하고 있기 때문이다"(『통치론』, 60절).

로크는 결론적으로 '자신을 인도할 수 있는 이성을 가지기 전에 제약받지 않는 자유 상태에 방임하는 것은 야수들 사이에 내던지는 것이나 같다'(『통치론』, 63절)고 주장한다. 이런 로크를 단순하게 소극적 자유론자라고 자리매김할 수는 없을 것이다.

5. 관용론

로크는 미명(未明)의 시대를 살았다. 속에 있는 말을 다하고 살 수 있는 그런 시대가 아니었다. 특히 종교를 둘러싼 갈등이 유혈 참극으로 이어지는 것이 다반사였다. 따지고보면 자유와 관용을 핵심 주제로 하는 자유주의도 이런 종교적 확신의 상처를 딛고 발전할 수 있었던 것이다. 우리가 종교에 관한 로크의 관용론을 주목하는 것은 이런 역사적 배경 때문이다.

젊은 시절 로크는 종교 문제에 관해 상당히 보수적인 입장을 취했다. 그는 국교(國敎)를 믿지 않는 사람들에게도 무제한적인 자유를 주어야 한다는 주장에 대해 반대의 뜻을 분명히 밝히며, 무관한 사항(indifferent things), 다시 말해 '신이 특별히 명하거나 금하지 않은 것'에 관한 한 시민행정관이 전적인 권위를 지녀야 한다고 주장했다.[10] 그러나 로크는 나이가 들면서 생각이 달라진다. 1667년에 저술된 『관용에 관한 시론(An Essay concerning Toleration)』과 1689년에 출판된 『관용에 관한 서한』은 정치 문제에 관한 그의 생각뿐 아니라 종교와 정치의 관계에 대한 자유주의적 입장을 명확히 하고 있다(강정인·문지영, 235 ; Dunn, 27-31).

로크는 각자의 종교에 대해 관용을 베풀지 않으면 안 될 이유를 인간 인식의 불확실성에서 찾았다.[11] 크게 보면 그의 철학은 다음과

---

10) 당시 로크는 양심에 따른 종교의 자유를 허용하게 되면 세속적 권력이 흔들리게 되고 그 결과 정치적 안정이 위태롭게 된다고 생각했다(Chen, 170-173).
11) 그러나 이 문제에 대해 다른 관점에서 접근하는 논의도 있다. 즉, 동의에 바탕을 둔 로크의 제한정부론(consent theory of limited government)이 종교와 정치 영역의 분리를 전제하고 있고, 따라서 종교적 관용이 불가피했다는 것이다. Chen은 다음과 같은 논리를 편다. 첫째, 모든 사람이 수용할 수 없는 종교적 관점에 입각해서 정치 권력을 행사한다는 것은 동의 이론의 전제와 어긋난다. 둘째, 신앙과 이성이 구분되어야 한다면, 다시 말해 종교적 다원성을 인정하는 것이 불가피하다면, 모든 사람을 포괄하는 동의를 이끌어낼 수 없다. 결국 정치 권

같은 두 가지 질문에 집중되고 있었다 : ① 인간 지식(knowledge)의 범위는 어디까지인가? ② 우리가 지식을 결여하고 있을 때 동의 (assent) 문제를 어떻게 다루는 것이 좋은가?(Wolterstorff, 172)

그는 이 문제를 풀기 위해 무엇보다 지식과 동의를 구분했다. 이 둘은 근본적으로 다른 현상이라는 전제가 그의 인식론의 출발점이었던 것이다. 로크에 따르면, 동의가 언제나 지식을 수반 (accompany)하는 것은 사실이다. 그러나 지식이 동의의 한 종류 (species)라고 생각해서는 안 된다. 동의 또는 믿음은 어떤 명제를 사실이라고 간주(taking)한다. 이에 반해 지식은 그것이 사실이라고 인지(seeing)한다. 어떤 것에 대해 지식을 가진다는 것은 특정 사실에 대해 직접적으로 정통하고 즉각적으로 인식하며 지각한다는 것을 의미한다. 다시 말해 어떤 사실이 우리 마음속으로 직접 와닿을 때 지식이 형성되는 것이다(Wolterstorff, 176).

그는 『인간 지성에 관한 시론』의 제4권 첫머리에서 인간이 개념적 진리(conceptual truth)에 대해서만 지식을 가질 수 있을 뿐이라고 말한다 : "지식이라는 것은 그 어떤 생각(ideas)을 둘러싼 밀접한 관계와 의견 일치 또는 의견 불일치와 강한 반감에 관한 지각에 지나지 않는다." 지각이 있어야 지식도 존재한다는 것이다.

이런 지식은 그 단계에 따라 직관, 증명, 감각 작용의 셋으로 나뉜다. 그러나 이 셋 중 그 어떤 지식의 단계도 존재하지 않을 때, 단지 '상상, 추측, 믿음'만 가능할 뿐이다. 다시 말해 사람이 특정 사안에 대해 지식을 가질 수 없다면 의견(opinion)이나 신앙(faith)만 가질 수 있을 뿐이다(HU, Ⅳ. i. 2 ; Moore, 183-184).

이런 논리 끝에 로크는 신앙을 동의의 일종으로 정의한다 : "신앙은 우리 마음속에 존재하는 강력한 동의 그 자체다"(HU, Ⅳ.

력은 세속적인 문제를 넘어 종교 문제에 대해 영향력을 행사해서는 안 된다 (Chen, 184-185).

xvii. 24). 다시 말해, 신앙은 지식의 그 어떤 양식이 아니며, 단지 어떤 사물이 신에 의해 계시되었다고 하는 개인의 믿음에 기초하여 믿는 것이다(Wolterstorff, 190).

만일 로크가 말한 대로, 각 개인의 종교적 행동이 주관적 확신에 바탕을 두고 있고 믿음이라는 것이 순전히 주관적인 것이라면, 종교적 확신은 강제에 의해 생겨날 수가 없다. 자신을 기준으로 해서 타인의 확신에 영향을 끼치려는 것은 가능하지 않다(Dunn, 33, 36).

따라서 정부는 종교적 믿음을 강제할 권한은 가지고 있지 않다. 각자는 오직 자기 보존을 위한 권한만 위임했기 때문에 특정 종교적 믿음에 대한 한쪽의 입장을 강요하는 것은 신탁에 위배된다. 종교와 정치는 별개의 것이다. 정부는 개인의 사회적, 종교적 자유를 보장하지 않으면 안 된다(Tully, 80).

결론적으로 로크는 개인의 신앙, 특히 예배의 형태를 둘러싸고 정부가 간섭해서는 안 되며, 각 개인은 옳지 않다고 판단되는 종교적 관행에 대해 거부할 권리를 지닌다고 역설한다(Dunn, 38).

그러나 로크의 관용론은 일정한 한계를 전제하고 있다. 무엇보다 무신론자는 그가 상정한 정치 사회의 구성원이 될 수 없다. 또 종교적 믿음을 보호해야 하지만 일부 광신자들의 파괴적 행위까지 허용되는 것은 아니다. 로크는 결코 세속적 이론가는 아니었기 때문이다. 그는 오히려 신앙에 바탕을 둔 이론가(theological theorist)였다. 그의 관용론, 나아가 정치철학의 출발점이 되는 자연법이나 그 파생물인 자연권은 신으로부터 나오는 것이다. 인간과 그 창조주인 신의 관계에서 추출되는 것이다. 따라서 이런 신학적 틀이 전제되지 않는다면 자유란 '각자 원하는 대로' 사는 것과 다를 바 없다(Tully, 80-81).

로크는 정치 지도자의 역할을 강조한다. 지도자는 믿음에 대해 관용과 정치적 통제의 필요성 사이에서 균형 잡힌 판단을 내릴 수 있어야 하는데, 이때 그의 양심이 어떤 판단을 내리는가가 결정적으로 중요하다. 어떤 개인이나 집단의 믿음이 정치 사회의 존재 이유를 침해하지 않는 한, 그리고 공동체 안의 다른 사람들에게 피해를 입히지 않는 한 최대한 관용을 베풀어야 한다. 그러나 그 선을 넘어갈 때는 관용을 기대할 수가 없다(Dunn, 37, 39).

6. 결 론

오늘날 로크에 대해 다양한 각도에서 비판이 제기되고 있다. 그의 정치철학이 딛고 서 있는 사회계약론에 대해서 흄은 비역사적 허구에 지나지 않는다고 평가절하한다.[12] 민주주의를 주창하기는 했으나 오직 일정 규모 이상의 재산을 소유한 소수의 사람만 대표하는 정부를 상정했을 뿐, 가난하고 무식한 다수(the many)에 대한 편견을 버리지 못했고, 저항권 개념도 미비하여 언제, 어떻게, 누가 행사하는지 언급하지 않았다는 비판도 제기된다.

그러나 이런 한계에도 불구하고 전체적으로 볼 때, 로크는 진실될 뿐만 아니라 도덕적 확신에 따라 움직인 사람이었음을 잊어서는 안 된다. 그는 인간 본성에 대해 낙관적으로 평가하며 인간의 기본적인 자유와 권리를 존중했다. 정부와 사회를 구분, 사회가 먼저 존

---

12) 이런 비판에 대해 로크는 위트 넘치게 반박한다 : "역사가 자연 상태에서 함께 산 인간들에 대해서 매우 적은 설명만을 제시한다는 사실은 전혀 놀라운 일이 아니다. … (그러나) 만약 우리가 사람들이 자연 상태에 있었다고 들은 적이 거의 없기 때문에 그들이 실제 그런 적이 있었다고 상상할 수 없다면, 그것은 우리가 살마나사르(고대 아시리아의 3인의 군주들 중 한 사람)나 크세르크세스(고대 페르시아의 왕)의 병사들이 성인이 되어 군대에 동원될 때까지 그들에 관해 들은 바가 거의 없기 때문에 그들이 결코 어린애였던 적이 없었다고 상상하는 것이나 다름없다"(『통치론』, 101절).

재하며 정부가 전복되어도 사회는 유지된다고 생각했다. 무정부 상태에 대한 두려움 때문에 전제 정치 정당화를 거부한 것은 홉스와 선명히 대비되는 점이다. 그가 제한 정부(limited government)와 개인의 자유를 강조한 것은, 그의 시대적 상황을 놓고 볼 때 특히 의미심장하다.

이 글에서는 로크의 자유론과 관용론을 집중적으로 살펴보았다. 로크는 흔히 인식되는 것과는 달리, 벌린이 말하는 적극적 자유의 당위를 어느 정도는 강조했던 사람이다. 이 점은 밀에 대한 기존의 평가에 대한 재해석[13]과 마찬가지로 앞으로 좀더 본격적으로 검토해볼 만한 내용이다.

로크의 관용론은 오늘날의 상황에서 더욱 그 가치가 돋보인다. 현대는 '모두가 모두를 포용(tolerate)해야 하며, 일상 속에서 언제나 나와 다른 사람(otherness)과 부딪히며 살아야 하는 시대'다. 이런 상황에서는 보편적 기준이 없기 때문에 사안(事案)에 대해 도덕적 순위를 매긴다는 것(moral ranking)이 불가능하다. 따라서 우리 모두는 '관용이 있어야 차이가 가능해지고, 또 차이는 관용을 요구하게 된다(Toleration makes difference possible, difference makes toleration necessary)'는 왈처(Michael Walzer)의 명제를 심각하게 받아들여야 한다(Walzer, xii).

그러나 '관용주의자' 왈처를 상대주의자라고 단편적으로 규정해서는 안 된다. 그는 결코 '특정 한계 속에서 선택(we choose within limits)'해야 하는 인간의 운명을 모른 척하지 않는다. 아무리 보편적 기준이 없는 시대라 하지만, 최소한 평화 공존이나 기본적 인권 같은 가치는 시공(時空)을 넘어 모든 사람을 구속할 수 있는 것이다. 그래서 왈처도 철학자들이 한계의 폭과 넓이에 대해 생각이 다를 뿐, 그런 한계의 존재 그 자체에 대해서는 이의(異議)가 없다

---

13) 서병훈, 제2장 참조.

고 주장한다(Walzer, 5-6).

로크보다 조금 앞서 영국의 밀턴(John Milton)은 『아레오파지티카』를 통해 언론 출판의 자유와 관용의 필요를 역설한 바 있다. 그는 영국 의회를 향해 검열과 허가 대신, 진실과 허위가 공개장에서 대결을 벌일 수 있게 관용을 베풀어야 한다고 강조했다. 그런 밀턴도 가톨릭에 대해서는 청교도와 근원적으로 다르다는 이유로 관용의 대상에서 제외했다. 따라서 그는 종교 문제에 관한 한, 보편적인 관용론을 폈다기보다 미래에 보편적 교회를 성취할 수 있을 때까지 인내, 묵인하는 전략을 채택했다고 보아야 한다(Milton, 255-256).

이에 비해 로크의 관용론은 좀더 포괄적이다. 자유주의 정치철학에서 논의되는 관용 논리는 흔히 인식론적, 가치론적, 의무론적 관용의 세 가지로 정리된다. 로크의 관용론은 이 중 첫 번째에 바탕을 둔 것이다. 로크는 종교의 관념적 진리가 불확실(uncertain)하다는 점에 주목했다. 만일 우리 스스로의 진리 판단이 타자의 것보다 더 옳다고 단언할 근거가 없고, 동시에 타자의 견해가 명백히 틀린 것으로 밝힐 수 없는 한, 관용은 불가피하다는 것이다. '그 문제에 관한 판단은 오직 인간의 최고 주재자인 하느님에 속한 것이고, 그릇된 자의 처벌권도 하느님에게만 속한다'면, 관념적 진리를 둘러싼 이견에 대해서는 관용이 불가피한 것이다(김주성, 39).

물론 로크의 관용론이 종교 문제를 중심으로 전개되고 그것 역시 일정한 한계를 지니고 있음은 앞에서 이미 지적되었다. 그럼에도 불구하고 '관용의 시대'에 로크가 제시한 '관용의 이유'는 우리 시대가 좀더 폭넓은 관용을 실천[14]해야 할 당위를 새삼 일깨워준다고 하겠다.

---

14) 왈처는 tolerance와 toleration을 구분하여 전자는 태도(attitude), 후자는 실천(practice)과 각각 연결시키고 있다(Walzer, xi).

참고 문헌

김용환, 『홉스의 사회 · 정치철학 : 리바이어던 읽기』(서울 : 철학과 현실사, 1999).

김주성, 「정치적 관용 : 그 철학적 기초와 논리」, 『한국정치학회보』, 25(2), 1992.

서병훈, 『자유의 미학 : 플라톤과 존 스튜어트 밀』(서울 : 나남출판사, 2000).

Ashcraft, Richard, "Locke's political philosophy", Vere Chappell, ed., *The Cambridge Companion to Locke* (Cambridge : Cambridge University Press, 1994).

Chen, Selina, "Locke's Political Arguments for Toleration", *History of Political Thought*, 19(2), 1998.

Dunn, John, *The Political Thought of John Locke* (Cambridge : Cambridge University Press, 1975).

Hobbes, Thomas, *Leviathan* (Cambridge : Cambridge University Press, 1994).

Locke, John, *Two Treatises of Government : The Second Treatise of Government*, 강정인 · 문지영 옮김, 『통치론』(서울 : 까치, 1996).

_____, *Essay Concerning Human Understanding, Works of John Locke* (London : Scientia Verlag Aalen, 1963).

_____, *A Letter concerning Toleration, Works of John Locke* (London : Scientia Verlag Aalen, 1963).

Masters, Roger, "Hobbes and Locke", Ross Fitzgerald, ed., *Comparing Political Thinkers* (Sydney : Pergamon Press, 1980).

Mill, John Stuart, *J. S. Mill : On Liberty in Focus*, ed. by John Gray and C. W. Smith (London : Routledge, 1991).

Milton, John, *Areopagitica*, 임상원 역주, 『아레오파지티카』(서울 : 나남출판사, 1998).

Moore, J. T., "Locke on Assent and Toleration", Richard Ashcraft, ed., *John Locke : Critical Assessments* (London : Routledge, 1991), Vol. II.

Tully, James, "Locke on Liberty", John Dunn and Ian Harris, eds., *Locke* (Cheltenham, UK : Edward Elgar, 1997).

Voltaire, *Traité sur la Tolérance*, 송기형 · 임미경 옮김, 『관용론』 (서울 : 한길사, 2001).

Walzer, Michael, *On Toleration* (New Haven : Yale University Press, 1997).

Wolterstorff, Nicholas, "Locke's philosophy of religion", Vere Chappell, ed., *The Cambridge Companion to Locke* (Cambridge : Cambridge University Press, 1994).

제 6 장
스미스의 정치경제학과 자유주의

박 순 성(동국대 북한학과 교수)

아담 스미스(Adam Smith : 1723~1790)는 스코틀랜드 동부의
작은 마을 커칼디(Kircaldy)에서 세관 감독원인 아버지와 대지주
의 딸이었던 어머니 사이에서 유복자로 태어났다.[1] 그는 글라스
고우대학과 옥스퍼드대학에서 수학한 후 에든버러에서 수사학과
문학을 사설 강좌 형태로 강의하던 중 글라스고우대학의 논리학
교수로 임명되었으며(1751), 이후 도덕철학 교수가 된다. 1759년

---

[1] 캄프벨(R. H. Campbell)과 스키너(A. S. Skinner)가 쓴 아담 스미스의 삶과
지적 활동에 대한 전기(Campbell & Skinner, 1982)는 그다지 두껍지 않으면서도
유익하다. 스미스의 두 주저인 『국부론』과 『도덕감정론』의 관계를 중심으로 스
미스의 사회 사상과 이론의 전체적 모습을 철학적 깊이를 갖고 분석한 라파엘
(D. D. Raphael, 1985)의 저작도 두께가 얇지만, 우리에게 읽고 검토할 풍부한
소재를 제공해준다. 자유주의 사회 경제 사상이라는 큰 틀에서 아담 스미스의
도덕철학과 경제학을 검토하고 있는 이근식(1999)의 저작도 스미스의 사회 경제
사상을 한국 사회의 관점에서 바라볼 수 있도록 해준다는 점에서 매우 유용하
다. 이 글에서 소개하는 스미스의 생애와 사상사적 배경은 이근식에 의존하였다.
이 글에서 스미스의 저작을 인용할 때, 우리는 번역서(김수행 역, 『국부론』; 박
세일·민경국 공역, 『도덕감정론』)를 사용할 것이다.

『도덕감정론』을 출간하여 유명해진 스미스는 글라스고우대학을 사직하고 귀족 자제의 개인 교사가 되어 프랑스를 포함한 유럽 대륙을 여행한다(1764~1766). 이 여행에서 그는 프랑스의 계몽사상가들과 중농주의자들을 만났으며, 특히 케네(F. Quesnay)로부터 영향을 받았다. 여행에서 돌아온 후, 스미스는 자신의 어머니, 사촌누이와 함께 고향에서 살면서 수년간의 준비 작업 끝에 1776년에 『국부론』을 발간하였다. 그는 말년에 세관장으로 활동하면서 자신의 주요 저작인 『국부론』과 『도덕감정론』을 수차례 수정하였다. 1790년 자신의 생을 마감하기 직전, 스미스는 『도덕감정론』의 6판을 위한 대대적인 수정 작업을 끝냈다.

스미스가 『국부론』을 저술하던 18세기 후반 영국은 경제적으로는 산업 혁명을 앞둔 초기 자본주의 사회였으며, 정치적으로는 의회가 입법권을 완전히 장악한 입헌군주제 사회였다.2) 초기 자본주의 사회에서 경제 활동의 주도권은 독점을 통해 이윤 획득을 추구하던 거대 상공업자본가들이 잡고 있었다. 이들은 상공업 활동에 대한 정부 규제를 유지하려고 애썼으며, 이를 위해 의회를 계속적으로 장악하려고 하였다. 흔히 의회중상주의(Parliament Mercantilism)라 불리는 이 시기 경제 정책·사상의 체계를 비판하고 자유주의적 경제 정책·사상을 주장하려고 한 이론가가 바로 아담 스미스다. 『국부론』에서 제시된 자유주의적 정치경제학 체계에 따르면, 중상주의적 경제 규제는 정부와 결탁한 거대 상공업자본가들에게는 유리하였지만, 당시 새로 형성되고 있던 중소 산업자본가들에게는 매우 불리하였으며, 나아가 국민 경제 전체의 발전에 장애가 되었다. 스미스의 경제적 자유주의는 중소 산업자본가들의 이념 체계인 동시에 국민 경제 발전을 위한 이론 체계였던 것이다. 이처럼 스미스의 경제 사상·이론은 초기 자본주의 사회의 시대적

---

2) 이근식, 1999, pp.44-59.

배경을 잘 반영하고 있다. 하지만 그의 사상·이론이 경제적 자유주의에 완전히 사로잡혀 있었다고 할 수는 없다. 경제 사상·이론가이자 경제사학자이기도 했던 스미스는 다가오고 있던 산업자본주의 시대에 표면화될 자본가와 노동자 사이의 갈등과 노동자들의 열악한 삶의 조건에 대해서도 뛰어난 통찰력을 보여주고 있다. 바로 여기에서 사회사상가로서 스미스의 위대한 모습이 드러난다.

1. 아담 스미스, 자유주의자?

아담 스미스라는 이름을 들으면 누구나 자연스럽게 『국부론』과 '보이지 않는 손'을 떠올린다. 『국부의 성질과 원인에 관한 연구 (*An Inquiry into the Nature and Causes of the Wealth of Nations*)』라는 다소 긴 제목을 가진 자신의 주저에서, 스미스는 경제사상사에서 그 이후에 너무나도 유명해진 은유를 사용하여 매우 획기적인 명제를 분명하게 제시한다. '한 사회의 구성원 개개인이 최선을 다해 자기 이익을 최대로 증대시키는 데에 자신의 자본을 사용한다면, 그는 자신이 전혀 의도하지 않았음에도 불구하고 보이지 않는 손에 이끌려 자신이 소속되어 있는 사회의 부를 증진시키게 된다.'[3] 흔히 자유주의적 경제 사상의 전형이라고 평

---

3) 이 문장은 자주 인용되는 스미스의 '보이지 않는 손'이 나오는 문단을 간결하게 요약한 것이다. 이 문단은 스미스가 중상주의를 비판하는 『국부론』 4편 2장(상, 434쪽)에 등장한다. 아래에서 이 문단을 인용할 기회가 있을 것이다. 한편, 이러한 자유주의적 명제는 만드빌(Bernard De Mandeville)에게서 이미 발견되지만, 경제학자들은 만드빌보다는 스미스를 인용하기를 원한다. 이 구절과 관련하여 스미스와 만드빌의 관계를 언급하고 있는 Schumpeter(1954, p.184, note 16)를 반드시 참조해야 한다.

가되는 이 명제의 시대사적, 실천적 의미는 중상주의적 독점의 폐지와 자유주의적 상업 질서의 실현이라고 할 수 있다. 당시 거대 독점 상인들은 간섭주의적 정부의 규제에 기대어 해외 무역을 독점함으로써 국민 경제를 지배하고 있었다. 스미스 주장의 핵심은 중상주의적 정치 경제 질서를 자유주의적 질서4)로 전환함으로써 한 사회의 경제 체제 자체가 자신의 고유한 자연 법칙에 따라 효율적으로 발전할 수 있다는 것이었다.

그런데 이처럼 일반화된 스미스의 『국부론』에 대한 자유주의적 이해는 경제학설사를 통해 두 가지 질문에 시달려왔다. 첫째, 『국부론』에서 전개된 스미스의 정치경제학 이론 체계는 국민 경제와 세계 경제의 자유주의적 질서를 정당화시켜주는가? 둘째, 『국부론』에서 발견되는 경제 정책들은 순수하게 자유주의적인가? 우리는 이 글에서 두 질문에 대해 나름대로 답하면서, 『국부론』에 대한 자유주의적 해석이 가진 한계를 지적하고 스미스의 정치경제학과 사회 사상이 지닌 현대적 의미를 새롭게 조명해보려고 한다. 먼저 2절에서는 『국부론』에 대한 기존의 자유주의적 해석을 정리한다. 3∼5절에서는 '보이지 않는 손'이라는 은유가 갖는 이론적 의미, 중상주의에 대한 스미스의 비판이 내포하고 있는 문제점, 국가에 대한 스미스의 이론 등을 차례로 검토한다. 끝으로 6절에서는 스미스의 정치경제학에 대한 새로운 이해의 방향을 제시한다.

---

4) 스미스는 『국부론』에서 자유주의적 질서를 '완전한 자유와 정의의 자연적 체계'(『국부론』 하, 104쪽), '평등, 자유, 정의의 자유로운 원칙'(160쪽), '완전한 정의, 완전한 자유, 완전한 평등의 확립'(167쪽), '자연적 자유의 체계'(184쪽)라고 표현하였다. 일부 연구자들에 따르면 우리가 사용한 '자유주의'라는 용어는 '자유방임주의' 또는 '자유방임적 사상'이라는 용어로 대체되어야 한다. 이러한 견해에 대해서는 이 글의 끝 부분에서 다룰 기회가 있을 것이다.

2. 『국부론』에 대한 자유주의적 해석

『국부론』은 '한 국민의 노동이 그 국민의 소비의 궁극적 원천이다'라는 명제로부터 시작한다.[5] 국민의 연간 노동은 얼마나 많이 생산하는가, 노동의 생산물과 소비하는 사람들의 비율은 어떠한가, 국민들 사이에 분배는 어떻게 이루어지는가, 이러한 질문들이 국민의 부와 관련한 기본적 질문으로 등장한다. 당연히 『국부론』 1편의 주제는 노동 생산력의 향상과 노동 생산물의 사회 구성원간 분배를 지배하는 자연 법칙을 밝혀내는 것이다(『국부론』 서문).

여기에서 주목할 점은 문제에 접근하는 스미스의 방법이 갖는 특징이다. 스미스는 생산, 분배, 소비의 문제를 교환, 사회 계급, 정부라는 개념과 결합시켜 이해하려고 한다. 먼저, 인간은 자신의 노동으로 생산할 뿐만 아니라 바로 그 생산물로부터 타인의 노동 생산물을 구매할 수 있는 힘을 얻는다.[6] 교환이라는 경제 행위가 사회 전체 경제 활동의 주요 범주의 하나로 등장한다. 다음으로, 한 국가의 사회 구성원은 상이한 이익을 가진 계급들로 구성되어 있다. 상업 사회에서 노동 생산물의 분배는 지주, 자본가, 노동자라는 세 계급 사이에 이루어지며, 분배의 원리를 지배하는 것은 경제 발전과 계급 이익 간의 상관 관계다(『국부론』 1편 8~11장). 끝으로, 국가의 경제 발전에 영향을 미치는 정부의 경제 정책은

---

5) 『국부론』의 첫 문장은 다음과 같다. "한 국민의 연간 노동은 그 국민이 연간 소비하는 생활 필수품과 편의품 모두를 공급하는 원천이며, 생활 필수품과 편의품은 연간 노동의 직접적 생산물이거나 그 생산물과 교환으로 다른 국민으로부터 구매한 것이다." 『국부론』 상, 8쪽.

6) "부는 홉스의 말과 같이 힘이다. 그러나 큰 재산을 획득하거나 상속하는 사람이 반드시 정치적 권력[군사적이거나 비군사적인]을 획득하거나 상속하는 것은 아니다. … 이 소유가 즉시 직접적으로 그에게 주는 힘은 구매력이다. 즉, 그 당시 시장에 있는 모든 노동 또는 노동 생산물에 대한 일정한 지배력이다." 『국부론』 상, 37쪽.

종종 특정 계급의 사적 이익과 편견의 영향을 받는다. 정부 정책이 특정 산업을 장려한다면, 당연히 특정 계급이 부의 분배에서 유리하게 될 것이다(『국부론』 상, 9쪽 ; 1편 11장 4절).

이제 스미스의 정치경제학은 한 사회의 경제를 생산·교환·분배·소비라는 네 가지 범주에서 파악하고, 이 네 가지 경제 활동을 지배하는 일반 법칙을 밝혀내려고 한다. 나아가 스미스는 일반 법칙이 구체적으로 작동하는 방식을 파악할 때 사회 계급이라는 개념을 분석의 매개물로 사용하고, 정부 정책이 일반 법칙에 미치는 영향을 고려한다. 바로 이런 의미에서 스미스의 『국부론』에서 전개된 경제 이론은 정치경제학이며, 정치가와 입법가가 반드시 갖추어야 할 과학의 한 분야다(『국부론』 상, 407쪽). 따라서 스미스 자신은 정치경제학(Political Economy)을 국부의 원리와 관련된 학문 체계로서 이해하면서도 동시에 실천적 경제 정책의 이론 체계 자체를 의미하는 것으로 사용하기도 한다(서문 & 4편 서론).

그러나 스미스의 정치경제학에 대한 자유주의적 해석에 따르면, '국민의 부와 관련된 자연의 법칙을 파악하고 이에 근거해서 특정 계급의 이익을 뛰어넘어 사회의 일반적 복지를 향상시킬 올바른 경제 정책을 세운다[7]'고 하는 『국부론』의 이론적·실천적 목표는 '보이지 않는 손'의 원리와 경제 정책 및 국가에 대한 자유주의적 원칙에 잘 반영되어 있다. 『국부론』의 서술 체계를 대강 살펴보면, '보이지 않는 손'에 따라 움직이는 사회의 경제 현상의 자연적 원리는 1~3편에서 설명되고, 자유주의적 정책과 정부의 역할은 4~5편에서 각각 다루어진다.

『국부론』의 자유주의적 해석이 제시하는 스미스 정치경제학의 핵심 명제는 세 가지로 정리된다. 첫째, 인간의 자연적 교환 성향

---

7) 『국부론』 상, 9쪽 참조. "정치경제학은 국민과 국가 모두를 부유하게 할 것을 의도하고 있다." 상, 407쪽.

으로부터 분업이 발생하며, 분업은 노동의 생산력을 향상시킴으로써 사회 전체의 부의 증대를 가져온다(1편 1~2장). 사람들은 자신이 소유한 것을 다른 사람이 소유한 것과 교환하려고 하는 자연적 성향을 가지고 있으며, 이러한 교환 성향에 따라 사람들은 교환을 통해 자신의 욕망을 충족시키고, 분업은 점차 사회 전반에 걸쳐 정착된다. 분업은 노동자 각자의 기교 향상, 하나의 일에서 다른 일로 옮길 때 잃게 되는 시간의 절약, 노동자가 한 가지 일에 집중함으로써 나타나게 되는 기계의 발명 등을 통해 노동 생산력을 향상시킨다. 노동 생산력이 향상되면서 사회의 부가 증가한다.[8] 이 경우, 비록 노동하지 않는 자가 노동하는 자보다 훨씬 많

---

8) 자유주의와 관련하여 중요한 철학적 문제의 하나인 개인들 사이의 평등이, 교환 성향과 분업을 연결시키는 과정에서 다루어진다. 스미스에 따르면 "각 사람의 천부적 재능의 차이는 우리가 생각하는 것보다는 사실상 훨씬 적다"(상, 23쪽). 인간은 천부적으로 평등하다. 슘페터는 스미스처럼 분석을 위해 개인들 사이의 편차가 무시해도 좋을 정도라고 가정하는 관점을 분석적 평등주의라고 부른다. 분석적 평등주의와 대비되는 관점은 규범적 평등주의다. Schumpeter(1954), pp.121-122. 그런데 사람들은 자연적인 교환 성향에 따라 자신이 필요로 하는 것을 교환을 통해 얻게 되고, 그 과정에서 자신이 좀더 잘 할 수 있는 일을 발견하고 자신이 좀더 잘 만드는 것을 다른 사람과 교환함으로써 자신이 필요로 하는 것을 더 많이 얻을 수 있다는 사실을 깨닫는다. 사람들이 자신이 조금이라도 더 잘할 수 있는 일에 몰두함으로써 더 많은 이익을 얻게 되면, 점차적으로 사회 전체에 걸쳐 분업이 정착된다. 결국 교환 성향은 사람들 사이의 재능의 차이를 확대시키는데, 이는 재능의 차이 자체를 분업을 통해 유용하게 만들어줌으로써 가능하다. 나아가 분업은 개인 차원에서만이 아니라 사회 차원에서도 생산성을 향상시킨다. 이렇게 본다면 교환 성향은 분업을 발전시키고, 분업은 개인들 사이에 차이가 나는 재능을 단순히 개인의 재산이 아니라 사회 전체의 재산으로 만들어준다. 자유주의는 개인의 자유와 사회의 이익을 조화시키는 것이다. "인간들 사이에서는 가장 차이가 나는 재능들이 상호간에 유용하며, 각각의 재능에 의한 상이한 생산물들은 거래·교환하는 일반적인 인간 성향에 의해 공동 재산이 되며, 이 공동 재산으로부터 각자는 타인 재능의 생산물 중 자기가 필요로 하는 부분을 구매할 수 있다"(상, 24쪽). 소비자 잉여라는 개념을 즉각적으로 연상시키는 이 문장은 비슷한 형태로 이미 아리스토텔레스에게서도 발견된다. 분업이 가져다주는 개인적·사회적 이익과 손실을 둘러싼 다양한 논쟁에 대해서

이 소비하더라도, 사회 구성원 모두는 각자가 절약하고 근면하다면 과거보다 더 풍요로운 생활을 누릴 수 있다. 자유주의적 사회경제 질서는 노동 생산력의 향상을 통해 빈곤의 문제를, 나아가 분배의 불평등이 가져올지도 모를 문제를 해결한다(상, 8-9쪽).

둘째, 분업의 확대, 시장의 확대, 자본의 축적, 노동 생산력의 향상 사이에 존재하는 선순환 관계를 통해 상업 사회는 경제적으로 발전해간다. 분업이 사회 전체에 걸쳐 확립되면, 사회는 시장과 자본이 경제 활동의 주요 결정 요인이 되는 상업 사회가 된다. 상업 사회에서는 두 가지 논리가 작동한다. 우선 분업의 확대는 시장의 크기에 따라 제한되고, 시장의 크기는 생산물의 양에 따라 결정된다. 인간의 자연적 교환 성향으로부터 등장한 분업은 언제나 교환 성향의 현실적 표현인 시장의 크기에 따라 발달 정도가 결정되고(1편 3장), 시장은 교환을 위한 잉여 생산물의 양이 많을수록 커진다. 다음으로 분업은 자본의 축적을 필요로 하고, 자본의 축적은 분업의 확대를 가져온다. 분업이 자리를 잡게 되면 사람들이 자기 자신의 노동 생산물로 충족시킬 수 있는 욕망은 제한을 받으며 또한 자기 자신의 노동 생산물이 완성되어 판매될 때까지 생계를 위한 생산물의 재고가 반드시 필요하게 된다. 재고의 축적은 사물의 본성상 분업에 선행하고, 재고가 미리 많이 축적되면 될수록 노동은 더욱 분화된다(2편 서론). 논리적 선순환 관계를 정리하면, "시장 확대 · 자본 축적 → 분업 확대 → 생산성 증대 → 잉여 증대 → 시장 확대 · 자본 축적"의 형태가 된다.

셋째, 일단 상업 사회가 확립되고나면, 한 사회의 경제 발전은 사회 구성원 개개인이 자기 이익을 위해 자신의 자본을 자유롭게 운용할 수 있을 때 가장 효과적으로 이루어진다. 인간 사회는 인간의 교환 성향이 발현되기 시작하면서 느리지만 언젠가는 상업

는 West(1964 & 1969), Rosenberg(1965 & 1976) 등을 참조하라.

사회에 도달하게 된다(3편 1장). 상업 사회에서 경제 성장은 노동과 자본의 생산적 운용에 따라 결정된다. 그런데 한 사회에 존재하는 노동력을 생산적으로 활용하기 위해서는 분업을 위한 사회의 총자본을 증가시켜야 하지만, 더욱 중요한 것은 주어진 자본을 합리적으로 운용하는 것이다. 사실 인간 사회의 가장 자연스러운 따라서 가장 효율적인 경제 발전은 사회의 자본이 농업, 국내 상공업, 외국 무역 순으로 투자될 때 이루어진다(3편 1장). 상업 사회에서는 개개의 사회 구성원만이 자신의 자본을 가장 합리적으로 운용할 줄 알며, 자신의 이익만을 추구하는 사회 구성원의 개별적 경제 행위는 보이지 않는 손에 이끌려 각자가 전혀 의도하지도 않았던 사회의 이익을 다른 어떤 경우보다도 효과적으로 증가시킨다(4편 2장).[9] 따라서 최선의 정부 형태는 국방, 사법, 공공 사업이라는 세 가지 의무만을 담당하는 자유주의적 정부다(5편 1장).

위에서 제시된 스미스의 정치경제학에 대한 자유주의적 해석을 구성하는 세 개의 명제는 두 개의 이론적 축으로 분해될 수 있다. 첫째, 천부적으로 평등한 사회 구성원과 인간의 자연적인 교환 성

---

9) "모든 개인이 … 자신이 할 수 있는 한 최대로 자신의 자본을 국내 산업의 부양에 사용하고, 따라서 국내 산업의 생산물이 최대의 가치를 갖도록 국내 산업을 이끌려고 노력할 때, 그들은 필연적으로 사회의 연간 소득을 그들이 할 수 있는 한 최대로 만들려고 일하는 것이 된다. 그는 사실상 일반적으로 공공 이익을 증가시킬 의도가 전혀 없으며, 자신이 얼마나 그렇게 하고 있는지도 전혀 모른다. … 그는 단지 자신의 안전만을 추구할 뿐이고, … 단지 자신의 이익만을 추구할 뿐이다. 그리고 이 경우에도 그는 다른 많은 경우에서처럼 보이지 않는 손에 이끌려 전혀 자신의 의도에 들어 있지 않은 목표를 추구하게 된다. … 개인은 자신의 이익을 추구함으로써 실제로 사회의 이익을 증가시키려고 의도했을 때보다 훨씬 효과적으로 사회의 이익을 증진시킨다. … 자신의 자본을 국내 산업의 어떤 분야에 투자하면 좋은가, 그리고 가장 큰 가치를 가진 생산물을 생산하는 산업 분야는 무엇인가에 대해, 각 개인은 자신의 국지적 상황에서 어떠한 정치가나 입법자보다 훨씬 더 잘 판단할 수 있다는 것은 명백하다."『국부론』상, 434~435쪽(필자 부분 수정).

향 → 분업·시장의 발달과 자본의 축적 → 자본 투자의 자연적 질서와 상업 사회의 형성 → 노동 생산력의 향상, 생산적 노동의 증대, 사회적 부의 증대. 이 첫 번째 축은 교환 성향과 분업에 대한 자유주의적 신념이라고 할 수 있다. 교환과 분업을 통해 천부적으로 평등한 개인들 사이에 차이가 나타나게 되고, 또한 이 차이들은 상업 사회에서 교환과 분업을 통해 개인과 사회에 유용한 자산이 된다. 둘째, 자기 이익을 추구하는 개인 → 사회 구성원 개개인의 자기 자본에 대한 효율적 사용 → 상업 사회의 조화로운 질서와 자유주의적 정부. 이 두 번째 축은 개별 경제인의 합리성과 자유주의적 상업 사회의 조화로운 질서에 대한 신념이라고 할 수 있다. 결국, 개인의 자유로운 경제 활동에 기초한 상업 사회가 따를 수밖에 없는 자연 법칙에 대한 믿음과 정부의 이상적 기능에 대한 신뢰가 자유주의적 경제 질서의 기초라고 하겠다. 아래에서는 스미스의 정치경제학에 대한 자유주의적 해석을 스미스 자신의 저작에 기초해서 비판해보자.

3. 상업 사회의 조화로운 질서, '보이지 않는 손'의 신화

스미스의 정치경제학이 구축한 자유주의적 경제 이론의 전통을 가장 확실하게 이어받았다고 자처하는 신고전파 경제학의 이론가들은 자신들의 일반 균형 이론을 일컬어 스미스의 '보이지 않는 손'에 대한 이론적 논증이라고 주장한다.[10] 그들에 따르면, 자신들의 일반 균형 이론은 '보이지 않는 손'이 지닌 수사학적이고 형이상학적인 성격을 수학적 엄밀성을 통해 극복하고, 개별 교환 행위자들로 이루어진 상업 사회의 안정성과 효율성을 과학적으로 논

---

10) Arrow & Hahn(1971) 참조.

증하고 있다. 아마도, 신고전파 경제학자들은 스미스의 정치경제학이 지닌 이론적 결점들을 자신들의 방법론적 개인주의에 기초한 교환 중심적 이론으로 보완하고 극복할 수 있다고 생각하는 듯하다. 신고전파적 해석은 위에서 제시된 자유주의적 해석의 현대적 형태인 것이다.

우리는『국부론』에 대한 신고전파적 해석을 포함한 자유주의적 해석을 두 가지 방식으로 비판하고자 한다. 첫 번째 비판은 자유주의적 해석이 상정하고 있는 방법론적 개인주의의 제한성과 관련된 것이다. 무엇보다도 자유주의자들은『국부론』에서 전개된 스미스의 정치경제학 체계가 지닌 주요한 결점의 하나인 이중적 사유 체계 또는 논리 구조를 무시하고 있다. 위에서 제시된 해석을 살펴볼 때, 스미스의 정치경제학 이론 체계에서 방법론적 개인주의가 현상적으로 우월하다고 하더라도, 분명 다른 형태의 방법론인 전체론적(holistic) 접근법이『국부론』에는 동시에 존재하고 있다. '개인들의 행위로 구성된 사회의 경제 현상'에 대한 이론과 함께 '경제 체제의 운동으로서 사회의 경제 현상'에 대한 이론이『국부론』에서 발견된다. 자유주의적 해석은 바로 이 양자 사이의 이론적 차이를 부정하거나 후자의 존재 자체를 거부한다.

하지만 스미스의 경제 이론을 살펴보면, 두 개의 구분되는 이론 체계는 확실하게 존재한다. 하나는 교환과 분업에 기초한 상업 사회를 방법론적 개인주의에 기초해서 파악하려는 이론 체계다. 이 자유주의적 이론 체계의 핵심에 보이지 않는 손이 놓여 있다. 스미스는『국부론』 1편에서 분업의 원리와 교환·분배의 법칙을 설명할 때, 경제 행위의 주체로서 개개의 경제인을 상정하고 시장에서 작동하는 경쟁의 원리를 들고 있다. 또한 자유주의적 경쟁 원리에 기초해서 중상주의 체계를 비판한다(4편). 다른 하나는 생산 체계로 이해된 사회 경제 체계에 대한 전체론적 이론 체계다. 전체론적 이론 체계의 핵심적 관념들은『국부론』2~3편에서 전개된 자본 이론과 경제 발전 이론에서 잘 드러난다. 스미스는 한 사회의 자본의 축적과 운용, 경제 체제의 발전 단계를 설명할 때, 사회를 자기 내부의 자본을 효율적으로 이용하고 성장하는 생산 단위 또는 생산 체계로서 이해한다. 만일 우리의『국부론』에 대한 이해가 옳다면, 개별 경제인들의 교환 행위에 기초해서 상업 사회의 경제 질서를 수학적으로 풀어내려고 하는 일반 균형 이론은 스미스 정치경제학의 근본적 특징인 방법론적 이원성을 무시하고 마는 것이다.11) 정치경제학자 스미스가 한 사회의 경제 현상과 부의 성질을 이해하기 위하여 시도했던 과학적 분석의 성격은 새로운 조명을 받아야 한다.

한편,『국부론』에서 나타나는 방법론적 이원성을 해결하고 '보이지 않는 손'의 원리에 따라 움직이는 자유주의적 경제 질서를 정당화시켜주는 논리적 전개를 구성해본다면, 다음과 같은 해석이 가능하다. 스미스의 상업 사회에서 유일한 경제 행위자는 생산적 자본을 소유한 소규모 산업 자본가들이다. 그들은 자신들이 소유한 자본을 경제적으로 이용할 때 사물의 자연적 본성에 따른다. 한 사회의 자본 전체는 개별 산업 자본가들이 소유한 자본의 합이다. 자연히 개별 산업 자본가들의 이익의 합이 곧 사회 전체의 이익이 된다. 산업 자본가들이 자기 이익을 추구하는 경제 행위는 개인의 차원에서 뿐만 아니라 사회 전체의 차원에서도 합리적 행위다. '보이지 않는 손'은 사물의 자연적 본성에 따라 작동하는 사회의 경제 질서를 의미한다. 사회 구성원들 사이에는 경제 질서 자체로부터 발생하는 구조적 갈등이 존재하지 않으므로, 정부는

---

11) 일부 해석에 따르면, 개인들의 교환 행위에 기초해서 상업 사회의 질서를 파악하려고 했던 일반 균형 이론 자체가 방법론적으로 개인주의적 성격과 전체론적 성격을 동시에 지니고 있다. 일반 균형 이론의 방법론적 양면성에 대한 분석으로는 백영현(1996) 참조.

특별한 역할을 할 필요가 없다. 철저하게 자유주의적인 정부만으로도 경제 질서는 완벽하게 유지된다. 우리는 이와 같은 해석을 상업 사회의 지배 계급인 산업 자본가들의 이데올로기적 해석이라고 규정하지 않을 수 없다.

첫 번째 비판은 두 번째 비판으로 이어진다. 첫 번째 비판이 스미스 정치경제학의 방법론적 이중성을 인정하고 개인주의적 해석과 전체론적 해석 사이에 존재하는 긴장과 갈등에 주목한다면, 두 번째 비판은 두 개의 해석 사이에 존재하는 공백에 주목한다. 스미스의『국부론』에는 두 개의 해석으로도 파악되지 않는 이론 영역이 존재한다.『국부론』1편에서 스미스는 상품의 가격과 부의 분배가 결정되는 원리를 다루면서, 상업 사회가 기본적으로 자본가·지주·노동자라는 세 계급으로 구성되어 있다고 주장한다. 이세 계급간의 경제적 관계는 '교환 행위자로서 경제인의 경제 행위'에 대한 분석과 '생산 체계로서의 사회'에 대한 분석의 범위를 벗어나지만, 상업 사회의 경제 질서를 결정하는 기본적 요인이다. 더욱이 이 계급들 사이의 이해 관계와 계급 갈등은 상업 사회의 핵심적인 사회 모순을 이루고 있다. 따라서 스미스는 상업 사회의 실제적인 생산 과정과 분배 과정을 계급 관계에 기초해서 분석함으로써 상업 사회의 구체적인 작동 원리를 밝혀낼 수 있다고 본다.

『국부론』1편의 후반부, 특히 11장의 결론 부분에서 스미스가 밝혀내고 있는 소득 분배와 경제 정책을 둘러싸고 나타나는 계급 갈등은 '보이지 않는 손'이 보장하는 상업 사회의 조화로운 질서라는 것이 이론적 허구임을 분명하게 보여준다. 다소 길지만, '보이지 않는 손'이 보장하는 조화로운 상업 사회의 경제 질서라는 관념을 거부하는 스미스의 정치경제학 이론을 보여주는 문구를 인용해두자.

한 나라의 토지·노동의 연간 생산물 전체[또는 같은 이야기지만 연간 생산물의 총 가격]는 이미 고찰한 바와 같이 세 부분으로 나누어진다. 토지 지대·노동 임금·자본 이윤이 그것이며, 이것은 상이한 세 계급 — 지대로 먹고사는 사람들, 임금으로 먹고사는 사람들, 이윤으로 먹고사는 사람들 — 의 수입을 구성한다. 이 세 계급은 모든 문명 사회를 기본적으로 구성하는 3대 계급이다. 그리고 다른 모든 계급의 수입은 궁극적으로 바로 이 세 계급의 수입으로부터 파생된다. 3대 계급 가운데 제1계급[지주 계급]의 이익은 [지금까지 서술된 부분에서 나타났듯이] 그 사회의 일반적인 이익과 밀접하고도 불가분하게 연결되어 있다. 지주 계급의 이익을 증진하거나 저해하는 것은 모두 필연적으로 사회의 일반적 이익을 증진하거나 저해한다. … 임금에 의해 살아가는 제2계급의 이익도 역시 제1계급의 이익과 같이 사회의 이익과 밀접히 연관되어 있다. … 제3계급은 노동자의 고용주며, 이들은 이윤으로 생활한다. 한 사회의 유용 노동의 대부분을 움직이는 것은 이윤을 위해 투하되는 자본이다. … 이윤율은 지대·임금과 같이 사회의 성쇠와 함께 등락하는 것은 아니다. 이와는 반대로, 이윤율은 부유한 나라에서는 자연히 낮고, 빈곤한 나라에서는 높으며, 가장 빠르게 망해가는 나라에서는 이윤율이 언제나 가장 높다. 그러므로 이 제3계급의 이익과 사회의 일반적 이익 사이의 관련은 다른 두 계급의 경우와는 다르다. … 어떤 특수한 상업·제조업 분야에서 상인과 제조업자의 이익은 항상 어떤 관점에서는 사회적 이익과 다르고, 심지어는 상반되기도 한다. 시장을 확대하고, 경쟁을 제한하는 것은 항상 상인과 제조업자의 이익이다. 시장을 확대하는 것은 종종 사회적 이익에 합당할 수 있지만, 경쟁을 제한하는 것은 항상 사회적 이익과 충돌한다. … 따라서 이러한 계급이 제안하는 어떤 새로운 상업적 법률·규제는 항상 큰 경계심을 가지고 주목해야 하며, 매우 진지하고 주의 깊게 오랫동안 신중하게 검토한 뒤에 채택되어야 한다. 왜냐 하면 이 제안은 [그들의 이익이 결코 정확히 사회의 이익과 일치하지 않는 계급, 그리고 사회를 기만하고 심지어 억압하는 것이 그들의 이익이 되며, 따라서 수많은 기회에 사회를 기만하고 억압한 적이 있는] 계급으로부터 나

온 것이기 때문이다.『국부론』상, 251-254쪽.[12]

　이제 상업 사회에서 가장 기본적인 경제 행위는 생산자면서 동시에 교환 행위자인 경제인들, 흔히 말하는 독립적 생산자들 사이의 교환 행위가 아니다. 가장 기본적인 사회적 경제 행위는 생산 수단으로서 자본을 가진 자본가 계급, 자신의 노동밖에는 팔 것이 없는 노동자 계급 그리고 토지에 대한 완전한 소유권을 주장하는 지주 계급, 이 세 계급간의 생산과 분배를 둘러싼 이익의 갈등·조정 과정이다. 그런데 스미스는 이 사회적 과정이 근본적으로 생산 수단의 소유 관계에 기초한 사회적 세력들 사이의 갈등 관계에 의해 결정된다고 파악한다. 따라서 경제인들의 개별적 경제 행위가 조화롭게 결합된다고 주장하는 '보이지 않는 손'의 수사학적 설득은 이미 스미스 자신에 의해 하나의 허구임이 드러나고 만다. 또한 상업 사회의 경제 현상이 계급 관계에 의해 결정되는 사회적 갈등 구조로 파악되기 때문에, 전체론적 방법론에 의거해 사회를 하나의 경제 체계로 파악하는 해석 역시 거부된다.

　지금까지의 논의를 정리하면,『국부론』에서 스미스는 상업 사회에 대해 복잡하면서도 다양한 이론적 분석 모형을 제공하고 있다. 스미스가 제시한 분석 모형들 중에서 상업 사회의 동학을 계급 관계에 기초해서 파악하려는 이론적 모형이 고전파 경제학의 핵심적인 패러다임을 구성하고 있다. 이런 점에서 스미스의 정치경제학을 자유주의적으로 해석하는 데에 이용되고 있는 '보이지 않는 손'은 스미스의 주요한 이론적 기여를 폐기해버리는 형이상학적 신화다. 스미스의 정치경제학에 대한 자유주의적 해석은 '보

---

12) 인용문과 관련하여 하나의 해석을 첨가하자면, 스미스는 독점 상인들의 완전한 자유가 사회 전체적으로는 규제와 억압이 된다는 사실을 지적하고 있다. 한편, 이 인용문을 '보이지 않는 손'이 등장하는『국부론』4편 2장의 여러 구절들과 비교하면, 스미스의 정치경제학 체계가 안고 있는 내적 긴장이 잘 드러난다.

이지 않는 손'을 이용하기 위해 또는 이용함으로써, 『국부론』 안에서 공존하고 있는 개인주의적 방법론과 전체론적 방법론 사이의 차이점을 무시하고 나아가 사회의 계급 관계에 주목하는 스미스 정치경제학의 주요한 한 측면을 부정하고 마는 것이다.

4. 중상주의에 대한 스미스의 비판

스미스의 정치경제학에 대한 자유주의적 해석이 갖는 한계에도 불구하고, 우리는 스미스의 『국부론』이 제시하고 있는 자유주의적 경제 사상을 완전히 무시할 수는 없다. 스미스는 『국부론』 총 분량의 약 25퍼센트를 차지하는 4편 1~8장에서 간섭주의적이고 독점적인 중상주의 체계를 비판하면서, 자유주의적 정치경제학 체계를 주창하고 있다. 스미스 자신의 자유주의적 경제 사상을 가장 간명하게 표현해주는 '보이지 않는 손'이라는 은유도 중상주의 체계를 비판하는 과정에서 등장한다.

우선 스미스의 조화로운 세계 질서에 대한 신념을 가장 간단하게 표현해주는 '보이지 않는 손'이라는 관념의 사회 사상사적 의미를 간단히 검토해보자.[13] 인간 사회의 질서가 본질적으로 조화로

---

13) 스미스의 '보이지 않는 손'이 보여주는 예정조화설에 가까운 세계관을 신스토아학파적 또는 이신론적이라고 규명하는 많은 논의들을 검토하지 않겠다. 다만 스미스가 『도덕감정론』에서 스토아 철학의 조화론에 대하여 평가하고 있는 부분을 인용해두자. "고대의 스토아주의자들은 다음과 같은 의견을 가지고 있었다. 즉, 세계는 현명하고 강력하며 만물을 지배하는 선량한 신의 섭리에 의해서 통치되고 있기 때문에, 어떠한 개개의 사건도 우주의 계획의 필연적인 일부분을 이루는 것으로서, 일반적인 질서와 전체의 행복을 촉진하는 것으로 보아야 한다는 것이다. 그러므로 인류의 악덕과 어리석은 행동은 인류의 지혜나 덕성과 마찬가지로 이 계획의 필연적인 일부분을 이루는 것이라고 한다. 또한 그것들은 악함으로부터 선함을 끌어내는 영원한 기술에 의해서 자연의 위대한 체계의 번

울 수밖에 없다는 믿음을 표명하고 있는 '보이지 않는 손'은 인간 본성과 사회 질서에 대한 스미스의 두 가지 근본적인 관념을 담고 있다. 첫째, 교환이란 경제 행위는 인간의 교환 본성을 자연스럽게 표현하는 사회적 행위다. 교환 행위란 인간이 사회적 동물로서 자기 자신을 사회 속에서 실현해나가는 전형적인 활동인 것이다.[14] 둘째, 교환 행위에 기초하여 형성된 상업 사회는 인간의 사회적 본성으로부터 형성된 경제 질서인 만큼, 정부의 개입을 받지 않는 자연적 자유의 체계가 형성될 때는 당연히 조화롭고 효율적일 수밖에 없다. 인간 본성과 사회 질서에 대한 이 두 가지 관념은 중상주의가 지닌 근본적 한계를 사회철학의 차원에서 비판할 수 있는 근거를 마련해준다.

스미스는 자유주의적 상업 사회의 조화로운 질서에 대한 믿음을 근거로 중상주의적 정치경제학 체계가 전제로 하고 있는 불평등하고 비평화적인 세계관을 비판한다.

이와 같은 방침에 의해 국민들은 이웃 나라들을 궁핍하게 하는 것에 자신들의 이익이 걸려 있다고 배웠다. 각 국민은 자기 나라와 무역하는 상대국의 번영을 질투의 시선으로 바라보았으며 그들의 이익이 자신의 손실이라고 생각하게 되었다. [개인들 사이에서와 마찬가지로] 국민들 사이에서 자연히 협동과 우정의 끈이 되어야 할 교류[무역]가 불화와 반목의 가장 풍부한 원천이 되었다. 금세기와 전세기 동안 국왕과 장관들의 변덕스런 야심은 상인·제조업자들의 당치도 않은 질투심에 비하면 유럽 평화에 더 치명적인 것은 아니었다(『국부론』상,

영과 완성에 똑같이 공헌하고 있다는 것이다. 그러나 아무리 심오한 정신에 근거하고 있다고 하더라도, 이러한 종류의 모든 사색들이 악덕에 대한 우리의 자연스러운 증오감을 감소시키지는 못한다. 악덕의 직접적인 효과는 매우 파괴적이며, 그것이 궁극적으로 미치는 먼 효과는 상상력에 의해 추적해 내기에는 너무나 심원하기 때문이다." 『도덕감정론』, 76-77쪽.

14) 박순성(1996) 참조.

469-470쪽).

스미스에 따르면, 중상주의적 세계관은 국제 무역에 대한 잘못된 관념(국제 무역은 주어진 부를 나누어 가지는 영합 게임이다)[15]에 기초하고 있으며, 이는 다시 부에 대한 잘못된 관념(부가 화폐 또는 금은으로 구성되어 있다)으로부터 나온다. 스미스는 부와 분업에 관한 자신의 이론(국부의 원천은 연간 노동의 생산물이다, 분업의 확대는 노동 생산력의 향상을 가져온다)에 기초하여 자유 무역의 호혜적이고 평화적인 성격(자유 무역에 따른 세계 시장의 확대→국제 분업의 확대→생산의 확대에 따른 전체 무역국들의 부의 증진)을 옹호한다. 스미스는 상업의 본성을 중상주의적 무역으로부터 구출해냄으로써, 자유주의적 국제 무역이 세계 평화와 인류 문명의 발전에 기여할 수 있기를 바라고 있는 것이다. 이 점에서 스미스의 자유주의적 경제 사상·이론은 소위 '자유무역주의'에 기초하였다고 주장되는 근대 세계 경제 질서에 대한 최고의 옹호론이다.

하지만 이러한 스미스의 경제 사상·이론은 '보이지 않는 손'이라는 은유를 벗어나 중상주의에 대한 과학적 비판으로 이용될 때 그다지 설득력이 없어보인다. 우리는 『국부론』 3편 2~4장에서 제시되고 있는, 로마 제국 몰락 후 서유럽에서 나타난 도시와 상업의 발달에 대한 스미스의 역사적 고찰이 이론적으로 모호하다는 것을 지적하지 않을 수 없다.[16] 스미스는 한편으로는 상업·제조업의 발전에 의존한 서유럽의 경제 발전이 사물의 자연적 진행 과

---

15) 인용문을 하나 더 추가하면, "이들 모든 규제의 특기할 만한 동기는 우리나라 제조업 그 자체의 개선에 의해서가 아니라, 모든 이웃 나라의 제조업을 억압해 거추장스럽고 불편한 상대와의 귀찮은 경쟁을 가능한 한 끝냄으로써 우리나라의 제조업을 확장시키려는 것이다." 『국부론』 하, 156쪽.

16) 박순성(2002) 참조.

정에 반대되므로 속도가 느리고 불확실하다고 주장하면서, 다른 한편으로는 중상주의적 경제 정책에 기초한 서유럽의 상업과 제조업의 발전이 시장과 질서의 도입으로 농촌의 개량·경작에 기여하였다고 주장한다(『국부론』 3편 4장).17) 원거리 무역과 도시 상업의 발전에 기초한 서유럽의 경제 발전에 대해 스미스는 이중적 평가를 내리고 있는 것이다. 그 중에서도 중상주의적 경제 정책이 분업의 촉진에 필요한 국제적 시장을 개척하고 거대한 자본을 제공하였다는 사실에 대한 인식은 스미스의 비판적 관점을 흐리게 한다.

더욱이 중상주의의 현실 정책에 대한 비판 과정에서 스미스의 자유주의적 원리는 약간씩 흔들린다(『국부론』 4편 2장). 스미스는 국내 산업의 증진을 위해 외국 산업에 부담을 주어야 하는 경우로서 특정 산업이 국방을 위해 필요한 경우18)와 국내 산업의 생산물에 대해 국내에서 세금을 부과하고 있는 경우를 든다. 아울러 그

17) "엘리자베스 시대[1558~1603] 초기부터 잉글랜드의 입법부는 상업·제조업의 이익에 대해 특별한 주의를 기울여왔고, 사실 유럽[네덜란드도 포함한다]에서 한 나라의 법이 전체적으로 보아 이러한 종류의 산업(외국 무역·원거리 판매를 위한 제조업)에 잉글랜드보다 유리한 나라는 없다. 따라서 상업·제조업은 이 기간 동안 계속 진보해왔다. 시골의 경작·개량도 의심의 여지없이 진보해왔지만, 상업과 제조업의 빠른 발전을 천천히 먼발치에서 따라온 것 같다. … 그러나 이러한 순서는 사물의 자연적인 진행 과정에 반대되므로 자연히 느리고 불확실하다. 부를 상업과 제조업에 크게 의존하고 있는 유럽 나라들의 느린 진보와, 부가 전적으로 농업에 의거하고 있는 북아메리카 식민지의 빠른 진보를 비교해보라. 유럽 대부분의 지역에서 주민의 수는 500년 이내에 두 배가 될 것으로 생각되지 않는다. 우리의 몇몇 북아메리카 식민지에서는 20~25년에 두 배가 되는 경우가 발견된다."『국부론』 상, 399쪽.
18) 국방이 풍요보다 훨씬 중요하다.『국부론』 상, 442쪽. 좀더 확대된 논의도 있다. "만약 어떤 특정 제조품이 국방을 위해 필요하다면, 그것의 공급을 이웃 나라에 의존하는 것은 반드시 현명하지는 않을 것이다. 그리고 그러한 제조업이 국내에서 다른 방법으로 유지될 수 없다면 그것을 유지하기 위해 다른 모든 분야의 산업에 과세하는 것은 결코 불합리하지는 않다." 하, 20쪽.

는 두 가지 문제를 신중하게 고려해야 한다고 말한다. 하나는 다른 국가가 자국 제조품의 수입을 관세나 금지 조치로 제한할 때, '수입 자유를 어느 정도까지 계속하는 것이 적당한가' 하는 문제다. 다른 하나는, 경쟁적인 해외 제조품에 대한 관세나 금지 조치를 통해 국내의 특정 제조업이 수많은 노동자를 고용할 정도로 발달하였을 때, '일시 중단되었던 수입 자유를 어느 정도로 어떤 방식으로 복구하는가' 하는 문제다(『국부론』 상, 444-449쪽). 자유 무역이 현실적으로 완전히 회복되리라고 기대하기 어려운 상황에서, 이 두 문제에 대해 올바른 판단을 내리기란 쉽지 않다. 예를 들면, 외국의 높은 관세나 금지 조치에 대한 보복이 외국 시장을 회복하는 효과를 낼 수 있을 것인가에 대한 판단은 "아마도 항상 일정한 일반 원칙에 따라 사고하는 입법가의 학문에 속한다기보다는 정세의 순간적인 변동에 관심을 가진 이른바 정치가나 정상배와 같은 음흉하고 교활한 부류의 수완에 속한다(상, 445쪽)." 이렇게 본다면 스미스의 중상주의에 대한 비판은 자신의 자유주의적 정치 경제 이론에 기초하고 있음에도 불구하고, 현실적으로는 해외 무역과 관련하여 매우 소극적이지 않을 수 없다. 오히려 그의 비판이 의미가 있는 부분은 중상주의의 다양한 경제 정책들이 경쟁적인 소규모 산업 자본에 비해 독점적인 대규모 상업 자본에게 불평등한 혜택을 준다는 사실에 주목할 때다.

이상의 논의에 따르면, 스미스의 중상주의 비판은 교환과 분업의 원리에 기초하고 있으며 소비자로서 국민 일반의 이익을 보호하기 위한 것[19]임에 분명하지만, 상업 사회의 발전 과정과 중상주

---

[19] "소비야말로 모든 생산 활동의 유일한 목표이자 목적이며, 생산자의 이익은 소비자의 이익을 증진시키는 데 필요한 한에서만 고려되어야 한다. 이러한 명제는 더없이 자명한 것으로써 이를 증명하려고 하는 것은 우스꽝스러운 일이다. 그러나 중상주의에서는 소비자의 이익이 거의 언제나 생산자의 이익에 희생되고 있으며, 중상주의는 소비가 아니라 생산을 모든 상공업의 궁극적인 목표이자

의적 현실에 대한 자신의 역사적이고 실천적인 분석을 충분히 반영하지 못하고 있다. 그의 비판은 다분히 교조적이다. 사실 중상주의에 대한 스미스의 비판은 그의 명성에도 불구하고 그다지 효과적이지 못하였으며, 자본주의 세계 경제는 결코 완전한 자유주의적 무역 원리에 따라 발전해오지 않았다. 아울러, 스미스 정치경제학 이론의 대부분을 받아들이고 있는 프러시아의 국민경제학자리스트가 스미스의 자유주의적 체계에 대항하여 후발 자본주의국인 자신의 고국에서는 보호 무역이 필요하다고 주장하고, 자유주의적 무역 체계는 산업의 발달에 기초한 영국의 이기적 민족주의를 위한 위계적 국제 경제 질서일 뿐이라고 지적한 점에 대해서도 역시 주목해야 할 것이다.

5. 상업 사회와 국가

지금까지 우리는 스미스의 정치경제학 체계가 내포하고 있는 이론적·실천적 복잡성을 밝혀내려고 노력하였다.『국부론』에서 전개된 경제 이론은 자유주의적 이론 체계의 기본 구조와 외형을 갖추고 있음에도 불구하고, 자유주의적 상업 사회를 이론적으로 완벽하게 정당화시켜주거나 완전하게 자유주의적인 경제 정책을 제시하고 있지는 않다. 스미스의 정치경제학 체계는 상업 사회에 대한 계급적 분석과 함께 중상주의적 국제 경제 질서에 대한 현실적 이해를 담고 있다. 이 절에서 우리는『국부론』에서 전개된 국가관을 검토함으로써, 이러한 우리의 해석을 더욱 강화하려고 한다.

우선 국가의 기원에 관한 스미스의 견해부터 살펴보자. 국가는

목적으로 삼고 있는 듯이 보인다."『국부론』하, 156쪽.

기본적으로 사회 구성원 개개인의 신체, 명예, 재산을 지켜주어야 할 의무(자유주의적 국가의 두 번째 의무)가 있으며, 바로 이 의무로부터 국가의 기원은 설명될 수 있다. 하지만 진정으로 시민 정부의 수립을 요구하는 근본 요인은 거대한 재산이 존재하는 곳에서는 반드시 나타날 수밖에 없는 경제적 불평등이다. 시민 정부의 최대 과제는 불평등한 재산권을 보호해주는 일이다.20) 경제주의적 국가관이라고도 할 수 있을 스미스의 견해는 경제적 역할에만 주목하는 자유주의적 국가관이 갖는 근본 한계를 보여준다. 그런데 역설적으로, 비록 법의 질서를 유지함으로써 사회 구성원들의 재산과 자유로운 경제 행위를 보호할 필요가 있음을 인정하더라도, 국가의 본질에 대한 경제주의적 해석은 계급 관계에 따른 사회의 불평등에 대한 비판에 기초하여 국가에 새로운 의무를 부과할 수 있는 논리적 가능성을 열어두고 있다.

국가의 기원이 불평등한 재산권의 보호에 있다고 하더라도, 경제 정책과 관련한 국가의 역할은 다른 관점에서 규정되어야 한다. 중상주의와 중농주의의 정치 경제 체계가 특정한 계급의 이익을 위해 만들어졌다는 사실을 비판하면서, 스미스는 사회의 일반적 복지를 고려한 올바른 경제 정책을 제안한다. 불평등한 계급 관계가 지배하는 상업 사회에서 정치가와 입법가는 특정 계급의 이익과 편견에 기울어지지 않고 정의와 평등을 지켜야 하며,21) 국가는

---

20) "질투하고 저주하고 노여워하는 것만이 한 사람이 다른 사람의 신체나 명성에 대해 해를 끼칠 수 있는 유일한 감정이다. … 사람들은 이러한 감정으로 인한 침해로부터 자신을 보호해줄 공권력이 없더라도 상당히 안전하게 사회 속에서 함께 살아간다. 그러나 부자의 탐욕·야심 그리고 빈자가 노동을 싫어하고 눈앞의 안일과 향락을 좋아하는 것은 다른 사람의 재산을 침해하게 하는 감정이며, 또한 끊임없이 작용하고 더욱 큰 영향을 미치는 감정이다. 큰 재산이 있는 곳에는 반드시 큰 불평등이 존재한다. … 따라서 귀중하고 방대한 재산을 획득하게 되면 필연적으로 확고한 일반 통치(civil government)의 수립을 요구하게 되는 것이다." 『국부론』 하, 208-209쪽.

계급의 이익을 초월한 불편부당한 존재여야 한다. 바로 이런 관점에서 스미스는 이미 앞에서 인용했던 『국부론』 1편 11장의 긴 결론에서 상인·제조업자들이 제안하는 상업적 법률과 규제에 대해 사회 전체가 경계심을 가질 것을 촉구한다. 그리고 이를 위해 스미스의 자유주의적 정치경제학은 사회의 일반적 이익이 무엇인가를 밝혀내려고 한다.

　과연 계급 관계가 지배하는 상업 사회에서 국가는 초계급적이고 불편부당할 수 있는가? 정치가와 입법가의 정치철학과 사회 윤리 그리고 경제 정책의 실천적 방안이 관련된 이 문제는 쉽게 해결되지 않는다. 오히려 여기에서는 좀더 직접적인 문제에 관심을 가져야 한다. 과연 『국부론』의 정치경제학 체계 내에서 불편부당한 국가가 추구할 수 있는 사회의 일반적 이익이 이론적으로 정의될 수 있는가? 만일 계급 사회로 파악된 상업 사회를 분석의 대상으로 한다면(경우 1), 사회의 일반적 이익은 경제 성장 이외의 다른 어떤 경제적 성과일 수 없다. 그런데 이 경우 경제 성장과 자본 축적의 관계를 둘러싸고 복잡한 논의가 발생한다. 자본 축적은 경제 성장의 필요 조건이지만, 자본 축적의 주체가 상인과 제조업자이기 때문이다. 이미 스미스는 자본 축적이 진행되면 경쟁의 심화로 이윤율이 저하하고 경제 성장이 멈출 것이라는 점에 주목하고 있다. 중상주의가 지배하는 현실의 구체적 사안에서 원칙보다 실용적 수완이 때때로 의미를 갖는 것처럼, 계급 사회에서 사회의 일반적 이익을 원리나 원칙만으로 규정하기란 역시 쉽지 않다. 만일 상업 사회를 보이지 않는 손이 작동하는 교환 행위자들의 사회 또는 독립적인 산업 자본가들만으로 구성된 사회로 파악한다면

---

21) 중상주의에 대한 비판의 기본 정신도 이와 다르지 않다. "다른 목적은 없고 오직 일부 계층의 이익을 증진시키기 위해 다른 계층의 이익을 어느 정도 훼손하는 것은 모든 계층의 신민에 대한 국왕의 의무인 정의와 대우의 평등을 명백히 위반하는 것이다." 『국부론』 하, 150쪽.

(경우 2), 사회의 일반적 이익은 사회 구성원 개개인들의 이익의 합이 된다. 이러한 무계급의 사회에서는 불편부당한 국가라는 존재 자체의 의미가 없어진다. 스미스의『국부론』은 사회의 일반적 이익을 향상시킬 경제 정책을 제안하려고 하지만, 경제 정책 자체의 필요성이 없어진다. 더욱이 이러한 분석은 현실과 너무나 동떨어져 있다. 결국 두 경우 모두에서 스미스의『국부론』은 불편부당한 국가의 경제 정책을 위해 필요한 사회의 일반적 이익을 규정해 줄 정치경제학 이론 체계를 제시하지 못하고 있다. 사회의 일반적 이익은 계급 관계 때문에 정의하기가 어렵거나, 개인의 이익과 차이가 나지 않기 때문에 무의미하다.

그렇지만 스미스는 정치경제학자로서 자신의 사회철학을 가지고 있다. 국민의 대다수를 차지하고 국민 전체의 의식주를 공급하는 노동자들이 적당한 삶의 질을 영위하는 것은 사회 전체에 불리한 일이 아니다. 이는 행복한 사회의 기준이며 또한 공평의 문제다(『국부론』상, 84-85쪽). 분업이 발달한 상업 사회에서 노동자들은 단순한 작업만을 하기 때문에 자신의 이익이나 사회의 이익을 파악하고 양자 사이의 관계를 이해할 지적 역량을 계발하지 못한다(상, 252-253쪽 & 하, 272-273쪽). 따라서 스미스는 국가가 담당해야 할 중요한 의무 중의 하나로서 노동자에 대한 공공 교육을 들고 있다. 노동자에 대한 공공 교육은 노동자들의 이익을 향상시키는 데 도움을 준다.[22] 나아가 공공 교육은 대다수 시민에 대한

---

22) 노동자가 사회 경제적 조건 때문에 지적 능력을 향상시키는 데 어려움을 겪는다면, 노동자를 위한 공공 교육을 실시하지 않음으로써 노동자로 하여금 자신의 이해 관계를 파악하지 못하고 또한 상인·제조업자들이 제안하는 법률·규제를 비판하지 못하도록 하는 것은 이미 하나의, 그것도 매우 불공평한 경제 정책이다. 마찬가지로 정부의 규제를 완전히 철폐하려고 하는 시장 근본주의도 특정한 계급에 좀더 많은 이익을 가져다주는 편향된 정책이다. 계급 사회에서 무정책은 곧 하나의 방향성 있는 정책이며, 자유방임적 정부는 곧 계급적 정부다. 이는 마치 반독점 정책이 독점 상인·제조업자에 대한 규제 정책인 것과 동

정치 교육이 됨으로써 노동자들을 광분과 미신의 환상으로부터 보호하고, 궁극적으로 자유로운 국가에서 불편부당한 정부의 안정성을 지켜주는 역할을 할 것이다(『국부론』 5편 1장 3절).

이러한 스미스의 국가관은 단순히 자유주의적이라고 해석될 수 없다. 그의 국가관은 상업 사회의 사회 경제적 문제점들을 해결하려는 비판적이고 적극적인 국가론으로 발전할 가능성을 갖고 있다. 만일 스미스의 국가관을 그의 『도덕감정론』과 『법학강의』에서 발견되는 사회윤리학과 법철학에 기초하여 구성해본다면, 그의 국가관은 현대의 복지국가론으로 연결될 가능성도 배제할 수 없다.[23]

6. 스미스 사회 경제 사상의 새로운 이해

이미 10여 년이 지난 1980년대 말부터 1990년대 초에 걸친 동유럽 사회주의 국가들의 붕괴와 체제 전환은 '마르크스의 나라에서 스미스의 나라로'라는 표어를 낳았다. 하지만 이러한 시사적 표현은 현대 세계사의 깊은 의미를 제대로 포착하지 못하고 있을 뿐만 아니라, 스미스의 사회 경제 사상에 대한 단순한 이해 — 때로는 오해 — 에 기초하고 있다. 우리는 아담 스미스의 『국부론』에서 전개된 사회 경제 사상과 관련하여 몇 가지 점을 지적하면서 이 글을 끝맺고자 한다.

먼저, 흔히 말하듯이 아담 스미스로의 회귀는 결코 순수한 자유주의로의 복귀로 이해되어서는 안 된다. 아담 스미스의 사상에 대

일하다.
23) 박순성(1994) 참조. 이러한 해석에 기초해볼 때, 스미스의 사회 경제 사상을 광범위하게 연구하고 스코틀랜드 계몽 사상의 전통을 이어받은 현대 스코틀랜드의 자유주의자들이 국가의 역할을 부정하는 시장 근본주의 내지 신자유주의보다는 복지국가론에 더욱 친화적이라는 사실은 당연한 일이라고 하겠다.

한 하나의 고정 관념, 즉 자유주의적 세계관을 극단적으로 나타내고 있는 '보이지 않는 손'이라는 은유가 감추고 있는 이데올로기적 본질은 현대의 비판적 지식인들에 의해 극복되어야만 한다.『국부론』에서 더러 발견되는 단순하고 극단적인 자유주의 사상은, 스미스의 표현을 빌려서 표현한다면, 중상주의라는 극단적인 경제 정책에 의해 한쪽 방향으로 휘어진 현실을 바로잡기 위해 반대 방향으로 한껏 당겨본 것에 불과하다.[24] 이제 20세기라는 극단의 시대를 지난 지금, 우리는 좀더 균형 잡힌 관점에서 스미스의 사회 사상과 사회 이론을 이해해야만 한다. 이는 스미스의『국부론』이후 지금까지의 역사적 경험을, 무엇보다도 20세기 사회경제사를 좀더 잘 이해하는 것이라고 아니 할 수 없다.

다음으로, 스미스의『국부론』에서 발견되는 정치경제학 이론 체계는 교환 중심적이고 방법론적 개인주의에 의거한 신고 전파적 경제학에 완전히 흡수될 수 없다. 스미스의『국부론』속에는 전체론적 방법론에 의거한 정치경제학 체계가 존재하고 있다. 더 중요하게도, 스미스의 정치경제학은 상업 사회를 계급 사회로 파악하고 있다. 사실 스미스의『국부론』을 근대 사회과학의 전통에서 중요한 하나의 이론적 계기로 만든 것은 사회의 경제 현상과 정치 질서를 계급 관계의 관점에서 바라보았다는 점이 아니었을까. 바로 이러한 관점 덕분에 스미스의『국부론』은 중상주의에 대한 당대의 비판이라는 평가를 넘어 근대 시민 사회에 대한 비판적 사회 경제 이론이라는 자리매김을 받을 수 있었을 것이다.

---

24) 우리는 스미스의 사회 경제 사상을 '자유방임주의' 또는 '자유방임적 사상'이라고 표현하지 않는다. '보이지 않는 손'이라는 표현으로 단순화된 스미스의 사회 경제 사상은 자유방임적이라는 평가를 받을 만하지만, 우리가 살펴본 그의 자유주의 사회 경제 사상은 훨씬 균형이 잡혀 있다. 이런 의미에서 이 글은 스미스의 자유주의 사상을 비교적 너그럽게 이해하면서, 그 한계를 뛰어넘으려고 하는 시도의 하나다.

끝으로, 스미스의 사회 경제 사상에 대한 관심이 극단적인 자유주의와 개인주의적인 사회 이론에 편향되지 않아야 한다면, 스미스에 대한 연구는 당연히 그의 도덕철학과 법철학으로 확대되어야만 한다. 스미스의 사회 경제 사상을 제한적인 정치경제학의 관점이 아니라 좀더 포괄적인 근대 사회 사상·이론의 관점에서 바라볼 때, 우리는 언제부턴가 경제학적 제국주의(economic imperialism)의 지배를 받고 있는 현대 사회 사상·이론의 흐름을 극복할 수 있는 비판의 계기를 찾아낼 수 있을 것이다. 그런데 '사회과학 체계 내에서 경제 이론을 상대화시키기'라고 부를 수 있는 이러한 문제 제기는, 스미스가 근대 시민 사회를 이해하기 위해 제시한 두 가지 주요한 사회 이론인 정치경제학과 도덕철학 사이에 존재하는 갈등과 보완의 관계를 엄밀히 연구해내기를 요구한다. 이는 궁극적으로, 사회에 대한 일원론적인 거대 이론들의 붕괴 이후, 현대 사회를 실천적으로 이해하는 데에 필요한 새로운 사상과 이론을 찾아내려고 하는 우리들에게 많은 교훈을 제공해줄 것이다. 이런 의미에서, 스미스의 '자유주의적' 사상과 이론은 새로운 문제 의식을 가진 사회과학도들의 비판적 연구를 여전히 기다리고 있다.[25]

---

25) 끝으로 스미스의 사회 경제 사상에 대한 간단한 독서 안내를 해두자. 스미스의 사상 체계를 상업 사회에 대한 비판적 문제 의식 하에서 균형 감각을 잃지 않고 검토하는 저자로서 하일브로너(R. L. Heilbroner)가 있다. 스미스의 사회 사상과 정치경제학에 대한 두 편의 논문(Heilbroner, 1975 & 1982)은 우리를 즉시 문제의 핵심으로 끌고 간다. 해설이 곁들여진 그의 『아담 스미스 선집』(R. L. Heilbroner & L. J. Malone, 1986)도 매우 유익하다. 서구 근대 사회 사상사에 대한 비판적 인식 속에서, '스미스의 『국부론』은 서구의 경제주의적 세계관을 확립하고 나아가 경제학이라는 독립적이고도 지배적인 사회과학을 정립하는 결정적 계기가 되었다'라고 하는 다소 극단적인 명제를 설득력 있게 제시하고 있는 뒤몽(L. Dumont, 1977)과 허쉬만(A. O. Hirschman, 1977)의 저작들도 권하고 싶다. 정치경제학은 현대의 경제학자들이 가지고 있는 좁은 시각을 벗어났을 때, 비로소 뒤몽과 허쉬만이 원하는 좀더 폭넓은 사회 경제 사상으로 발전할 수 있을 것이다. 한국 사회의 관점에서 그리고 자유주의 사회 경제 사상사의 맥락에

□ 참고 문헌

박순성, 「스미스 자유주의의 경제, 정치, 도덕 : 시장 경제 질서와
　　절제된 자유주의」, 『사회비평』 12호, 1994.

박순성, 『정치적 자유주의와 사회 정의 ― 롤즈와 근대 시민 사회』,
　　김균 외, 『자유주의 비판』, 서울 : 풀빛, 1996.

박순성, 「애덤 스미스의 정치경제학, 단순 체계 또는 복잡 체계 :
　　『국부론』에 대한 제도주의적 해석을 중심으로」, 한국경제학
　　사학회, 『경제학의 역사와 사상』 제5호, 2002.

백영현, 『일반 균형 모델과 탈중앙적 자유 경제 체제와의 관계』,
　　김균 외, 『자유주의 비판』, 서울 : 풀빛, 1996.

이근식, 『자유주의 사회 경제 사상』, 서울 : 한길사, 1999.

Arrow, K. J. & F. H. Hahn, *General Competitive Analysis*, San
　　Francisco : Oliver and Boyd, 1971.

Campbell, R. H. & A. S. Skinner, *Adam Smith*, London &
　　Sidney : Croom Helm, 1982.

Dumont, L., *Homo Aequalis : Genèse et épanouissement de
　　l'idéologie économique*, Paris : Gallimard, 1977.

Heilbroner, R. L. & L. J. Malone, *The Essential of Adam Smith*,
　　Oxford University Press, 1986.

Heilbroner, R. L., "The Paradox of Progress : Decline and Decay
　　in The Wealth of Nations", in A. S. Skinner & Th. Wilson,
　　Essays on Adam Smith, Oxford : Oxford University Press &
　　Clarendon Press, 1975.

_____, "The Socialization of the Individual in Adam

서 아담 스미스의 사회 경제 사상을 검토한 이근식(1999)의 저작도 반드시 읽어
야 할 것이다.

Smith", in *History of Political Economy*, 14 : 3, 1982.

Hirschman, A. O., *The Passions and the Interests : Political Arguments for Capitalism before its Triumph*, New Jersey : Princeton University Press, 1977.

Raphael, D. D., *Adam Smith*, Oxford, O.U.P., 1985.

Rosenberg, N., "Adam Smith on the Division of Labour : Two Views or One", in *Economica*, 31 : 126, 1965.

_____, Another Advantage of the Division of Labor, in *Journal of Political Economy*, 84 : 4, 1976.

Schumpeter, J. A., *History of Economic Analysis*, ed. by E. B. Schumpeter, New York : Oxford University Press, 1954.

Smith, A., *An Inquiry into the Nature and Causes of the Wealth of Nations* (1st ed. 1776), eds. by R. H. Campbell & A. S. Skinner ; textual editor W. B. Todd, Oxford : Oxford University Press, 1976 (김수행 역, 『국부론』, 서울, 동아출판사, 1992).

_____, *Lectures on Jurisprudence*, eds. by R. L. Meek, D. D. Raphael, P. G. Stein, Oxford : Oxford University Press, 1978.

_____, *The Theory of Moral Sentiments* (1st ed. 1759 : 6th ed. 1790), eds. by A. L. Macfie & D. D. Raphael, Oxford : Oxford University Press, 1979 (박세일 · 민경국 공역, 『도덕감정론』, 서울 : 비봉출판사, 1996).

West, E. G., "Adam Smith's Two Views on the Division of Labour", in *Economica*, 31 : 121, 1964.

_____, "The Political Economy of Alienation : Karl Marx and Adam Smith", in *Oxford Economic Papers*, 21 : 1, 1969.

제 7 장
몽테스키외의 자유주의

이 병 혁(서울시립대 도시사회학과 교수)

1. 머리말

우리에게 귀족 지주요 문필가요『법의 정신』의 저자로 알려
진 몽테스키외(Charles de Secondat, Baron de la Brède et de
Montesquieu)는 영국의 명예 혁명이 일어난 해인 1689년에 태어
났다. 프랑스는 여전히 루이 14세가 통치하고 있었다. 몽테스키외
는 영국 헌법을 존경했는데,『법의 정신』제11권에서 영국 헌법이
야말로 자유를 실현하고 권력 분리를 구현한다고 쓰고 있다. 같은
책 제19권에서는 세계 다른 어떤 나라보다도 부(富), 자유 그리고
충성심에서 뛰어난 곳이 영국 사회라고 인상적인 분석을 하고 있
다. 그런데 많은 논평가들에게 몽테스키외는 로크(John Locke)와
는 단지 세부적으로만 차이가 나는 자유주의자의 원형으로 평가
되고 있다. 그러나 다른 평론가들에게, 부르주아 자유주의자로 보
는 영국과 미국의 관점은 역사적인 시대 착오와 그의 계급 위치를
제대로 파악하지 못하는 데서 오는 상당한 오해로 평가된다. 영국

과 미국의 관점을 비판하는 사람들에게 몽테스키외는 루이 14세가 중앙 집권화된 국가 행정 체계를 성공적으로 만들어, 귀족층에 재갈을 물린 데 대해 반발하는 반동적인 지주 판사와 귀족에 지나지 않았다. 그런 관점에서 본다면, 『페르시아인의 편지』에서 몽테스키외가 루이 14세를 비난한 것은 진보적이거나 도덕적인 것도 아닌 셈이다. 따라서 그가 루이 14세를 프랑스의 전통 헌법을 위반한 폭군으로 그렸을 때나, 그 태양왕(루이 14세)을 국가 정책의 한 수단으로 옹호할 수 없는 끊임없는 전쟁 의존으로 국가를 피폐하게 했다고 비난했을 때도, 그것을 단지 계급 선전에 불과한 것으로 보았다.

몽테스키외가 불평등과 위계 체계에 토대를 둔 사회에서 태어난 귀족임은 사실이다. 그가 중앙 집권화된 관료제를 혐오하고, 절대군주제를 공격하는 그의 주장 등이 모두 그가 속한 신분층의 특징임도 사실이다. 그러나 그의 정치철학의 중심 원리나 그가 정치, 경제 그리고 법에 대해 분석할 때 조직한 범주들은 단순한 신분 이데올로기로 환원될 수 없는 성질의 것이다. 그의 삶의 유형을 추적해본다면, 몽테스키외가 그의 신분, 종교, 시대를 어느 정도만큼 표본적으로 대표하는지, 그리고 그의 견해가 유별나게 복잡한 정신 상태, 독특한 정치관 그리고 인간과 사회 연구의 새로운 방법에 의해 어느 정도로 바뀌었는지 더욱 분명해질 것이다. 그래서 우리는 2절에서 그의 삶과 시대 분위기를 살펴보고, 3절에서는 그의 사상적 전개를 살피기 위해 그의 3대 저서의 내용을 검토한 뒤, 4절에서는 그의 사상을 자유주의적 관점에서 해석하고자 한다.

2. 몽테스키외의 삶과 시대 분위기

몽테스키외의 가문은 검 귀족과 법복 귀족 양자를 겸하고 있다.

350년이나 거슬러 올라가는 가문의 족보로 인해, 몽테스키외의 견해가 특별히 구태의연할 필요도 없고, 또 새로울 것도 없었다. 몽테스키외 자신의 사고 틀에서는 출생이 전부가 아니었으니까! 그 자신은 치안 판사이자 보르도 아카데미회원이요 그 도시의 지방 귀족이었다. 나중에 영국에서 그는 자연과학의 중심인 영국학술원에 선출되었고 프리메이슨 회원도 되었다. 그는 자기가 밟은 땅에서 돈 냄새를 느끼는 것을 즐겼던 지주이기도 했다. 그는 자주 그의 이웃들이나 동료들과 소송에 휘말렸다. 그가 '나의 종자(從者)'들이라고 불렀던 농노-지주라는 봉건 영주 관계에 연루되어 있었다는 것도 틀린 얘기가 아니다. 그의 수확물에서는 포도가 가장 중요했다.

포도는 평화시에는 번성했다가, 프랑스 왕실의 위대함과 중상주의 정책으로 인해 자주 일어났던 전쟁 때는 크게 피해를 보는 국제 시장으로 팔려나갔다. 보르도 포도주의 주요 구매자는 프랑스의 국제 경쟁의 맞수였던 영국이었다. 비록 상당수 도시의 부(富)가 노예 노동에 의존해 설탕 생산을 하던 서인도 제도들과의 교역에 토대를 두고 있었지만, 몽테스키외는 어떤 형태의 것이든 간에 노예 제도에 대해서는 적대감을 굽히지 않았다.

그의 유년기는 흥미롭게도 귀족 정치와 시골 풍이 조합되어 있었다. 그는 브레드(la Brède)성에서 태어났고, 그의 대부(代父)는 아이로 하여금 가난한 사람에 대한 그의 의무를 환기시키기 위해 선택된 거지였다. 생후 3년간은 소작농 가정에서 양육되었다. 그의 어머니는 그가 일곱 살 때 죽었고, 어머니의 때 이른 죽음은 그의 저서와 성격 모두에서 나타나는 특성인, 열광에 대한 혐오와 초연함으로 나타났다. 열한살 때, 그는 오라토리오회(가톨릭교 수도회)의 성성(聖省. 가톨릭 성청 안의 하부 기관)에서 운영하는 학교인 주일리(Juilly)중학교에 보내졌다. 이러한 빈번한 가족과의 이별은 그의 내향성을 심화시켰다. 주일리에서 몽테스키외는 그 시대보다 상대적으로 더욱 자유로운 고전 교육을 받았다. 위대한 철학자인 말브랑쉬(Malebranche)가 성성의 한 구성원이었던 때문이다. 비록 그 자신이 직접 가르치지는 않았지만 그의 영향이 스며들었던 탓이다. 라틴어 공부는 몽테스키외에게 시민의 덕성과 스토아 철학의 가치에 대해 깊은 인상을 심어주었다.

1705년에 몽테스키외는 법학을 공부하기 위해 보르도로 돌아왔다. 그 무렵 가문의 우두머리인 그의 숙부가 조카에게 자기 이름, 신분 그리고 고위 사법관직을 물려줄 마음을 먹었다. 당시 프랑스 군주제에서는 많은 정부 관직이 팔거나 상속할 수 있는 재산으로 취급되었다.

1709년부터 1713년까지 몽테스키외는 파리에 머물면서 법학 공부와 실무를 연마했다. 파리에 체류하면서 그는 프레레(Frérét), 라마(Lama) 신부 그리고 불랭빌리에(Boulainvilliers) 같은 당시 가장 선진 사상가들을 알게 되었다. 이들 가운데서도 몽테스키외의 사상 형성에서 가장 중요한 위치를 차지한 사람은 불랭빌리에였다. 왜냐 하면 루이 14세의 절대군주제가 프랑스의 전통 헌법을 위반하고 있다고 공격한 사람이 바로 불랭빌리에였기 때문이다. 불랭빌리에에 따르면, 프랑크 족이 고올(Gauls) 족을 정복하면서 생겨난 귀족층의 정치적 권리를 인정하지 않은 것이 바로 루이 14세의 국가였다. 『법의 정신』 마지막 부분에 나오는 봉건제에 대한 찬양은 바로 불랭빌리에의 생각과 맥을 같이 하고 있는 것이다.

1716년에 숙부가 죽자 몽테스키외는 숙부의 상당한 부(富), 토지 그리고 보르도의 귀엔느(Guyenne) 고등법원의 종신 원장이라는 사법관직을 물려받았다. 고등법원은 전통적인 사법 조직이면서 상당한 정치적 중요성을 지니고 있었다. 몽테스키외가 맡은 관직은 한직(閑職)이 아니었다. 그는 열심히 업무 수행을 했으나 판사로서의 삶을 즐기지는 않았다. 그럼에도 불구하고 『법의 정신』에서 그는 군주제에 대항해서 고등법원의 입장을 지지했고, 관직 매매를 옹호했으며, 고등법원으로부터 그 정치적 기능을 빼앗으려는 어떠한 시도도 전제적이라고 비난했다.[1]

몽테스키외가 보르도에 거주하는 동안 보르도 학술원의 일에도 참여했다. 지방 학술원은 법이 정한 귀족이나 법복 귀족이 나름대로의 교리를 가진 지식 계급을 양성하는 온상 구실을 했다. 거기서 그들은 박식한 검 귀족과 교육받은 평민들을 만났다. 몽테스키외는 생리학과 박물학의 실험을 했고, 특히 반사파와 투명도를 분석했다. 이런 환경을 통해 그는 편견에 대한 혐오, 선험적 추론 그리고 목적론적 주장을 줄여나갔다.

보르도에서 명성을 날리는 동안 몽테스키외는 『페르시아인의 편지』(이하 『편지』로 표기)를 쓰기 시작했다. 이 책은 1721년에 암스테르담에서 익명으로 출판되었다. 출판되자마자 바로 성공을 거두었고, 이 성공은 지속되어 저자의 명성을 널리 알렸다. 이 책은 몽테스키외의 책 가운데서도 가장 재치가 있고 유쾌한 책이다. 그러나 그는 풍자와 불경한 말씨로 즐기는 것 이상의 것을 원했다. 『편지』가 성공을 거둔 후 몽테스키외는 섭정 시대(1715~1723)의 파리 사교계에 받아들여져서, 귀족 난봉꾼 생활을 하게 된다. 그의 파리 친구들은 1728년에 그가 프랑스 학술원에 선출되도록 성원했다. 그는 부분적으로 재정적 필요 때문에 또 부분적으로 파리에 살고 싶었기 때문에, 자기의 고등법원 종신 원장직을 팔았다. 그 결과로 인해 그는 마침내 여행할 자유까지 얻었다.

1728년부터 1731년까지 몽테스키외는 프랑스를 떠나 오스트리아, 헝가리, 이탈리아, 독일, 네덜란드, 영국 등을 방문했다. 영국에서 보낸 2년 생활이 그의 후기 연구 작업에 최대의 영향을 발휘하

---

1) 몽테스키외, 『법의 정신』, 제8권, 6장.

게 된다. 영국에서 그는 훌륭한 친구들을 만나 휘그(Whig) 야당의
입장에서 영국 헌법을 관찰하는 법을 배웠다. 영국에 머무는 동안,
그는 영국 학술원의 특별 회원으로 선출되었고 프리메이슨 회원
이 되었다.

몽테스키외가 프랑스로 돌아왔을 때 그는 많은 면에서 다른 사
람이 되어 있었다. 다시 말해 더 진지해지고 세계주의적이 되고,
유럽과 영국의 선도적인 사상가들과 과학자에 관련된 것에 더욱
더 정통해지고, 문화와 정치적 전망에서 프랑스적인 안목에 덜 사
로잡히고, 지방 치안 판사의 풍을 덜 풍기고, 품위 있는 회의론자
행세를 덜 하게 되었다.

이제 그는 자기 자신을 우선 인간 일반의 입장에서 생각하고,
나중에 프랑스인의 입장에서 생각하기에 이르렀다. "내가 행동할
때 나는 한 사람의 시민이다. 그러나 내가 글 쓸 때 나는 하나의
인간이며 따라서 마다가스카르섬에 사는 사람들을 대할 때와 똑
같이 공평하게 유럽 사람들을 대했다."2)

자신의 생활 방식을 자유롭게 선택할 수 있게 되자, 몽테스키외
는 그의 시간을 파리와 보르도에 배분하게 되었다. 즉, 보르도 근
처의 시골에 있는 그의 가문의 사유지에서 그의 저술의 대부분을
집필했고, 보르도시에는 세계주의적 상업 도시의 훌륭한 친구들
과 친교를 맺었다. 그러면서 그는 두 개의 마지막 위대한 저서들
인 『로마인의 위대함과 쇠퇴의 원인에 관한 고찰』(이하 『고찰』로
표기)과 『법의 정신』(이하 『정신』으로 표기)을 쓰는 데 일신을 바
치는 독자적인 귀족 학자로 입신하게 된다.

---

2) Pensées(사상), 1297(86) ; Caillois, I, 997 ; Masson, II, 358. 몽테스키외의 『사
상』에는 두 가지 번호 체계가 있다. 첫 편집자인 바르카우젠(Barkhausen)은 주
제별로 배열했고, 이 순서는 카이으와(Caillois)에 의해 유지되고 있다. 그러나
마쏭(Masson) 편집 17.은 수고가 씌어진 공책의 순서에 따라 『사상』을 소개하
고 있다.

이제 파리에서 그는 전보다 더욱 인간의 장점을 더 높이 사는 지식인 살롱의 유명 인사들 가운데서도 돋보이는 존재가 되었다. 재치, 지성 그리고 문학적 명성이 가문 이상으로 높이 평가되었다. 명백히 그는 낡은 질서의 퇴출을 유감스럽게 여기지 않았고, 젊은 계몽주의 사상가들과 문필가들을 격려하기도 했다. 구체제의 검열 제도는 그러한 유대를 상당히 강화시켰다.

후에 말제브르(Malesherbes)는 볼테르(Voltaire)에게 작가가 어떻게 핑계와 얼버무림을 사용해 자기가 말하고 싶은 것을 실제로 구사할 수 있는지의 모범으로 몽테스키외를 들고 있다. 그러나 교회와 국가가 실제로 거의 신경을 쓰고 있지 않은 책들을 출판하고서도 몽테스키외는 상당히 신경을 곤두세우고 있었다. 신경을 썼음에도 『정신』은 소르본느(Sorbonne)의 신학대학에서 비난을 받고, 로마 가톨릭 교회 독자들의 금서 목록에 오르게 되었다. 몽테스키외는 바티칸 주재 프랑스 대사의 지원을 받아 그러한 비난을 저지하려고 애썼다. 오랜 싸움 끝에 프랑스 대사의 노력은 실패로 끝났다. 그러나 마지막 편지에서, 대사는 그런 탁월한 저자가 자기 책들이 금서 목록에 있는지 여부에 왜 그렇게 신경을 써야 하는지 자기는 이해할 수 없다고 언급한 우호적이고도 세계적으로 저명한 추기경에 대해 이야기해줌으로써 그를 위로하려고 노력했다.

1755년에 몽테스키외는 파리를 휩쓴 전염병에 희생되고 말았다. 그는 죽어가면서 교회의 마지막 의식(儀式)을 치러달라고 부탁했다. 그가 고해 신부로 그의 『고찰』을 출판하도록 도와준 제수이트(Jesuit) 수사를 선택했을 때, 제수이트 교단은 몽테스키외가 먼저 몇 가지 조건을 수락해야 한다고 주장했다. 비록 몽테스키외가 불신앙 상태에 있은 적이 없다고 부인했을지라도, 그는 자기의 마지막 고해성사가 공표되는 데 동의했다. 마지막 의식을 치른 후에 그는 "나는 항상 종교를 존경해왔고 복음 전도자들의 윤리는

뛰어난 것으로 하느님이 인간에게 만들어줄 수 있는 것 중에서 가장 아름다운 선물이다"고 말했다.[3]

몽테스키외는 확실히 종교의 사회적 정치적 효용성을 믿었지만, 자연 종교와 통하는 그런 신앙 형태를 가졌음이 틀림없다. 그러나 그가 교회의 독선을 어느 정도나 믿었는지는 알 길이 없다. 그가 자기 원고를 통제하겠다는 제수이트 교단의 요구에 결코 굴복하지 않은 것만은 분명하다.[4]

3. 몽테스키외의 주요 저서 검토

이 장에서는 몽테스키외의 자유주의 사상이 무르익는 과정을 살피기 위해서 그의 주요 저서를 연대별로 살펴보기로 하자.

1) 『페르시아인의 편지』(1721년)

이 책은 이전에 자기 나라를 떠나본 적이 없는 두 명의 페르시아인이 유럽에서 보내는 편지 형태로 쓰여진 몽테스키외의 첫 번째 책이다. 비록 몽테스키외가 아주 다른 원리로 조직된 이방인 관찰자의 눈으로 자기 자신의 나라를 소개하는 수법을 쓴 첫 번째 사람은 아닐지라도, 그는 자기 자신의 정부, 사회 그리고 종교의 현상을 객관적으로 검토하는 뛰어난 능력을 보여주었다. 이 능력에는 재치, 악의 또는 과장법이 포함되어 있다.

이 저서는 문화적 상대주의라는 이중 잣대의 관점을 자신의 나

---

3) R. Shackleton, Montesquieu : A Critical Biography, Oxford,1961, p.396.
4) 이 장은 M. Richter(번역 및 편집), Montesquieu : Selected Political Writings, Hackett Publishing Company, 1990, pp.6-10을 주로 참조했음.

라에 적용한 정치 이론가의 초창기 연구에 속한다. 몽테스키외는 동양에서 온 방문객들의 견해들이 반드시 옳다거나, 페르시아 제도들이 이국적이기 때문에 찬사를 받아야 한다고 시사하진 않았다. 그는 안전상 페르시아 방문객들의 입을 빌려 프랑스 정치 생활에 대해 하고 싶었던 수많은 비판을 했다.

루이 14세의 장기 집권은 귀족층의 반발을 샀고, 귀족층은 태양왕의 절대 통치 체제를 도입함으로써 프랑스 전통 헌법을 위반하고, 프랑스 사회를 부패시키고, 과거에 동양에서만 알려져 있던 제도를 도입한 폭군으로 간주했다. 몽테스키외의 페르시아인들은 그들의 편지에서 한 번 이상 프랑스 정부가 흥미롭게도 그들 자신의 정부와 닮았다고 논평했다.

어쨌든 『편지』는 학술 논문이 아니고, 불경한 젊은 재주꾼의 창조적인 상상력에서 나온 작품이다. 이 저서는 작품 그대로 읽고 즐겨야 한다. 그러나 우리가 이 저서를 몽테스키외의 나머지 작품과 연결시키거나, 당대 사람들이 『편지』의 정치적 관점을 어떻게 이해하려 했는지, 또는 이 저서가 깔고 있는 종교적, 도덕적 또는 성적 태도 등을 어떻게 이해하는 경향이 있었는지 관심이 있다면, 몽테스키외 자신의 관심과 그가 살던 시대의 관심에서 검토해야 마땅하다.

루이 14세의 장기 집권에 뒤이은 섭정 시대에 몽테스키외가 출입했던 파리 클럽과 살롱들의 정치 기질은 귀족주의적이었고, 꼭 무신론적이지는 않더라도 반교권적이며 회의론적인 이신론(理神論)이 지배했다. 이런 분위기는 지적, 정치적 자유에 대한 요청과, 중앙 집권화된 왕권에 대한 공격과 전쟁을 국가 정책의 수단으로 삼는 데 대한 탄핵과 결합되었다. 그러나 이러한 견해는 사회의 하층 신분에 대한 깊은 불신과 함께, 귀족들이 더욱 큰 역할을 수행했던 봉건제에 대한 찬양과 결부되어 있었다.

젊었지만 몽테스키외는 개인주의자나 과격 분자가 아니었듯이 민주주의자도 아니었다. 그는 대규모의 변동을 지지하지 않았고, 낙관적 전망이나 혁명적 전망도 갖지 않았다. 기껏해야 이상적인 정적(靜的) 유형을 과거에서 찾았던, 질서 개념의 한계 속에 있는 개혁가에 불과했다.

이 『편지』 중 유인원들의 신화는 인간 본성이 어떻게 정치에 영향을 미치는가 하는 질문에 대한 답변이다. 한 페르시아 친구가 우스벡(Usbek)[5]에게 인간의 감각을 충족시키는 것과 덕을 베푸는 것 중에서 인간에게 더 자연스러운 게 어떤 것인지 묻는다. 이 질문은 우스벡으로 하여금 홉스(Hobbes)와 샤프츠베리(Shaftesbury)로 대표되는 인간본성론 가운데 하나를 택하도록 요구하는 셈이다.[6] 홉스는 인간이란 자신의 정열에 지배당하며, 정치적으로 가장 중요한 것은 공포라고 믿었다. 반면에 샤프츠베리는 인간이 옳고 그른 것에 대한 내면적 도덕감을 갖고 있다고 생각했다. 모든 사람은 타인에 대한 사랑을 갖고 태어났다고 보았다. 비록 인간이 자기의 사사로운 이해 관계를 알고 있을지라도, 인간은 자기의 타고난 이성을 통해 공중(公衆)과 자기에게 함께 이로운 것이 무엇인가를 느낀다. 이러한 자·타가 결합된 이해 관계 때문에, 도덕적 선은 만인에게 이롭고 악은 만인에게 해로운 것이다. 따라서 샤프츠베리는 인간이 공공의 이해 관계를 분간해서 소유하고 있으며, 어떤 것이 자기의 동료애와 공동체에 피해를 주는지 의식하고 있다. 이러한 관점은 홉스에게서 발견되는 개인주의적, 이기적인 인간 본성관과 거기에서 나오는 절대 주권을 위해 모든 권리를 희생할 필요가 있다는 정치적 함의와는 현격하게 대조된다.

---

5) 이스파한(Ispahan)의 왕궁을 떠나 여행하고 있는 페르시아의 왕.

6) A. Crisafulli, "몽테스키외의 유인원 이야기 : 그 배경, 의미 그리고 중요성", Publications of the Modern Language Association of America, LVIII (1943), pp.372-392 참조.

우스벡은 자기 자신의 답변을 전개하면서, 네 개의 편지들과 몽테스키외의 출판되지 않은 속편에서 유인원들의 신화를 말하고 있다.『편지』에 나오는 왕궁 일의 순서처럼, 유인원들의 신화는 창조적 상상력을 정치에 적용한 대목이다. 몽테스키외는 유인원들이 살아왔던 삶의 상태를 간명하게 연속적으로 묘사하고 있다. 즉, 외국 왕이 쳐들어와 세운 왕국, 짧은 기간의 공화정, 홉스적인 만인에 대한 만인의 전쟁에 근거한 국가, 페네롱(Fénelon)[7]의 베티카(대체로 지금의 스페인 안달루시아 지방에 해당)와 유사한 유토피아, 부(富)를 배제한 덕성에 근거한 왕국 그리고 마지막으로 새로운 기술 도입과 부의 축적을 허용하는 왕국 순이다.

몽테스키외의 군주제 개념이『편지』의 집필과『정신』의 집필 사이에 상당히 변했지만, 그의 전제정(despotism)에 대한 적대적 강도는 유별나게 일관되고 있다. 다만『편지』에서, 그가 전제정을 상상적이자 심리적으로 다룬 반면에,『정신』에서는 좀더 공식적으로 다루고 있다. 다시 말해, 정치와 사회에 관한 비교 연구에 대한 그의 지대한 공헌에 속하는 체제유형론에서 중요한 개념으로 자리를 차지한다.『편지』에서 왕궁의 처첩 방에 관해 분석하면서, 그는 왕궁을 공포, 질투, 상호 의심으로 가득 찬 체계로 보는 시종일관 심리적으로 다루고 있다. 계급적으로 그의 전제정에 대한 이론은 루이 14세에 대항하는 귀족주의적 입장에서 만들어진 것이다.

전제정이란 개념은 그리스인들에게서 기원한 것인데, 그리스인들은 이 개념을, 페르시아 아케므니드 제국(BC 559~330)의 위협을 받던 당시 그리스 도시국가들에게는 알려져 있지 않던 동양적 통치 방식을 언급하는, 주인-노예 관계 모델로 사용했다. 이 개념은 그리스인들을 단결시켜 적에 대항하도록 동원하는 데 쓰였다.

---

7) 한때 루이 14세의 왕위 계승자의 가정 교사를 지낸 적이 있는 캄브래(Cambrai)의 대주교로서, 전제 정치의 중심 이론가임.

전제정은 그리스인들에게 깊은 혐오감을 불러일으켰는데, 그 이유인즉, 그리스인 자신들은 이성을 갖고 있고 그 이성으로 다스리는 능력과 전통을 갖고 있다고 자부했기 때문이다.

『편지』 이전에는 동양적 전제정이 루이 14세에 반대하는 귀족 정치 집단과 프로테스탄트 집단에 의해 루이 14세를 가리키는 암호로 사용되었다. 나중에 『정신』에서 보듯이 그가 새로운 유형을 폭넓게 받아들였기 때문에, 전제정이라는 개념은 18세기 후반기의 정치 담론에서 엄청나게 중요한 의미를 지니게 된다. 프랑스에서 이제 전제정은 개인 통치자의 예외적인 권력 남용과 구별해서 전체주의적 지배 체제를 가리키는 데 가장 흔히 쓰였던 폭군 정치(tyranny) 개념을 대신하게 되었다. 프랑스 헌법의 기원과 형태에 관한 18세기 중반의 논쟁에서, 절대 왕권을 정당화한 견해를 옹호했던 볼테르(Voltaire)는 몽테스키외가 전제정이라는 개념을 사용하는 데 대해 공격하지 않을 수 없다고 느꼈다.[8]

『편지』에서 몽테스키외는 복종에 동의가 필수적이듯이, 지배에는 사랑이 필수적임에도 불구하고 사랑과 동의는 충분 조건들이 아니라고 보았다. 궁극적으로 합법적 질서를 위해서는 제도화된 권위 형태에 의존해야 한다고 보았다. 특히, 법, 지배자에 대한 내외적 견제 그리고 이해 관계의 자유 경쟁에 의해 제약받는 권위 형태를 선호했다. 『편지』에서 그는 영국을 그러한 특성을 가진 나라로 추켜세웠다.

2) 『로마인의 위대함과 쇠퇴의 원인에 대한 고찰』(1734년)

이 저서는 오늘날 몽테스키외의 주요 저서 가운데 가장 알려지지 않은 것 같다. 이 저서는 그 문체와 명확성이 돋보이며, 정치의

---

8) M. Richter, 앞의 책, p.20.

본성과 역사적 인과 관계에 관한 탁월한 분석이다. 그가 로마사에 끌린 이유는 부분적으로 정치 사회에 관한 가장 완벽한 기록을 그가 이용할 수 있었던 데 있었고, 아울러 제국이 된 이후의 로마의 근본적 변혁이 루이 14세의 호전적인 외교 정책에도 적용할 수 있는 도덕 문제에 초점을 맞출 수 있을 것같이 보였기 때문이다. 이 『고찰』은 '냉철한 역사'의 발전에 크게 기여했다. 그리고 『고찰』은 기본(Gibbon)에게 영향을 미쳐 로마사에 대한 자신의 연구가 『고찰』에서 영감을 얻었다고 하였으며, 한 세기 이상 지나서 토크빌(Tocqueville)의 『구체제와 혁명』의 첫 번째 모델이 되기도 했다.

몽테스키외는 『정신』을 이미 예견할 만한 분석을 로마에 적용했다. 즉, ① 인간사(人間事)에서 우연이 작용할지라도, 우연은 항상 합리적으로 설명될 수도 있다는 주장, ② 종교, 사상, 처세술, 여론을 통한 정치 행위자의 행동 경향에 대한 강조(『고찰』에서는 기후나 환경을 강조하지 않았음), ③ 자유 사회의 정치에는 알력과 집단 갈등이 불가피하다는 규정, ④ 한 사회의 '일반 풍조(l'esprit général)'의 개념 등이 그것이다.

이 책에서 그는 루이 14세의 외교 정책과 루이 14세와 그의 장관들이 선호한 중상주의를 반대하는 작가들 사이에서 부각된 주제들을 다시 다루었다.

또한 이 책은 그가 공화국의 원리로 덕(virtue)을 주장했을 때, 그 의미에 대한 일련의 자세한 해설을 하고 있다. 그 해설에서 그가 의도한 것은 시민들을 국가에 소속시키는 원리란 사적인 이해관계를 국가에 종속시켜야 한다는 것이다. 그리고 공화국이 해체되지 않으려면, 무쇠같이 단단한 규율을 요구하고, 요구받아야만 한다는 것이다. 아울러 모든 입법은 정부의 원리가 요구하는 검소와 애국심을 뒷받침해야만 한다는 것이다.

『고찰』에서 몽테스키외는 자유 사회에서의 정치를 처음으로 다루었는데, 이 자유 사회에서의 개인 상호간, 집단 상호간 관계의 짜임새는 전제정에서의 그것보다 훨씬 더 느슨하다. 자유 사회에서는 집단들 사이에서의 분산과 갈등이 불가피한데, 왜냐 하면 그런 사회란 각자 자신의 이해 관계가 인정된 집단들끼리의 화해에 토대를 두고 있기 때문이다. 몽테스키외는 합의와 만장일치의 덕이 질서와 절대주의를 숭상하는 무리들에 의해 과대평가되었다고 비판하고 있다.

그럼 앞에서 언급한 냉철한 역사의 발전에 기여한 점을 짚어보자.9)

첫째, 섭리와 같은 신학적 궁극 원리에 준거하거나 우연에 준거해서 역사를 이해하는 것을 비판하고 있다.

둘째, 박학을 위한 박학, 사실을 위한 사실을 배척하고, 역사에 자신의 관심사를 반영하고 있다.

셋째, 르네상스 시대에 각광받고 모방되었던 플루타크(Plutarch)식의 위대한 영웅 중심의 교훈에서 탈피한 것이다. 뛰어난 영웅과 군사적 승리에 대한 평가절하는 몽테스키외를 사회학적, 경제학적 분석 방향으로 이끌었다. 국가만이 아니라 사회가 국가와 맞먹을 정도로 그의 연구 대상으로 부상했다. 이제 역사에 대한 설명은 정치사에서가 아니라 사회와 경제사에서 구해졌다. 그에게 역사란 시민 사회의 역사가 되어야 마땅했다. 이런 시각의 연장선에서, 나중에『정신』에서 그는 상업 사회들이 한 나라의 이익을 위해 다른 나라들의 이익을 희생시키기보다는 개인들의 자유를 극대화하는 데 관심을 기울이고, 전쟁보다는 평화에 관심을 기울이는 경향이 있다고 주장하게 된다.

넷째, 역사가는 기독교 사회나 역사가 자신에 도움이 되는 사회들에 연구를 국한시키지 말고 진정 보편적인 역사를 써야 한다는

---

9) 같은 책, p.24 참조.

입장이다. 모든 위대한 문명들은 인류의 과거의 일부로 고찰될 가치가 있다. 그가 다른 역사가들과 구별되는 점은 그가 어떤 형태로든 진보 이론을 주장하지 않았다는 것이다. 역사란 주로 향상을 기록해야 하고, 그 향상의 이유를 분석해야 하고, 나아가 추가적인 진보를 가로막는 장애들을 분석해야 한다고 믿는 역사가들과는 달리, 그는『고찰』에서 정치와 사회의 구조에서의 쇠퇴와 부패 그리고 그런 현상의 뿌리에 더 관심을 갖고 있었다. 또한 그는 잘 통합된 사회뿐만 아니라 모순을 지닌 사회들에도 관심을 가졌다. 궁극적으로 그가 각 사회들을 구별하는 일반적 특성들을 강조하는 초기 학자에 속하고 있으면서도, 정치 권력과 현명한 입법을 활용하여 그런 특성들을 완화하거나 변형시킬 가능성도 결코 경시하지는 않았다.

3)『법의 정신』(1748년)

이 저서는 비교법과 자연법의 전통 속에서 시작했으나 그 전통 속에서 끝난 것은 아니었다. 이 복합적이고도 소중한 책은 정치철학, 법철학, 비교정치학, 정치사회학을 두루 아우른다. 몽테스키외가 천명한 집필 의도는 인간 법이나 실정법들을 심판하기에 마땅한 원리들을 정하기 위해서였다. 그는 현대 유럽, 고전 고본뿐 아니라 모든 나라의 기록된 법에서 비할 데 없는 증거 자료를 모아서 새로운 범주 방법에 따라 문헌들을 정리했다.

그의 관심은 현행 프랑스 법 집행이 아니라 법학을 공부하는 방법에 있었다. 그래서 책제목도 법의 '정신'이라고 붙였다. 따라서 그의 입장은 다분히 철학적일 수밖에 없다.

몽테스키외 당대의 프랑스 전문 법조인들은 그가 법을 '사물의 본성에서 우러나오는 필수적 관계'라고 정의(定義)했을 때 격분했다. 그들은 몽테스키와가 법의 근본적 남용을 비판하고자 자연법 논쟁을 끌어들이는 것을 용납할 수 없었던 것이다.

몽테스키외는 세속적인 자연법학파와의 관계에서도 독자성을 유지했다. 예를 들면, 연역적 합리주의와 역사적 판례를 조합해서 그로티우스(Grotius)와 푸펜도르프(Pufendorf) 모두 절대주의를 정당화하는 결론을 도출했고, 정복자의 권리를 인정했고, 노예 제도를 합법적인 것으로 인정했었다. 루소(Rousseau)가 그들을 용납할 수 없었듯이, 몽테스키외도 그들의 사상을 용납할 수 없었다. 자신의 견해와 갈등을 일으키는 자연법 이론가들의 견해에 대해서는 언제든지 분명하게 그들의 법 이론을 거부했고, 필요시 원래 사용법과 다르게 이용하거나 원 사용법과 관계없는 주장들을 추가하기도 했다.

서술과 설명은 다른 기능을 갖는데, 몽테스키외는 그의 정치 논쟁에서 이 두 가지를 암암리에 활용하고 있다. 그는 사회과학자일 뿐 아니라 어떤 방법과 가설들을 채택했을 때 얼마나 많은 실제적 결과들이 쏟아져나오는지를 아는 정치철학자이기도 했다. 예를 들어, 그는 홉스가 법과 정의란 인간 관습과 개인 의지에 좌우된다고 주장한 것을 알고 있었다. 몽테스키외의 생각에 그런 교리는 절대적 지배를 용이하게 만들게 된다고 보았다.

몽테스키외가 스피노자(Spinoza)를 반대하는 것에서 우리는 또 다른 그의 정치적 입장을 볼 수 있는데, 그는 스피노자를 인간에게 어떤 여지도 주지 않는 결정론자로 보았다. 몽테스키외는 한계가 있지만, 인간은 법 제정과 기타 목적을 지닌 행위를 통해 환경을 개선할 수 있고, 그 환경과 분명히 모순되는 목표를 달성할 수 있다고 믿었다. 따라서 더운 기후 하에서도 땅을 경작하기 위해 반드시 노예 제도가 요구되는 것은 아니라고 보았다.

몽테스키외는 통탄할 법과 관행을 대체할 수 있는 실천 가능한 대안이 있다는 것을 증명하기 위해 아주 빈번히 비교 방법을 사용했다. 그런 탓에 그는 정치를 사회 과정이나 경제 과정의 파생적 기능으로 환원시키지 않았다. 항상 몽테스키외는 두 가지 뜻으로 취할 수 있는 말을 썼다. 그의 행동주의에는 한계가 있었다. 그럼에도 불구하고 그는 로크를 포함해서 그 이전의 어느 정치철학자도 하지 못했던 노예 제도를 거침없이 반대했다.

그리고 몽테스키외는 현실에서 유리된 분석가가 아니라 실제 효과를 염두에 두고 있는 한 세계 시민의 입장에서 저술했다. 그가 비록 혁명가나 민주주의자는 아닐지라도 그는 인간주의적 개혁을 신봉했고, 형법이 정한 잔인한 처벌 등도 비판했다. 그 밖에도 그는 전쟁, 종교적 불관용, 지적 억압 그리고 정치적 자유의 침해 등을 성토했다. 이런 면에서는 그가 초기 계몽철학자와 같은 대열에 있었다고 볼 수도 있다.

그러나 그의 사상에는 아주 다른 측면도 있는데, 이런 측면이 볼테르와 엘베티우스(Helvétius)를 혼란시키기도 했다. 예를 들면, 몽테스키외는 관직 매매를 옹호했고, 고등법원의 정치 권력이 입헌군주제에 필수적이라고 찬양했고, 귀족층의 특권이 자유에 필수적이라고 공언했고, 인민의 정치 능력을 경멸했다. 그의 프랑스 헌법 이론에서는 먼 중세 시대의 과거를 자기 시대의 제도를 측정하기 위한 표준으로 삼기도 했다. 따라서 몽테스키외의 사상은 '자유주의'와 같이 어느 하나의 단일한 '주의'로 환원시키거나, 이른바 자기 계급의 이데올로기로 쉽게 단정할 수도 없는 복합적인 긴장을 특징으로 하고 있다.[10]

그럼 지금부터 『정신』의 내용을 들여다보자.[11]

---

10) 같은 책, p.27.

11) 여기서는 주로 『정신』에 나오는 정치, 법 이론을 중심으로 살피고, 경제적 이론(제13편, 20편, 21편, 22편)과 사회적 이론(제23편)은 이 논문 제4절, 제3항에서 다루고자 한다.

서문에서는 자기 작업의 필요성을 개진하고 있다. 그는 모든 나라들이 각기 갖고 있는 원리에 대한 정당화를 그의 책에서 발견할 것이라고 썼고, 모든 곳에 있는 모든 사람에게 그들의 정부, 법, 의무를 사랑하는 새로운 이유를 제공할 수 있으면 기쁘겠다고 썼다.

서문에서 밝힌 저술 디자인과 방법은 논쟁거리가 될 수 있는데, 그는 자기의 20년간 연구가 독자들이 주의 깊게 공부하면 발견해낼 수 있는 디자인으로 통일되어 있다고 주장했다. 그는 모든 개별 사례들이 다 해당하는 원리들을 확립했다고 썼다. 즉, 모든 역사가 이 원리들을 따르고, 따라서 모든 법이 서로 연관되어 있거나 더욱 일반적인 법에서 파생된다고 보고 있다. 그러나 이 통일성의 주장은 미심쩍은 채로 남아 있다.

제1편에서는 법철학 이론의 의미와 중요성을 언급하고 있다. 여기서 그는 자신의 새 이론을 제시하기보다는 세속적인 자연법 전통에 따르는 철학 사상가들의 합의 사항을 요약하면서, 몽테스키외는 그 사항들을 자기 자신의 정치적 입장에 맞게 각색하고자 했다. 특기 사항은 일부 자연법 이론가들과 달리, 어떠한 사회 계약 개념도 사용하지 않는다는 점이다. 이 편에서 그는 그로티우스와 푸펜도르프의 절대 국가 옹호론을 거부하면서, 자연법학파의 주장들을 이용하여 그가 알고 있는 온갖 형태의 절대주의에 대한 철학적 기반을 분쇄하려고 시도하고 있다.

제2편에서 8편까지는 『정신』에서 가장 단일한 통합 부분을 이루고 있다. 여기서 그는 자기 자신의 독자적인 정부 분류를 제시하면서 각 정부의 본성과 원리를 분석하고, 그 정부의 법, 풍습 그리고 교육으로부터 파생되어야 마땅한 결과들을 도출하고 있다. 제8편에서 그는 정부의 원리가 조롱당하거나 폐기될 때 일어날 수밖에 없는 치명적 부패의 종류를 다루고 있다. 그는 제2편에서 8편까지를 자기의 가장 중요한 지적 기여로 간주했다.

제11편에서는 자유를 창출하여 유지하는 한 국가의 헌법 특징을 검토하고 있다. 정치적 자유를 구현하는 헌법은 반드시 적어도 두 가지 원리, 즉 권력 분리와 권력 균형에 근거해야 한다는 것이 핵심 논지다. 이 편은 그가 정부 전반과 관련해서 고찰한, 자유, 자유의 제도적 특성, 사회적 지지 그리고 심리적 토대의 일부에 지나지 않는다. 비록 그가 영국 헌법이 자유를 보장한 최상의 유일한 사례라고 생각했지만, 그 영국 헌법이 계획이나 의식적인 구성으로 달성된 것은 아니었다고 믿었다. 그래서 그는 그 원리들을 명시적으로 밝힘으로써 계획적으로 헌법을 구성하는 길을 열었다. 그가 한 국가의 정부 체제를 구성하는 일을 맡은 사람을 '입법자'라는 고전적 개념으로 불렀을 때, 아마도 그 자신이 그 개념에 가장 가까운 사람이었을 것이다. 미국 혁명과 프랑스 혁명이 일어났을 때 몽테스키외의 이론이 새로운 헌법의 세부 사항을 토론하는 사람들의 주의를 가장 많이 끌었다.

제11편과 12편은 정치적 자유를 함유하는 법을 다루고 있는데, 제11편이 시민이 살고 있는 헌법과 관련해서 정치적 자유를 논하는 데 비해 제12편은 시민의 신체, 재산, 명예를 위협할지도 모르는 형법의 기소에 대비하여 시민에게 마련되는 보호책을 논하고 있다.

제10편과 15편에서는 보댕(Bodin), 그로티우스, 푸펜도르프, 홉스 등과 같은 절대주의 법 이론가들에서 발견되는 노예 제도, 정복 그리고 식민주의의 정당화를 논박하고 있다. 그는 노예 제도, 노예의 생명과 재산에 대한 주인의 절대 권리가 자연법을 위반하고 있다고 주장한다. 그것은 공리주의 토대 위에서도 정당화될 수 없는 것이다. 노예 제도의 결과는 주인과 노예 모두에게 유해하다. 기후에 상관없이 모든 필요한 일은 자유인에 의해 수행될 수 있다. 노예 제도는 결국 군주제와 공화제 모두에게 치명적이라고 주

장한다.

　제19편에서는 인과 관계에 관한 일반 이론을 진술하고 있다. 한 인민이 왜 특정한 법, 정치 조직, 사회 구조를 갖는지 설명하기 위해 몽테스키외는 모든 나라가 나름대로의 독특한 '일반 풍조'를 갖고 있다는 이론을 내세우는데, 이 일반 풍조는 기후와 토지 같은 자연적 원인뿐만 아니라 그가 도덕적 힘들[종교, 법, 준칙, 전례, 풍습(moeurs), 처세술(manières), 경제, 교역, 사고 방식 등 포함]이라 부르는 것에 의해 더욱 결정된다고 본다. 이런 도덕적, 자연적 힘들에서 나온 것이 바로 독특한 유형이며, 이 유형이 한 사회의 모든 중요한 양상을 배열한다. 한 사회의 일반 풍조는 양육이나 교육에 의해 경험적으로 설명될 수 있으며, 일반적으로 가족, 학교, 사회적 관행을 통해 만들어진다. 그런데 이 통로들은 모두 같은 것을 가르칠 수도 있고 서로 모순될 수도 있다. 따라서 몽테스키외의 이론은 한 사회의 여러 양상들끼리의 통합이나 모순에 주의를 환기시킨다.

　모든 사회가 다른 사회와 구별되는 나름대로의 일반 원리를 갖고 있다는 생각은 그의 이론에서 중요한 역할을 한다. 그래서 그는 지배자들에게 인민의 풍조와 대립되는 법을 만드는 것에 대해 경고하면서, 그러한 실수의 참담한 결과들에 대한 사례를 제시하고 있다.

　몽테스키외는 정치 사회에 인간의 의지와 상상력에 대한 일정한 억제가 필요하다고 믿었다. 그런데 이러한 억제는 여러 경로로 이루어질 수 있는데, 우선 정부가 쓰는 방법에는 직접적으로는 중앙 집권화된 절대 국가나 지배자가 나서거나, 간접적으론 개인 이익보다 공공 선을 우선시하는 시민 측의 자기 억제의 신조에 의해 이루어질 수 있다. 법과 헌법도 인간 행동에 영향을 주는 하나의 방법에 지나지 않는다. 다음으로 시민 사회의 경우는 다른 수단들을 쓰는데, 바로 종교, 풍습, 처세술이다. 종교는 정부에 영향을 미칠 수 있는 본질적인 사회적 힘들 가운데서도 특히 중요하다. 전제 국가에서 종교는 지배자에 대한 유일한 억압책이다. 공화국에서는 성직자들이 힘을 얻게 해서는 위험하며, 반면에 군주 국가에서는 강력한 성직자 집단이 자유를 유지하도록 도와준다. 나중에 베버(Weber)의 주의를 끈 문장 속에서 몽테스키외는 영국인이 종교, 상업, 자유를 조합하는 방법을 가장 잘 알고 있는 사람들이라는 사실에 주의를 환기시켰다.

종교와 아주 흡사한 방법으로 일반 풍조에 영향을 미치는 나머지 두 개의 도덕적 원인들이 풍습과 처세술인데, 이 둘은 법의 대용물로 쓰일 수 있다. 즉, 사람들이 선한 풍습을 갖고 있다면 그 법은 복잡할 필요가 없다. 풍습은 법이 특별히 금지하지 않는 행동에 대한 내면화된 억압으로 작용하는 반면에, 처세술은 그러한 행동에 대한 외적인 억압으로 적용되는 제재로서 법적이라기보다는 사회적이다.

제19편에서는 법적 제재보다는 행동의 사회적 결정 인자들을 강조했고, 일반 풍조가 다원적 인과 관계의 입장에서 그가 확인한 7개의 도덕적 힘들 중 어느 하나 또는 그 조합에 의해 결정될 수 있다고 주장한다.

제29편에서는 입법자와 법을 논의하고 있다. 여기서 그는 중용(moderation)이 바로 입법자의 정신이 돼야 한다고 주장한다. 정치적 선(善)은 항상 양극단 사이에 있는 도덕적 선과 유사하다고 보았다. 그는 중용에 대한 호소와 과거에 대한 호소, 아니면 자기 직업과 질서의 관점에서 바라본 그의 과거 이미지에 대한 호소를 결합시키고 있다.

제27편과 30편, 31편에서 몽테스키외는 프랑스 역사에 대한 자기 견해를 제시하고 있다. 아울러 프랑스 헌법을 지배해야 마땅한

과거 전례들에 대한 견해도 피력하고 있다. 여기서 그는 더 오래된 군사 귀족과 법복 귀족층과의 주장과 이해 관계를 일치시키고 있다. 그가 주장하는 헌법 입장은 프랑스 귀족 전부가 중간적 권력의 성격을 지닌 준자치적 정치 권력에 대한 역사적 권리에 근거해 그 자격을 갖게 되었다는 것이다. 이 권력이 군주제와 그 앞잡이들에 의해 찬탈되었다는 것이다. 이러한 그의 귀족 테제의 입장은 그의 현실적 신분 위치와 무관하지 않을 것이다.

몽테스키외 당대의 정치에 비춰볼 때 『정신』에서 그의 가장 중요한 교리는 귀족층, 고등법원, 영주가 관할하는 지방법원, 교회와 같은 매개체들이 정치적 자유에 필요 불가피하다는 이론이다. 이런 매개체 외에도 기타 조직체, 지역, 마을, 길드, 전문 결사체 등이 나름대로 권리, 법적 권력, 특권들을 갖고 있으며, 처음 주어진 이래로 그 어느 것도 박탈될 수 없다는 것이다. 그리고 그것들의 현재 기능은 서로 균형을 이루면서 전제정에 대한 방벽으로 기능하는 것이라고 본다.

몽테스키외는 영국 헌법을 분석하면서 한 계급에 의한 지배를 신뢰하지 않게 되었다. 귀족층 외에도 또한 귀족이 아닌 인민을 대표하는 조직이 있어야 마땅했다. 계급이 다 특색이 있지만, 귀족층은 균형 잡기에서 핵심 요소였다. 위계적인 사회 형태의 하나로서 특권을 선망하는 귀족층은 자유의 보존에서 본질적인 요소였다.

따라서 몽테스키외의 정치적 교리는 머나먼 과거에 이루어진 사회적 배열에 대한 역사적 논쟁에 자기 정당성의 토대를 두고 있긴 하지만 보수적이지는 않았다. 그는 체제 전체의 변화가 예상치 못한 어려움을 야기한다는 것을 잘 알고 있었기 때문에 점진적인 작은 변화를 최상으로 여겼고, 그 경우 과거 전례가 정책을 이끌어야 마땅하다고 본다.

4. 몽테스키외의 자유주의 사상의 철학적 의미

흔히 사람들은 로크의 사상의 자유에 대한 몽테스키외의 옹호를 결부시키며, 보통『시민정부론』과『정신』이 19세기에 가서 콩스탕(B. Constant), 토크빌, 라불레이(Laboulaye)의 저서들이 그 이름을 드높이는 자유주의의 효시라고 생각하고 있다. 비록『정신』이 출판된 1748년에는 '자유주의'[12]라는 용어가 없었지만, 자유주의적 사상은『정신』안에서 잘 볼 수 있다. 대부분의 논평가들은 제11편 6장이 그 근본 원리를 권력 분리에 둔 자유주의의 헌장이라고 간주한다. 그러나 권력 분리라는 주제는 몽테스키외의 의중과 엄밀하게 일치하지 않으며,『정신』에 나오는 자유주의 사상은 헌법적 프로그램으로 귀착될 수가 없다. 그가 옹호하는 '자유의 정치'는 공법의 기술이 아니다. 자유의 정치는 '이론적' 차원을 지니고 있고, 따라서 자유의 철학이 요구하는 규율을 따른다. 비록 그가 미래의 헌법을 조타할 새로운 법 형태를 논했음에도 불구하고 그는 자기의 자유주의 사상을 근대성이라는 철학적 맥락 속에 접합시키지는 않았다. 다시 말해, 그의 헌법적 개혁주의는 반개인주의적이고 자연주의적인 토대 위에 세워진 자유 사상에서 출발한다.

여기서는 청년기 이래 머리에서 떠나지 않았던 자유에의 관심이 어떻게 엄밀한 개념으로 변하며, 이 이론적 개념이 어떻게 자유의 정치를 규정해줄 헌법의 실제 본문에 구체화되는지 살펴보자. 몽테스키외에게서 우리는 18세기 근대 정치로 이어지는 개인주의와 대립되는, 자연주의 입장에 토대를 둔 '자유주의적 인간주

---

12) 뷔르도(G. Burdeau)는『자유주의』, Seuil, 1968, p.17에서, '자유주의'라는 단어가 보아스트(C. Boiste)의 용어 사전 속에 1823년에야 비로소 나타났다고 주장한다.

의'라는 특수성을 보게 된다.

1) 자유에 대한 관심

분명히 몽테스키외의 자유 사상은 일찍이 그가 전제정의 위협을 예감한 권위주의적이고 자의적인 정치 속에 살면서 느낀 혐오감에서 태어났다. 이미 『편지』의 신랄함에서 드러나는 그의 비판적 재질은 20년에 걸쳐 『정신』을 준비하는 과정에서 더욱 예리해졌다. 그런데 이러한 비판의 성숙은 자유 사상의 체계적 표출로 나타나지 못하고 순수한 철학적 이론으로 흘렀다.

『정신』 제2편과 3편에서 몽테스키외는 정치 체제의 본성, 내적 원리에 따라서 정부 형태를 공화정, 군주정, 전제정의 세 가지로 구분하고 있는데, 이 3원 분류의 초점은 전제정에 관한 연구에 있다. 그가 『편지』에서 묵시적으로 썼던 것을 명시적으로 신랄하게 비판한다. 즉, 전제정은 치명적이다라고. 그는 이 '잔인한 정부'의 모습이 인간 죽음의 진짜 상(像)이라고 묘사한다.[13] 전제정을 인간의 자유, 나아가 인간의 모든 진리를 말살하는 정치 체제로 보면서 몽테스키외는 전제정을 역설적으로 자유의 개념을 발전시키는 데 필요한 전략적 개념으로 변모시킨다.

전제정의 공포와 자유에 대한 관심을 병행시키면서 몽테스키외는 '중용적 정부와 전제적 정부'를 차별화한다.[14] 형식적 유형론은 체제의 정치적 의미 작용 앞에서 소멸된다. 정부 종류는 셋이지만, 그 정부들은 두 가지 정치 개념으로 귀결된다. 즉, 정치적 지옥 속에서 인간이 짐승으로 변해, 죽음보다 더 나쁜 인간성 상실에 빠

---

13) Montesquieu, De l'Esprit des Lois, Garnier Frères, Paris, 1973, Tome 1, 제3편 9장, p.33.
14) 같은 책, 제3편 10장, pp.34-35.

지게 만들거나 아니면 그 구성원 모두에게 자유의 기회를 주는 정부를 언급한다.

도덕에서처럼 정치에서도 지혜와 절도로 이루어진 이성의 신중은 열정의 극단성 및 과잉성과 대립된다. 몽테스키외도 플라톤, 아리스토텔레스에서부터 말브랑쉬, 스피노자에 이르는, 윤리의 원리면서 정치에 반향되는 인간 본성의 이원성을 참조하고 있다. 그렇지만 그는 이성과 열정 사이의 전통적 대립 대신 새로운 의미를 불어넣고 있다. 그의 사고 과정은 교묘하다. 그는 '중용(modération)'의 개념을 도입하는데, 이 중용은 양식(良識)과 많은 지혜로 가득 차 있으면서, 민주주의가 요구하는 공덕심보다는 못한 덕이다. 그렇지만 중용은 모든 사람의 절대 복종을 초래하는 단 한 사람의 권력 의지인 전제정을 거부하고, 배타주의와 극단주의를 초래하는 권력의 남용과 유용을 거부하며, 전제정에서 잘 나타나는 끔직한 파괴적 관계인 불균등과 과잉을 부정한다.[15] 그런데 중용은 전제정의 '반대 명제'가 아니다. 중용은 전제정도 순수한 정치 범주에 속한다고 상정한다. 그런데 전제정은 정치라는 개념을 박탈하고 있다. 따라서 그 본성상 중용은 전제정을 막는 일을 한다. 이 둘 사이의 관계는 테제와 안티 테제의 관계가 아니다. 중용의 내재적 속성상 폭군 밑에서 본능, 복종, 징벌만을 주는 치명적 소외를 배격한다. 전제정이 인간을 말살하는 반면에 중용은 균형, 타협, 협상을 권장한다. 그 올바른 절도(節度)와 평형 능력상 중용은 '일시적 효력밖에' 없지만 전제정의 대립 항은 아니다.

따라서 몽테스키외의 자유 사상의 근본적 문제 틀이 밝혀진 이상 그의 의도가 곡해되어서는 안 된다. 즉, 그는 자유주의 천국에 해당하는 네 번째 정부 형태에 관한 이론적 설계도를 그리려고 한 것이 아니었다는 것이다. 자유의 정치는 체제의 측면에서 규정되

---

15) 같은 책, p.34 참조.

지 않는다. 자유의 정치는 이데올로기적이 아닌 인간주의적인 '통치술'의 문제다.16) 자유의 정치는 그 임무가 짐승이나 사물에게 하듯이 길들이거나 조종하는 것이 아니라, 사람을 다스리는 것이기 때문에 인간의 본성에 상처를 주지 않게 된다.

2) 자유 실현의 방법

서서히 몽테스키외는 두 가지 확신을 얻게 되는데, 하나는 존재론적 차원이고 다른 하나는 정치적 차원이다. 그는 사람의 인간다움이 '자유'에 있다고 보는데, 이 말은 사람이 본성상 자유롭다는 뜻이 아니다. 다른 한편으로, 위험한 노예 제도에 대처하기 위해선 중용 정부가 필요한데, 이 말이 뜻하는 것은 정부란 본성상 자유주의적이 아니기 때문에, 자유는 여건이 아니라 운영에 달려 있다는 뜻이다. 이론과 실천이 이 이중적 확신에서 분절화된다. 즉, 정치철학에서는 자유 개념을 밝히고 법학자로서는 그 실현 방법을 그리게 된다.

지금도 그렇지만 몽테스키외 당시에도 '자유'라는 낱말은 혼란스러운 다의성(多義性)을 지니고 있어서, 막연할 뿐 아니라 용납하기 어려웠다. 민주주의 정체에서 인민은 자기가 원하는 것을 하고 있다고 여기고 있는데, 여기는 것이 실제 있는 것은 아니기 때문에 그것은 지나친 착각이다. 게다가 정치적 자유란 자기가 원하는 것을 하는 것이 아니다.17)

『정신』 제11편 3장에서 몽테스키외는 '정치적 자유'를 올바르게 규정한다. 공화 정부의 최상의 형태인 민주주의는 자유를 원리로

---

16) S. Goyard-Fabre, 몽테스키외 : 자연, 법, 자유, P.U.F., Paris, 1993, p.284.
17) 몽테스키외, 앞의 책, 제11편 3장, p.167. 여기서 우리는 몽테스키외의 자유는 자유 일반이 아니라 '정치적'이라는 수식어가 붙어다니는 점에 유의해야 한다.

나 수단으로나 대상으로나 목적으로 갖고 있지 않다. 하나의 모델로서 이 체제는 덕의 체제며, 시민의 공덕심이 유일하게 국가를 만든다. 그러나 현실에서 보면 인민은 언제나 불안한 심리 상태 속에서 지나치거나 아니면 부족한 행위를 하게 마련이다.[18] 세계에서 가장 자유로운 나라인 영국 자체도 민주주의가 아니다. 많은 노력에도 불구하고 영국은 덕에 근거한 정부를 세우는 데 실패했다. 덕 자체도 한계가 있어야 하고, 민주주의도 본성상 자유스러운 것이 아니기 때문이다.[19] 민주주의는 약속과 태만이 가득한 애매성의 체제이기도 하고, 항상 극단이나 과잉 또는 결핍으로 흐르기 쉽다. 민주주의는 불안정한 체제라 사물의 본성상 올바른 절도와 균형을 요하는 중용이 설자리가 없다. 게다가 자유는, 앞에서 언급했다시피 체제의 문제가 아니다. 우리가 원해야 마땅한 것을 할 수 있는 것이 자유이기 때문에,[20] 다시 말해 자유는 그 실천뿐 아니라 그 내재적 본성에 따라 '규범적 제약'을 수반하기 때문에, 자유는 제도적 조직을 함축한다. 자유는 결코 단순한 여건이나 자주성이 아니다.[21]

자유는 체제(물론 정치를 부정하는 전제정은 빼고)에 상관없이 국가의 실정법의 매개를 필요로 한다. 따라서 자유는 법률적인 용어로 '법이 허용하는 모든 것을 할 수 있는 권리'[22]로 규정된다. 그러므로 아무도 강제권이나 위협 하에서 자유롭지 않듯이, 법이 금하는 것을 할 때도 자유로운 것은 아니다. 오해되고, 자주성과 혼동되고 있는 자유는 자유의 죽음일 뿐이다. 따라서 자유의 정치가 해결해야 할 진짜 문제는 두 가지 보완적 과제를 지니는데, 하나

18) 같은 책, 제2편 2장, p.16.
19) 같은 책, 제11편 4장, p.167.
20) 같은 책, 제11편 3장, p.167.
21) 같은 책, 제11편 3장, p.167.
22) 같은 책, 제11편 3장, p.167.

는 제도적인 자유의 조건을 만드는 일이고, 다른 하나는 그 만들어진 조건에 따라 국가 속에서 시민의 지위를 규정하는 일이다.

(1) 정치적 자유의 제도적 조건들

정치적 자유는 중용적 정부들에서만 존재한다.[23] 그렇다고 중용적 국가에 항상 자유가 있다는 것은 아니다.[24] 왜냐 하면 플라톤도 이미 비난한 바 있듯이, 정치와 부패는 사촌간이기 때문이다. 그래서 몽테스키외는『정신』제11편 6장에서 입헌군주제의 헌장과 그 헌장이 자유의 토대로 삼는 원리들을 수립했다. 그 핵심은 한 인민의 영혼, 즉 그 국민의 일반 풍조, 관례와 풍습, 전통, 그 국민의 열망 등이 관리들의 자의성에 의해 억압되지 않을 경우에만 한 국가에 자유가 살아 있게 된다는 것이다. 그렇게 되기 위해서는 인민 쪽의 대표들이 자신들의 심리적, 사회적 필요성을 초탈해서 자유 정치의 기본적 요구를 충족시켜야만 한다. 다시 말해, 왕의 권위에 대항하여 인민의 대표들이 왕권의 힘에 필적하기 위한 '전국적 연합'의 상징이 되어야만 한다. 입법부의 국회의원들이 개인적 이익이나 특권을 지키는 일이나 하는, 지역적이거나 사회적 집단들의 심부름꾼이 되어서는 안 된다. 국회의원들은 더 이상 그들의 유권자로부터 받은 명령적 위임을 수행하는 위원들이 되어서는 안 된다. 의회 대표는 '국가 전체'의 수준에서 관여하고, 그리고 또 그래야 마땅하다. 따라서 몽테스키외는 국가 운영에서 '정치 정당'들이 갖는 중요성을 강조한다.[25] 시민들의 대표는 동시에 정당들과 정당의 특정한 의지의 대표로서, 정치적 활성화가 국가의 여권 대 야권 간의 대결 구도로 귀착돼서는 안 될 것이다. 정치

---

23) 같은 책, 제11편 4장, p.167.
24) 같은 책, 제11편 4장, p.167.
25) 같은 책, 제19편 27장, pp.346-347.

적 활성화는 심층적인 삶과 일반 풍조를 반영한다. 다시 말해, 국가가 사회를 대표하는 것이다.

(2) 시민권과 주권 : 인간주의

우리는 몽테스키외의 자유주의 메시지를 권력과 권한의 분배를 규정하는 헌법 조항의 설치로 한정시켜서는 안 된다. 헌법 조항의 설치는 자유 정치의 필요 조건이지 충분 조건은 아니다. 왜냐 하면 헌법 내용이 자유스럽다고 그 시민이 꼭 자유스러운 것은 아니기 때문이다. 그러므로 정치적 자유의 조건들을 시민들과의 관계 속에서도 검토해야만 한다.[26] 정치적 논리에 따라 시민권과 주권이 국가의 2부작이 되는 새로운 시각이 탄생하기에 이른다.

『정신』제12편 2장에서, 정치적 자유는 시민의 안전으로 이루어지거나 아니면 적어도 시민이 안전하다는 여론으로 이루어짐을 환기하고 있다. 그러므로 정치적 자유는 특별한 민법과 형법이 조성하는 정신의 평온함을 함축하고 있다. 여기서 형법을 입법할 때 기술적으로 도입되어할 할 관심사가 바로 윤리적 관심사다 :

"형법이 범죄의 특정한 본성에서 각 형벌을 이끌어낼 때 자유가 승리한 것이다. 모든 자의성이 종결된다. 즉, 형벌이 입법자의 변덕에서 나오는 것이 아니라 사물의 본성에서 나오게 된다. 그리고 인간에게 폭력을 쓰는 인간은 인간이 아니다."[27]

인간의 존엄성과 인간성을 존중하기 위해서는 법의 힘이 사물의 본성에서 어긋나서는 안 되며, 따라서 과오의 결정에서 실수를 범해서도 안 되며, 아울러 법을 확대해서 적용할 것이 아니라 축소해서 적용해야 한다. 왜냐 하면 인간에게는 침범할 수 없는 무언가가 있기 때문이다.

---

26) 같은 책, 제1권, 제11편 1장, p.201.
27) 같은 책, 제1권, 제12편 4장, p.203.

여기서 몽테스키외는 로크처럼 인간 본성 속에서 침범할 수 없는 개인의 자연권을 공표하려고 애쓰지 않는데, 그 이유는 입법자들이 법을 '시민'보다는 '사회'를 위해 제정하며, '인간'보다는 '시민'을 위해 제정하기 때문이라고 말하고 있다.[28] 그럼에도 불구하고 그는 존재자들의 척도 속에서 인간의 우월성이 침범할 수 없는 자유의 토대 속에 있다는 것을 인정하고 있다. 이때부터 일반적으로 사법 기구는 이러한 존재론적 차이를 보존하고 보장하는 일을 맡게 된다. 사실상 이러한 기본적 자유는 타인의 침해와 국가 권력의 남용과 대립할 수 있다. 이 기본적 자유는 정부 권력의 과잉뿐 아니라 모든 다른 시민의 권위주의적 유혹에 제한을 가하고 있다. 따라서 그 뿌리가 형이상학적인 도덕적, 법적 요구는 명령적 의무의 특색을 지니고 있다. 공적 생활에서 뿐 아니라 사적 생활에서 명령을 하는 자리에 있는 사람은 신랄한 야유나 현저한 경멸투를 사용해서는 안 된다. 특히 통치자들은 용서를 해야 하는 사람들이지, 상처를 주거나 모욕하는 사람이 되어서는 안 된다. 공적이든 사적이든 온갖 모욕은 자유에 대한 침해다. 같은 사고 맥락에서 종교에서의 관용도 자유라는 문명에 의해 요구된다.[29]

이러한 사고의 토대 위에서 정치에는 뺄 수 없는 도덕적 차원이 있게 된다. 몽테스키외의 자유주의는 '윤리적 인간주의'를 표방한다. 인간에게서 그 존재의 불가침한 차원을 인정하지 않는 것은 그의 인간성에 대한 범죄적 도발이다. 그 본질에 부합하기 위해서 정치는 인간과 짐승을 분리시키는, 그러나 단순한 자연적 여건이 아닌, 자유의 토대를 무시하거나 우롱해서는 안 된다. 몽테스키외에게 정치 영역은 인간 자유와의 만남에서 끝없는 임무로 나타난다. 정치는 인간주의의 가치를 추구하는 길이다. 왜냐 하면 정치

---

28) 같은 책, 제2권, 제27편 1장, p.203. 따옴표는 필자가 강조를 위해 한 것임.
29) 같은 책, 제2권, 제25편 13장, pp.163-165.

가 규범주의로 전개되게 되고, 그 속에서 인간은 정치를 위태롭게 만들 위험이 있는 것으로부터 정치를 지키는 책무를 맡고 있다. 한마디로 자유주의는 인간의 인간성에 호응하는 것이다.

요약하면 몽테스키외의 자유의 정치는 그 윤리적 의미를 통해 그 헌법 헌장의 기술적 측면을 넘어서며, 그 존재론적 토대를 통해 자유주의적 인간주의가 계몽 시대의 개인주의적 합리주의 열광에서 분리된다.[30]

3) 종합 평가 : 사회적 자유주의

(1) 법적 차원 : 자유주의와 자연주의

존재론적 성격을 지닌 몽테스키외 철학의 기본적 진리관에서 볼 때 자유를 주장하는 것이 자연과 대립되는 일이 아니다. 그가 묘사하는 문명의 소용돌이 속에서 그의 자유주의는 이중적 반박을 간직한 한 자연주의의 표출이다. 다시 말해, 한편으로는 18세기의 사상에 침투하기 시작한 개인주의를 비난하는 것이고, 다른 한편으로는 역사의 쇠퇴 법칙에 대한 방어물을 구축하기 위함이다.

정치적 자유를 시민이 안전하다는 여론으로 규정하는 데서 보듯이 그는 고독한 개인의 본질적 주관성을 신봉하지 않는다. 그는 홉스와는 반대로, 인간은 그 본성상 사회적 존재이고 그의 타고난 성향은 공동체로 사는 것이라고 믿고 있다. 게다가 정치적 자유는 시민법이라는 매개물을 필요로 하기 때문에 정치적 공동체를 넘어선 진리를 상상할 수 없다. 정치적 자유는 공적인 것과 사적인 것의 제휴를 필요로 한다.

몽테스키외의 생각에, 역사가 쇠퇴의 길을 걷는 이유는 인류가 자연의 본래적 평형으로부터 멀어진 탓이라고 본다. 역사의 흐름

---

30) S. Goyard-Fabre, 앞의 책, p.292 참조.

이 쇠퇴의 과정이었다. 이러한 경향 속에서 역사의 법칙은 사물의 자연적 질서의 파행이었다. 로마의 멸망이 바로 그러한 파행적 정치의 비극적 종말이었다. 따라서 자유는 중용적 체제만이 설치 가능한 올바른 환경의 힘에 의해서만 존재할 수 있기 때문에, 자유를 가능케 하는 제도적 양식은 정치 영역에서 이 세상이 본래부터 갖고 있던 우주적 패러다임을 표현하는 셈이다. 몽테스키외는 당대의 사람들처럼 자율의 덕성을 찬양하지 않고, 대신 자연이 인간 조건의 규범이자 인간 가치의 기준임을 환기시킨다.

자유의 수호자인 몽테스키외는 그의 우주론적 틀에 비추어볼 때 근대적 자연주의 명제와는 부합하지 않는다. 아울러 로크와, 빼앗을 수 없는 불가침의 자연법의 이름으로 자유를 옹호한 당대의 사람들과도 일치하지 않는다. 그는 '자유의 정치' 자체에 대한 철학적 이론 작업을 하지 않았고, 『정신』의 서언은 그의 자연주의적 형이상학의 기초가 되는 인간주의에 근거하고 있다. 그럼에도 불구하고 그의 직관은 아주 명료하고 투철해서, 홉스와 당대 사람들에 대한 그의 적대감을 설명하고 정당화시켰을 뿐만 아니라, 18세기 후반기의 철학가들과 루소로부터는 약간의 공감을 끌어내기도 했다.[31]

(2) 경제적 차원 : 자유 교역과 조세 중용

케인즈(Keynes)는 몽테스키외가 아담 스미스(Adam Smith)에 필적하는 가장 위대한 프랑스 경제학자라고 주장한다.[32] 우리는 나름대로 케인즈의 평가 근거를 자유 교역과 조세 중용으로 나눠 살피고자 한다.

---

31) 같은 책, p.294 참조.
32) A. Juppé, Montesquieu : Le Moderne, Perrin / Grasset, Paris, 1999, p.181에서 재인용.

▶자유 교역

물론 몽테스키외는 경제 체계를 구성할 마음을 먹진 않았다. 우리는 그의 저서에서 장황한 이론적 전개를 보지 못한다. 그러나 그는 당시에 비상하기 시작한 근대 경제의 기제에 관심을 갖고 있었고, 흔히 오해되고 있지만, 그의 저서에서 중요한 부분을 거기에 바치고 있다.

무엇보다도 그는 거대한 상속 재산을 관리하고, 자기 포도밭을 경작하고 있는 경제 당사자다. 따라서 상업에 대한 애착과 관심은 남다르다. 그래서 상업 현상에 대해 어느 정도 체계화하지 않을 수 없었고, 그 체계화가 그의 전반적인 정치적 성찰 속에 통합되어 하나의 유형론으로 나타난다. 즉, 상업은 정치 조직인 헌법과 관련되어 있다는 것이다.[33] 그는 사치용 상업과 경제용 상업을 구별하면서, 전자는 일인 정부에서 나타나며, 후자는 다수의 정부에서 나타난다고 본다. 그리고 경제적 행위에 대한 종교의 영향도 포착하고 있다. 『편지』에서 개신교도들은 매일 더욱 부유해지고 강해지는데, 가톨릭 교도들은 더욱 쇠약해지고 있다고 쓰고 있다.

정치적인 동시에 도덕적인 측면에서 몽테스키외는 특히 '유연한' 상업이라는 주제를 발전시키고 있는데, 이 주제는 튀르고(Turgot)나 모렐레(Morellet) 등의 중상주의자들에 의해 18세기 후반에 대단히 유행하게 된다. 몽테스키외에 따르면, 상업은 파괴적인 편견을 치유하며, 유연한 풍습이 있는 곳에는 상업이 번창하고, 상업이 번창한 곳에는 유연한 풍습이 있게 마련이라는 것은 거의 일반화된 규칙이다.[34]

나아가 상업의 역사가 인민들의 의사 소통의 역사라는 기묘한 근대성이 메아리치는 문구까지 사용하고 있다. 상업은 풍습을 유

---

33) 몽테스키외, 앞의 책, 제2권, 제20편 4장, p.4.
34) 같은 책, 제2권, 제20편 1장, p.2.

연하게 할 뿐만 아니라 평화까지 가져다준다. 함께 협상하는 두 나라는 서로 의존적이 되기 마련이다. 만약 한 나라가 사는 데 관심이 있다면 다른 나라는 파는 데 관심이 있게 마련이고, 모든 연합은 상호 필요성에 근거하고 있다.[35]

한마디로 몽테스키외는 자유교역론자로서, 자유의 힘이 법과 규칙의 힘보다 더 크다고 본다. 따라서 그는 교환의 자유를 신봉하고 있으며, 이 교환의 자유야말로 부의 창조자이자 동시에 문명의 창조자로 본다. 이러한 입장에서 그의 경제 사상이 전개되어 심화된다. 그에게는 경쟁이야말로 상품에 올바른 가격을 매기고 상품간의 참된 관계를 세울 수 있다.

그리고 진정한 부는 '우발적인 조공'에서 오는 것이 아니라 '한 나라의 산업, 인구 수, 토지 경작'에서 나온다. 따라서 모든 화폐 조작은 비난받아 마땅하다. 몽테스키외는 환율 결정에서도 시장의 역할을 수용한다. 즉, 한 나라의 화폐 가치는 전체 상인들의 평가에 의해 정해져야지 왕의 칙령에 의해 정해질 수 없다. 왜냐 하면 화폐 가치는 끊임없이 변하며, 수많은 요건들이 관여하기 때문이다.[36]

▶ 조세 중용과 노동에 대한 취향

몽테스키외는 공공 재정의 관리에 대해서도 자유주의적 입장을 견지한다. 『정신』제13편 '조세 징수와 공공 수입의 규모가 자유와 갖는 관계'에서, 그가 먼저 고려하는 것은 시민의 자유를 보장하는 일이다. 따라서 훌륭한 예산과 재정 정책은 시민의 자유와 국가의 요구를 최상으로 타협하는 정책이다. 그리고 국가의 가상적인 요구를 인민의 현실적 요구로 착각해서는 안 된다. 가상적 요구란

---

35) 같은 책, 제2권, 제20편 2장, p.3.
36) 같은 책, 제2권, 제20편 10장, p.75.

통치자들의 열정과 취약점이 요구하는 것이고, 유별난 계획이 주는 매력에 이끌리는 것을 말한다. 아울러 허황된 영광과 환상에 빠진 정신 상태에서 나오는 갈망을 가리킨다.

우리의 관심사는 몽테스키외가 재정적 중용을 옹호하면서 재정적 가혹성을 비판한 데 있다. 그의 요지는 가혹한 세금이 적정한 세금을 죽인다는 데 있다. 가혹한 세금은 인민의 진취적 정신과 노동 의욕을 황폐화시킨다. 몽테스키외는 이론가 이전에 경험에 근거한 현실주의자로서 항상 중용에 마음쓰고 있는 인간주의자다. 그는 자유가 국제 교역과 경제 성장을 촉진하고, 경제가 풍요로운 수입을 만들어낼수록 더욱 화폐 가치의 안정성이 보장되고, 경쟁이 적정 가격을 보장하고, 재정적 중용이 개인의 진취적 정신을 고무시킨다는 것을 납득하고 있었던 근대 자유주의자다. 그런데 그의 자유주의에는 강력한 도덕적, 사회적 책무가 따른다. 인간의 얼굴을 가진 자유주의라고 할 수 있다.[37]

그런데 상업이 순기능만 하는 것이 아니라 부패 문제도 일으킨다. 몽테스키외는 공론(空論)과 함께 이 부패를 아주 혐오한다. 영국에 머물 때 그는 돈이 최고로 대접받고 명예와 덕성은 별 대접을 못 받고 있는 것에 주목한다. 중상주의 정신은 확실히 부의 창출에 유리하지만 풍습을 부패시키고 사람들을 분열시키며, 개인주의로 이끌고 사회적 유대를 파괴한다. 이런 대표적인 나라가 영국이고 더 심한 나라가 그가 혐오하는 네덜란드인데, 이곳에서는 모든 봉사가 돈으로 거래된다.

이런 상업의 역기능에 대한 대책은 무엇일까?[38]

몽테스키외의 첫 반응은 거의 피상적이고 문화적인데, 그의 반응에서 우리는 계급적 반영을 볼 수 있다. 그의 눈에는 사회적 역

---

37) A. Juppé, 앞의 책, p.188.
38) 같은 책, pp.189-194 참조.

할 분야들이 혼동되어서는 안 되고, 징세관에게는 재정을 맡기고 귀족에게는 명예를 맡기는 것이 중요했다. 그렇지 않으면 권력 조직이 위협받게 된다. 상업 활동은 인민의 업무여야 한다고 주장한다. 노동에 대한 열정, 부자가 되고픈 취향은 평민에게나 어울린다. 귀족은 그러한 유혹에 빠져 파멸되는 것을 경계해야 한다. 영국에서 귀족에게 상업을 허용해온 관습은 군주 정부의 약화를 초래하는 데 최대로 기여한 것 중의 하나다. 당시 진행되고 있던 자본주의 경제 기제를 이해하고 분석하여 자유 교역과 경쟁에 문명적이고 평화적인 덕성을 부여한 뒤, 몽테스키외는 반동적인 귀족 편견에 사로잡힌 것 같다.

역사적인 관점에서 보면 상업이라는 직업은 그리스도를 못박아 죽인 유태 민족이 전넘해왔다. 몽테스키외는 상업의 재건에서 유태인이 한 역할에 대해 존경을 표한다. 즉, 유태인들은 어음을 발명해냄으로써 상업이 폭력을 모면할 수 있게 했고, 나아가 세계적으로 유지될 수 있도록 했다. 어음이야말로 정치로부터 경제를 해방시킨 상징물이라고 할 수 있다. 유태인의 재산을 국가 몰수로부터 벗어나게 하기 위해 고안된 재정 기법이 상업 해방의 원동력까지 되었던 것이다.

그런데 주로 15세기에 발견된 신대륙들과의 교류 발전으로 이루어진 유럽의 경제 성장은 위험도 수반했다. 여기서 몽테스키외는 유럽 자본주의의 활성화로 생긴 새로운 부의 형태를 아주 명확하게 분간하는데, 새로운 형의 주요한 부는 더 이상 부동산이 아니라 동산으로 보고 있다. 부동산은 보통 특정한 나라의 주민들에게 속함으로써 특정한 개별 국가의 소유인 데 반해서 동산은 전 세계에 속하며, 따라서 국가들 사이의 치열한 경쟁의 대상이 된다. 장차 근대 국가의 힘은 부동산의 부에 달려 있지 않고 가장 다양한 형태의 상업 자본을 축적할 수 있는 능력에 달려 있다.

결국, 몽테스키외가 보는 상업의 위험에 대한 대응책은 중용 정신에 있다. 상업의 자유는 정치의 개입을 피할 수 없으므로 상업이 있는 곳에 세관이 있게 마련이다. 그런데 국가는 세관과 상업 사이에서 중립을 지켜야만 한다. 개입은 하되 중립을 지키라는 말은 중용적이어야 한다는 뜻이다. 우리는 몽테스키외가 과잉 세금에 대해 신랄한 비판을 하고 있음을 상기해야 한다. 그리고 상업의 자유란 상인들이 원하는 것을 할 수 있도록 하는 능력이 아니다. 상인들을 부자유스럽게 하는 것이 바로 상업을 부자유스럽게 하는 것은 아니다. 자유 국가에서도 상인은 수많은 모순을 발견하며, 노예 국가들보다 결코 법의 규제를 덜 받는 것도 아니다.

자유란 근대적 입법의 틀 속에서만 행사될 수 있다. 이 자유는 노예 제도나 전제정과 크게 다르지 않은 '무모한 방종'과 구별되어야만 한다. 그런데 상업을 구속하는 일이 좋지 않다면 역시 정치 권력이 공공 선을 보장하는 책임을 질 수밖에 없다. 공공 선은 시장의 자유로운 운영에서 자동적으로 생겨나지 않는다고 몽테스키외는 믿고 있다.

한마디로 그는 근대 자유주의자로서 시장경제의 장점과 기제를 잘 이해하고 있고, 과잉 현상을 규제하기 위해 행동 수칙이 있을수록 더욱 자유가 번성한다고 믿으며, 경제 생활에서도 도덕적 책무를 항상 최대 관심사로 부각시켜, 결국 모든 정치, 경제 체계에서 인간적 차원을 부각시켰다고 해석할 수 있다.

(3) 사회적 차원 : 사회적 인간주의

몽테스키외는 『정신』 제23편 29장 '자선시설'에서, 사람이 가난한 것은 무일푼이기 때문이 아니라 일하지 않기 때문이라고 주장한다. 재산이 없어도 일하는 사람은 일하지 않으면서 100에퀴(옛 금화)를 갖고 있는 사람만큼 유복하다. 그리고 일하는 노동자는 자기 자식들에게 늘어날 수 있는 기술을 남겨두는 반면에, 재산가는 자식이 여럿일 경우 그 재산을 쪼갤 수밖에 없다. 그 결과로 일하는 사람이 재산가보다 더 부유해지거나, 아닐지라도 재산가 정도만큼 부유해질 수 있다. 여기서 우리는 그가 노동의 미덕을 신뢰하고 있음을 볼 수 있다. 나아가 그는 가장 가난한 사람들에 대한 연대 의식을 요구한다. 같은 장(章)에 보면, 많은 사람들이 자기 기술만을 갖고 있는 상업 국가에서 국가는 노인들, 환자들, 고아들에게 필요한 것을 제공해주지 않으면 안 된다. 길거리에서 헐벗은 사람에게 동냥을 주는 것이 국가의 의무가 아니고, 국가의 의무란 모든 시민들에게 안전한 호구지책, 식량, 편한 의복, 건강을 지키는 생활 양식을 보장하는 일이다. 그리고 국가는 시장의 순기능에 필요한 안전을 보장하는 일에만 몰두해서는 안 된다. 공공 선이 반드시 자유로운 교환에서만 나오는 것이 아니기 때문에, 필요하다면 특정한 이익 진영을 제약하면서 국가가 개입하는 것이 중요하다. 몽테스키외의 국가의 사회적 개입의 발상은 어디까지나 위기의 경우로만 한정되어 있음을 주목해야 한다. 위기 때 국가는 인민이 고통을 당하지 않도록 하기 위해서나 폭동을 일으키지 않도록 하기 위해서 신속한 구호 조치를 할 필요가 있다. 같은 장(章)에서 그는 상업 국가와 가난한 나라를 구분하면서, 상업 국가에서만 재난에 대비할 수 있는 자선 시설이나 그에 해당하는 규정이 필요하다고 주장한다. 이에 덧붙여, 재난에 따른 그때그때의 구호가 상시적 설치보다 더 낫다고 본다. 불행은 일시적인 일이기 때문에 개별적 사건에 대응할 수 있는 일시적 구호가 필요하다. 따라서 그는 자선 시설의 체계적인 증식을 비난하는데, 그 주된 이유는 그 증식이 '나태 정신'을 조장할 우려가 있기 때문이다. 상업 정신만이 빈곤을 제대로 물리칠 수 있다고 확신하고 있다. 세상의 모든 자선 시설들은 개인적 빈곤을 치유할 수 없는 반면에, 가난한 사람들이 품게 되는 나태 정신은 전반적 빈곤을 증대시키고 그 결과 개인의 빈곤이 늘어나게 된다.

따라서 몽테스키외는 사람들을 위험한 비생산성으로 이끄는 구제의 악순환을 끊을 것을 정치가에게 권고한다. 그는 적절하지 않은 사회 정책의 폐해의 대표적 사례로 근대 로마의 경우를 들고 있다. 로마에서는 자선 시설이 모든 사람을 안락하게 한다. 단 노동하는 사람, 생업을 가진 사람, 기술을 연마하는 사람, 땅을 가진 사람, 상업을 하는 사람은 제외된다. 이와 반대로, 그는 영국의 헨리 8세의 조치를 찬양했다. 헨리 8세는 영국인들에게 상업 정신을 회복시켜 부유하게 만들기 위해서 매우 유용한 두 가지 조치를 취했다. 첫 번째 조치가 수도원의 폐지였는데, 그 이유는 나태한 국민 표본인 수도사들이 귀족과 부르주아들을 수도원에서 무료로 숙박시킴으로써 귀족들의 나태를 유지시켰기 때문이다. 그래서 무수한 무위도식 무리들이 수도원에서 수도원으로 몰려다니면서 삶을 유지했다. 두 번째 조치로, 헨리 8세는 수도원이 귀족층에 타락한 효과를 미치는 것과 똑같은 타락 효과를 '하층민'에게 미치는 자선 시설들을 폐지했다.

같은 장의 말미에서, 몽테스키외는 헨리 8세의 조치 이후 영국에 상업과 생업 정신이 확립되었다고 요약하고 있다. 이러한 몽테스키외에게서 우리는 사회적 인간주의자의 면모를 읽을 수 있다.

5. 맺음말

몽테스키외는 여러 가지 시각들을 결합하여, 역사적 현실과 자연에서 도출된 원리 사이에 긴장을 유지시켰다. 그가 서술한 공화정에서의 시민 생활의 매력은 나중에 미국 혁명과 프랑스 혁명에서 헌법을 입안하고, 정치적 프로그램을 만든 수많은 사람들의 이상(理想)이 되기도 했다. 미국 4대 대통령이었던 매디슨(Madison)은 몽테스키외의 권력 분리에 대한 심리학적, 사회학적 근거에 공감하여, 집단간의 협상 과정을 중시하고 권력을 분리시켜 맞대응시키는 정치 모델을 채택하기도 했다. 미국의 연방주의도 소공화국들의 생존 문제에 대한 몽테스키외의 해법에 크게 의존하고 있다.

이 논문의 중심 주제인 자유를 위한 옹호는 그를 근대적 정치철학자의 한 사람으로 자리매김하고 있다. 철학적 계보상으로 몽테스키외는 아리스토텔레스의 철학, 특히 도덕과 정치철학을 통해 인간과 자연의 결합을 배웠다. 그는 사물의 본성에서 도출된 원리의 힘이 모든 것을 움직인다고 본다.[39) 그렇다고 인간이 자연의 필연성에 복종해야 한다고 결론짓기에는 그의 입장이 너무 신중하고 미묘한 데가 있다. 그의 정치관은 존재론적이고 도덕가치론적 문제 제기에서 비롯한다. 따라서 그는 현존과 당위를 분리시키지 않고 서술적 방식으로 규범적 성찰을 혼합하고 있다. 그의 시대의 대부분의 철학자들이 이성에 근거한 합리화 작업에 몰두하고 있을 때 그는 그들의 외곽에서, '고전주의'에 충실하면서 '올바른 환경'과 중용의 덕성을 찬양했다. 그는 로크 훨씬 이전의 고대 철학이 제기한 분별 있는 이성에 대한 요청을 잘못 받아들이고 있는 합리적 이성의 위험을 이미 일찍이 깨닫고 있었다.

한마디로 몽테스키외의 저서는 '근대성'의 한복판에서 '고대인'의 정신으로 참여하고 있다. 다시 말해, 인간의 사회성은 자연스러운 것이고 개인의 독립 및 자율과 거리가 먼 자유는 덕성과 책임감의 문제며, 법의 가치는 합목적성의 부합 정도에 따라 평가되고, 사회의 건강성은 이론적 계산에서 나오는 것이 아니라 지혜와 중용이라는 기준에 따라서 평가된다는 것이 그의 입장이다.

---

39) 몽테스키외, 앞의 책, 제1권 제8편 11장, p.130.

몽테스키외에게는 자연과 자유 사이에도 대립이 없다. 왜냐 하면 규범성이란 것도 현실의 구조에 따라서 규정되기 때문이다. 존재자와 존재자의 행위의 질서 속에는 존재자가 질 책임의 길이 나타나 있다. 그 길을 따르는 것으로 족하다.

이론적이고 사변적인 것을 혐오한 몽테스키외에게, 인간의 자유는 항상 구체적이고 체험적인 것으로서 자유에 대한 위협이 가해질수록 더욱 자유는 헤아릴 수 없는 가치를 지니고 있는 것으로 느껴졌다. 장차 자유를 누리는 방법으로 그는 '자유 정치의 법'을 만들어 실천하는 일이 사람들의 과업이 돼야 한다고 본다. 결론적으로 몽테스키외에 따르면, 자유의 길은 자연의 법으로 거슬러 올라가는 길이며, 시민법과 정치법은 그들의 실정법의 상관성이 자연법의 보편성을 존중할 경우에만 인간의 자유를 실현시키게 된다.

□ 참고 문헌

몽테스큐 지음·신상초 역, 『법의 정신』, 을유문화사, 서울, 1964.

Bergeron, Gérard, *Tout était dans Montesquieu: Une relecture de l'esprit des lois*, L'Harmattan, Paris, 1996.

Bersot, Ernest, *Etudes sur la Philosophie du XVIIIe siècle: Montesquieu*, Librairie Philosophique de Ladrange, Paris, 1852.

Carrithers, D. W., Mosher, M. A. & Rahe, P. A. (Ed.), *Montesquieu's Science of Politics*, Rowman & Littlefield Publishers, Lanham, 2001.

Cohler, A. M., Miller, B. C. & Stone, H. S. (Ed.), *The Spirit of Laws*, Cambridge University Press, Cambridge, 1989.

Dedieu, J., *Montesquieu*, Hatier, Paris, 1966.

Durkheim, E., *Montesquieu and Rousseau : Forerunners of Sociology*, The University of Michigan Press, Ann Arbor, 1960.

Goyard-Fabre, Simone, *Montesquieu : la Nature, les Lois, la Liberté*, Press Universitaire de France, Paris, 1993.

Juppé, Alain, *Montesquieu : Le Moderne*, Perrin / Grasset, Paris, 1999.

Lechat, Jean, *La Politique dans l'Esprit des lois*, Editions Nathan, Paris, 1998.

Montesquieu, *De l'Esprit des lois*, Tome I, Tome II, Editions Garnier Frères, Paris, 1973.

Pangle, Thomas L., *Montesquieu's Philosophy of Liberalism : A Commentary on The Spirit of Laws*, The University of Chicago Press, Chicago, 1973.

Richter, Melvin, (Trans. and Ed.), *Montesquieu : Selected Political Writings*, Hackett Publishing Company, Indianapolis, 1990.

제 8 장
볼테르의 계몽주의 사상

이 성 형(세종연구소 연구원, 정치학 박사)

1. 서 론

18세기는 볼테르의 시대였다. 1694년에 태어난 이 계몽주의의
사도는 프랑스 혁명이 터지기 11년 전인 1778년에 서거했다. 그는
프랑스 혁명을 예고한 사상가였다. 실제로 프랑스 혁명이 터진 뒤
2년 후에 지지자들은 그의 시신을 '영예의 전당'인 팡테옹으로 이
장했다. 그는 생전에 앙시앵 레짐을 개혁하여 체제를 구원하고자
했건만, 루이 15세 시대의 상층 엘리트들은 그의 목소리에 귀를
기울이지 않았다. 하지만 재사들이 살롱과 카페에서 칼 대신 말로
대결을 벌이던 18세기에 그는 제왕처럼 군림했다. 몽테스키외와
루소는 당대의 라이벌이었다. 낡은 체제가 무너지기 시작하기 전
에 새 시대를 예고한 그는, 이성과 자유 그리고 관용과 같은 새로
운 가치를 열렬하게 옹호했고, "파렴치를 쳐부수자"고 외쳤다.

볼테르는 루이 14세 치세의 후반기인 1694년에 태어났다. 본명
이 프랑수아-마리 아루에(Francois-Marie Arouet)인 그는 예수

회 학교인 콜레주 루이-르-그랑을 다녔지만, 역설적이게도 가톨
릭 교회와 예수회는 평생 그가 대적해야만 했던 적이 되었다. 프
랑스 망명 생활을 하던 볼링브로우크 경과의 교우를 통해 일찌감
치 로크를 읽게 되었고, 곧 영국의 이신론과 경험주의 사상의 세
례를 받게 되었다. 그는 뒤이어 영국 망명 시절을 통해 이 사회를
관찰했고, 곧 균형 감각을 잃을 정도로 영국의 정치 제도와 사회
분위기를 좋아하게 되었다.

볼테르는 루소와 몽테스키외와 당대를 함께 누렸던 사상가, 철
학가, 행동가였다. 그는 루이 15세의 궁정을 드나들었고, 프러시아
의 프리드리히 대제와도 교분을 나누었으며, 러시아의 예카테리
나 여제와 서신을 주고받았다. 그는 이들에게 계몽 군주로서 갖추
어야 할 덕목을 설파하기도 했고, 앙시앵 레짐을 받치고 있는 교
회와 귀족 세력들을 어떻게 개혁할 것인지 조언하기도 했다. 그는
무엇보다 시, 극작품, 역사서, 철학적 콩트를 통해 계몽의 사상을
실천한 "참여문학가(litterateur engage)"였다. 또 당대의 뛰어난
재사였던 루소와 몽테스키외의 저서들을 신랄하게 비판한 사상가
이기도 했다. 하지만 그는 정작 체계적인 정치 사상 저술을 남기
지 않았다. 대신 『철학사전』이나 서한집들을 통해 자신의 사상을
표현했다. 유일한 예외가 있다면 칼라스 사건의 전모와 종교적 관
용의 계보사를 정리한 『관용론』이 이에 해당할 것이다.

그런 점에서 볼테르는 정치 사상사의 분야에서는 루소나 몽테
스키외와 달리 변두리로 밀려나 있다.[1] 오늘날 문학계에서 그의
시, 극작품은 거의 읽지 않고, 겨우 「캉디드」나 「자디그」 같은 몇
몇 철학적 콩트만 읽는 실정이다. 그의 방대한 역사서들도 아마

---

1) Peter Gay(1988)의 훌륭한 해설서가 아마도 예외적인 저서일 것이다. 필자는
이 글에서 게이의 저서를 크게 참조하였다. 볼테르의 방대한 저서도 주로 몇몇
편자들이 편집한 선집을 주로 참조하였다. 필자가 참조한 것은 Thacker(1971),
Voltaire / Pomeau(1994)다.

읽히지 않는 것은 마찬가지일 터다. 하지만 그는 당대 누구보다 정치 현실을 꿰뚫고 있었고, 풍부한 교분을 통해 정치에 개입했으며, 또 그를 필요로 하는 억압받은 사람들에게도 구원의 손길을 거부하지 않았다.

볼테르는 당대 앙시앵 레짐이 자행하는 억압에 분노를 느꼈으며, 어떻게 하면 인치를 넘어서 법의 지배를 제도화할 수 있을까 고민했던 자유주의자였다. 그는 "문명국이라면 의당 복수가 오로지 법률에 달려 있는 나라"라고 말했다. 그는 "파렴치를 쳐부수자(Ecrasez l'infame!)"라고 외쳤지만, 당대의 문제점에 급진적인 해결책을 제시한 루소나 고대사에서 교훈을 찾으려 했던 몽테스키외의 이론적 사고에 대해서는 의심의 눈초리로 보았다. 경험주의자였고 개혁가였던 그는 과격한 변화, 즉 혁명을 거부했다. 또 그는 자신이 보고 경험하지 않은 것을 일반화하길 거부했다. 여행과 관찰을 통해 습득한 경험적인 지식만이 실제로 도움이 되지 방대한 고대사에서 추출한 일반화나 사변적 논리로 만든 시스템은 거부했다.

열정에 넘쳐난 그의 글귀들은 정확성은 떨어졌지만 설득력이 있었다. 그는 계몽 시대에 누구보다 탁월했던 실천가였다. 그의 성공과 좌절은 곧 프랑스 사회의 성공과 좌절이 되었다. 그가 제시했던 개혁 프로젝트가 여러 번 재상들에 의해 간헐적으로 실시되었지만 종국에는 우유부단한 군주에 의해 제자리로 돌아오고 말았다. 1778년 그가 28년간의 외유 생활을 끝내고 파리로 귀환했을 때, 프랑스 절대 왕정은 더 이상 개혁을 할 능력도 의지도 없었고, 제3신분의 좌절감은 점차 확산되고 있었다. "혁명은 볼테르가 파리에 입성하는 1778년 2월 10일에 시작"되었다고 앙드레 벨소르가 말했다.

2. 영국 자유주의와 경험주의의 옹호자

볼테르는 일찍부터 작가의 꿈을 키웠다. 그렇지만 당대의 작가나 음악가는 귀족들의 식객이나 기쁨조 취급을 받았다. 천재적인 음악가 모차르트도 자신의 주인과 계약을 할 때 음악 외에도 시종의 일을 함께 하도록 권유를 받았다고 한다. 시인으로 입신 출세를 하겠다고 마음을 굳힌 중간 계급 출신 볼테르는 이런 사회적 관행 때문에 마음의 상처를 크게 받았다. 고집이 세었던 그는 때때로 상층 귀족 자제들과 충돌을 빚기도 했고, 그 덕분에 핍박을 당하였고 영국으로 쫓겨난 적도 있었다.

그는 일찍이 섭정 오를레앙 공작을 풍자한 혐의로 바스티유 감옥에 11개월간 갇히기도 했다. 감옥에서 쓴 최초의 비극 작품인 『외디프』의 공연이 히트를 치자, 사람들은 그를 라신느를 잇는 위대한 극작가라고 추겨 세웠다. 볼테르란 필명은 이즈음 사용하기 시작한 것으로 보인다. 베르길리우스의 『아이네이드』를 흉내내어 쓴 앙리 4세 이야기 『앙리아드』는 이전 작품만큼 성공하진 못했다. 하지만 그는 그동안 떨친 문명으로 섭정 공에게서 연금을 받는 궁정 시인의 지위를 얻게 되었다.

철학자(philosophe) 볼테르는 이즈음 프랑스에 망명을 온 볼링브로우크 경의 충고로 영어를 배워 존 로크의 저작을 탐독했다. 그와 영국의 만남은 우연치 않게 생긴 한 귀족 자제 슈발리에 드 로앙과의 싸움 때문에 깊어진다. 드 로앙과의 싸움으로 그는 다시 한 번 바스티유 신세를 지게 되고 종국에는 영국으로 쫓겨났다.

영국에 2년간 살게 된 그는 프랑스 사회와 다른 모습에 너무 놀랐다. 『철학서간』(1734)에서 그는 영국 사회를 이렇게 묘사한다. "런던 왕립 증권 시장을 한 번 보자. 수많은 재판소보다 훨씬 존경을 받는 곳이다. 당신은 온 나라의 대표들이 모여 인류에게 봉사하는 것을 보게 될 것이다. 그곳에는 유태인, 무슬림, 기독교인이 같은 종교를 신봉하는 양 거래를 한다. 파산한 사람만이 불신자의 이름을 얻게 된다. 그곳에는 장로교인이 재세례파를 믿으며, 성공회 교도가 퀘이커 교도의 약속을 받아들인다. 이 평화롭고 자유로운 집회가 끝나면, 몇몇은 유태인 회당으로 가고, 다른 이들은 한 잔 걸치러 간다. … 그리고 모두가 만족한다. 영국에 하나의 종교만 허용된다면, 정부는 전횡적이 될 가능성이 매우 높다. 만약 두 개가 허용된다면, 사람들은 서로 상대방의 목을 겨눌 것이다. 그러나 수많은 종교가 있기 때문에 그들은 행복하게 평화롭게 살고 있다"(Thacker 1971 : 15).

그는 "철학자들의 나라" 영국에서 본 종교적 관용, 상업적 성공, 입헌 정치, 예술과 과학의 진흥, 시민의 자유에 놀랐다. 카스트와 귀족이 지배하는 조국 프랑스와는 너무 달랐던 것이다. 영국 사회는, 적어도 볼테르가 보기엔 개방 사회였고, 신분보다는 탤런트를 중시하는 사회였다. 무엇보다 여기에는 "자유의 열매이자 행복과 풍요의 기원인 관용"이 있었다. 그는 프랑스 사회에 특히 결핍된 종교적 관용이 특히 눈에 들어왔던 것이다. 고국에서는 낭트칙령이 폐지된 이래 신교도에 대한 박해가 특히 심했고, 예수회와 장세니스트들 사이의 싸움도 만만치 않았다.

정치 제도도 프랑스와는 달랐다. 영국의 하원(House of Commons)은 사실상 영국 인민의 "합법적 권위체"로 자리를 잡았고, 귀족의 상원(House of Lords)은 경제적 기초가 허약한 귀족들의 집합체라 이미 힘이 빠져 있었다. 권력 통합의 중심인 왕권도 법률로 제어되고 있었기에, 볼테르는 영국식 입헌군주제는 "평민, 귀족, 군주의 콘서트"라고 우호적으로 평가했다.[2] 물론 이런 평가는 당시

---

[2] 몽테스키외의 『법의 정신』도 영국을 모범적인 정체로 묘사하고 있다. "영국

영국 정치에서 배제된 평민의 문제, 선거 조작, 과두제적 성격을 애써 무시하는 것이긴 했지만, 특권층이 존재하고, 과도하고 자의적인 조세, 과도한 형벌 제도를 가진 프랑스의 군주정과는 확실히 다른 것이었다.

볼테르의 영국에 대한 사랑은 그가 죽을 때까지 지속되었다. 사랑의 범위도 제도에 끝나지 않았다. 그는 방법론적으로도 대륙의 시스템 메이커들(system-makers)을 좋아하지 않았다. 로크의 경험론과 뉴턴의 귀납법을 옹호했던 그는 데카르트, 라이프니츠, 스피노자, 말브랑슈를 평생 천적처럼 비판했고, 구체적인 경험의 세계를 강조했다. 그는 『철학서한』에서 로크의 경험론을 이렇게 소개했다.

"로크 씨는 뛰어난 해부학자가 신체의 혈액 흐름을 설명하듯 인간 정신을 우리에게 펼쳐보인다. 그는 가끔 단도직입적으로 말하면서도 의심의 끈을 놓지 않는다. 우리가 알 수 없는 것이라고 결론을 내리지 않고, 우리가 아는 것을 차근차근 검토한다. 그는 정신의 탄생 시점에 어린이를 내세운다. 차근차근 어린이의 오성이 발전하는 과정을 추적한다. 어린이와 야수가 공유하는 점, 어린이가 야수를 능가하는 점을 검토한다. 무엇보다 로크 씨는 스스로 묻는다. 그는 스스로 생각하고 있다는 것을 인지한다. … 이까지 전개한 명백한 원리로부터, 관념이 감각을 통해 정신으로 진입함

은 현재 모든 공화국을 포함하여 세계에서 가장 자유로운 나라다. 이 나라의 군주는 그의 권력이 법에 의해서 통제되고 제한되어 있어서, 누구에게든 해를 가할 권능을 가지고 있지 않기 때문에 나는 이 나라를 자유롭다고 부른다." 몽테스키외는 권력 분립과 양원제에서 영국의 장점을 찾아낸다. 영국의 입법부는 평민의 하원과 귀족의 상원으로 나뉘어 있는데, 그는 상원에 자리잡고 있는 귀족과 국교회 주교들이 하원을 통제하면서 왕정을 떠받치고 있는 견고한 버팀대라고 평가한다. 몽테스키외는 영국 정치에서 상원의 역할을 강조함으로써, 프랑스 정치에서도 귀족들이 균형자적 중간 권력의 역할을 할 수 있다는 논리를 편다. 반면 볼테르는 상원의 허약함이 영국 정치의 강점이라고 보았다.

을 보여준다. 단순 관념과 복합 관념을 검토하고, 다양한 변형을 통한 인간 정신을 추적한다. 세계의 모든 언어가 불완전하다는 점을 보여준 다음, 매 순간 사용하는 말들이 얼마나 오용되고 있는지 밝혀낸다. 마침내 그는 인간의 지식의 범위 또는 그 협애한 한계를 검토한다. … 그리고는 겸손하게도 이렇게 말한다. '아마도 우리는 순수하게 물질적인 존재가 생각하는지 못하는지도 알 수 없습니다'"(Thacker 1971 : 19).

프랑스인이었지만 데카르트의 관념론을 거부했던 그는 로크의 경험론을 평생 자신이 세계를 인식하는 방법론으로 받아들인다. 그는 이론적 상상보다는 구체적 경험이나 여행을 통해 새로운 지식을 쌓고 그것을 서로 비교하는 것을 좋아했다. 여행이 불가능한 경우 선교사들이나 여행자가 쓴 여행기나 보고서를 천착했다. 『캉디드』에서 그는 툰더 텐 트론크 성을 떠나 세계 일주 여행을 하면서 지식을 구하는 주인공을 내세웠다. 『자디그』에서도 마찬가지다. 구체적 경험의 세계를 강조한 것이다. 캉디드는 이렇게 말했다. "확실히 여행은 해볼 필요가 있어."

그는 관념의 세계에 머문 사상과 이론을 경멸했고, 리얼리즘에 기초한 정치적 비판을 자신의 목표로 삼았다. 『캉디드』에서 팡글로스나 마르틴은 형이상학적 합리주의로 사물의 현상을 설명한다. 반면 주인공 캉디드는 수많은 고비를 느끼며 세상의 부조리와 비합리를 몸소 경험한다. 캉디드의 여행기는 바보들의 '천국'에서 현실 세계로 귀환하는 볼테르의 방법론이 잘 담겨 있다. 그 역시 당대의 이론가들과는 달리 고국 프랑스를 떠나 영국, 프러시아, 제네바, 스위스를 전전하며 지식과 경험을 구했고, 또 부지런히 외국에서 보낸 보고서와 여행기를 읽기도 했다.

3. 군주정의 개혁 : 몽테스키외와의 논쟁

16세기 프랑스는 종교 전쟁으로 한바탕 소란을 피웠다. 1560년
부터 1598년까지 거의 40년간 프랑스 인들은 영국과 스페인의 개
입을 수반한 가장 참혹한 동족상잔을 경험했다. 1572년에는 구교
도가 신교도를 학살한 성 바르톨로매 학살 사건이 있었다. 종교
전쟁은 1598년 앙리 4세의 낭트칙령 반포로 가까스로 진화되었다.
17세기에는 과도한 조세에 저항한 농민 반란과 도시 민중의 반란
이 끊이지 않았다. 루이 14세는 1685년 낭트칙령을 폐지했다. 신
앙의 자유를 잃은 위그노들은 나라를 떠나기 시작했다. 내전을 겪
은 프랑스는 18세기에 들어와서도 계급 전쟁이 끝나지 않았다.

루이 15세가 집권했던 시대는 '태양왕' 루이 14세 시대를 뒤이
은 화려한 프랑스 문명이 꽃을 피운 시대이기도 했다. 하지만 점
차 재정이 문란해지고 변덕스런 전제 정치가 그 모습을 드러내기
시작했던 시절이기도 했다. 특권층인 귀족들이나 사제들은 각각
고등법원이나 교회와 수도원을 배경으로 기득 권력을 효과적으로
방어하고 있었다. 루이 14세 시절부터 잦은 전쟁의 비용이나 궁정
의 헤픈 씀씀이는 결국 하층 계급에게 전가된 조세 수입으로 충당
되었다. 가난한 사람들은 더욱 가난해졌다. 도시민들도 식량 부족
이나 빵 가격 인상으로 괴로움을 겪고 있었다. 당시의 실상을 잘
전달하는 이런 이야기가 전한다.

"루이 15세는 꿈속에서 네 마리 고양이가 싸우는 것을 보았다.
하나는 피골이 상접한 놈, 다른 하나는 뚱뚱한 놈, 또 다른 하나는
애꾸눈, 나머지 하나는 두 눈이 먼 고양이었다. 꿈을 해몽해보라고
하니 이렇게 대답한다. 피골이 상접한 고양이는 전하의 백성들이
고, 뚱뚱한 고양이는 금융가 집단입니다. 애꾸눈 고양이는 전하의
조신들이고, 눈먼 고양이는 아무것도 보지 않으려는 전하를 가리

킵니다"(Henri Carre, *Louis* XV, 166 ; Gay 123에서 재인용).

낭트칙령을 폐지한 뒤 가톨릭 교회의 프로테스탄트 탄압도 점점 거세졌고, 위그노 신도들은 점차 이웃 나라로 이민을 떠났다. 종교적 관용이 사라진 프랑스 사회에 종파 세력들 사이의 갈등은 점점 노골화되었다. 교황 세력의 전위 예수회와 고등법원에 포진해 있는 장세니스트들 사이의 갈등도3) 만만치 않았다. 사회의 특권과 기득 이익을 고수하려는 세력들은 모든 비용을 하층 계급에다 전가시켰다. 궁정에서 살롱에 이르기까지 위기를 실감하게 되었고 여기저기 개혁의 목소리가 높았다. 그렇지만 어떻게 프랑스 사회를 개혁할 것인지, 누가 개혁의 주도 세력이 되어야 하는지를 놓고는 의견 대립이 심했다.

철학자들을 포함한 일련의 지식인들은 대체로 '왕권주도론 (these royale)'에 찬성했다. 볼테르도 왕권 주도의 개혁을 주장했다. 왕권주도론은 개혁의 주체가 왕권이 되어 봉건 귀족과 교회 세력의 저항을 봉쇄해야 한다고 주장했다. 장 보댕의 『공화국에 대한 6권의 책』(1576)이나 리슐리외, 보쉬에 등이 주장한 왕권주도론은 실제 루이 14세(1661~1715)의 "짐이 곧 국가다"란 언명에서 잘 드러난다. 루이 14세는 실제로 입법, 행정, 사법의 3권을 장악하여 귀족들과 교회 세력을 복종시켰다. 그는 '국가 이성'을 근대적 주권자로 격상시켰고, 자신이 "국가의 주인이자 종복"이라고 주장했다.

---

3) 장세니즘(얀센주의)은 얀센, 아르노, 메델 등에 의해 시작된 도덕적 가톨리시즘 운동이다. 얀센은 성 아우구스티누스에 대한 재해석을 통해 은총과 예정에 관한 신비주의 사상을 설파했다. 이들은 빈번한 영성체보다 "개인적인 방식으로 신을 느끼는" 것을 강조했다. 파리 교외의 시토수도회 수녀원인 포르-루아얄이 중심이 된 이 운동은 당시 교양 있는 파리의 부르주아지, 특히 파리 고등법원의 판사들에게서 지지를 받았다. 장세니즘에 따르면 선행은 그 자체로 의미가 있는 것이지, 그 때문에 영생이 주어지는 아니라 보았다. 당연히 예수회는 이들을 이단시했고, "칼뱅주의 재탕"이라 비난했다. 뒤비, 망드루, 1995 : 450-453.

반면 귀족균형론(these nobiliaire)은 왕권주도론이 전제 정치로 이르는 길이라고 맞받아쳤다. 이들은 과거 역사 또는 증명하기 힘든 옛 이야기를 끄집어내어, 강력한 중간 권력이 존립해야 함을 역설했다. 전제 정치에 빠지지 않기 위해서는 신분 회의나 삼부회가 입법의 권리나 조세승인권을 가져야 한다는 생각이었다. 당연히 교회의 특권도 유지되어야 한다. 페늘롱, 생-시몽, 불랭빌리에 등이 이런 논리의 대표적인 논자였다. 법복 귀족 출신인 몽테스키외 역시『법의 정신』(1734)에서 "프랑스의 정체는 게르만 삼림에서 왔다"고 주장하며 귀족들의 권리를 옹호했다.

로마 제국을 정복한 게르만 민족은 전사 대표자들을 통해 정무를 협의했고, 처음부터 귀족 정체의 요소와 군주 정체의 요소를 혼합했다고 그는 주장했다. 이러한 혼합에서 시민의 시민적 자유, 귀족과 성직자의 특권 그리고 국왕의 권력이 훌륭한 조화를 이루었다는 것이다(몽테스키외, 1996 : 147). 봉토의 소유자가 농노에 대한 관할권을 행사하듯이, 샹 드 마르스(champs de mars)에 모인 자유로운 전사 귀족들의 합의체가 프랑스 정치와 헌법의 정수라는 주장이었다. 몽테스키외는 귀족균형론의 입장에서 다음과 같이 자신의 주장을 요약한다.

"만약 국가에 오직 한 사람의 일시적이고 방자한 의지만 존재한다면 고정적인 것이란 결코 있을 수 없고, 따라서 어떠한 기본법도 존재할 수 없다. 귀족의 권력은 가장 자연스런 종속적 중간 권력이다. 귀족의 신분은 군주 정체의 본질 속에 포함되어 있으므로, '군주 없이 귀족 없고, 귀족 없이 군주 없다'는 것이 군주 정체의 기본적인 격률이다. 또한 귀족이 없으면 오직 전제 군주만 있을 뿐이다"(몽테스키외, 1996 : 21).

당시 법복 귀족들이 몰려 권력을 방어하던 파리 고등법원은 귀족균형론자의 입장에서 보면 곧 "당대의 샹 드 마르스"였다. 파리

고등법원(Parlement de Paris)은 국왕과 궁정 조신들이 결제한 법률을 등제할 권리와 또 상소할 권리를 가지고 있었다. 이들은 법률의 효력을 발생시키는 등제권과 재심을 요청하는 상소권을 이용하여 왕권이 귀족들을 압박하는 여러 가지 조치들에 저항하고 있었다.

이런 대립 구도 속에서 볼테르는 『루이 14세 시대사』에서 강력한 왕권 주도 개혁을 옹호한다. 강력한 왕권론자였던 루이 14세가 귀족과 교회의 압력을 제압하고 강력한 국가를 건설했다는 점에서 볼테르는 일단 우호적으로 평가한다. "국가가 강력하다면 인민은 법에 기초한 자유를 향유한다. 주권은 모순이 없이 강화되어야만 한다."

그는 루이 14세 치세 하에 이루어진 가장 훌륭한 조치가 교황청의 교회 간섭을 물리친 1682년 프랑스 교회 우선주의를 선언한 것이라고 주장한다. 하지만 모든 것이 순조롭게만 굴러가지 않았다. 1685년 루이 14세는 앙리 4세의 낭트칙령을 폐지함으로써 프랑스 사회에 그나마 존재하던 종교적 관용의 기초를 허물어버렸다. 볼테르는 이를 최악의 조치라고 평가했다. 재위 말기에 잦았던 태양왕의 전쟁 개입도 결국 민생을 어렵게 만들었기에 좋은 평가를 받을 수 없었다.

볼테르가 주창한 왕권주도론은 당시 카스트화된 귀족 제도에 대한 반감, 로마에 굴종하는 교회 세력의 특권에 대한 거부에서 출발한다. 그는 몽테스키외가 주장하는 전제 정치(despotism) 비판을 이렇게 받아쳤다. 절대군주제(absolutism)와 전제 정치(despotism)는 다르다. "전제 정치는 군주정이 타락한 것일 뿐이다." 하지만 볼테르는 입헌군주제가 법치를 어떻게 준수하는지 감시할 제도에 대한 언급은 하지 않았고, 또 군주가 이를 어겼을 때 어떻게 교정할 수 있는지도 언급하지 않았다. 그는 교육의 힘으로 여론이 형성될 것이고, 이 여론이 자의적인 왕권을 견제할 수 있으리라 여겼던 것 같다.[4] 볼테르는 앙시앵 레짐을 개혁함으로써 프랑스 사회가 혁명의 파도에 밀려가는 것을 막으려 했다. 하지만 우유부단한 루이 15세는 지속적으로 개혁을 추진할 능력이 없었고, 프랑스 사회는 결국 혁명을 피할 수 없게 된다.

여기서 한 가지 덧붙일 것이 있다. 볼테르는 프랑스 정치를 논할 때 입헌군주제의 옹호자로 자처했다. 하지만 이런 태도는 다른 나라의 경우를 다룰 때 바뀐다. 그렇기 때문에 그를 일관성을 결여한 정치 사상가로 평가할 수 있을까? 여기에는 부연 설명이 필요하다. 볼테르는 나라마다 사정이 다르기 때문에 바람직한 정부 형태가 하나로 고정될 필요가 없다고 생각했다. 프러시아와 러시아에서는 프리드리히 대제와 예카테리나 여제의 계몽 전제 정치를 옹호했다. 반면에 제네바에 머물 당시 그는 제네바의 자유주의 공화정을 옹호하기도 했다. 제네바 체류 시절에는 공화제를 "인간이 자연적 평등에 가장 가까이 접근한" 정부 형태라고 말했다.

과연 볼테르가 일관성을 결여한 정치 이론가였을까? 이에 대한 그의 대답은 다음과 같다. "중요한 것은 정부 형태가 아니라 그것의 내용(substance)이다." 그는 정부 형태 그 자체가 중요한 것이 아니라, 귀족과 교회의 특권이 없어지고 종교적 관용이 보장되며

---

4) 실제로 몽테스키외가 죽고난 뒤 3년이 지난 뒤에 나온 『법의 정신』 주석서인 *Dialogue entre A, B, C*에서는 몽테스키외의 여러 가지 아이디어에 대해 호의적으로 평가하는 모습도 보인다. 그러나 그의 정체 분류나 기계적인 특징 부여에 대해 매서운 비평을 날린다. 몽테스키외는 '전제 정체'를 "한 사람이 법과 규칙도 없이 자신의 의지와 변덕대로" 통치하는 것으로 규정했고, 모로코나 투르크, 중국 황제를 예로 들었다. 볼테르는 이슬람의 정체는 무슬림 율법에 따라 통치하며, 중국이야말로 삼성육부제와 발달한 사법제가 존재하는 법치국가의 모범이라고 주장한다. 심지어 그는 유럽이 "종교를 그들에게 주고 그들의 법제를 받아들일 수만 있다면 얼마나 좋겠느냐"고 말한다. 볼테르가 몽테스키외의 '시스템'을 믿지 않았던 것은 바로 구체적인 정보의 결핍에서 기인하는 이론이었기 때문이다. Volataire / Pomeau 1994 : 62-63.

법률의 지배가 확립되어 있으면 어떤 정부도 "선한 정부"가 될 수 있다고 주장했다. 볼테르는 자유와 진보가 한꺼번에 실현될 수 있다고 보지는 않았다. 두 개의 가치는 구체적인 경험 속에서 타협하고 화해해야만 했다. 그에게 "통치술은 집행의 예술(L'art de gouverner n'est qu'un art d'execution)"이었던 것이다.

4. 이신론자 볼테르

그는 이신론자(deist)였지만 결코 기독교 일반이나 종교 일반을 매도하는 유물론자는 아니었다. 그는 『철학사전』에서 '이신론자'를 다음과 같이 요약 설명하고 있다. "선하고 전능하며 모든 피조물을 창조한 지고자의 존재를 확신하는 자이지만, 특정 종파에 속하지 않는다. 그는 모든 사람이 이해하는 언어로 말하며, 모든 현자들을 자신의 형제로 대접한다. 선행이 그의 신앙이고, 신에 복종하는 것이 그의 교리가 된다. 메카나 로레타 성모 교회에 순례 가는 것을 거부하며, 대신 빈자를 구휼하고 피억압자를 옹호한다"(Thacker 1971 : 54-55). 그는 『캉디드』의 낙원 엘도라도를 이신론자들의 세상으로 그렸다.

흥미로운 점은 몽테스키외와 달리 중국의 유교 문명을 이성적 수단으로 일신교 문명에 이른 대표적인 사례로 보았다. 그는 가톨릭 교회를 공격하는 하나의 수단으로 중국의 유교를 효과적으로 활용했던 것이다. "신에 대한 공경이 중국만큼 순수하고 성스러운 곳도 없다. … 수세기 동안 중국의 모든 이성적인 사람들의 종교는 대체 무엇이었는가? 바로 이것이다. '하늘을 공경하고, 의롭게 살아라'"(1766, 『무지한 철학자』; Thacker 1971 : 58). 그는 유학자들을 이신론자들로 보았고, 이미지 숭배나 기적-상술 같은 미신적 요소가 없는 종교라고 보았다(Clarke 1997 : 45).

계몽의 사도는 미신이 종교적 광신을 부르고, 사회적 재난을 가져온다고 보았다. 그는 미스터리, 성인과 성물 숭배, 성지 순례, 이적을 강조하는 가톨릭 교회를 비판했고, 때때로 삼위일체설을 풍자하는 글을 익명으로 쓰기도 했다. 그렇지만 모든 시대에 통용되는 합리적 언어로 이루어진 자연 종교에 대해서는 호의적인 눈길로 보았다. 어차피 "무지몽매한 광신적인 대중"에게는 계몽의 효과가 완전히 나타나기까지 "고귀한 거짓말"이 필요하다고 믿었기 때문이었다.

신고전주의 인간관을 지니고 있었던 그에게 '민중(le peuple)'은 열정(passion)에 휘둘릴 수밖에 없는 존재였다. 철학자나 식자층의 이성적 태도와는 거리가 멀었던 것이다. "민중은 결코 이성적 사고를 할 수 없다. 민중은 인간과 야수 중간에 놓여 있다." 그렇기 때문에 스스로 통치를 할 수 없는 민중에게는 신에 대한 믿음이 유용할 수도 있다는 것이다. 계몽과 빛이 확산되기까지 과도적 기간 동안 종교는 그런 점에서 필수적인 것이었다. 다만 볼테르가 제시한 종교는 미신이 제거된 사회적 종교였다. 그는 프로테스탄티즘이 가톨릭 교회에 비교해서 미신이 훨씬 적은 종파라고 보았다.

관용의 사도였지만, 그가 유태인에 대해 보인 편견은 당대인들과 유사했다. 『철학사전』에 그는 다음과 같이 선언했다. "이 무지하고 야만적인 백성은 오래 전부터 가장 역겨운 미신을 신봉했다. 그들에게 관용을 베풀고 그들을 부자로 만들어주는 모든 민족들에게 억제할 수 없는 증오를 퍼붓고, 또 가장 비열한 탐욕을 부렸다." 볼테르의 반유대주의는 아마도 구약에 기록된 그들의 피비린내 나는 잔인한 역사에 대한 반발일지도 모른다. 바로 유대인들의 불관용이 결국 가톨릭 교회의 불관용에 일부분 책임이 있다는 판단을 가지고 있었던 것이다. 『철학사전』의 이 문장은 볼테르적 관용의 경계를 잘 보여준다.

볼테르가 정작 공격의 목표로 삼았던 것은 프랑스의 가톨릭 교회였다. 교황청의 전위대 예수회는 도시에서 교육 기관과 출판물 검열 기관을 장악하고 있었다. 이들은 종교적 교리를 잣대로 저작의 출판을 승인하거나 단죄했기에 철학자들이나 출판업자들은 의사 표현이나 출판의 자유는커녕 항상 체포와 투옥의 두려움을 느꼈다. 고위 성직자들은 궁정 정치에도 깊숙이 개입하여 귀족들과 함께 왕권을 제어하려 들었다. 교회의 특권은 십일세, 면세에서 교육에 이르기까지 다양했다. 앙리 4세가 이룩한 종교적 평화의 상징인 낭트칙령이 1685년에 폐지되자, 가톨릭 교회의 불관용은 더욱 심해졌고 종파간의 분규도 빈발하게 되었다.

가톨릭 교회의 폐해를 절감한 볼테르는 일찌감치 강력한 군주에 의해 교회를 장악하는 프랑스 교회독립주의(gallicanism)[5]를 지지했다. 아울러 성직자도 민법에 복종해야 하며, 독신자 제도도 폐지되어야 한다고 주장했다. 볼테르는 국가가 등록된 성직자들에게 봉급을 주는 국가 관리를 제창했던 것이다.[6] 1760년대에 들어와 예수회가 추방되고, 이어 철학자들이 궁정에도, 아카데미 프랑세즈에도 진출하자 상황은 조금씩 변해갔다. 반교권주의는 식자층에 점차 침투하기 시작했다. 이런 와중에 칼라스 사건이 터진 것이다. 칼라스 사건은 종교적 불관용이 낳은 대표적인 사건이었다.

---

5) 갈리카니즘은 다음과 같은 세 가지 원칙에 기초한다. 첫째, 교권과 세속권은 분리된다. 둘째, 프랑스의 성직자는 세속적이건 영적이건 교황에 예속되지 않는다. 셋째, 프랑스 국왕은 프랑스 교회에 대해 정통적인 권위를 가진다. 블뤼슈 외, 1999 : 102.

6) 실제로 볼테르의 제안은 프랑스혁명 초기 성직자의 '시민헌장'으로 구체화된다. 블뤼슈 외, 1999 : 101-103.

5. 관용의 사도와 형벌 제도 개선

볼테르는 영국 망명 시절부터 관용이 사회를 건강하게 만드는 주요한 덕목이라는 사실을 절감했다. 반면에 프랑스 사회에 만연해 있는 종교적 불관용이 얼마나 많은 해악을 끼치는가도 절감했다. 그는 틈만 나면 관용의 덕목을 애써 강조했다. 1758년 스위스 부근의 페르네에 영지를 구한 볼테르는 이곳에서 종교적 관용과 자유로운 경제 생활이 결합한 이상적인 공동체 마을을 구현해보려고 노력하기도 했다. 페르네 시절 볼테르의 관심사는 가톨릭 교회의 불관용에 대한 투쟁이었다. "파렴치를 박살내자!(Ecrasez l'infame!)" 그는 이후 글의 말미에 Ecrlinf.라고 서명했다. '파렴치'는 광신적인 종교적 열정(fanaticism)이나 그런 태도를 지닌 가톨릭 교회를 의미했다. 1762년, 위그노 교도인 장 칼라스가 억울하게 누명을 쓰고 거열형을 당한 사건을 보면서 분연히 궐기했다. "나는 행동하기 위해 글을 쓴다"는 모토에 어울리는 작품이 이듬해 『관용론』(1763)으로 묶여 나왔다. 사건은 다음과 같았다.

1762년 툴루즈의 상인이자 프로테스탄트인 장 칼라스가 아들을 살해한 죄로 기소되었다. 그가 살인을 하지 않았을 거라는 주변의 정황 증거가 많았음에도 불구하고 그는 엄한 고문과 거열형을 받고 죽음을 당했다. 위그노인 그가 아들이 가톨릭으로 개종하려는 시도를 좌절시키기 위해서 죽였다는 누명을 썼던 것이다. 당시 가톨릭 교도들은 위그노들이 개종자들을 은밀히 죽인다는 소문을 진실로 믿었다고 한다.

그러나 사건의 진상은 다음과 같았다. 우울증에 걸린 아들은 변호사가 될 수 없는 자신의 전망을 비관하여 자살한 것이었다. 교회법은 자살을 범죄로 인정했기에, 누가 자살을 한 경우 가톨릭 교회는 발가벗긴 시신을 수레에 싣고 거리를 돌아다녔고, 군중들은 돌과 흙을 시신에다 던졌다. 시신은 그런 모욕을 당한 뒤에 교수대에 다시 매달렸다. 그러나 가톨릭 교도들은 은밀하게 신교도인 아버지가 아들의 개종을 막기 위해 타살한 것이라는 허무맹랑한 소문을 유포했고, 아들에 대해서는 순교자의 예우를 다해 장례를 치러주었다. 재판정은 곧 시중에 떠도는 유언비어를 사실로 받아들여 조사를 충분히 하지도 않고 여론 재판으로 몰고 갔고, 아버지 칼라스에게 터무니없이 거열형이란 극형을 언도하였다. 주위의 정황 증거나 사건의 전개 과정은 완전히 무시되었던 것이다. 거열형도 신속하게 집행되어 판결 이튿날 모든 것이 끝나고 말았다.

볼테르는 계몽의 시대에 무지몽매한 광신이 몰고온 이 엄청난 사건에 주목했다. 칼라스 사건은 바로 "파렴치" 그 자체인 광신을 드러내주었고, 아울러 프랑스 형사법제의 허점을 잘 드러내주는 사건이었다. 만약 칼라스가 무죄라면 그의 사형에 책임을 져야 하는 것은 프랑스 형법과 재판정이었다. 그는 자신의 비용으로 변호사를 고용했고, 차근차근 자료를 모아 마침내 국왕의 국무회의 재판부에서 재심 판결을 이끌어내었다. 여기서 판결은 번복되어 장 칼라스의 무죄가 입증되었고, 유가족들은 명예를 회복하게 되었던 것이다. 볼테르는 『관용론』에서 파렴치인 광신을 줄이기 위한 처방으로 이성에 호소한다.

"광신도의 수를 감소시킬 묘안이 있다면 그것은 광신이라는 이 정신의 질병에 이성의 빛을 쬐는 방법일 것이다. 이성이라는 요법은 인간을 계몽하는 데 효과는 느리지만 결코 실패하지 않는 처방이다. 이성은 온화하고 인정미가 있다. 이성은 너그러움을 불러일으키고 불화를 잠재운다. 이성은 미덕을 확고히 하며, 기꺼운 마음으로 법에 복종하도록 함으로써 더 이상 강제력으로 법을 유지할 필요가 없게 한다"(Voltaire 1763 ; 송기형, 임미경역, pp.70-71).

칼라스 사건으로 볼테르는 형벌 제도에 관심을 갖게 되었다. 형벌 제도와 형사법 절차만 개선되어도 이런 허무맹랑한 사건은 일어나지 않을 수 있다고 본 것이다. 그는 1765년에 근대 형사법 이론을 연 18세기 이탈리아 법학자 체자레 베카리아(Cesare Beccaria)의 『죄와 벌에 관한 개론(Trattato dei delitti e della pene)』을 탐독했다. 베카리아는 세속적이고 공리주의적인 범죄형벌론을 제시한 18세기 최초의 이론가였고 계몽주의 철학자의 사도이기도 했다.

베카리아의 책을 읽은 볼테르는 이를 프랑스 형사 제도의 개혁에 적용시키고자 했다. 그는 사회 질서가 최소한의 비용으로 유지되어야 한다고 보았고, 범죄를 "사회를 해하는 행위"라고 규정했다. 자유주의 법학의 전통에 섰던 그는 재산권을 강조했고, 아울러 법과 종교의 엄격한 분리를 주창했다. 종교에 반하는 범죄는 사회를 해하지 않는다고 본 그는 마법(마녀 사냥)이나 자살에 대해 엄격하게 종교적 잣대를 갖다 대는 것은 옳지 않다고 보았다. 그는 이렇게 반문했다. "내가 이미 죽었는데도 다시 교수대에 시신을 걸다니 얼마나 미친 짓거리인가!"

아울러 프랑스 형법에 흐르는 보복적 형벌(vindictive punishment) 논리에도 반기를 들었다. 형벌이 범죄를 억제하는 수단이 되어야지 복수의 성격을 띠어서는 곤란하다고 보았다. 그는 극형인 사형 제도가 남용되고 있다고 보았다. 절도, 밀수, 방화 등의 죄로 사형을 언도하면 그것은 야만적인 행위라 보았다. 실제로 15세기까지는 사형이나 거열형은 극단적인 경우에만 적용되었다. 하지만 도시화가 되고 사유 재산을 보호하기 위해서 형량이 과도하게 증가되었던 것이다. 16세기 이래 처형은 공개적인 장소에서 실행되는 페스티발의 성격을 띠었다. 공동체 주민들은 공개 처형을 통해 카타르시스와 동시에 전율을 느꼈다. 이러한 가중된 처벌이 주로 하층민을 향한 것이었고, 상층 계급은 비슷한 죄를 지어도 법망을 교묘하게 회피할 수 있었다. 볼테르는 사형 제도의 계급성은 읽지 못했다. 몽테스키외나 베카리아가 읽어내었던, 가중된 처벌의 계급성을 그는 간과했지만, 사형제의 남용과 과도함에 대해서는 그 누구보다 날카롭게 비판을 했다. 보복이나 가중 처벌이 범죄를 줄이거나 약하게 만들지 못한다는 것을 잘 알고 있었던 것이다.

6. 볼테르와 프랑스 혁명

루이 15세 말기의 프랑스는 절대 왕정의 위기를 타개하려 안간힘을 다하고 있었다. 1760년대 말에 재상직에 오른 레네-니콜라스 모푸는 왕권을 배경으로 대개혁을 시도했다. 볼테르는 모푸의 개혁안을 열렬히 지지했다. 하지만 반동의 보루 파리 고등법원은 법복 귀족들의 특권을 해체하려는 모푸의 조치에 격렬하게 저항했다. 모푸는 1771년 공직 판매 제도를 폐지했고, 아울러 파리 고등법원의 관할 구역을 축소시키는 조치를 취했다. 동서에 6개의 '상급위원회'를 설치하여 고등법원의 상고 재판 업무를 담당하게 했다. 이는 혁명적인 조치였다.

모푸가 구상한 '관료적 절대주의'의 구상은 이랬다. 공공 선을 알고 있는 군주야말로 유일한 입법자다. 고등법원은 입법자의 법령을 등록하는 업무를 관장한다. 궁정 대신들은 법령을 집행하는 역할을 수행한다. 이 제안은 그동안 볼테르가 제시했던 개혁안에 근접하는 것이었다. 법복 귀족의 특권을 폐지하고 거래의 자유, 건전한 재정을 통해 절대 왕정의 위기를 극복하려 했던 모푸의 예방 혁명은 결국 그가 낙마함으로써 중도에 끝났다.

루이 16세가 등극하고 튀르고가 재상에 오르면서 다시 한 번 왕권주도론이 힘을 받았다. 중농주의자였던 튀르고는 필로조프들과도 친했다. 그는 '여섯 개의 칙령(Six Edicts)'을 통해 파리에 거래의 자유를 선포했다. 구(舊)식료품세를 폐지했고 식품 거래 관련 직책도 없애버렸다. 투자, 기술, 장인들의 소통을 막고 있던 길드 제도도 폐지했고, 도로세인 코르베도 없앴다. 그렇지만 파리 고등법원은 이 혁명적 법령의 등제를 거부했고 저항했다. 법복 귀족들의 저항에 우유부단한 루이 16세는 2년 만에 튀르고를 낙마시켰다. 볼테르는 외쳤다. "아! 이 무슨 날벼락인가! 도대체 우리는 어떻게 될 것인가?" 튀르고의 낙마는 볼테르가 그토록 주장한 왕권 주도론의 퇴장이었다. 이제는 가망이 없어보였다.

1778년 2월 마침내 칼라스 사건의 영웅인 볼테르는 84세의 노구를 이끌고 파리로 금의환향하였다. 1749년에 떠난 뒤 꼭 28년만이었다. 아카데미 프랑세즈와 내외 명사들이 그를 승리한 개선 장군처럼 맞이했다. 다르장탈, 디드로, 튀르고, 벤자민 프랭클린, 마담 네케르, 달랑베르는 개인적으로 그를 만나는 영광을 얻었다. 하지만 계몽주의의 사도는 이제 자신의 시대가 서서히 끝나가고 있음을 직감했고, 신앙 고백문을 미리 작성했다. "나는 하느님을 경배하며, 친구들을 사랑하며, 적을 미워하지 않으며, 미신을 혐오하며 죽는다." 3개월간 신처럼 떠받들려 지낸 그는 정작 자신이 꿈꾸던 개혁이 좌초된 것을 보면서 죽었다.

그리고 꼭 9년 만에 프랑스 혁명이 터졌다. 재정 위기에 봉착한 군주는 새로운 조세를 부과하려 했지만, 고등법원은 신분회의 소집을 요구했다. 그러나 신분회의는 법복 귀족의 뜻대로 되지 않았다. 곧 제3신분은 신분회의를 '국민의회'로 개칭했고, 앙시앵 레짐을 부인했다. 이들은 신분 차별을 철폐했고, 조세안 철회를 요구했다. 드디어 혁명이 시작되었던 것이다.

적어도 혁명 초기는 '볼테르주의자들의 혁명'처럼 보였다. 그의 제안이 많이 수용된 것처럼 보였기 때문이었다. 인권선언이나 초기 정체 토론에서는 프랑스의 로크주의자들이 압도했다. 초기 혁명에서 루소주의자의 영향력은 미미했던 것이다. 군주와 의회가 균형을 이루는 정치 제도가 제안되었고, 사제들은 시민 헌장을 수용하도록 요구받았다. 1791년 7월 11일 볼테르의 시신은 열렬한 지지자들에 둘러싸여 팡테옹에 이장되었다. 하지만 혁명은 이미 볼테르의 단계를 넘기 시작했다. 입헌군주제가 분노에 찬 대중들의 열기를 잠재울 수 없었던 것이다. 적어도 콩도르세와 샹포르가 기요틴을 피해 자살을 했던 1793년에 이르면 혁명은 루소적 공화제 단계로 이행한다.

□ 참고 문헌

블뤼슈 외(1989)·고봉만 역, 『프랑스 혁명』, 한길크세주, 한길사, 1999.

뒤비, 조르주, 로베르 망드루·김현일 역, 『프랑스 문명사(하)』, 까치, 1995.

랑송, 튀프로·정기수 역, 『랑송 불문학사(상)』, 을유문화사, 1984.

몽테스키외(1748)·이명성 역, 『법의 정신』, 홍신문화사, 1996.

이동렬, 「볼테르의 철학적 콩트와 계몽 사상」, 『불어불문학연구』 제33집, pp.291-308.

Clarke, J. J., *Oriental Enlightenment : the Encounter between Asian and Western Thought*, London : Routledge, 1997.

Gay, Peter, *Voltaire's Politics : the Poet as Realist*, New Haven : Yale University Press, 1988.

Thacker, Christopher, *Voltaire*, London : Routledge & Kegan Paul, 1971.

Voltaire(1763), 송기형·임미경 역,『관용론』, 한길사, 2001.

_____(1759)·김미선 역,『캉디드』, 을유문화사, 1997.

_____, *Politique de Voltaire, Textes choisis et presentes por Rene Pomeau*, Paris : Armand Colin, 1994.

제 9 장
루소와 자유주의 사상

민 문 홍(서울대 국제대학원 전임연구원)

1. 문제 제기

한국 사회에서 장 자크 루소만큼 그 이름이 많이 알려져 있는
고전 사회학자도 드물다. 루소는 일반적으로 진보적 사상가, 프랑
스 혁명의 이론적 기반이 되는 담론 제공자, 공동체주의자, 이상주
의적 교육론자 등으로 알려져 있다.[1] 그러나 동시에 루소만큼 그
사상이 왜곡되어 알려져 있는 학자도 많지 않다. 이상하게도 한국
사회에서는 루소를 정치학자나 사회학자보다는 문학가나 교육학
자들이 많이 쓰고 연구하는 것 같다. 그러나 국민의 정치에의 직
접 참여를 통한 '국민의 정부'를 새 정부의 명칭으로 정한 현재의

---

[1] 이근식, 『자유주의 사회 경제 사상』, 한길사, 2000년, 170, 648쪽.

R. Derathe, *Jean-Jacques Rousseau et La Science Politique de Son Temps*,
Paris, Librarie J.Vrin, 1970, 7-8쪽. 프랑스의 루소 연구 전문가 데라테 교수에
의하면, 오늘날 우리는 루소의 사상을 그 저작 내용으로 평가하지 않고 그것이
낳은 사상적 흐름으로 설명한다. … 그리고 우리는 그의 책 『사회계약론』을 프랑
스혁명 복음의 선언문으로 본다.

정권은 우리나라 현대 정치사에 있었던 그 어느 정부보다 더 루소가 강조한 직접민주주의와 국민주권론에 대한 정치사회학적 담론에 의존할 수밖에 없다. 따라서 현 정부가 강조하는 국민에 의한 직접 민주 정치와 그것에 입각한 정치 개혁 및 그 한계는 루소의 정치철학과 밀접한 관계를 가지고 있다. 이런 점에서 21세기 한국 사회의 정치사회학적 문제 의식을 염두에 두고 루소의 사회 사상이 오늘날 현대 민주주의 사상의 핵심인 국민주권론과 공화주의 사상 그리고 자유주의적 공동체 이론이 형성되는 데에 어떠한 기여를 했는가를 검토하는 것은 단순한 사회 사상사를 연구하는 것을 넘어서서 우리 시대의 문제를 분석하고 그것을 반성해볼 수 있는 중요한 이론적 작업이다.

1980년대 중반부터 시작된 세계화 추세와 함께 시작된 지구적 차원의 민주화 운동과 동구권 사회의 몰락은 사회주의 공동체 사상가들의 마지막 담론의 제공자였던 루소에 대한 학문적 관심을 소외시켰다. 그러나 루소의 사상은 그의 『사회계약론』을 중심으로 전체 이론적 저작들을 그 역사적·사상사적 배경에서 이해할 때 오늘날 새로운 자유주의 사조의 흐름 앞에서 시장경제와 공동체 이념의 조화 문제로 고민을 하는 사회과학자들이 필요로 하는 중요한 이론적 통찰력을 제공한다.

이 논문의 목표는 정치사회학자 루소를 소개하는 것이 아니라, 현대 자유주의 사상의 기초를 장 자크 루소의 사회 사상 속에서 다시 찾아보는 데 있다. 루소의 정치철학은 17세기에 시작된 유럽 사회의 근대성의 위기라는 역사적 맥락에서 이해할 필요가 있다. 이 근대성의 위기란 16~17세기 유럽 봉건 질서의 해체, 18세기말 미국 혁명과 프랑스 혁명을 둘러싼 일련의 사건들, 그리고 19세기 후반에 등장한 민주적, 사회주의적 대중 운동이 그것이다.[2]

2. 루소의 간단한 지적 자서전

프랑스 위인들을 모셔놓은 팡테옹에 안치되어 있는 철학자 루소는 프랑스 학자가 아니다. 장 자크 루소는 1712년 종교 개혁이 칼뱅의 이념에 의해 통치되던 작은 공화국 제네바에서 태어났다. 루소의 어머니는 그를 낳고나서 바로 사망해 루소를 기른 사람은 그의 아버지였다. 당시 시계공이라는 직업을 가졌던 루소의 아버지는 공식 교육을 받지는 못했지만 개인적인 독서를 통해 많은 지식을 지니고 있던 사람이었다. 루소는 아버지의 문학적 자질과 독서열을 가지고 어머니가 물려주고 돌아가신 장서를 읽는 책을 좋아하는 소년이었다. 그런데 갑자기 루소가 열 살 나이에 아버지가 우발적 사고로 제네바를 떠나게 된다. 그 후 루소는 외삼촌에게 맡겨지고 이때부터 루소는 제네바 사회의 다양한 밑바닥 사회의 막일을 경험하며 방황을 시작한다. 이러한 그에게 안정된 생활과 체계적 교육 및 교양 생활의 기회를 제공한 후견인이 스위스의 백작 부인인 바랑(Madame de Warens)이다. 그녀는 그에게 어머니의 역할을 했고 나중에는 그의 연인이기도 했다. 바랑 부인은 루소가 15세 때부터 10년간 안시, 샹베르 등에 살면서 루소에게 종교 교육과 철학과 근대 문학에 관한 교육을 체계적으로 시켰다.

---

2) John Gray, *Liberalism*, Stoney Straftford, Open University Press, 1986, ix-xi쪽. 그레이에 의하면, 자유주의 사상의 몇 가지 특징들은 다음과 같다. 첫째, 특정 사회 집단의 주장에 반대해서 개인의 도덕적 우위를 주장하는 개인주의다. 둘째, 모든 인간에게 대등한 도덕적 지위를 부여하고, 인간들 사이의 도덕적 가치에 따라 법적, 정치적 차별을 부정하는 평등주의다. 셋째, 인간의 도덕적 통일성을 확인하고 특정한 역사적 연합과 문화적 형식에 부차적 중요성을 부여하는 보편주의다. 넷째, 모든 사회 제도와 정치 협정의 수정 가능성과 개량 가능성을 주장하는 개량주의다. 특히 이 과정에서 자유주의는 광범위한 내적 다양성과 복잡성을 보여준다. 특히 로크 사상과 루소 사상의 대비에서 드러나듯이 프랑스의 자유주의는 영국의 자유주의와 뚜렷하게 다른 모습을 보여주고 있다.

루소의 『에밀』과『사회계약론』등의 사상에 나오는 신성에 대한
존중과 시민종교에 대한 생각, 그리고 그의 교육론인『에밀』에 등
장하는 섬세하고 깊이 있으며 여성적 감수성을 지닌 독특한 교육
사상은 이 바랑 부인의 교육의 영향이 아닌가 생각된다. 이러한
독학으로 문학과 철학자로서 수업을 받은 루소가 세상에 알려지
게 된 계기는 1749년의 한 작은 사건에서였다. 루소는 파리의 감
옥에 갇힌 계몽철학자 디드로를 면회하러 갔다고 돌아오는 길에
디종(Dijon) 아카데미에서 주관한 '학문과 예술의 발전이 과연 도
덕을 순화시키는 결과를 가져왔는가?'라는 제목의 현상 공모에 지
원하여 논문을 썼고, 이것이 최고상을 받게 된 것이다. 이 논문에
대한 시상을 계기로 루소는 프랑스를 중심으로 하는 유럽 전체에
서 크게 주목을 받는 지성인이 되었다.

후세의 사람들에게『학예론』으로 알려지게 된 이 논문에서 루
소는 그와 교분이 있던 백과사전파 학자들의 공식적 주장과는 달
리, "학문과 예술의 발달이 인간의 도덕성을 타락시킨다"는 주장
을 했다. 그 후 루소는 잠시(1743~1744) 베네치아 주재 프랑스 대
사의 비서로 일했던 경험과 백과사전에 음악에 대한 다양한 기고
경력을 살려서 프랑스 음악과 이탈리아 음악을 비교하는 다양한
논문과 평론들을 쓰게 된다. 그리고 본인이 직접『마을의 점쟁이』
라는 오페라와『음악사전』을 출간하기도 한다.3)

그러나 후대의 사회철학자들이 루소를 사회사상가로 인정하게
되는 두 번째 중요한 저서는 『인간불평등기원론(Discours Sur
L'Origine et Les Fondements de L'Inégalite Parmi Les Hommes)』
(1755)이다. 이 책에서 그는 사회재산권을 옹호한 로크 등의 사상
에 정면으로 도전을 하면서 "인간이 타락한 것은 사치 때문이 아

---

3) 로버트 위클러 지음 · 이종인 옮김,『루소 : 18세기를 가장 과격하게 비판한 사
상가』, 시공사, 2001, 22-23쪽.

니라 사유 재산 제도를 축으로 하는 권위 관계 때문"이라고 주장
했다. 루소는 그 당시 타락한 시민 사회의 사유 재산 제도가 간계
와 불공정을 바탕으로 특정 개인들 위주로 타인들을 체계적으로
배제하는 불평등 제도를 정립했다고 비난했다. 루소의 이 저작은
『사회계약론』, 『에밀』과 함께 그의 3대 저작으로 크게 주목을 받
고 있다.

　『인간불평등기원론』을 탈고한 이후 루소는 이제 당대의 거장
철학자로 명성을 굳히게 된다. 그리고 기인답게 세속적 도시 파리
를 떠나서 파리 북부의 작은 마을 몽모랑 시의 오두막집에 장장
6년(1756~1762) 동안 칩거를 한다. 그리고 이 생활을 계기로 1740
년부터 그와 학문적 교분을 가졌던 계몽철학자들과의 교분을 끊
는다. 이 칩거 기간 중 쓴 저작들이 나중에 그에게 불후의 학문적
명성을 준 『신엘로이즈 또는 줄리』, 『사회계약론』, 그리고 『에밀』
이었다. 신엘로이즈는 18세기 후반 프랑스에서 가장 인기가 있던
소설이었다.
　한편, 같은 시기에 쓴 『에밀』은 교육학 논문 형식과 소설 형식
이 혼합된 작품이다. 그 핵심 주제는 '창조주에 의해 만들어진 인
간은 원래 선량하게 태어났으나 사회에서 살면서 타락하게 된다
는 것으로, 이러한 타락을 예방하기 위해서는 인위적 교육보다는
태어날 때의 선량함이 잘 보존되는 자연적 교육을 함으로써 아동
이 야만인에서 문화인으로 이행하는 것을 도와야 한다'는 것이다.
　이 칩거 기간 중에 쓴 저작들 중 우리의 연구와 관련해서 가장
주목할 필요가 있는 저작이 『사회계약론(Du Contrat Social)』
(1762)이다. 그 초보적 생각은 이미 『인간불평등기원론』에 드러나
있다. 루소는 『사회계약론』에서 "사회 계약"의 핵심은 임명된 정
치 지도자에게 복종하는 것이 아니라 '법 앞에서 만인이 평등하다'

는 생각과 '자유와 평등은 모든 입법 제도가 추구하는 2대 원칙이 되어야 한다'는 것이다. 사회 계약에 의해 정치 사회로 들어갈 때, 개인은 시민적 자유와 도덕적 자유를 획득한다. 이때 시민적 자유는 우리를 공동체 전체에 의지하게 만드는 것이고, 도덕적 자유는 우리를 집단 의지를 표현하는 법률에 복종하게 만든다. 한편, 은거 생활 중 쓴 교육서인『에밀』에 실린 종교적 내용과 관련하여 프랑스 교회의 격렬한 항의를 받은 루소는 1762년 다시 파리를 떠나 망명 생활을 한다. 그 죄목은 이 책이 계시 종교를 부정하고 자연 종교를 칭송한다는 것이었다. 그 후 루소는 1767년 프랑스에 다시 정착해서 그의 후기 작품들인 고백록들을 쓰기 시작한다. 그 작품들이『고백록』,『루소가 장자크를 심판하다』,『고독한 산책자의 몽상』 등이다. 그는 이 마지막 저작을 끝내지 못한 채 1778년 6월 2일에 숨을 거둔다. 그리고 그가 죽은 후 16년 후인 1794년, 그의 시신은 프랑스 혁명이 마무리 되어가던 시점에 다양한 정치가들과 지식인들의 추앙을 받으며 파리시의 팡테옹에 안치된다.[4]

3. 루소의 자유주의 사상 — 사회계약론을 중심으로

1) 사회 계약 사상의 배경

　루소의『사회계약론』은 홉스와 로크의 사회계약론적 전통을 좀 더 발전된 형태로 전개하고 있다.[5] 사회 사상사적으로 볼 때 근대

---

4) 로버트 위클러 지음, 위의 책, 36-39쪽.
5) 이 논문에서는 다음 판을 이용하기로 한다. J.-J. Rousseau, *Du Contrat Social : precede d'un Essai Sur La Politique de Rousseau par Bertrand de Jouvenel*, Paris, Pluriel, 1965.

적 의미의 사회 계약 이론은 17세기 중엽 청교도 혁명기에 『리바이어던(*Leviathan*)』(1651)을 쓴 토마스 홉스(Thomas Hobbes : 1588~1679)에 의해 비로소 구축되었다. 홉스에 의하면, 자연 상태에서 자기 보존의 본능에 충실한 인간은 목적을 달성하기 위해 어떤 행동도 정당화할 수 있게 되고 그 결과로 인간은 자연 상태에서 끊임없는 전쟁을 해야 한다. 홉스의 표현을 빌리면, 자연 상태의 인간들은 '만인의 만인에 대한 투쟁 상태', '인간은 인간에 대해 늑대' 상태에 있다. 이 자연 상태의 악순환을 피하기 위해서 인간은 서로 계약을 맺어 각 사람이 가지는 자연권을 자발적으로 포기한다. 그리고 각 사람이 가지는 힘을 모아 더욱 큰 집단적 힘을 가지는 정치 사회를 만든다. 그리고 그 힘(주권)을 행사하는 권한을 한 사람 또는 소수의 집단(주권자)에게 주어 각 사람의 자유나 생명의 안전을 보장하는 법률을 제정하도록 위탁하고, 각 사람은 그 법률에 따름으로써 평화롭고 안전하게 살고자 했다. 이것이 홉스가 주장한 왕권을 정당화는 계약론의 핵심이다.[6]

반면에 존 로크(John Locke : 1632~1704)는 자연 상태를 홉스와는 조금 다르게 서술한다. 그에 의하면, 인간 사회의 초기에는 욕망의 억제를 가르친 자연법이 확실하게 존재하는 평화 상태였다. 그러나 인간이 화폐를 발명하고 재산을 축적하자, 투쟁·강도·사기 등 나쁜 일이 자주 발생했다. 이 상황을 극복하기 위한 한 방책으로 사람들은 소유권을 지키기 위해 계약을 맺고 정치 사회를 만들었다는 것이 로크의 설명이다. 로크는 이러한 주장을 통해 당시 자본의 창출과 축적에 계속 매진한 신흥 시민 계급의 권리를 보호하고 정당화하려는 입장에서 사회계약론을 전개한 것이

---

6) 김용환, 「홉스 철학의 자유주의 정신」, 2002년 10월 8일 이화회 발표 초고. 홉스에 대한 또 다른 소개 논문으로는 다음 글을 볼 것. 김병곤, 「홉스 : 神 없는 절대주의」, 송호근·서병훈(편), 『시원으로의 회귀』, 나남, 1999, 11-36쪽.

었다. 이에 덧붙여 로크는, 국가를 안전하게 유지하는 가장 중요한 정치 기관은 입법부이므로, 만약 입법부와 행정부(국왕) 사이에 모순이 생긴다면 입법부가 행정부에 우선한다고 주장했다. 이것은 오늘날 의원 내각 제도의 선구적 사상으로 받아들여진다. 그 외에도 그는 나쁜 정부나 입법부는 바꿀 수 있다고 주장함으로써 정부에 대한 국민 저항의 이론적 근거 제시와 함께 의회 해산 제도의 철학적 기초를 제시하기도 했다. 로크는 이러한 독특한 영국식의 사회 계약 사상으로 특정한 정부의 성립과 변경은 시민의 동의와 계약에 기초한다는 민주주의 정치 사상과 오늘날 의회 민주주의의 운영 규칙에 대한 선구적 모델을 제시하였다.[7]

반면에 루소는 앞의 두 철학자들(홉스와 로크)과는 달리 최초로 '사회 계약'이라는 사회과학적 용어를 사용하면서, 프랑스적 맥락에 맞는 정치공동체론을 발전시켰다. 루소에 의하면, 홉스와 로크의 정치철학은 정치 사회를 일단 형성하기만 하면 인간의 자유나 사회적 평화가 확립된다는 낙관론에 근거하고 있다. 그러나 그들보다 약 1세기 늦게 태어났을 뿐만 아니라, 영국과는 다른 형태의 역사적 사회적 배경을 경험한 루소는 영국의 정치 상태를 민주주의적이라고 보기를 거부했다. 오히려 루소는 자연 상태에서 문명 상태로 진전한 당시 프랑스의 봉건 사회가 점점 더 타락하고 있는 사회라고 보았다. 루소는 당시 봉건 사회의 법·제도·전제 군주 등은 이미 다수 인민을 억압하기 위한 도구이므로 이 모두를 파괴하지 않고서는 인민의 자유는 회복되지 않고 평등은 달성되지 않는다고 생각하였다. 당시 프랑스의 엄격한 구체제 하에서, 폭력 혁명으로 새로운 체제를 창출하는 것은 거의 불가능하다고 생각한 루소는 '좀더 좋은 정치란 무엇인가?'를 당시 시민들에게 가르침

---

7) 어네스트 바커 외 지음·강정인, 문지영 편역, 『로크의 이해』, 문학과 지성사, 1995, 27-36. 199-206쪽.

으로써 시민을 계몽하고, 그들 사회에 가장 좋은 정치를 실현하는 방향으로 사람들의 관심을 돌리려고 했다. 바로 이러한 목적으로 루소는 『사회계약론』을 집필했던 것이다.8)

이 책에서 루소는 개인의 자유·이익과 공공의 자유·이익을 동시에 생각할 수 있는 시민이 계약을 맺어 '일반 의지'를 가지는 정치 사회를 확립하고 '일반 의지'가 정한 법률에 의해 정치를 실시할 것을 제안하고 있다. 이 경우, 홉스의 계약론이 주권자를 한 사람 또는 소수의 집단으로 설정하고 있는 반면에, 루소는 계약을 맺은 시민 전원을 주권자로 보았다는 점에서 로크보다 한 발 더 나가서 오늘날 국민주권주의의 의미를 확실하게 만들었다. 또 한편, 주권은 입법부가 소유하고 있다는 로크의 주장을 검토하면서, 루소는 영국의 국왕과 상원은 국민이 선출하는 것이 아니고, 하원은 제한된 선거에 의해 선출된 의원의 구성체이므로 올바른 민주주의 체제가 아니라고 보았다. 그리고 이러한 관점에서 "영국 국민은 선거 때만 자유롭고 그 밖의 경우는 노예 상태에 있다", "일반 의지는 대행되지 않는다"며 영국의 의회 정치를 비판하였다. 그러나 이 말의 현대적 의미가 루소가 대의제를 비판하고 직접 민주제를 주장했다는 것은 아니다. 루소 자신도 프랑스와 같은 큰 나라에서는 직접 민주제는 불가능하다는 사실을 알고 있었다. 따라서 그는 전 국민의 의사를 대표할 수 있는 연방제 설립을 고려했으며, 이것은 현대적 의미로 보면, 사실상 보통 선거에 의한 인민주권론을 주장한 것이다. 루소는 이러한 방식으로 홉스와 로크의 뒤를 이어서 근대 민주주의 국가론의 모델을 제시하였다.

총 4부로 구성된 『사회계약론』의 핵심 내용은 '사회 상태' 또는 '국가' 구성과 관련하여 인간이 맺게 되는 계약을 집중적으로 조명

---

8) Bertrand de Jouvenel, "précéde d'un essai sur la politique de Rousseau", 앞의 글.

하고 있다. 제1부는 '어떻게 인간이 자연 상태에서 사회 상태로 옮아가는가, 또 사회 계약의 본질적 조건은 무엇인가' 하는 문제다. 제2부는 주권과 법률, 제3부는 정부 형태, 제4부는 국가의 체제로 구성되어 있다. 루소에 의하면 최초의 자연 상태는 인간의 잠재 능력인 이성이나 도덕성이 완전히 개발되지 않은 원초적 상태였다. 그러한 능력들이 사회 속에서 일정한 발전 과정을 거쳐 완전히 실현된다는 것이다.

루소의 사회계약론은 훗날 급진적 직접민주주의의 요구를 촉발시켰고, 근대 유럽의 시민 혁명의 사상적 기초가 되었다. 공공 선을 적극적으로 실현하기 위해 전체적이고 일반적인 차원에서 시민의 의지에 따라 국가 공동체 또는 사회 질서가 형성되어야 한다는 루소의 발상은, 그 안에 자유주의적 공동체 이론과 함께 혁명을 정당화하는 사상으로 발전할 잠재적 가능성을 잉태하고 있다. 다음 장에서는 루소의 주 저서인 『사회계약론』과 『인간불평등기원론』을 중심으로 그의 사회 계약 사상에 담긴 자유주의 사상을 찾아보기로 한다.

4. 루소 사회철학의 사회학적 해석

『사회계약론』에서 루소는 그 당시 시민 사회를 판단할 하나의 사회 모델을 구성한다.9) 즉, 인간의 심리를 구성하는 기본적 특징

---

9) Raymond Boudon, F. Bourricaud, <Rousseau>, *Dictionnaire Critique de La Sociologie*, Paris, P.U.F., 476-482쪽. 어떤 학자들은 이것을 정치 이론의 뉴턴 (Newton)적 혁명이라고 칭찬하기도 한다. "뉴턴은 거대한 단순성과의 조합에서 질서와 규칙성을 최초로 구별한 사람이었다. 그 이전에 사람들은 그것에서 단지 무질서와 비상관적인 다양성만을 보았을 뿐이었다. 뉴턴 이래로 혜성은 기하학적인 궤도를 따르게 되었다. 루소는 다양한 형식들 아래에서 인간 본성이 가정

들을 결정하기 위한 필요에서 독특한 방법론을 개발한다. 이 방법론은 증거와 관찰을 배격한다는 점에서는 데카르트의 방법론을 닮았지만, 동물들의 생활과 원시인의 삶을 관찰함으로써 원시 상태의 인간의 본성을 추론한다는 점에서는 인류학적 연구를 닮은 독특한 모델이다. 루소는 이 모델에 입각해서 자연 상태의 인간을 정의한다.10)

　루소에 의하면, 자연 상태의 인간은 행복하고 물질적으로 어느 정도 풍족하다. 또 자연 상태의 인간은 그의 욕구와 그가 보유하고 있는 자원 사이에 완벽한 균형을 이루고 있다.11)이 개념을 가지고 루소는 홉스의 자연 상태 개념을 다음과 반박한다. 첫째, 홉스의 인간관과는 달리 원시 상태의 인간은 충족되지 않은 욕구라는 전쟁의 원동력이 결여되어 있다. 둘째, 홉스의 만인의 만인에 대한 늑대의 주장과는 달리, 원시인에게는 동정과 연민의 감정이 있다. 그리고 이것이 나중에 잘 발전되면 사회적 미덕이 될 수 있다.12)

　루소는 여기에서 오늘날 자유주의자들이 주목해야 할 중요한 사회학적 개념을 도입한다. 그것은 인류 역사의 어느 시점에서 우연적으로 어느 누구도 내다보지 못했던 비생산적 효과가 갑자기

하는 것, 즉 깊이 숨겨진 인간의 본질과 자신의 관찰에 의해 정당화된 섭리에 일치하는 숨겨진 법칙을 최초로 발견한 사람이었다." E. 카시러 지음 · 유철 옮김, 『루소, 칸트, 괴테』, 서광사, 1996, 41쪽.

10) "우리가 이 주제에 대해 추구할 수 있는 연구는 역사적인 진리가 아니라 다만 가설적이고 조건적인 추리라고 보지 않으면 안 된다. 그런 추리는 사물의 참된 기원을 나타내기보다 사물의 자연(본성)을 나타내는 데 적합하며, 우리 자연과학자들이 매일같이 세계의 생성에 대하여 행하고 있는 추리와 비슷하다." 루소 지음 · 정성환 옮김, 『사회계약론 / 인간불평등기원론』, 홍신문화사, 1996, 188쪽.

11) 루소 지음, 『사회계약론 / 인간불평등기원론』, 앞의 책, 211-212쪽.

12) 루소, 『사회계약론 / 인간불평등기원론』 중 『인간불평등기원론』 앞의 책, 212-213쪽.

생겨났다는 것이다.13)

　『사회계약론』과 『인간불평등기원론』을 기반으로 이 갑작스러
운 원인들을 찾아보면 다음과 같은 요인들이 있다. 첫째는 사회적
밀도다. 어느 시점에서의 인구의 증가는 자연 사회에서 식량을 구
하는 것을 어렵게 만들고, 이것은 인간으로 하여금 공동체를 구성
할 요인을 제공한다. 둘째는 자연 현상의 급격한 변화다. 흉년, 추
운 겨울, 뜨거운 여름, 홍수, 해일 등은 원시인들의 이제까지의 삶

---

13) 『인간불평등기원론』에서 루소는 자연 상태의 원시인이 어떻게 자연적 자유
를 포기하고 사회 상태로 가는가를 개인들간의 '사회적 상호 작용의 의도하지
않았던 뜻밖의 사악한 결과'라는 '모델'을 사용해서 설명한 다. 이 책의 제2부에
서 루소는 토끼 사냥을 하던 원시인들이 협동을 해서 사슴 사냥을 하려 할 때,
각각의 원시인이 자기 이해에만 충실한 행동을 할 때, 서로 협력을 배신하고 토
끼 사냥을 하려 함으로써 사슴 사냥이라는 공동선을 달성하지 못하게 되는 상황
을 기술한다. 이. 상황을 피하기 위해 원시인들은 막연하게 상호간의 책임 있는
계약이라는 생각을 가지게 된다. 이때부터 자연스럽게 공공 선을 위한 도덕적
강제의 필요성이 인식되고 도입되는 것이다. 이 점에서 루소는 홉스의 사회 이
론보다 아주 깊이 있고 독창성 있는 이론을 제시했다. 홉스에게서 인간 사회의
투쟁은 희소한 재물을 서로 가지려는 개인들간의 경쟁에서 비롯되었다. 그런데
루소에 의하면, 자연 상태의 인간은 자비롭고 관대하며 서로간에 적대감이 없다
고 할지라도 그들이 세운 목표를 달성하지 못할 수 있다는 것이다. 『인간불평등
기원론』에서 보기를 든 사냥꾼 예화에 의하면, 일상적 상호 작용 속의 반(anti)
생산적 효과는 인간이 공격적이고 자연이 변덕스러워서 생긴 문제가 아니라 자
기 이익을 추구하는 사람들이 맺고 있는 사회적 관계의 상호 의존성 때문이다.
이러한 반생산적 효과는 인구 밀도가 높아짐에 따라 점점 더 커진다. 그리고 이
상황에서 공공의 이익을 위한 사회적 강제의 결여는 공동체에서 생활하는 모든
사람들에게 무질서 상태를 가져온다. 이 경우 사회 구성원들은 무질서의 비생산
적 효과를 피하기 위해 스스로 강제적 규범 체계를 받아들일 필요를 느낀다. 그
러나 강제적 규범 체계의 확립만으로는 법 체계를 만족시킬 수 없다. 그러기 위
해서는 법률이 존중되어야 한다. 그런데 법의 존중은 정치 권력의 제도화에 의
해 보장되는데, 이것은 필연적으로 인간이 하는 것이다. 따라서 사회 질서는 그
것이 확립되는 과정에서 개인의 자유를 침해한다는 남용의 여지가 있음에도 불
구하고 현명한 사회 구성원들은 더 큰 공공의 이익을 위해 자신들 자유의 일부
가 희생되어야 하는 것을 안다.

의 균형을 깨고 이들로 하여금 공동체를 구성해서 이 어려운 난국을 타개하게 만든다. 그리고 이러한 처음의 모임으로부터 언어가 자연스럽게 생겨났다. 인간이 사회를 만든 것은 바로 이러한 인간의 욕구와 자연 환경 사이의 자연스러운 균형이 파괴되고난 이후다.[14]

　루소의 『인간불평등기원론』과 『사회계약론』을 이렇게 읽으면, '사회적 강제' 또는 '법과 도덕'의 도입은 인간들 사이의 자유로운 목표를 가진 행동의 반생산적 효과를 피하기 위해서다. 그런데 그러기 위해서는 강력한 정치 권력이 필요하다. 이때 정치 권력의 책임자는 공리주의자이고 이기주의자다. 여기에서 정치 권력의 조직 문제가 생긴다. 바로 이러한 이유로 루소는 『사회계약론』에서 정치 권력을 조직하는 문제를 체계적으로 다루고 있는 것이다. 즉, 사회 구성원들이 정치 권력의 존재와 그 조직을 받아들여야 하는 이론적 근거를 제시하고 있다.

　루소는 『사회계약론』에서 정치 책임자들이 공리적이고 이기적 성격을 가지고 있다고 가정한다. 만약 정치 권력이 일반 의지에 복종하고 있는 사람들에 의해 주어져 있다면, 그 조직은 의미 없는 일이고 정치 이론은 쓸모 없는 것이 된다. 따라서 여기서 중요한 문제는 주권을 대표하는 정치가가 이기적 의지를 가졌을 때라도 그가 일반 의지를 표현할 수 있도록 정치 권력을 어떻게 조직할 것인가를 아는 것이다. 루소에 의하면, 우리는 행정가의 인격에서 서로 다른 세 가지 의지를 구분할 수 있다. 첫째는 특수 이익만 추구하는 개인의 의지다. 둘째는 행정가들의 공통된 의지다. 이것은 왕의 이익만 추구한다. 이것은 특수 이익 집단의 의지다. 셋째는 인민의 의지 또는 주권의 의지다. 이것은 국가에 대해 일반적일 뿐만 아니라 정부에 대해서도 일반적이다. 그러나 자연 상태에

---

14) 루소, 『사회계약론 / 인간불평등기원론』, 앞의 책, 230-267쪽.

서 일반 의지는 가장 약하다. 특수 의지가 그 다음이고 개인 의지가 가장 강하다. 따라서 사회에 정당한 질서를 부여할 책임을 가진 입법가는 강제를 통해 이러한 의지의 자연 상태를 역전시킬 통제 메커니즘을 찾아야 한다.[15] 루소의 사회계약론은 오늘날 게임 이론가들이 주장하는 죄수의 딜레마 현상을 이미 예고하고 있다. 그리고 아래의 도표에서 공공 선인 사슴을 사냥하기 위해서 강제나 벌칙의 도입은 필수적이다.[16]

		두 번째 사냥꾼	
		협 동	배 반
첫 번째 사냥꾼	협 동	사슴, 사슴	0, 토끼
	배 반	토끼, 0	토끼, 토끼

루소의 사회계약론은 이렇게 정부와 국가의 설립 정당성[17]을 제공한 후에, 기존의 학자들에 의한 정부 형태의 분류 방식을 검토한다. 그에 의하면, 기존의 학자들은 항상 정부에 참여하는 사람들의 숫자에 따라 정부를 분류했다. 작은 국가에 어울리는 민주 정치, 중간 정도에 어울리는 귀족 정치, 커다란 나라에 어울리는 군주 정치가 그것이다.[18]

루소는 모든 사회 계약은 고대 도시나 제네바 공화국 같은 작은

---

15) J. J. Rousseau, *Du Contrat Social*, 앞의 책, 195-209쪽.

16) R. Boudon, F. Bourricaud, 앞의 책, 477쪽.

17) J. J. Rousseau, *Du Contrat Social*, 앞의 책, 195-196쪽. "일반 의지만이 국가의 목표인 공익(le bien commun)을 위해 국가의 권력들을 지도할 수 있다. 왜냐하면, 특수 이익의 대립이 사회의 설립을 필수적으로 만들었다면, 그 설립을 가능하게 한 것은 이 이해 관계의 일치다"(195쪽).

18) J. J. Rousseau, *Du Contrat Social*, 앞의 책, 245-248쪽.

사회를 모델로 한다고 주장한다. 왜냐 하면, 그러한 사회에서 일반 의지가 특수 의지를 가장 잘 지배할 수 있기 때문이다. 이러한 사회는 루소가 보기에 이상적인 사회다. 그러나 현실적으로 이 이상은 실현 불가능하다. 루소가 말하는 민주 국가는 이렇게 현실적으로는 거의 실현 불가능한 작은 국가를 가정한다. 이러한 사회에서 사회 구성원들은 서로 잘 알고, 거의 절대적 평등 상태에 있으며, 또 시민으로서 미덕을 지니고 있다.

반면에 군주 정치는 가장 악한 체제다. 왜냐 하면, 그 정치 체제에서는 특수 의지가 가장 큰 영향력을 행사하기 때문이다. 따라서 귀족 정치는 민주주의의 이상에 가장 근접한 체제며, 실현 가능성이 높은 체제다. 이때 귀족 정치 체제란 정부가 나이, 경험, 선거에 의해 선발된 소수의 사람들에 의해 구성되는 사회를 의미한다. 그러나 귀족 정치 중 세습 국가는 군주국보다 못한 체제라고 루소는 강조한다.

이러한 정치 체제에 대한 분류 작업을 통해 루소는 그 이전의 프랑스 자유주의 사상가 몽테스키외와 자신의 입장을 차별화한다. 루소에 의하면, 몽테스키외에게서 사회적 통일성은 개인 이익이 지니고 있는 특수주의를 배제하는 것이 아니라 그것을 가정한 것이며 그 결과로부터 나온 것이다. 따라서 사회적 조화는 기능의 분할과 서로 도움을 주고받는 데서 나오는 것이다. 몽테스키외는 그 이상적 체제가 중세 프랑스 사회라고 보았다. 반면에, 루소에게서 개인 의지는 공통 의지에 항상 적대적이다. 따라서 완벽한 입법 하에서 특수 의지나 개인 의지는 사라져야 한다. 그리고 사회에서 개인들 사이의 연결 관계나 연합 모임은 최소화되어야 한다. 왜냐 하면, 그래야 개인의 특수 의지의 합이 누구의 영향도 받지 않고 일반 의지를 만들어내기 때문이다.

루소는 이러한 작업을 통해 오늘날 현대 사회의 민주공화제의 사회과학적 함의에 대한 섬세하고 체계적인 성찰을 제공한다. 루소는 그의『사회계약론』과『에밀』을 통해 현대 사회의 개인의 자유와 공동체적 질서를 무리가 없이 이루기 위한 독특한 사회 통제 메커니즘을 구상하고 있다.19) 그 핵심 생각은 개인의 특수 의지가 자연적 질서를 뒤엎는 것을 방지해야 한다는 것이다. 이것에 대한 루소의 대답은 신중하고 복잡하며 뉘앙스가 있다. 우선 루소는 떡갈나무 아래에서 국사를 논의하는 분화되지 않은 작은 사회와 복잡하게 분화된 사회를 구분했다. 대부분의 현대 사회는 이 후자의 사회 유형에 속하는데, 이때 중요한 것은 특수 의지가 일반 의지를 억압하지 않도록 안전 장치를 만들어야 한다는 것이다. 그러기 위해서 루소는 세 가지 사회학적 제도를 제시한다. 첫째, 시민 교육이 중요하다는 것이다. 둘째, 제도의 효율성과 제도화의 메커니즘을 활용해야 한다는 것이다. 다시 말해 현대 사회가 개인적 자유의 손상 없이 공동체적 유대를 유지하려면, 시민들이 자신의 이익을 추구하면서도 공동체의 이익을 존중하는 가치관을 스스로 내면화한 자질로 갖도록 훈련시키고, 고통받는 타인에 대한 연민의 감정을 계발해주어야 한다. 셋째, 정치 권력의 보유자가 사회적 교정을 해야 한다. 즉, 지나친 사회적 불평등에 한계를 정하고, 부익부빈익빈을 억제하며, 시민들로 하여금 사회 질서가 붕괴될 때

---

19) 프랑스 사회학자인 에밀 뒤르케임에 의하면, 욕구와 수단, 능력과 욕망, 진정한 권력과 진정한 힘 사이의 균형은 행복의 조건이다. 그의 능력이 그의 욕망과 같다는 것을 의식하는 존재만이 절대적으로 행복한 존재다. 루소 저작의 중심적 목적은 상상에 의해 자극된 만족되지 않은 욕망이 무제한적으로 성장하는 것을 예방하는 것이다. 현대 사회학과 시민교육론의 창시자인 뒤르케임은 루소로부터 필수적 훈련(도덕성과 권위 개념)의 현대적 의미를 배운다. 그리고 도덕적 권위의 진정한 인간적이면서도 비인격적 성격을 배운다. 루소는 자연적 인간이라는 이미지에 맞게 시민적 인간을 창출하려 했다. 현대 사회학적 해석에 따르면, 그것은 훈련 정신과 균형과 도덕적 질서에 의해서만 가능하다(Emile Durkheim, La Pédagogie de Rousseau, Revue de Métaphysique et de Morale, XXVI, 155-180쪽).

그들도 무엇인가 잃을 것이 있기 때문에 더 쉽게 사회 질서를 받아들이게 만들어야 한다는 것이다.

이 시점에서 일반 의지를 반영하는 정치 체제의 확립에 강조점을 두어왔던 루소의 정치철학은 커다란 변신을 한다. 그것은 위와 같은 시민들의 정치 의식을 형성하는 데 종교의 중요성을 강조한 대목 때문이다.[20]

루소는 법만으로 사회 결속력을 유지할 수는 없다고 본다. 국민의 마음을 공동체에 종속시키는 것이 필요하고, 따라서 종교가 사회 질서의 기초라는 것이다.[21] 따라서 각각의 국가는 시민들의 마음에서 우러나오는 충성을 얻기 위해 자신의 종교를 가져야 한다. 그런데 기독교는 세속적인 것과 영적인 것을, 신학적인 것과 정치적인 것을 분리시킴으로써 주권을 해체하고 두 세력들 사이에 영구적 갈등이 생겨나게 함으로써 국가의 통치를 어렵게 만들었다. 따라서 각 시민은 그 스스로가 자신의 의무를 좋아하게 만드는 종교를 가져야 한다. 그런데 기존의 기독교의 약점은 시민들로 하여금 국가에 애착을 가지게 하기보다는 그들을 국가로부터 분리시켰다. 따라서 기존의 국가는 집단 신앙 체계를 정립해야 할 필요가 있다. 그러나 이 신앙 체계는 그것만으로는 과거처럼 사회 질서의 기초가 될 수 없다. 그렇다고 이전의 종교 체계로 돌아갈 수도 없다. 따라서 각 시민은 자신의 의무를 이행하게 하는 종교적 근거를 가지고 있어야 한다. 이 국가의 종교란 도덕적 권위를 강화시키는 데 필요한 몇 가지 원칙들이다. 그 원칙들이란, 신과 내세의 존재, 사회 계약과 법의 신성함, 사회 교

---

20) J. J. Rousseau, *Du Contrat Social*, 앞의 책, 353-368쪽.
21) 민문홍, 『에밀 뒤르케임의 사회학』, 아카넷, 2002, 189-229쪽. R. Bellah, "Civil Religion In America", Daedalus, Vol .96, Winter, 1-21쪽. 루소가 주장한 이러한 종교론은 나중에 토크빌과 뒤르케임을 거쳐 벨라에 이르는 미국의 시민 종교론의 원조적 논의가 되었다.

리에서 불관용의 추방, 다른 종교를 관용하지 않는 모든 종교의 추방 등이다.

루소는 복잡한 현대 사회가 정치 권력을 조직하고 시민을 교육시킴으로써 집단 결정 기구로 하여금 전체 의지가 일반 의지의 표현일 수 있도록 하는 능력을 갖게 하는 것이 현대 민주주의를 유지하는 데 중요하다는 사실에 그렇게 커다란 환상을 갖지 않고 있었다. 현대 사회과학적 관점에서 보면, 루소에게 '일반 의지'라는 개념은 주로 방법론적 기능을 지닌다. '자연 상태'라는 개념과 마찬가지로 이 개념은 특정한 상태를 묘사하기 위한 논리적 구성물이다. 그러나 이 개념의 창출 덕분에 루소는 현대 사회철학에서 아주 중요한 문제 제기를 새롭게 할 수 있었다. 이것을 현대적 문제 제기 표현으로 바꾸면, 어떤 조건 아래에서 공동의 이익이 실현될 가능성이 있는가 하는 것이었다. 루소에 의하면, 이것은 관련된 사회의 정치 제도와 가치 체계(오늘날 용어로 표현하면 규범 체계)에 의존한다. 그리고 이것들은 또다시 그 사회의 역사와 그 사회의 복잡성 그리고 사회 밀도에 의존한다. 물론, 이러한 문제 제기를 하는 과정에서 루소는 정당과 대의제 기능의 중요성을 보지 못했다. 그러나 루소를 앞에서 우리가 요약한 대로 그의 전반적 문제 의식을 그 사상사적 맥락에서 읽을 때, 우리들은 루소의 일반 의지에 대한 사상을 전체주의 사상으로 독해하는 것(루소 사상에서 유토피아를 찾으려는 독해, 전체주의적 민주주의를 찾으려는 시도 또는 국가 안에 개인의 해체를 강조하는 독해 등)은 루소 자체를 충실히 읽었다기보다는 프랑스 혁명가들이나 다른 사람들이 그의 사상에 부여한 해석을 겨냥한 것이라는 점을 배울 수 있다.

앞에서 이미 간략히 살펴보았듯이 루소의 정치·사회철학은 다양한 시각에서 해석할 여지가 많다. 그러나 현대 정치사회학적 시각에서 본다면 루소의 핵심적 기여는 정치 제도가 정당성을 갖는 조건에 대한 문제를 체계적으로 잘 다루었다는 데에 있다.

5. 루소 정치철학의 현대적 함의

루소의 저작은 로크의 저작과 함께 프랑스 혁명에 커다란 영향을 주었다. 그리고 거기에는 로크로부터의 영향이라고 할 수 있는 자연법 사상의 영향이 남아 있다. 그러나 우리가 앞에서 논의한 학자들이 — 홉스, 로크 — 철학자라면, 루소는 현대 사회과학자의 반열에 올릴 수 있는 학자다. 그의 최대 걸작인 『사회계약론』에 대한 후대의 수많은 학자들의 연구를 보아도 그렇고, 그가 쓴 저술의 분량이나 그 저술이 가지고 있는 독특한 설득력과 호소력을 고려해도 그러하다. 특히 사회과학자 루소는 자연법 사상의 맥락에서 자신의 고유한 사회 사상을 발전시켰지만, 그 이전의 사회철학자들과는 달리 자연법을 넘어서는 자신만의 고유한 이념 체계를 발전시켰다.22) 그는 민중적 인간(falk-person)을 신격화하고, 법률은 종국적 규범인 일반 의지를 지닌 도덕적 인격으로부터 나와야 한다고 주장함으로써, 올바른 의식의 역사적 표현이라고 하는 독일식 새로운 사상 체계의 길을 열어주었다. 이러한 작업을 통해 루소의 저서는 자연법 사상으로부터 민족국가를 이상화하는 단계로 넘어가는 전환점의 역할을 했다.23)

---

22) 어네스트 바커 외 지음, 『로크의 이해』, 앞의 책, 41-43쪽.
23) 그런데 이상하게도 오랫동안 루소의 이러한 사상은 공중과 대부분의 사상가들에 의해서 개인주의에 대한 찬가로 해석되었다. 그러나 사실상 그의 사상은 개인주의에서 집단주의로의 이행을 보여준다. 실제로 루소의 가르침이 프랑스 혁명에 미친 영향은 일반적으로 생각한 것보다 훨씬 적었다. 그리고 실제로 그의 철학은 1789년의 프랑스혁명에 적합한 철학이 아니다. 사회계약론은 가교로

루소의 『사회계약론』은 그 자체로서 현대 사회를 살아가는 시민들에게 몇 가지 사회학적 교훈을 준다. 첫째, 국가는 원시적 상태의 인간을 교육을 통해 점진적으로 시민적 상태로 끌어올리는 진보적 기제다.[24] 둘째, 루소는 자연에 대한 단순한 낭만적 감상주의자가 아니다. 그는 정치적 사회를 신봉하는 엄격한 합리주의자다.[25] 셋째, 루소는 국가를 단순한 의지 위에 기초지우는 것을 거부하고 특정한 자질을 지닌 의지 위에 국가를 세우려 했다. 이것이 '전체 의지'와 구분되는 '일반 의지'다. 그런데 이 일반 의지는 단일 입법자에 의해 행사되어야 한다. 따라서 이것은 민주주의를 옹호하는 것처럼 보이지만, 다른 시각에서 보면 홉스가 말하는 리바이어던을 무장시키는 철학이 되기도 한다. 나폴레옹의 나폴레옹 법전이 그 대표적 보기다.

현대적 정치철학적 시각에서 볼 때, 바로 이 점이 루소 사상의 가장 핵심적 난제다. 그의 정치철학은 어떤 대표자도 없고 어떤 정당도 없는, 단지 직접민주주의가 작동될 수 있는 작은 국가에만 적용될 수 있다. 루소의 이러한 직접민주주의에 대한 신념은 제네바공화국의 자유로운 제도와 시민 생활의 영향을 받은 것이다. 아마도 그가 생각한 것은 스위스의 작은 주나 고대 아테네나 스파르타 같은 시민적 공화주의 국가였을 것이다. 다시 표현하면, 그는 시민의회에 대한 생각은 가졌지만 그의 일반 의지에 대한 생각은 실제 생활에서 그것을 적용할 기관을 발견하기가 어려웠다. 이렇게 보면 다음에 우리가 해야 할 작업은 루소의 이러한 사상이 그

서의 철학이다. 앞의 책, 42쪽.

24) "자기 보존의 필요는 모두의 자유 의지에 의해 형성된 계약을 강제하며, 그렇게 창설된 사회는 정의의 실현과 더욱 높은 도덕의 성취를 실현한다."

25) 그가 수용하는 국가의 유일한 기반은 이성을 따르는 인간의 의지라는 합리적 기반이다. 그렇지만 그는 현대 정치사회학이 해놓은 국가와 사회에 대한 구분을 못한다.

이후의 현대 사상가들에 의해 어떠한 변천 과정을 통해 받아들여졌을까 하는 문제다.26)

루소는 '의회민주주의'라는 관념을 일체 단호하게 거부했다. 그가 보기에 대의제는 사악하고 모순된 봉건 통치제로부터 유래하기 때문이다. 그는 의회민주주의를 배격하면서 단순한 고용인으로서 봉사하는 행정부의 상위에 위치하는 직접 민주적 입법부를 구상했다. 그러나 이렇게 함으로써 실제 정치 생활에서 국가란 강력한 입법부와 함께 강력한 행정부를 필요로 한다는 사실을 무시한다. 논리적으로 이상적이며 균형 잡힌 국민 주권의 이상에 집착한 루소에게 실제적 문제는 별로 중요하지 않았다.27)

그러나 그의 정치철학은 또 다른 문제를 제기한다. 그것은 그의 철학이 정당 정치를 파당 정치로 배격한다는 것이다. 루소는 투표에서 개인적 파당이 없으면 개인적 투표가 일반 의지를 표현하는 집단주의적 결정으로 이끄는 왕도라고 주장한다. 그러나 정당이 없이 우리는 일반적인 선의 강령을 일정한 형태로 수렴시키고 그러한 강령을 단합된 행동의 힘을 통해 실현시키는 수단을 찾지 못한다. 이러한 상황에서는 대안적 선택을 위한 강령이 존재하지 않기 때문에 시민의 선택 자체가 가능하지 않다.

루소의 정치철학은 이와 관련하여 또 다른 중요한 딜레마에 빠진다. 그것은 만약 전체 인민이 독자적으로 입법을 하려고 시도할 때, 이들이 자신들이 제정하기를 원하는 일반적 공공 선을 어떻게 발견할 수 있겠는가 하는 문제다. 실제로 입법을 하는 과정에서 일반 의지를 찾아내기 위해서는 지속적 성찰과 토론이 수반되는 지적인 노력과 함께 시민들 편에서 사적이고 사악한 이해 관계의 추구를 공익에 복종시키려는 끊임없는 노력이 필요하다.

---

26) 앞의 책, 『로크의 이해』, 45-46쪽.

27) 앞의 책, 47-48쪽.

그런데 이러한 작업을 하는 데에서 루소는 시민들의 대표자를 신뢰하지 않고 시민들이 원하는 일반 의지에 따라 입법을 해줄 '현명한 입법자'라는 개념을 도입한다. 여기에서 시민들을 위해 공공 선을 선택해주어야 하는 지도자 문제가 등장한다. 그리고 동시에 바로 이러한 맥락에서 루소를 전체주의자로 보는 비판이 나오는 것이다. 왜냐 하면, 그의 사상 체계에서 우리는 주권자의 전능한 권력 행사를 견제할 아무런 안전 장치를 발견하지 못하기 때문이다. 루소의 정치철학은 이러한 약점 때문에 현대 국가라면 어느 국가나 가지고 있는 관료제를 가진 거대 국가의 문제를 다루지 못한다. 즉, 그가 구상한 직접민주주의적 입법부만으로는 현대의 거대 국가를 적절하게 통제하거나 조정하기 어렵다. 이것은 제네바 공화국처럼 작은 국가에서만 가능하다. 바로 이러한 모순을 간파하고 루소는 슬그머니 연방제 국가론을 제창한 것이다.

이렇게 보면, 루소의 사회 사상은 자신의 의도와는 상관없이 다양한 정치적 시각을 가진 지식인들에 의해서 좌파로 혹은 우파로 임의적으로 해석되어온 것을 알 수 있다.[28] 루소의 저술은 보는 시각에 따라 다양하게 해석될 수 있는 여지를 안고 있는 독특한 특징들을 가지고 있다. 게다가 루소의 감동적이고 설득력 있는 문체는 다른 위대한 사상가들보다 더 위력적으로 세계를 편력할 수 있었고, 세계 방방곡곡에서 자신의 사상을 찬양하는 시민들을 끌어 모을 수 있었다. 여기에는 루소의 자질 외에도 1688년의 영국 혁명이나 1776년의 미국 혁명의 경우처럼 '사회계약설'이 갖는 유토피아적 힘이 사람들의 마음을 움직여 어떤 창조적 행동에 동참하도록 만들었다는 요인도 있다.

---

28) 앞의 책, 51쪽.

6. 루소 정치철학의 자유주의 발전에의 기여

일반적으로 루소의 정치 이론은 고전적 자유주의의 정치 이론과 크게 다르다. 그러나 '일반 의지'에 관한 그의 이론은 성찰적 국가에 관한 현대 자유주의 교리와 아주 유사하다. 루소의 인간 본성과 그 역동성에 관한 이론은 고전적 자유주의적 민주주의자들이 상속한 홉스나 로크의 심리학 이론과는 크게 구분되는 특징을 가지고 있다. 고전적 자유주의자들은 그들의 심리학 이론을 홉스, 로크로부터 물려받았다. 홉스와 로크는 둘 다 인간을 정치적 동물로 보는 고전적 견해를 거부한다. 이 두 학자는 국가의 목표를 인격의 발전으로 생각하는 것을 거부한다. 이들에게 중요한 것은 인간의 자기 실현이 아니라 윤리적 유물론 또는 정치적 향락 이론이다. 홉스에 의하면, 국가의 목표는 인간의 이해 관계를 조화시키는 것이다. 로크에게도 국가의 목표는 인간의 자연권의 보호, 특히 재산권의 보호다.[29] 이러한 영국식 고전적 자유주의 인간관과 이론은 루소를 통해서 프랑스에 전해졌다기보다는 루소 주위로 흘러갔다. 물론, 루소 사상의 많은 부분은 홉스와 로크 식의 고전적 자유주의의 가치와 열망의 많은 부분을 공유하고 있는 것은 사실이다. 그러나 장 자크 루소의 인간과 국가에 대한 생각은 고전적 자유주의 사상과 뚜렷한 차이를 보인다. 아래에서는 이 영국식 고전적 자유주의와 프랑스식 자유주의를 구분하는 기준이 되기도 할 루소 자유주의 사상의 몇 가지 특징들을 체계적으로 기술하고자 한다.

로크를 중심으로 하는 영국의 고전적 자유주의자들은 사회 진보를 필연적인 것으로 생각했다. 그리고 환경을 변화시킴으로써

---

29) John W. Chapman, *Rousseau- Totalitarian or Liberal*, AMS Press, New York, 1968, 93쪽.

그들의 도덕적 이상의 이미지대로 인간을 형성하기를 원했다. 이러한 점에서 18세기 동안 프랑스에서 로크의 영향력은 지배적이었다. 로크는 "인간이 그의 운명을 통제할 수 있으며, 인간의 정신이 기획된 환경의 창조물일 수 있고, 그 안에서 정신은 절대적으로 도덕성의 오류가 없는 규칙에 적응할 수 있다"는 믿음을 계몽철학 운동에 주었다. 그의 이러한 철학은 프랑스 혁명이 지닌 낙관적 결정론의 원천이었다. 무엇보다 먼저 인간의 변형 가능성은 인간의 도덕적 개선이 가능하다는 것으로 프랑스 자유주의자들에게 받아들여졌다.[30]

  그러나 루소는 이 생각을 받아들이기를 단호하게 거부했다. 루소는 인간의 잠재적 가능성과 사회적 환경 사이의 자동적 조화를 믿지 않았다. 루소에 의하면, 인간은 그의 사회에 의해 충족될 수도 있고, 그렇지 않을 수도 있는 진정한 욕구를 지니고 있다. 따라서 사회는 이 인간적 필요에 맞게 조직되어야 한다. 그런데 이러한 인간 사회의 조직은 역사적 과정에 대한 인간의 개입 없이 자동적으로 일어나지는 않는다. 따라서 민주적 정부는 인간의 자율적 성향에 대한 이해에 기반을 둔 성찰적 개입을 해야 한다. 이러한 의미에서 계몽철학자들과는 다르게, 루소에게 진보는 가능한 것이었다. 그러나 그것은 역사의 자연스러운 진화의 결과가 아니라 이성의 성취여야 한다. 이렇게 되면 이제 루소가 직면한 문제는 자연 상태에 있는 인간의 자연스러운 선한 본능(perfectibilité morale)을 실현할 수 있는 조건들을 확립하는 것이다. 루소는 구체제의 지배적 제도들이 타락했기 때문에, 이것들이 지속적으로 발전하는 것은 자연적 인간의 완성 가능성을 방해한다고 믿었다.

  그러나 루소는 계몽철학자들이 믿었던 것처럼 인간의 이해 관계의 자동적 조화를 믿지는 않았다. 루소에 의하면, 이해 관계의

---

30) 위의 책, 104쪽.

자동적 조화는 계몽철학자들이 순진하게 믿었던 것처럼 지식의 단순한 확산보다 더 많은 것을 필요로 한다. 그가 생각한 조화와 진보는 인간 본성의 역동성에 맞게 사회·정치적 제도를 개편하는 것을 필요로 한다. 그리고 인간의 도덕적 완성 가능성은 역사 자체에 내재해 있는 것이 아니라 차라리 가능성이다. 그리고 그것의 실현은 인간의 올바른 통찰력과 도덕적 노력에 의존한다.

이런 점에서 보면, 루소는 고전적 의미의 자유민주주의 사상과는 분명히 구분되는 고유의 사상 유형을 가지고 있다. 고전적 자유주의 사상가들이 자연 상태로부터 물려받은 인간의 자명하면서도 특수한 자연권의 존재를 믿었다면, 루소는 자연권의 존재를 가정하지 않았다. 단지 그가 예외적으로 인정한 것이 있다면 그것은 자신의 잠재적 가능성을 발전시킬 수 있는 인간의 일반적 권리다.

한편, 프랑스와는 달리 영국에서 고전적 자유주의는 공리주의의 형식을 취했다. 여기에는 로크보다는 홉스의 영향력이 결정적이었다. 벤담이나 밀과 같은 공리주의자들은 인간이 홉스가 생각한 것처럼 이기주의적 창조물이라고 생각했다. 따라서 홉스의 심리학은 계몽철학자들의 인간 심리관만큼이나 낙관적인 사회철학을 위한 기초로 변형되었다. 특히 벤담은 본능적 충동에 충실한 이기적 인간관을 가정하는 좁은 의미의 쾌락주의가 아니라, 자신의 행동이 자신에 되돌아올 때 그 행동의 결과를 고려할 줄 아는 인간관을 상정한 합리주의적 쾌락주의를 주창했다.

그러나 인간과 국가에 관한 루소의 사상은 다음과 같은 점에서 공리주의적 사고 형식과 실질적으로 다르다. 첫째, 루소의 『에밀』에서 교육이란 그 자신과 사회적 과정에 대한 인간의 통찰 능력을 개발하는 것이다. 그것은 환경의 필요성에 따라 인간에게 성찰적 교리를 주입하는 것이다. 여기에서 루소가 인간의 본성과 그 심리적 역동성에 대해 설명을 하는 방식은 벤담이나 밀보다 훨씬 더 복잡하다. 루소에게 현재의 인간은 사회에 의존한다. 인간은 사회 속에서만 그의 잠재 능력을 실현할 수 있다. 인간은 사회 환경을 떠나서는 진정한 의미의 인간이 아니다. 그러나 공리주의자들의 관점에서 볼 때, 사회는 단지 인간의 욕구의 실현을 위한 도구다. 이들에게서 사회는 인간성의 실현을 위해 필요한 것이 아니라 개인 쾌락의 만족을 위해 필요하다.[31]

둘째, 정치 제도의 중요성에 관한 루소와 공리주의자들의 관점은 크게 다르다. 피상적으로 관찰하면, 바람직한 정부와 민주주의에 대한 결론은 루소와 공리주의자들의 시각이 유사하다. 그러나 루소에게 국가는 인간의 권리 발전에 본질적인 것이고, 법률은 개인의 도덕적 행동의 보증인이다. 이와는 대조적으로, 공리주의자들에게 국가는 본질적으로 인간을 통제해서 그의 행동을 효용성의 원칙에 따라 사회에 적응하게 하는 도구다. 국가는 인간의 행동을 합리화한다. 공리주의자들에게 민주주의란 단지 이성을 통제하는 유일한 방식일 뿐이다.

그러나 루소에게 민주주의는 더 큰 도덕적인 심오한 의미를 지닌다. 그에게 민주주의란 인간을 개인적 종속의 위치에 놓지 않는 유일한 정부 형식이다. 따라서 민주적 정부는 개인의 도덕적 잠재 능력을 실현하는 데 필수적이고, 이기주의적 편견을 중화시키는 데도 중요하다. 오직 민주주의만이 도덕적 자율성과 책임감이라는 그의 이상과 일치한다.

고전적 자유주의 사상과 루소의 자유주의 사상의 차이를 간단히 표현하면, 이들 사이의 차이는 루소의 인간에 대한 급진적 심리학적 · 도덕적 상호 의존성에 대한 생각으로부터 나온다. 즉, 사회에서 인간의 현 존재는 타인에 의존하며, 인간의 목표와 태도는

---

31) J. W. Chapman, 앞의 책, 116쪽.

교육과 교리의 주입에 의해서만 변형될 수 있다는 데에 있다. 따라서 인간의 본성은 특정한 환경 속에서만 변형될 수 있으며, 이러한 변형은 인간의 본성과 사회에 관한 합리적 통찰을 기반으로 해서만 가능하다는 것이다.

인간본성에 관한 고전적 자유주의 사상 속에 결핍되어 있는 생각은 바로 이것이다. 만약 우리가 루소의 방식대로 인간을 이렇게 보면, 벤담이나 제임스 밀의 경우와는 달리 정치 제도들은 루소의 경우 커다란 중요성을 지닌다.[32] 루소의 정치철학에 따르면, 인간이 이기적으로 지향되는가, 공동체에 도움이 되는 생산적 방식으로 지향되는가는 그들 사회가 정치적으로 조직되는 방식에 달려 있다.[33]

한편, 루소의 일반 의지에 대한 이론은 현대의 성찰적 국가에 대한 이론과 비교될 수 있다. 현대 자유주의 사상의 기본적 특징은 토론이라는 정성들인 과정을 통하여 사회적 조화를 창출하려 한다는 점이다. 이런 점에서 고전적 자유주의와 구분되는 현대 자유주의 교리의 중심 사상은 성찰적 국가에 대한 이론이다. 물론, 루소는 기술적 진보가 민주 정부로 하여금 과거보다 더 많은 영역에서 활동하게 만드는 시대 이전에 자신의 작품들을 썼다. 그러나 성찰적 국가는 현대적 의미의 의사 소통 수단이 그 범위와 신속함으로 뒷받침을 해줄 때만 가능하다. 따라서 이 점에 관한 한 루소의 능력은 분명히 제한되어 있다. 루소는 어떻게 정부로 하여금

---

32) John W. Chapman, 앞의 책, 122쪽.

33) 밀(Mill)과 루소의 정치 이론에서 가장 현저한 유사성은, 일반 의지가 표현되고 정의가 지배하는 것을 보장하기 위하여, 영향력들 사이의 대립이 필요하다는 것을 믿었다는 데에 있다. 그러나 이 두 학자는 적대감을 입법화하는 방식에 대해 의견의 차이를 보인다. 루소는 대의 정부를 생각하지 않는다. 왜냐 하면, 그것은 사회 정신에 치명적이기 때문이다. 반면에 밀은 대형 사회에서 대의제적 정부만이 유일한 민주적 정부 형태라고 생각했다. 위의 책, 123쪽.

일반 의지의 뜻을 따르게 할 것인가라는 문제를 해결하려는 노력에서 붕괴된다. 그가 할 수 있었던 최상의 정책은 로마인들이 존중하던 관행처럼 주기적으로 열리는 의회라는 장치를 추천하는 것이었다. 그리고 이 제도의 효율성을 보장하기 위하여 시민 종교에 대한 이론을 주장한 것이다.

루소는 이렇게 자신의 자유주의를 고전적 자유주의와 차별화하면서 자신도 모르게 현대 자유주의의 기본 전제에 도달한다. 그것은 "인간의 사회적 의존성"이라는 개념이다. 루소 사상은 현대 자유주의 사상과 마찬가지로 인간을 적절한 사회적 환경 속에서만 발전할 수 있는 도덕적 가능성을 지닌 피조물로 생각한다. 이것을 다시 표현하면, 인간은 그의 사회가 방해하거나 성취할 수 있는 '자기 실현의 원칙'으로서의 '본성'을 가지고 있다. 따라서 현대 사회의 사회·정치적 제도 등은 인간의 이러한 자율적 성향을 고려해야 한다는 것이다. 현대 자유주의 사상과 루소의 사상은 인간이 생산적 성향과 이기적 성향을 동시에 가지고 있다고 생각한다. 이때 생산적 인간이 이성과 양심에 기반을 두고 있다면, 이기적 인간은 그의 개인적 이익을 선호하는 선입관을 가지고 있고, 이 성향은 인간의 도덕적 성찰과 행동을 위한 인간의 능력을 크게 손상시킨다.[34]

현대 자유주의 사상가들과 마찬가지로 루소는 국가가 본질적으로 인간의 도덕적 목적을 실현하기 위한 제도적 표현으로 생각한다. 국가의 목적은 인간의 이러한 이기적 성향과 그것이 가져오는 사악한 결과들을 중화시키는 임무를 가졌다고 본다. 이들에게 국가란 그것을 통해서 인간이 그의 도덕적 잠재 능력을 실현하고, 선과 정의의 실현을 모색하는 수단이다. 이때 루소와 자유주의 사상가들은 둘 다 인간을 이기적인 존재로 보지 않고, "인간의 완성 가능성

---

34) 위의 책, 141쪽.

(perfectibilité)"을 인정한다. 이와 함께 루소는 사회적 조화를 어떻게 달성할 것인가에 대해 현대 자유주의자들과 같은 생각을 가지고 있다. 비록, 현대 자유주의자들의 국가관에 비해 루소가 정치적 과정에 대한 지나치게 단순화된 생각을 가지고 있는 것은 사실이지만, 일반 의지는 백성의 계몽적 성찰을 통해서만 표현될 수 있다는 루소의 사상은 현대의 성찰적 국가에 대한 이론과 비슷하다.[35]

마지막으로 현대 사회에서 공동체와 개성 사이의 관계에 대한 루소의 견해는 루소의 일반 의지 이론의 본질이다. 루소는 인간의 정치적 자유, 그 자신의 가치를 평가할 수 있는 능력, 독립적일 수 있는 능력뿐만 아니라 인간의 도덕적 자율성에 꾸준히 큰 관심을 가지고 있었다. 이것은 사회와 적절한 관계를 유지하고, 일반 의지를 표현하는 데 선결적 과제들이다. 이 이론의 특징은 인간과 사회에 대한 원자주의적 견해를 부정하고, 인간의 사회에 대한 의존성을 강조하며, 인간에게서 자율성과 책임성을 위한 능력을 보고, 인간이 그러한 능력을 발휘하도록 요구한다는 데에 있다.[36] 루소는 인간의 심리적 역동성이 그러하기 때문에, 만약 독립성이 없다면 인간은 이기적 성향을 지닌 노예로 남아 있게 된다고 보았다. 그리고 이 경우 인간의 도덕적 잠재 능력은 잠들게 되고, 사회는 허영심 많은 물질주의를 향해 표류하게 된다. 그런데 이러한 표류를 막을 수 있는 방법은 도덕적 자유를 성취하거나 사회 정의와 일반적 복지에 대한 헌신과 애국심을 결합시켜 고취함으로써만 분쇄될 수 있다. 이 끊임없이 자신의 도덕적 자유를 쟁취하고, 그

---

35) "만약, 국민들이 적절한 정보를 제공받고, 자신의 성찰된 의견을 가지고 있으며, 서로간에 의사 소통을 하지 않을 때, 작은 차이들의 총합은 항상 일반 의지를 낳을 것이며, 그 결정은 항상 선일 것이다"라는 일반 의지를 표현하기 위한 이러한 공식을 기반으로, 루소는 백성들이 충분한 정보를 제공받고 있다는 것을 가정하면서, 현대 자유주의자들처럼 정치적 문제를 논의에서 제외한다.
36) 위의 책, 144쪽.

도덕적 창의성을 발전시키려는 자유주의 정신이 바로 루소의 저작을 움직인 자유주의 정신이다.

7. 맺음말

21세기의 초엽에 새로운 시대를 이끌어가는 중심 이념은 보이지 않고, 우리가 이상적으로만 생각했던 서구 민주주의 제도의 쇠락을 보면서 18세기 사상가 루소의 자유주의 사상을 복원해내는 작업은 참 어려운 작업이었다. 이 작업을 시작하기 전인 2002년 봄까지 필자는 프랑스 혁명에 참여했던 사람들은 적어도 루소의 사상에 충실했다고 믿었다. 그러나 지금 나의 생각은 크게 달라졌다. 그들이 만든 사회는 루소가 꿈꾼 사회가 아니었다. 그것은 로크가 생각한 사회였다. 일하는 사회, 재산권을 인정하는 사회, 진보를 믿는 사회 그리고 특수 이익을 존중하는 사회였다. 역사의 아이러니는 프랑스 혁명 정신인 자유와 평등을 없애버리면서 루소를 가장 심각하게 생각했던 사람은 나폴레옹이었다는 사실이다.

2003년 들어선 새로운 문민 정부의 구호는 '국민이 참여하는 정부'다. 이 새 정부의 다양한 정책은 루소의 직접민주주의와 관련된 담론을 상당히 많이 활용하고 있다. 이미 기능을 못하는 의회 정치와 정당 정치를, 다양한 방식으로 국민의 직접적 정치 참여를 유도함으로써 보완하자는 발상이 그것이다. 이렇게 보면, 루소는 더 이상 2세기보다 더 오래 전에 살았던 골동품 같은 사상가가 아니다. 루소의 직접민주주의나 일반 의지에 대한 생각은 여전히 현대 정치에서도 국민의 직접적 정치 참여와 공공 선의 실현 방식이라는 문제 의식으로 계승되고 있다.

그러나 루소의 자유주의 사상을 그 사상사적 맥락에서 이해하려고 노력할 때, 루소는 21세기에 들어와서도 여전히 다양한 관점에서 연구할 가치가 있는 복잡한 사상 체계를 지닌 이론가다. 사실 그의 지적 자서전을 보면, 그는 혁명가도 아니었고 개혁가도 아니었다. 오히려 거장 사상가인 그를 앞세워서 수많은 혁명가들과 개혁가들이 자신들의 주장을 펼쳐왔다는 표현이 더 적절할 것이다. 그 중에는 마르크시즘과 레닌주의에 의거해서 자신의 정치체제의 정당성을 찾아보다가, 뒤늦게 자신의 체제의 정치적 근거가 루소의 정치 이론(일반의지론)이라는 쿠바의 카스트로 총리의 주장도 눈에 띤다. 루소 사상의 이러한 복합적 측면 때문에 현대 이론가들은 그를 '극단적 개인주의자', '파시즘과 독재의 선구자', '정치 · 경제적 자유주의의 선구자'로 다양하게 해석을 해왔다. 필자가 보기에 그의 사상은 어쩌면 이러한 다양한 현대 사상적 요인들을 다 함께 포함하고 있는지도 모른다.

루소는 개인들간의 합의가 일반 의지를 보장한다고 생각하지 않았다. 그는 어쩌면 우리 생각과는 달리 '입법가'의 계몽되고 합리적인 독재를 원했는지도 모른다. 그는 이 세속 사회의 정부가 이해 관계로부터 초월해서 통치를 하며 이성에 충실할 것이라고 믿지 않았다. 따라서 그는 개인적 자유의 기초로 모든 정부에 대해 불신을 했다. 그의 사상을 오늘날의 자유주의적 용어로 다시 해석하면, 그는 현대 사회의 공동체(또는 국가)의 주목적이 개인의 자유와 독립성과 재산을 최대한도로 보장해주는 것이라고 믿었다. 이제까지 어느 자유주의 사상가도 이보다 더 중요한 주장을 하지는 못했다. 루소에게서 공동체를 창조하거나 개혁하는 사람은 신에 버금가는 능력을 지닌 입법가다. 그리고 그는 그 공동체에 살 만한 가치가 있는 시민들을 교육시키고 그들이 합리적으로 행동할 수 있도록 가르쳐야만 한다.

현대적 시각에서 보면 루소의 이론은 허점이 많다. 그러나 그럼에도 불구하고 그의 이론은 사회과학의 여러 중요한 주제들을 다 다루고 있다. 그는 새 영역을 탐구하고 그곳을 정리한 후에 그 위에 새로운 공동체 문화를 지을 것을 권유한다. 그것이 현대 사회의 법률이고 개인의 권리다. 현대 국가의 기초가 바로 이것이라는 사실을 루소는 일깨워준다. 루소는 인간의 의식은 자신이 합리적이라고 존중하는 것만 인정한다는 것을 보여주었다. 그는 기독교 사상과 같은 초월적 이성이나 신이 아니라, 이 땅으로 내려온 인간 이성이 모든 행동과 사건과 조건의 심판자라는 것을 보여주기도 했다. 사회 현상에 관한 신학적 설명을 배제하고 자신만의 고유한 새로운 사회과학적 설명 방식을 창출함으로써, 루소는 그 이후의 사회과학자들에 거대한 탐구 영역을 가르쳐주었다. 그것은 유럽 역사에서 근대성의 위기와 함께 시작된 진정으로 독립적인 도덕적 개인과 공동체 사이의 화해하기 어려운 갈등의 문제를 어떻게 다룰 것인가 하는 주제다. 루소는 일상적 삶 속에 침몰된 현대인들이 잊기 쉬운 민주주의의 중요한 요소로서 집단 결정에의 적극적 참여와 공공 선의 실현이라는 주제의 중요성을 자신만의 용어로 소중하게 가르쳐주었다. 그리고 이 주제를 다루면서 루소는 자신의 고유한 용어들을 사용해서 영국의 자유주의 사상가들과는 구분되는 유럽 대륙적 방식의 독특한 새로운 현대 자유주의 정신 문화 창출에 기여했다. 현대 사회에서 개인의 도덕적 자유와 공동체를 어떻게 조화시킬 것인가 하는 그의 화두는 여전히 21세기에도 소중한 주제다.

□ 참고 문헌

로버트 워클러 지음 · 이종인 옮김, 『루소』, 시공사, 2001.

E. 카시러 지음 · 유철 옮김, 『루소, 칸트, 괴테』, 서광사, 1996.

장자크 루소, 『사회계약론』, 정성환 옮김, 홍신문화사, 1996.

_____, 『인간불평등기원론』, 정성환 옮김, 홍신문화사, 1996.

장자크 루소 · 주경복 외 옮김, 『언어 기원에 관한 시론』, 책세상, 2002.

이근식, 『자유주의 경제 사상』, 한길사, 2000.

어네스트 바커 지음 · 강정인 외 편역, 『로크의 이해』, 문학과 지성사, 1995.

김용민, 「루소 : 자연, 자유 그리고 교육」, 송호근 · 서병훈(편), 『시원으로의 회귀』, 나남, 1999.

Jean-Jacques Rousseau, *Du Contrat Social*, Paris, Pluriel, 1978.

_____, *Emile ou De L'Education*, Paris, Flammarion, 1966.

P. Benichou etal, *Pensé de Rousseau*, Paris, Edituions du Seuil, 1984.

James Swenson, *On Jean-Jacques Rousseau*, Standford, Standford University Press, 2000.

François Bourricaud, *Le Bricolage Idéologique*, Paris, P.U.F., 1980.

Steven Lules, *Emile Durkheim : His Life and Work*, London, Penguin Books, 1973.

Emile Durkheim, *La Pédagogie de Rousseau*, 1919.

_____, *Montesquieu et Rousseau*, Paris, Librairie Marcel Rivière et Cie, 1966.

Maxime Leroy, *Histoire Des Idées Sociales en France*, Paris, Gallimard, 1946.

John Gray, *Liberalism*, Milton Keynes, Open University Press,

1986.

Raymond Boudon, *The Analysis of Ideology*, Cambridge, Polity Press, 1988.

Francois Bourricaud, *Le retour de La Droite*, Paris, Calmann-Levy, 1986.

F. Bourricaud,R. Boudon, *Dictionnaire Critique de La Sociologie*, Paris, P.U.F., 1981.

A. Arblaster, *The Rise and Decline of Western Liberalism*, New York, Basil Blackwell, 1984.

Jean-Marc Ferry, *La Question De L'Etat Europeen*, Paris, Gallimard, 2000.

Katrin Froese, "Beyond Liberalism : The Moral Community of Rousseau's Social Contract", *Canadian Journal of Political Science*, XXXIV : 3(september 2001), pp.579-600.

제 10 장
칸트와 자유주의 이념

황 경 식(서울대 철학과 교수)

1. 자유주의의 정의와 칸트

우리에게 칸트(Immanuel Kant : 1724~1804)[1]의 인식론이 지나치게 강조되어온 데 비해 그의 정치와 사회철학이 상대적으로

---

1) 칸트는 1724년 프러시아의 수도였던 쾨니히스베르크에서 말안장 제조업자의 아들로 태어났다. 그의 할아버지는 스코틀랜드에서 온 이민자였다. 그는 1804년에 세상을 떠날 때까지 평생 한 번도 고향 밖을 나가지도 않고 결혼도 하지 않고 살았다. 그는 고향의 쾨니히스베르크대학에서 공부하고 1755년부터 죽기 몇 년 전까지 모교의 대학 교수로 철학을 가르쳤다. 그가 살던 시절 프로이센은 프리드리히 대왕(재위 1740~1786)의 치세였다. 오스트리아의 요셉 2세(재위 1780~1790)와 러시아의 예카테리나(일명 카사린. 재위 1762~1796) 여제와 같이 18세기의 대표적인 계몽 군주였던 프리드리히 대왕은, 의무 교육을 실시하고, 종교의 자유를 인정하였으며, 산업을 진흥시키고, 운하를 건설하는 등 부국강병 정책을 실시하고 두 번에 걸친 오스트리아와의 전쟁에 승리함으로써, 프러시아가 그 후 1871년에 오스트리아를 제치고 독일을 통일할 수 있는 기틀을 마련하였다. 이러한 시대 배경 때문에 칸트의 사상에는 자유와 인권을 중시하는 자유주의 요소와 함께 계몽 군주를 지지하는 이중적인 요소가 공존하고 있다.

소홀히 다루어져온 게 사실이다. 여하튼 자유의 이념이 칸트 정치 철학의 핵심이라는 말은 전혀 놀랍지가 않다. 그 이유는 칸트가 계몽주의 사상가로서 인간의 자유라는 개념이 그의 비판철학 전체를 일관하는 관건 개념이기 때문만이 아니라 자유의 이념이 현대에 이르러 칸트를 자유주의 정치철학 속에 수용하는 데에서 특별히 강조되고 있기 때문이기도 하다. 그간 다소 망각의 세월을 거쳐 오늘날 칸트는 홉스, 로크, 루소, 밀과 같이 자유주의 담론의 전통을 이루어온 위대한 사상가들의 반열에 오름은 물론 그 이상으로 평가되고 있다.

영국과 미국 문화권에서 칸트를 자유주의의 주류 대열에 편입한 것은 거의 전적으로 존 롤즈(John Rawls)의 『정의론(*A Theory of Justice*)』에 기인한다고 할 수 있다. 하지만 독일이나 여타 대륙의 전통에서는 자유주의 정치 담론에서 칸트의 재등장이 그다지 드라마틱하지 못한 이유는 그가 온전히 무시되거나 망각된 적이 없었기 때문이다. 예를 들어 칸트는 하버마스(Jrgen Habermas)의 정치적 사회적 저술 속에서 언제나 일정한 자리를 차지하고 있었다. 그 밖에도 법치국가에 대한 칸트의 이념이 독일의 자유주의 사상 속에 깊이 뿌리내려온 것은 주지의 사실이기 때문이다.[2]

자유주의에 대한 만족스러운 정의를 제시하는 것이 지극히 어렵다는 것은 여러 학자들에 의해 면밀히 검토된 바 있다. 이 문제를 다룬 한 연구자가 바로 『자유주의(*Liberalism*)』라는 책을 저술한 매닝(David Manning)이었는데, 그는 자신의 저서에서 어떤 한 학자, 이를테면 밀(J. S. Mill) 조차도 자유주의의 전형적 대변자로 간주하기 어려우며 자유주의적 전통에서 이끌어낸 어떤 일련의 견해도 자유주의를 전적으로 대표한다고 보기 어렵다는 것이다.

---

2) Katrin Flikschuh, *Kant and Modern Political Philosophy*, Cambridge University Press, 2000, p.2.

매닝의 주장에 따르면, 자유주의는 무엇보다도 그가 이른바 하나의 상징적 형식(a symbolic form)을 지니는 이념적 저술들의 한 전통(a tradition of ideological writings)이라는 것이다.[3]

매닝에 따르면, 그러한 상징적 형식은 비록 자유주의 교설 전체는 아닐지라도 자유주의 사상가들의 저술에서 가장 자주 나타나는 세 가지 지속적인 특성을 갖는다고 한다. 다시 말하면, 자유주의는 하나의 보편적인 본질을 갖는 학설이라기보다는 다양한 형태의 자유주의 유형들간에 어떤 가족 유사성(family resemblances) 같은 것을 지니고 있으며, 그러한 정도의 일관성(consistency)으로 인해 다양하고 상이한 형태에도 불구하고 그들이 자유주의로 불리게 되는 것이다. 결국 우리가 내세우는 입장이 자유주의적 담론(discourse)의 전통을 이루는 일부가 되기 위해서는 준수되어야 할 일련의 규칙이 있어야 하리라는 것이다.

매닝은 자유주의의 상징적 형식에 속하는 일관성의 세 가지 요소들을 제시하고 있다. 그에 따르면, 첫 번째 요인은 개인의 자유와 복지, 사회의 정의, 안녕은 그들 모든 성원들간에 분명히 규정되고 시행되는 법적 관계에 의존한다는 믿음이다. 달리 말하면, 자유주의자들은 법의 지배(rule of law. 법치주의)를 신뢰하며 어떤 개인도 그러한 법규 이상으로 자신을 고려할 권리가 없다고 주장한다는 것이다. 두 번째 요소는 자유주의자들에게 외적 강제(external compulsion)가 바람직하지 못한 까닭은 사회의 동기화 힘이나 사회적 개혁의 에너지는 개인 정신의 자발성과 해방된 의지력에서 유래하기 때문이라는 것이다.[4]

그리고 매닝이 제시한 세 번째 요소는, 인간 사회가 적절한 발

---

3) D. Manning, *Liberalism*, Dent. London, 1976, p.13, Howard Williams, *Kant's Political Philosophy*, Basil Blackwell, Oxford, 1983에서 재인용.
4) 위의 책, pp.14-16.

전 수준에 이르게 되면 민주주의적 제도(democratic institutions)가 사회 속에 구현될 것으로 기대할 수 있다는 원칙이다. 이는 마치 충분한 환경 조건이 조성될 경우 어떤 물리적 현상이 발생할 것으로 기대해도 좋은 이치와 마찬가지라는 것이다. 달리 말하면, 자유주의자들은 더욱 자유로운 형태의 사회와 정부를 향한 진보에 대해 낙관주의적 신념을 갖는다고 할 수 있다.5) 이상 세 가지 요소가 자유주의가 반드시 갖추어야 할 필수 요건인가에 대해서 매닝은 다소 유보적인 태도를 취한다. 시대와 상황이 워낙 다양한 변수들의 영향을 받는 까닭에 통시대적, 통사회적 보편성을 기대하기가 어렵기 때문이라는 것이다.

칸트에 대한 우리의 해석이나 이해도 그의 시대로부터 두 세기에 걸쳐 생겨난 상이한 정치 문화에 의해 영향을 받지 않을 수 없다. 그러나 주목할 만한 사실은 칸트 정치 이론의 기본 원리들이 약간의 수정만 가하면 매닝이 말한 자유주의의 상징적 형식들과 상당한 일관성이 발견된다는 점이다. 매닝이 칸트를 자유주의적 담론 전통의 반열에 포함시킨 것을 보면 그러한 수정이 대단한 것이 아님을 추정할 만한 이유가 될 것으로 보인다.6)

우선 자유주의의 상징적 형식과 일관성을 갖기 위해 우리가 모두 법 앞에(before the law) 평등하다는 첫 번째 원칙은, 적어도 한 사람만은, 다시 말하면 칸트가 불가침의 존재로 간주한 통치자(군주. the sovereign)만은 법 위에(above the law) 존재한다는 약간의 수정이 요구된다. 물론 칸트도 사적인 개인으로서 군주는 다른 개인들과 같이 법에 예속되어야 하나, 군주로서 그는 외견상 부정의한 행동에 대해 처벌받을 수가 없다는 것인데, 그 이유는 군주는 국가 속에 정의를 구현하는 자이기 때문이다. 여기에서 칸

---

5) 위의 책, p.23.
6) 위의 책, pp.75-78.

트는 자유주의적 전통 밖에 존재하는 자라는, 홉스(Hobbes)의 통치자에 대한 견지를 공유하는 셈이다.

외적인 강제를 거부하는 바, 상징적인 형식의 두 번째 요소에 대해 칸트는 어떤 수정도 없이 거의 그대로 받아들인다. 그는 역사철학 속에서 주장하기를, 근대 시민 사회 속에서 개인들간의 경쟁은 사회화와 진보의 원동력이라는 것이다. 물론 칸트가, 사회 개혁의 동력이 개인의 의지에서 생겨나기는 하나 그러한 개혁이 통치자(군주)의 올바른 업무를 통해서 실현될 수 있다고 본 점에서 약간의 수정은 불가피해진다. 또한 칸트가, 민주주의적 제도의 불가피한 성장에 대한 세 번째 요소를 충분히 수용할 만한 것으로 간주하기 위해서는 민주주의적이란 말이 대의주의적(representative)라는 말로 교체되어야 할 것이다. 그가 겨냥하는 정치 이념을 구현해줄 것은 대의적 제도며, 이에 비해 전적인 민주 사회에 대해 그는 다소 의혹을 지닌 셈이다.[7]

이상과 같이 살펴볼 경우, 칸트는 과연 자유주의 사상의 전통에 속한다고 할 수 있는가? 자유주의의 상징적 형식에 부합하기 위해 그의 정치 사상의 기본 원리에 필요한 수정은 대체로 보수주의적(conservative) 함축을 갖는다고 할 수 있다. 따라서 칸트의 사상이 Humbolt, Mill, Spencer, Green 그리고 Hobhouse 등과 같은 사상가들의 반열에 들기에는 다소 절대주의(absolutism)적 색채를 갖는다고 평가될 수 있다. 그러나 칸트의 지위를 독일에서 근대 자유주의 사상의 선구자로 규정하는 데는 큰 무리가 없을 것으로 보인다. 예를 들어서 『독일 정치사상사(1789~1815)(History of Political Thought in Germany 1789~1815)』에서 칸트의 정치 이념을 살피는 가운데 에이리스(Aris)는 결론짓기를, 그는 독일에서 자유주의에 대한 최초의 대변자였다는 것이다.[8] 크리거(Leonard

---

7) Howard Williams, *Kant's Political Philosophy*, p.127.

Krieger)도 독일의 자유 이념(The German Idea of Freedom)을 포괄적으로 설명하면서 그 어떤 다른 한 개인보다 칸트야말로 독일 자유주의의 대표적 인물이다. 그를 통해서 자유주의의 고유한 문제와 일반적인 해결 방식이 명백하게 표현되었다고 주장했다.[9]

이는 다소 놀라운 결론이라 생각된다. 그것은 만일 칸트가 자유주의자로 간주되어야 한다면 그는 무엇보다도 먼저 독일이라는 국가적 맥락에서 자유주의자로 간주되어야 함을 보여주는 것이다. 당시 독일이라는 국가는 영국과 미국에 비해 산업화에서나 자체의 중산층이 발전하는 데에서 후발국이었고, 따라서 대의제나 정당의 발전에서도 뒤쳐질 수밖에 없는 처지였다. 사회나 권위의 봉건제적 형식에 대한 도전은 자본주의의 발전이 상당한 수준으로 진행되기까지 독일에서는 나타나지 않았다. 이런 관점에서 볼 때 칸트 자유주의가 갖는 한계는 독일 정치 발전의 한계를 보여주는 잣대로 간주함이 좋을 것이다. 에이리스가 결론짓듯, 이런 후진성은 결국 나치 시대의 비극적 종말로 귀결된 것이다.

에이리스에 따르면, 비록 칸트가 자유, 평등, 재산의 안전 등이 기본권임을 요구하는 바, 독일에서 최초의 사상가라는 점이 엄연한 사실이라 할지라도, 그는 정치적 문제에 대해 정치 권력을 통해서가 아니라 도덕적이고 철학적 방식으로 접근했던 독일 중산층의 지적 리더들 사이의 지배적인 성향을 반영하고 있다. 이러한 성향은 중산층의 정치적 취약성과 그들의 정치 의식 결여를 나타내는 것이다.[10] 1920년대 국가사회주의(National Socialism)의 도전을 받자 자유주의적이고 반권위주의적인 정치 의식에 대한 이

---

8) R. Aris, *History of Political Thought in Germany 1789~1815*, Frank Cass, London 1965, p.104.

9) L. Krieger, *The German Idea of Freedom*, Chicago University Press, 1957, p.86.

10) Aris 앞의 책, p.107.

러한 결여가 치명적인 결과를 낳게 된 것이다.

2. 자유주의의 이념과 현실

칸트는 자신의 국가 이론을 그의 도덕철학에서 인간관에 특징적이던 이원론적 방식에 따라 구성하고 있다. 우선 그는 루소의 『사회계약론(*Du Contrat Social*)』의 영향 아래 공화적이고 자유민주적 국가 이념을 옹호하며 여기에서 특히 칸트는 정치 체제를 세우는 데에 개인의 자율성, 재산을 소유·처분할 권리, 동의의 의의 등을 강조하고 있다. 그러나 이는 순수 실천 이성의 선험적 이념(a priori ideas)으로 간주되는 까닭에 경험계의 국가는 자유주의적이고 공화적인 것에 다소 미치지 못할 가능성이 언제나 열려 있게 된다. 칸트에 따르면, 모든 현실 국가는 여러 종류의 우연적 여건 아래에서 발전해가게 된다는 것이다. 이런 배경으로 인해 그가 제시한 국가 이념은 개별 국가의 발전을 평가하게 될 척도나 기준 역할을 하게 된다. 따라서 어떤 국가가 성숙해갈수록 그 국가는 그러한 척도에 더욱 근접해간다고 할 수 있다.

그러나 특정 국가의 발전 수준이 어떠하든간에 칸트는 자신이 제시한 국가 이념을 이용해서 현실 국가에 대한 우리의 존중을 이끌어내고자 한다. 왜냐 하면 규범에 대한 존중은 비록 현존 국가가 규범이 요구하는 바에 미치지 못한다 할지라도 현실 국가에 대한 충성을 요구할 것이기 때문이라는 것이다. 물론 이 점은 칸트 정치철학에서 가장 역설적인 측면 중 하나를 제시하고 있다. 즉, 칸트는 우리가 국가 권력에 저항하기보다는 필요할 경우 독재(tyranny)도 감수해야 한다는 것을 권유하고 있는 것이다. 따라서 칸트의 이원론적 사유로 인해서 그에게서는 자유주의적 개혁을 선호할 수도 있으며 국가 전복의 위협이 있을 경우는 가장 반동적인 정부를 옹호할 수도 있게 되는 것이다. 원리에서 칸트는 자유주의적이나 실천에서 그는 보수주의적이고 권위주의적이었다고 할 수 있다.[11]

칸트는 그의 논문 「속담에 관하여 : 이는 이론상 참이나 실천에는 적용되지 않는다(On the Common Saying : This may be True in Theory, but it does not Apply in Practice)」에서 그의 자유주의 원칙들의 개요를 제시하고 있다. 이 논문은 1973년 Berlinische Monatsschrift에 최초로 출판되었는데, 거기에서 그는 시민 사회의 조건이 갖는 다음과 같은 세 가지 본질적인 특성이 있다고 주장한다.

① 인간으로서 모든 사회 성원의 자유(freedom)
② 각자는 신민으로서 다른 모든 사람들과 평등함(equality)
③ 시민 공동체의 성원으로서 각자의 독립(independence)[12]

칸트는 이 세 가지 원칙에 대해 이성의 선험적 이념으로서 언급하고 있다. 이러한 언급으로 인해 그 원칙들은 이론의 여지가 없는 지위를 갖게 된다. 이러한 원칙들은 그것이 인간 공동체에 대해 갖는 적합성이라는 도덕적 관점에서 이론의 여지가 없을 뿐만 아니라 그것이 존재하지 않을 경우 시민 사회는 생각조차 할 수 없다는 논리적 의미에서도 그러하다. 달리 말하면, 만일 우리가 진정한 시민 사회에 의거해 생각하고자 한다면 이들은 무시할 수 없는 원리들이라 할 수 있다. 시간과 공간 개념이 자연 세계를 연구

---

11) Howard Williams, 앞의 책, p.128.
12) Kant, "On the Common Saying", trans. H. B. Nisbet, in *Kant's Political Writings*, ed. H. S. Reiss. Cambridge University Press, 1977, p.74.

하는 데 없어서는 안 되듯, 그러한 원리들은 정치 이론에서 불가결한 것이라고 한다. 자연과학자가 먼저 시공간 개념을 갖지 않고서는 연구하고자 하는 대상을 지각할 수 없듯, 정치철학자는 자유, 평등, 독립 개념을 우선적으로 갖지 않고서는 국가 이념을 다룰 수 없다는 것이다.[13]

위에서 언급한 바 칸트 정치철학의 역설을 해명하는 데에 한 가지 주목할 것은 그의 입장을 정치적 담론의 통상적인 범주로 규정하는 데는 상당한 어려움이 있다는 점이다. 어떤 관점에서 보면, 칸트는 홉스적 정치학의 보수주의적, 권위주의적 전통을 따르는가 하면 다른 관점에서 보면 로크에 의해 대변되는 자유주의적 사상의 전통에 서 있다고 말할 수 있다. 그러나 또 다른 측면에서 보면, 칸트는 루소에 의해 대표되는 더욱 급진주의적이고 해방적인 경향을 보이기도 한다. 그러나 여하튼간에 그의 정치철학의 핵심은 자유주의적 전통에 뿌리를 두고 있다고 보는 것이 가장 합당한 평가일 것으로 보인다. 하지만 그를 좀더 통상적인 자유주의자로 단정하는 데에 다른 이들과 그의 정치철학에서 감지되는 놀랍고도 근본적인 차이는 그가 자유주의에 대해 강한 현실주의적 감각을 부여하고자 함으로써 사회에서 권위(authority)의 중요성에 강조점을 두고자 했기 때문에 생겨난 것이 아닌가 추정된다.[14]

칸트는 평등, 독립, 양심의 자유, 표현의 자유 등 자유주의적 이상을 열렬히 옹호했지만, 동시에 사회 속에 그러한 이념이 구현되는 것은 당대의 역사적 전통, 사회적 여건, 국가의 권력 등에 상당한 정도로 의존하고 있음도 강조했다. 국가에 대한 충성과 문화적, 역사적 배경에 대한 존중은 개인적 자유의 실현과 유지에 장애물이기보다는 (일부 자유주의자들의 주장처럼) 필수적으로 요구되

---

13) Howard Williams, 앞의 책, p.129.
14) 위의 책, p.274.

는 본질적 요건이라고 본다.[15) 자유주의적 이상을 보존하는 데에서 역사적 여건의 중요성에 대한 칸트의 절실한 인식은 자유를 허락하는 정부의 긍정적인 면과 더불어 부정적인 면까지 관용할 필요를 지시하며 자유주의적 이상을 적극적으로 추구하는 권력자를 지원할 필요 역시 함축하고 있다. 칸트는 개인적 자유의 보존에서 정치적 권위와 건전한 전통이 중대하다는 인식에서 통상적인 자유주의자들보다 훨씬 더 현실주의적이라 할 수 있다.

달리 말하면, 이상의 논의는 칸트의 정치 이론과 19세기 영국의 두 정치 이론가들 간에 두드러진 연계성이 존재한다는 것으로 요약할 수 있다. 공지성 원리에 대한 칸트의 옹호는 표현의 자유에 대한 밀의 옹호론과 지극히 유사해보인다. 양자는 모두 그 누구도 진리에 대한 독점권을 가질 수 없으며, 사회 정치적 문제에서 진리는 공적이고 개방된 토론의 기회가 규제되지 않을 경우에만 나타나게 된다는 입장을 지닌다. 그리고 양자는 함께 정치 철학자들만이 진보의 과정을 도울 수 있다는 입장을 공유하고 있다. 그러나 칸트는 진체 사회나 국가에 중내성을 부여하는 셈에서 밀과 거리를 둔다. 이 점에서 칸트는 개인에게 합당하고 인간적인 자유를 확보하는 데에 온건한 애국주의와 공동체 의식의 중요성을 강조하는 점에서 그린(T. H. Green)의 사상과 흡사하다. 아이디얼리스트의 입장에서 자유주의를 재구성하는 그린에서 칸트의 영향은 심대하다 할 수 있다.

3. 칸트에게서 자유와 자율

칸트에게서 시민 사회 체제 속에서 어떤 개인이 자유롭게 살고

---

15) 위의 책 참조.

자 하는 권리는 단적으로 그가 인간이라는 사실에 바탕을 두고 있다. 인간 개체의 가장 두드러진 특성 가운데 하나는 그가 자율적(autonomous)인 존재일 수 있다는 점이다. 진정한 시민 정부가 개인의 자율성을 진작시키고 조장해야 할 이유는 개인이 선악에 대해 스스로 결단을 내릴 수 없는 한 그는 자유롭지 못하기 때문이다. 칸트가 생각하기에 우리 대신 타인에게 선악을 결정할 권한을 주는 것은 최악의 독재라는 것이다.

이러한 견해는 칸트가 그의 논문 「계몽이란 무엇인가라는 문제에 대한 대답(What is Enlightenment?)」에서 설득력 있게 표현하고 있다.16) 여기에서 그는 계몽이란 인간이 스스로 초래한 미성숙으로부터 해방되는 것으로 규정하고 있다. 인간의 미개한 상태는 자신의 능력에 대한 신뢰의 결여에서 결과한다. 칸트가 이 점을 좀더 강하게 설명하고 있는 것은 그가, 인간이 자신의 자유 의지를 행사함에 주저하는 것은 나태와 비겁에 기인한다고 했을 경우에서다. 그는 비록 미성숙의 상태로 사는 것이 편한 일일지는 모르나 인간의 바람직한 모습은 아니라고 본다.

인간은 스스로의 의사와 의도에 따라 행위할, 그야말로 자율적 능력을 가진 존재다. 따라서 인간은 스스로의 판단에 의존할 용기를 가져야 한다는 것이다. 칸트에게 바로 이 점이 계몽의 진정한 메시지인 것이다. 즉, 과감히 깨어나라!(Sapere aude!)고 명한다. 개인은 과감히 깨어나 지혜를 길러야 하며 자신의 지성을 활용할 용기를 지녀야 한다. 비록 스스로에 기인한 미성숙이 자신에게 제2의 천성으로 굳어졌다 할지라도 개인들은 이 점에 힘써야 한다. 인간이 자유를 제대로 향유하기 위해서는 자신의 이성에 잠재된 힘을 일깨워 각성해야 한다는 것이다.

---

16) Kant, "What is Enlightenment?" trans H. B. Nisbet in *Kant's Political Writings*. ed. H. S. Reiss, Cambridge University Press, 1977, p.54.

이렇게 해서 개인은 시민 사회 체제에서 자신의 행복을 자기에게 적합하다고 생각하는 방식으로 추구할 권리를 지녀야 한다. 개인이 자신의 복리에 대한 타인의 입장을 수용하게끔 해서는 안 된다. 자신의 행복을 추구하는 데에서 개인에게 정당하게 부여될 수 있는 유일한 제약 조건은 자신의 행복 추구가 유사하게 자신의 이해 관심을 추구하는 타인의 권리와 상충하거나 그것을 해쳐서는 안 된다는 점이다. 이것이 결국 의미하는 바는 우리가 소지하고자 하는 권리에서 타인들과 호혜적 관계를 유지해야(reciprocate) 한다는 것인데, 왜냐 하면 개인은 자신이 소지한 자유를 타인에게 거부하는 것은 불공정하기 때문이다. 칸트에 따르면, 모든 사람은 자신의 행복을 추구하기 위해 타인들과 시민 공동체를 구성하지만 자신의 행복에 대한 결정권을 국가에 양도하지는 않는다는 것이다. 시민 공동체를 구성하는 데에서 개인들의 의도는 자기에게 좋은 것을 결정할 권리는 그대로 보존한 채 자신의 복리를 추구하는 일이 타인의 복리에 미치게 될 해로운 결과에 대해서는 국가가 감시해줄 것을 요구하는 것일 뿐이라고 한다.

이상에서 제시된 것은 다소 소극적인 자유관이기는 하나, 칸트는 그것을 건전한 자유주의적 입장의 근간으로서 수용한다. 밀(J. S. Mill)은 개인이 지닌 행위의 자유를 간섭하기 위한 유일한 정당 근거는 자기 보호(self-protection)임을 그의 『자유론(*On Liberty*)』에서 옹호하고 있으며, 또한 우리가 스스로 향유하고자 하는 자유에서 우리가 타인과 호혜성, 상호성의 관계에 있음은 그린이 전폭적으로 동조한 입장이다. 칸트는 그의 정치 이념을 선험적으로 제안했을 때 개인의 자율과 자립의 이념을 강하게 옹호했으며, 밀이나 그린과 더불어 자신의 행복한 삶에 대한 개인의 자결권을 유린하게 될 간섭주의적 정부(paternalistic government)의 이념을 강력하게 거부하고 있다.[17]

이 같은 간섭주의적 정부는 개인을 책임 있고 자립적인 존재로 대우하지 않고 그들이 마치 미성숙한 어린이인양 다루게 된다. 이러한 정부는 개인들에게 국가가 그들에게 최선의 이해 관심이라 생각하는 바를 제공하는 데 독재적이기보다는 이타적(benevolent)이라 주장하면서 스스로를 정당화하고자 할 것이다. 그러나 칸트가 보기에 그로 인한 개인의 자유 상실은 어떤 물질적 이득으로도 보상될 수 없다는 것이다. 권위주의적 정부가 시민들을 위해 그들의 복지와 관련된 문제들을 아무리 이타적으로 해결해준다 할지라도 그것은 결국 최악의 폭력적 독재 체제로 끝날 수밖에 없다는 것이다. 우리의 자유를 거부하는 데에서는 어떤 보상도 있을 수 없다는 것이 칸트의 입장이다.

그런데 칸트에 따르면 애국적인 정부(patriotic government) 아래에서 인간은 자유로울 수 있지만 간섭주의적 정부(paternalistic government) 아래에서는 인간이 자유로울 수 없다는 것이다. 시민 국가의 자유 시민들은 공동의 이해 관계를 공유하지만 이러한 공동의 이해 관계는 간섭주의적 정부의 위압적 관심과 배려로부터는 나올 수 없다. 한 국가의 거주자로서 시민들은 그들이 공유하고 있는 문화를 과거 세대에 빚지고 있으며 미래 세대에 대해 이러한 문화와 쟁취한 자유를 보존할 의무가 있다. 이렇게 해서 개인이 국가 속에서 향유하는 문화와 자유는 국민적 긍지의 문제가 된다.

개인은 자유 국가의 성원이 되는 한에서만 자유로울 수 있으며, 따라서 우리가 자신의 자유를 존중하고 보존하고자 한다면, 국가에 대해서도 존중과 충성을 바쳐야 한다는 결론이 나온다. 바로 이 점에서 칸트가 제시한 자유관은 미묘하고도 복잡해진다. 그의 주장에 따르면, 개인은 스스로 결정하고 행동할 수 있는 자율성을

---

17) Howard Williams, 앞의 책, p.130.

향유해야 한다. 그러나 동시에 이러한 자유는 공동체에 대한 애국적 공감에 의해 조정되어야 한다는 것이다. 국가는 시민들에게 자유를 보장하는 대신 충성을 요구하기 때문이라는 것이다.[18]

사실상 칸트는 사회에서 개인의 도덕적 자결권과 자율성을 강력하게 주장하고 있다. 그러나 이러한 신념은 개인이 자신이 소속한 국가에 절대적 충성을 해야 한다는 그의 견해와 균형을 이루어야 하는 것이다. 물론 이로 인해서 칸트가 극단적인 국가주의자가 되는 것은 아니다. 칸트에 따르면, 우리가 국가의 성원이 됨에 긍지를 지녀야 하는 이유는 국가가 우리의 자유를 구체적으로 실현할 기반이기 때문이다. 우리는 국가와 그 배경이 되는 문화 공동체에 충성해야 할 의무가 있다는 칸트의 애국주의는 지극히 온건하고도 냉정한 것으로서, 그 속에 어떤 배타성에 대한 언급도 없다. 그의 애국 개념은 전적으로 한 국가 내의 인종적, 언어적 다원성과 양립 가능할 뿐만 아니라 그의 궁극적 소망이 인류가 하나의 공동체, 즉 자유주의적이고 애국주의적인 이념을 구현한 도덕 공동체에 소속되어야 하는 것인 만큼 세계 시민주의와도 양립 가능한 것이다.

4. 표현의 자유와 공지성 원칙

칸트 정치철학에서 가장 중요한 개념 중 하나는 공지성(公知性. Principle of Publicity)의 원칙이다. 이 원칙은 일반적으로 자유주의 정치 이론가들이 표현의 자유(freedom of expression)라는 이름 아래 다루어온 정치 사상의 주요 영역 중 하나다. 물론 칸트가 이러한 자유의 현실적 인정에 대해 무조건적이고 전폭적인 지지

---

18) 위의 책, p.131.

를 했는지 그다지 분명하지 않는 까닭은 우리가 통치권에 대한 절대적 충성의 의무를 갖는다는 것이 그의 또 다른 신념이기 때문이다. 그의 견해에 따르면, 우리가 기존 정부에 대항해서 싸울 권리를 가질 수 있는 정당한 조건이 선험적으로 존재하지는 않는다는 것이다. 칸트는 이러한 배경 속에서 표현의 자유가 행사되어야 한다고 주장하는데, 즉 우리의 비판적 견해가 어떤 것이건 우리는 충성스런 시민(loyal citizen)으로서 그러한 견해를 표명해야만 한다는 것이다.19)

칸트는 정부를 비판할 우리의 권리를 아주 재치 있게 도출하고 있다. 우선 우리는 통치자가 부정한 행위를 하고자 하는 의지가 없을 것으로 가정하고, 설사 부정한 행위가 이루어졌다 할지라도 과오의 소치로 생각해야 한다는 것이다. 칸트가 생각하기에 통치자도 인간이기에 다른 인간들과 마찬가지로 완벽하지는 못하다고 한다. 따라서 시민은 통치자의 승인 아래 그의 정책이 국가에 대해 부정의한 것이라는 비판적 견해를 공적으로 표명할 권리를 가져야만 한다는 것이다. 국가의 지도자가 그의 행위에 대한 우리의 비판권을 행사하는 것을 방해할 이유가 없는 것은 그 자신도 세계에 대한 신적인 절대적 지식을 갖지 못하다는 것을 알기 때문이라는 것이다. 이 점을 감안할 경우 국가의 지도자는 자신의 정책에 대한 논쟁과 폭넓은 지혜를 환영해야 할 것이라고 본다.

이 점에서 칸트는 홉스(T. Hobbes)와 견해를 달리한다. 홉스는 국가의 시민들이 통치자에 대해 무비판적 충성을 다할 것을 요구한다. 물론 칸트도 통치자에 대해 우리가 강제권을 갖고 있지 않다는 것을 전적으로 인정하지만, 이로 인해서 통치자의 정책에 대한 공공 논의와 비판의 권리가 배제되는 것은 아니라는 것이다. 통치자의 행위를 논평하고 비판할 권리는 없어서는 안 될 자유다.

---

19) 위의 책, p.149.

우리는 통치자가 판단할 문제들에 대해 자신의 견해를 알릴 권리를 가져야 하며 그러지 못할 경우 통치자는 무책임하게 그의 권한을 남용할 경향을 갖게 될 것이다.

홉스가 국가의 지도자는 그 국가의 시민들에 대해 계약상의 의무를 갖지 않는다고 주장했을 때 통치자는 오류를 범할 수 없다(infallible)는 것을 함축하고 있다. 그러나 리바이어던의 절대 무결한 권능이란 정당화될 수도 없고 정당한 것도 아니다. 사실상 칸트에게서 그같이 위대한 통치자가 현존할 가능성은 지극히 의심스러운 일이다. 그의 생각에 따르면, 모든 통치자는 공적으로 표명될 그 신민들의 견해를 경청할 의무가 있다고 한다. 그래서 언론의 자유는 국민들의 권리에 대한 유일한 안전 장치라고 본다.[20)]

그러나 칸트에 따르면 정부에 대한 비판자는 이상적으로는 그의 공지권이 남용이나 오용되지 않게끔 책임 있는 방식으로 사용해야 한다. 그래서 그는 생각하기를 언론인과 정부가 상호 긴밀히 협동해서 가치 있는 비판이 수용되고 필요한 제재가 즉각 지켜지는 자유주의적 분위기를 창출해야 한다는 것이다. 이런 관점에서 볼 때 통치자가 범하게 될 최대의 과오는 시민들에게 언론의 자유권을 거부하는 일인데, 그 이유는 그렇게 함으로써 통치자는 스스로 정보의 원천을 차단하게 되고 그것을 소유할 경우 더 슬기롭게 통치하는 데 도움이 될 가능성을 배제하는 셈이 되기 때문이다.

밀이 강조했듯, 우리의 소견과 견해의 표현에서 건강한 경쟁은 중요한 견해가 무시되지 않고 더 나은 견해가 드러날 기회를 갖게끔 해줄 유일한 보상책이라는 것이다. 칸트의 일차적 관심은, 비록 정부의 정책을 변경시키는 것은 아니지만 국가의 지도자가 권리의 남용에 대해 무지한 위치에 있어서는 안 되며, 그것을 자각했을 경우 어떤 조치를 취할 수 있게 된다는 점에 있다. 칸트는 통치

---

20) 위의 책, p.150.

자가 판단상의 불필요한 오류를 피하는 데 표현의 자유가 갖는 이점을 강조하고 있다. 통치자가 이러한 과오를 범하게 될 위치에 있지 않게 할 보장책은 오직 표현의 자유를 신장하는 일이다.[21]

따라서 유능한 통치자는 자유의 정신이 보장되는 분위기에서 통치해야 한다. 이성적 설득에 의한 통치가 아닐 경우 통치자는 자기 모순에 빠지게 된다. 모든 시민들은 법의 준수가 평화롭고 안정된 사회의 유지를 위해 본질적으로 중요한 일임을 알지만, 준법이 강제되지 않고 이성적으로 설득될 경우, 더욱 만족하게 될 것이기 때문이다. 바로 이 때문에 통치자의 법 제정이 비판되고 토론되는 자유로운 분위기가 지극히 중요한 것이다. 토론과 논변을 통해 얻어진 시민들의 합의야말로 통치자가 필수적으로 확보해야 할 기반이다.

「이론과 실천(Theory and Practice)」이라는 논문에서 칸트는 공지성의 원리를 다음과 같이 표현하고 있다. 국민들이 스스로 부과하지 않는 것이라면 입법자에 의해서도 부과될 수 없다.[22] 도덕적 관점에서 볼 때, 통치자는 오직 그가 공동체의 일반 의지(general will)를 대변한다는 이유로 해서만 국민들에게 권위를 지닐 수 있다. 통치자가 일반적 이해 관계의 파수꾼으로서 마땅히 해야 할 일을 행한다면 자립적이고 공공적인 비판을 두려워해야 할 이유가 없는 것이다. 만일 시민들이 그의 행위를 공지성의 이념에 따라 판단한다면, 그들은 통치자가 어느 지점에서 과오를 범하고 있는지 즉각 정보를 줄 수 있게 된다.

결론적으로 말하면, 칸트는 충성스런 시민이 자신의 정부를 비판할 권리로서 표현의 자유를 옹호하고있다. 그는 표현의 자유를, 좋은 정부와 계몽되고 조화로운 사회로 가는 확고한 길로서 옹호

---

21) 위의 책, p.151.
22) Kant, 앞의 책, p.85.

하고 있다. 그러나 칸트가 간과하고 있는 바, 그의 논변에서 중요한 약점이 하나 있다. 칸트는 시민들에 대한 통치자의 태도가 선의지(good will)라고 전제하며 통치자가 시민들에게 의식적으로 잘못을 저지르지는 않는다고 믿고 있다.

물론 칸트가 그러기를 소망한다고 해서 비판받을 수는 없다. 그러나 그가 그러한 믿음을 너무 일반화시킬 경우 잘못된 길로 접어들게 된다. 칸트는 포악한 독재자들 치하에서 저항하는 시민들에게는 제시할 별다른 조언이 없다. 그러나 이럴 경우 이성의 공공적 사용(public use of reason)은 기껏해야 비효율적이며 나쁘게는 철저히 봉쇄를 당하게 된다.[23] 따라서 분명한 것은 표현의 자유에 대한 칸트의 옹호론이 경우에 따라서만 타당할 뿐이며, 결국 통치자가 바랄 경우에만 그러하리라는 점이다. 칸트는 표현의 자유가 가장 요긴한 때 그게 대해 가장 인색한 자유주의자로 평가될 가능성을 남기고 있는 것이다.

5. 롤즈에게 전해진 칸트의 자유주의

롤즈가 해석한 칸트의 자유주의이건 혹은 롤즈에게 전해진 칸트의 자유주의이건 간에 이 양자를 연계하는 가장 핵심적인 개념은 자유(freedom) 개념이다. 롤즈가 말하는, 자유롭고 평등한 도덕적 존재로서의 칸트적 인간관(Kantian conception of the free and equal moral person)은 개인의 자유에 대한 전통적인 자유주의의 이해에서, 특히 정치적 정당화와 관련해서 자유가 갖는 기능에서 중대한 변화를 가져온 셈이다. 만일 고전적 자유주의가 개인의 자유를, 각자가 서로에 대해 무제한한 선택과 행동에 대해 갖

---

23) Howard Williams, 앞의 책, p.155.

는 자연권(natural right)으로 간주한다면 롤즈가 해석한 칸트에게 서는 자유, 실천적 추론, 정치적 정당화 간에 강한 연관성이 주창되고 있다.

오늘날 자유주의자들은 개인의 자유를 자연권으로 보기보다는 도덕적 능력(moral capacity)으로 생각한다. 다시 말하면, 개인의 자유를 개인적 선택의 합리성을 통해 좁은 의미로 해석하기보다는 개인들간에 가능한 사회적 협동의 선결 요건으로서 간주한다. 이같이 상호 대립적인 정치적 자유관으로부터 상호 협동적인 도덕적 이해로의 이행은 상당한 정도로 칸트적인 것이라 할 수 있다. 하지만 여기에서 두 가지 문제점이 제기되고 있다. 그 하나는 최근 칸트를 자유주의 주류 속에 편입시키는 근거가 지나치게 칸트의 윤리서(이를테면 *Groundwork*)에 편향되어 있으며, 그의 정치적 저술(이를테면 *Rechtslehre*)이 지속적으로 경시되고 있다는 점이다. 또 하나는 칸트를 자유주의자의 반열에 올리는 일이 그의 실천적 형이상학에 대한 명백한 거부를 전제함으로써 강조점이 칸트의 형이상학이 없는 도덕철학에만 주어지고 있다는 점이다.[24]

물론 이같이 편향된 칸트 독법이 원리상 그릇된 것은 아닐지라도 이를 통해서 칸트의 정치 사상과 그에 대한 현대 자유주의의 관계 모두에 대한 왜곡된 이해가 조장될 우려가 있다는 지적이 있다. 정치적 자유에 대한 칸트의 입장을 배제하고 그의 도덕적 자유관에 초점을 두는 결과 중 하나는, 상충하는 두 가지 자유론에 대한 현대 자유주의 내부의 긴장 관계를 야기할 수 있다는 것이다. 이 점은 공정으로서의 정의관(Justice as Fairness)이 갖는 롤즈의 두 원칙에 의거해서 예시될 수가 있다. 시민으로서 개인의 평등한 지위와 관련된 정의의 첫 번째 원칙에 대한 롤즈의 해명은 칸트의 도덕적 인격관으로서 롤즈가 기술한 내용과 대체로 일치

24) Katrin Flikschuh, 앞의 책, p.3.

하고 있다.25)

그러나 분배적 정의와 관련된 정의의 두 번째 원칙은 깊은 측면에서 칸트적이라 할 수 없는(un-Kantian) 자유로운 행위자와 개인적 선택의 합리성에 대한 이해를 전제하고 있다. 자유롭고 평등한 존재로서 도덕적 인간관이 적어도 개별 국가의 범위 내에서 합당성(reasonableness)과 공적인 숙고에 대한 칸트의 입장을 채택하는 것인 데 비해, 차등의 원칙을 이끌어내는 경제적 자유에 대한 해명은 그 기본 방향에서 홉스(Hobbes)적이라 할 수 있는, 대표적 경제 이론의 동기적 가정들을 수용하는 것이다.

롤즈의 이론에서 두 가지 상이한 동기적 측면, 즉 도덕적 동기와 이기적 동기 간의 긴장은 자주 지적되어 왔다. 여기에서 주요 문제는 칸트의 도덕적 자유관이 경제적 자유에 대한 홉스적 가정을 견뎌낼 수 있는가 여부다. 물론 롤즈 자신은 이 점에 대해 나름의 변명을 제시할 수도 있을 것이다. 특히 자신의 이득을 극대화하고자 하는 홉스적 동기는 롤즈에게서 현실적으로 존재하는 인간관의 일부이기보다는 무지의 베일 속에 있는 가상적 존재로서 원초적 입장의 당사자가 갖는 한 속성에 불과하다고 해명할 것이다. 그러나 두 가지 동기간의 갈등이 손쉽게 해소되지 않을 경우 사회적, 분배적 정의에 대한 현대의 많은 자유주의적 이론들은 생각보다 덜 칸트적이라는 비난을 면하기 어려울 것이다.

선택과 행위의 개인적 자유에 대한 칸트의 정치적, 경제적 입장을 무시함으로써 생겨난 두 번째 결과는 칸트 형이상학에 대한 거부라 할 수 있다.26) 물론 이는 새로운 사실이 아니며, 칸트의 도덕 이론에 대한 존경은 그 기초가 되는 형이상학적 전제들에 대한 불편함 때문에 언제나 약화되어 왔다. 또한 감지되는 그런 불편함에

---

25) 위의 책, p.3.
26) 위의 책, p.4.

대한 상당한 책임은 순수 실천 이성의 이념으로서 자유 이념이라고 할 수 있다. 칸트의 도덕철학에서 실천 이성의 선험적 관점과 현상적 관점 간의 구분은 그의 인식 이론에서 현상과 물 자체 간의 구분과 동일한 정도의 저항에 봉착해왔다. 진정 칸트의 선험적 관념론은 많은 철학자들간에 상당한 논란의 대상이 되어왔다.

그러나 형이상학에 대한 현대 자유주의적 거부는 좀더 일반적인 것이어서 유독 칸트의 선험적 관념론에만 전적으로 겨냥되어 있는 것은 아니다. 현대 철학의 다른 분야에서 형이상학에 대한 관심의 재활과 비교해볼 때 정치철학에서 그에 대한 거부는 오히려 강화되어 왔다 해도 과언이 아니다. 그런데 일부 학자들은 이 점이 칸트의 정치철학과 관련해서 뿐만 아니라 정치철학 일반의 과제와 관련해서도 그릇된 일이라고 지적한다.

형이상학에 대한 적대적 태도가 그릇되었다고 믿는 한 가지 이유는 홉스류의 정치철학과는 달리 그 이론 구성 자체가 형이상학적 토대에 의거해 있는 칸트의 정치철학은 형이상학적 근거가 이론 체계 속에 정합적으로 함축되어 있기 때문이다. 따라서 칸트의 도덕철학은 소극적인 의미에서 형이상학적 토대를 회피할 수 없을 뿐만 아니라 적극적인 관점에서 형이상학은 일관된 실천적 이론 체계가 전개되는 개념적, 규범적 기본 틀을 제공함으로써 정합적 이론 구성을 용이하기 위해 오히려 요청된다는 지적이 제시되고 있다.[27]

이미 언급했듯이 철학의 다른 분야에서는 형이상학에 대한 관심이 재개되는 데 비해 정치철학에서 형이상학의 거부는 변화의 기미조차 보이지 않고 있다. 자유주의 진영 내에서 형이상학에 대한 회의주의는 다원주의를 하나의 사실(pluralism as a fact)로 받아들이고자 하는 롤즈의 입론을 통해서 더욱 강화되고 있다. 그의

----

27) 위의 책, pp.4-5 참조.

입론에 따르면, 자유주의 사회에서 개인들(individuals)의 다양한 가치관이 지배하는 사회는 특정 형이상학에 의해 지지되는 바, 포괄적인 사회적 가치관(comprehensive social values)이 소용없는 것이 되게 한다는 것이다. 다원주의의 조건 아래서 모든 개인이 동일한 포괄적 관점에 동의하기 어려운 까닭에 형이상학은 그런 자유주의적 사회에서 그 정당화의 힘을 잃게 되기 때문이다.

　다원주의라는 사실이 정치적 사유에서 형이상학을 기피할 수밖에 없는 이유로서 자주 거론되어 왔다. 그러나 동시에 자유주의 사회에 대한 사회적 입론으로서 다원주의라는 사실을 받아들이는 것이 과연 형이상학을 기피할 충분 조건이 되는지에 대한 의혹 또한 만만하지는 않다. 이 같이 의혹을 제기하는 자들 중에는 다원주의라는 사실이 오히려 형이상학적 전제들에 대한 더욱 심각한 탐구를 재촉하게 된다는 학자들도 있다.28) 나아가서 일부 공동체주의자들은 롤즈와 같은 자유주의자들의 자아관이나 가치관에 암암리에 칸트의 형이상학적 가정들이 잠입해 있다고 비난하기도 하나, 이러한 혐의 또한 롤즈는 다원주의라는 사실을 들어 물리치고 있다.

　여하튼 롤즈의 입장은 개인 성원들간에 근본적인 가치 다원주의라는 특성을 지닌 사회에서 정치적 정당화의 과제와 관련해서는 형이상학에의 호소가 불가능하고 무용하다는 점이다. 롤즈에 따르면, 이렇게 말한다고 해서 개인에게 그가 선택한 특정 형이상학이 중대하다는 것을 부인하는 것은 아니며, 일정한 형이상학적 체계의 진리화 가능성을 거부하는 것도 아니라는 것이다. 형이상학을 경시하거나 공개적으로 적대시하기보다, 롤즈는 단지 회피의 전략(strategy of avoidance)을 내세움으로써 정의나 정치적 정당화의 자유주의적 이론은 철학적으로 형이상학의 외곽에 자리

---

28) 위의 책 참조.

해야 한다고 본다.[29] 그 이유로서는 종교적, 형이상학적 입장이 중요하지 않아서가 아니라, 그것이 합의에 의해 정치적으로 해결되기에는 너무나 중대한 것이기 때문이라는 것이다. 시민들은 자신의 종교적, 형이상학적 신념을 포기할 것을 요구받지 않을 뿐 아니라 단지 공공적인 정치적 사유에 가담할 경우, 형이상학에 대해서 거리를 취하고 판단 중지할 것이 요청된다는 것이다.

6. 칸트에 대한 절차주의적 해석

하버마스(J. Habermas)나 아펠(O. Apel)이 주장하는 담론윤리학(discourse ethics)의 기본 프로그램은 절차주의적 윤리학(procedural ethics)의 근대적 전통을 전반적으로 혁신하였으며, 적어도 칸트 이래 근대 사상을 특징짓는 전통에서 가장 흥미롭고도 가장 현실성 있는 시도라 할 만하다.[30] 담론윤리학은 과거의 이론적 구상들, 특히 칸트 이론의 독백적(monological) 특성에 담긴 일련의 부적합한 것들을 극복하고 좀더 대화적(dialogical) 유형의 절차적 윤리설을 전개하고 있다. 그러나 이 같은 절차적 윤리가 좋은 것(善. the good)의 문제보다 옳은 것(義. the right)의 문제를 우선시할 경우, 그것이 과연 도덕적 삶에 대한 이론으로서 설득력을 가질 수 있는 것인지에 대한 의문이 제기된다.

근래에 이르러 절차주의 윤리와 그와 관련된 윤리학의 문제들은 영미 문화권에서도 철학적 논의의 중요한 주제들이 되고 있다.

---

29) John Rawls, 'Justice as Fairness : Political not Metaphysical', *Philosophy and Public Affairs*, 14, 1985, p.230.

30) Charles Taylor, 'The Motivation behind a Procedural Ethics', Ronald Beiner and William James Booth(eds), *Kant and Political Philosophy*, Yale University Press, 1993, p.337.

물론 영미철학에서도 절차적 윤리설은 다양한 방식으로 제시되고 있는데, 한편에서는 헤어(R. M. Hare)의 공리주의적 칸트주의(utilitarian Kantianism)가 있다면 다른 편에는 롤즈에 의해 제안된 도덕 이론에 있어 칸트적 구성주의(Kantian Constructivism)가 있다.[31] 우선 우리는 절차적 윤리설, 특히 절차주의적 정의론이 대두하게 된 역사적 맥락을 간단히 일별하고 칸트에 대한 롤즈의 절차주의적 해석을 살펴보고자 한다.

플라톤 이래 정의(justice)의 정의(definition)를 규명하고자 하는 철학자들의 야심찬 시도들에도 불구하고 정의의 역사는 백가쟁명의 난맥상을 보여왔으며 일치된 합의의 도출이 어렵다는 귀결에 이르렀다 해도 과언이 아니다. 이 같은 사태를 염두에 두고 현대의 사회철학자 카우프만(W. Kaufmann)은 분배적 정의의 기준을 제시할 가능성을 공박하면서 전통적으로 제시되어온 정의의 다양한 기준들을 비판적으로 검토한 후 정의론에 대해 회의주의적 결론에 이르게 된다. 그에 따르면, 구체적 상황에서 정의에 대한 결정은 고려되어야 할 지극히 복잡한 변수들로 인해서 전통적 이론들 중 어떤 것도 그 임무를 성공적으로 수행할 수 없다는 것이다.[32]

경제철학자 레셔(N. Rescher)도 이와 유사한 문맥에서 분배적 정의에 대한 전통적 기준들을 비판적으로 검토한 후 그들이 공유하는 동일한 결함은 정의가 요구하는 다른 요구 사항들은 배제한 채 단일하고 동질적인 한 가지 기준으로 정의의 문제를 환원시키고자 하는 일원론적(monistic)인 점에 있다고 하며, 그 결과 각 기준들은 모두가 과도한 배타성이라는 귀족주의적 과오를 범하고

---

31) 위 논문 참조.

32) Walter Kaufmann, "Doubt about Justice", *Ethics and Social Justice*, New York State University Press, 1968, pp.52-74.

있다는 것이다.33) 그런데 이 같은 회의주의적 추세에도 불구하고 정의론의 새로운 활로를 타진하고자 하는 시도로서 최근 우리가 주목하고자 하는 주요한 한 가지의 시도는 정의로운 결과(just result)와 정의로운 과정 혹은 공정한 절차(just procedure) 간의 구분에 근거를 둔 것이다. 절차도 정의롭고 결과도 동시에 정의로울 수 있다면 더 없이 바람직할 것이나, 우리의 구체적 상황은 하나를 위해 다른 것의 희생이 불가피한 경우, 공정한 절차의 추구가 차선의 대안일 수 있다는 것이다.34)

정의에 대한 논의에서 유념해야 할 것은 우리가 정의로운 절차나 정의로운 결과 중 어느 것에 대해 논의하고 있는가를 분명히 해야 한다는 점이다. 특히 이 점은 모든 경우에서 정의로운 결과를 보장할 기준이 제시되기 어렵다는 주장과 관련될 경우 더욱 중요한 의의를 지니게 된다. 정의에 대한 최근의 새로운 연구는 전통적인 결과주의적 접근보다는 절차주의적 접근 방식에 암암리에 동의하고 있는 것으로 보이는데, 그 중에서도 특히 자유지상주의자(libertarian)로 알려진 노직(R. Nozick)과 자유주의적 평등(liberal equality)을 내세우는 롤즈는 정의가 절차적 관점에서 접근할 경우 가장 잘 이해되는 것으로 생각하는 대표적인 철학자들이다.

롤즈는 사회 정의의 문제를 순수 절차적 정의(pure procedural justice)로 이해하고, 이를 완전한 절차적 정의와 불완전한 절차적 정의와 대비시킨다. 그에 따르면 정의로운 결과를 평가할 독립적인 기준도 있고, 그러한 결과에 이를 절차도 구상할 수 있을 때 완전한 절차적 정의(perfect procedural justice)가 성립하며, 독립적

---

33) Nicholas Rescher, *Distributive Justice*, The Bobbs-Merill Company, Inc., 1966, p.82.

34) Norman E. Bowie and Robert L. Simon, *The Individual and Political Order*, Prentice-Hall Inc., 1977, pp.102-104.

인 기준은 있으나 그러한 결과에 이를 절차가 없을 경우 불완전한 절차적 정의(imperfect procedural justice)가 성립한다. 이에 비해서 순수 절차적 정의란 정의에 대한 독립적 기준은 없으나 공정한 절차나 규칙이 있어 그에 따르기만 하면 그 결과가 저절로 정의롭게 되는 경우다. 이는 절차의 공정성이 결과의 정의 여부를 보장하는 것으로서, 이런 관점은 롤즈의 공정으로서의 정의관(justice as fairness)의 핵심이 된다 할 것이다.[35]

이미 살핀 바와 같이, 롤즈는 정의를 사회적 상호 작용의 최종 결과가 갖는 속성이라기보다는 공정한 절차의 속성으로 보아야 한다는 대안적인 절차주의적 정의관의 대변자라 할 수 있다. 그런데 전통적 정의관을 지배해온 완전한 절차적 정의 혹은 불완전한 절차적 정의의 개념은 수행된 절차와 무관하게 분배의 결과가 갖는 정의 여부를 확인할 수 있다는 관념을 공유하고 있다. 이에 비해 순수 절차적 정의는 어떤 특정 결과가 정의로운지는 알 수 없으나, 단지 수행해야 할 정의로운 과정이나 절차가 무엇인지는 알 수 있다는 것이다. 롤즈에 따르면, 사회 이론으로서 공리주의는 정의를 불완전한 절차적 정의의 관점에서 접근하는 입장이라 할 수 있다. 이에 비해 일부 전투적인 마르크스주의자들처럼 정의로운 사회를 구성하는 내용뿐 아니라 그를 보장하는 방편이 무엇인지 정확히 제시할 수 있다는 광신적 이데올로그들은 완전한 절차적 정의관을 가진 자라 할 수 있다. 이들과는 달리 롤즈는 순수 절차적 정의관을 통해 자유 경제 체제에 가장 적합한 정의 모형을 구성해보고자 한다.

칸트 이후 많은 철학자들은 칸트의 윤리설을 지극히 형식주의적 윤리설(formalistic ethics)로 간주하여 그 추상성과 공허성을

---

35) John Rawls, *A Theory of Justice*, Harvard University Press, 1971, pp.66-86 참조.

비판해왔으며, 막스 셸러(M. Scheler) 같은 학자는 이 같은 맥락에서 실질주의적 윤리설(materialistic ethics)을 창안하기도 하였다. 그러나 롤즈는 칸트의 윤리설에 대한 이 같은 전통적 해석 방식은 칸트 윤리설의 깊은 의도를 곡해한 것이며, 따라서 칸트에 대한 공정한 태도가 아니라는 점에 확신을 갖고 그의 윤리설에 대해 절차주의적 해석(procedural interpretation)을 제안한다. 칸트는 자신의 윤리설을 구상하는 과정에서 형식주의와 실질주의의 이분법을 넘어 도덕 원칙을 구성하기 위한 올바른 절차로서 정언 명법의 세 가지 형식을 제시한 것으로 간주할 경우, 칸트 윤리설에 대한 가장 합당한 이해가 가능하다는 것이다.

롤즈에 따르면, 칸트는 인식론이나 윤리론 양자에서 모두 구성주의(constructivism)의 입장을 견지했으며, 그런 의미에서 이론 이성과 실천 이성이 동일한 궤도(同軌)에서 움직인다는 것이다. 철학 이론에서 구성(construction)이라는 개념은 절대주의자들이 말하는 발견(discovery)의 방도도 아니고 회의주의자들이 내세우는 창조(creation)의 방법도 아닌, 제3의 중도(via media)로서, 인식이건 규범이건 간에 이성이, 외적인 소여를 자료적 내용으로 하고 내재적인 틀을 범주적 형식으로 하여 양자를 결합함으로써 구성하는 것으로 본다. 그럼으로써 구성의 방법은 독단의 암초와 회의의 늪을 피해가는 활로를 트게 된다는 것이다.[36]

롤즈의 독법에 따르면, 칸트의 정언 명법의 세 가지 포뮬레이션은 다양한 사적 규칙 내지 준칙(maxim)들 가운데서 도덕 원칙을 구성해내는 절차들로 간주될 수 있다. 그래서 준칙들 가운데서 보편화 가능성(universalizability)의 조건과 인격의 목적 가치(persons as ends)라는 조건, 그리고 목적 왕국의 입법자(moral legislator)

---

36) 황경식, 「롤즈에게 전해진 칸트」, 『칸트 사상과 현대 철학』, 범한철학회, 1997 참조.

조건 등의 시금석을 통과한 것들은 도덕 원칙으로서 자격을 갖추게 된다. 롤즈는 칸트의 윤리설에 대한 절차주의적 해석 아래 자신의 정의론을 구상했으며, 그 결과물들이 바로 계약론적 정의론이며, 또한 공정으로서의 정의관이다. 나아가서 이 같은 계약 논변(contract argument) 뿐만 아니라 롤즈의 원초적 입장에 의거한 정합 논변(coherence argument) 또한 이상과 같은 절차주의적 구성주의의 맥락에서 이해될 때 더욱 합당하게 이해될 수 있을 것이다. 결국 롤즈는 적어도 학문으로서 형이상학에 대해 인색한 시대를 살고 있는 사람들에게 칸트의 도덕론을 살아 있는 전통으로서 설득력을 갖는 것으로 재구성하고자 했으며, 동시에 칸트 윤리설에 대한 오랜 오해로부터 그의 윤리설이 얼마나 생산적인 대안일 수 있는가를 보이고자 노력했다고 할 수 있다.

□ 참고 문헌

황경식, 「롤즈에게 전해진 칸트」, 『칸트 사상과 현대 철학』, 범한 철학회, 1997.

Aris, R., *History of Political Thought in Germany 1789~1815*, Frank Cass, London 1965.

Bowie, Norman E. and Simon, Robert L., *The Individual and Political Order*, Prentice-Hall Inc., 1977.

Flikschuh, Katrin, *Kant and Modern Political Philosophy*, Cambridge University Press, 2000.

Kant, Immanuel, "What is Enlightenment?" trans H. B. Nisbet in *Kant's Political Writings*. ed. H. S. Reiss, Cambridge University Press, 1977.

_____, "On the Common Saying", trans. H. B. Nisbet, in *Kant's Political Writings*, ed. H. S. Reiss, Cambridge University Press, 1977.

Kaufmann, "Walter, Doubt about Justice", *Ethics and Social Justice*, New York State University Press, 1968.

Krieger, L. *The German Idea of Freedom*, Chicago University Press, 1957.

Manning, D., *Liberalism*, Dent. London, 1976. Howard Williams, *Kant's Political Philosophy*, Basil Blackwell, Oxford, 1983.

_____, *Liberalism*, Dent. London, 1976.

Rawls, John, *A Theory of Justice*, Harvard University Press, 1971.

_____, 'Justice as Fairness : Political not Metaphysical', *Philosophy and Public Affairs*, 14, 1985.

Rescher, Nicholas, *Distributive Justice*, The Bobbs-Merill Company, Inc., 1966.

Taylor, Charles, 'The Motivation behind a Procedural Ethics', Ronald Beiner and William James Booth(eds), *Kant and Political Philosophy*, Yale University Press, 1993.

Williams, Howard, *Kant's Political Philosophy*, Basil Blackwell, Oxford, 1983.

▣ 필자 소개
(가나다 순)

☐ 김용환 dragon@mail.hannam.ac.kr

연세대 철학과와 영국 웨일즈대(S.D.U.C.) 철학과를 졸업(Ph.D.)한 뒤, 영국 에딘버러대 철학과 연구 교수를 지냈으며, 지금은 한남대 철학과 교수로 있으면서 서양근대철학회 회장과 사회윤리학회 회장을 맡고 있다. 주요 저서로는『관용과 열린 사회』(철학과현실사, 1997),『홉스의 사회 · 정치철학』(철학과현실사, 1999) 등이 있다.

☐ 민문홍 mimmoon8@unitel.co.kr

연세대 사회학과를 졸업한 뒤 프랑스 소르본느대에서 사회학 박사 학위를 받았으며, 지금은 서울대 국제대학원 전임연구원으로 있다. 주요 저서로는『에밀 뒤르케임의 사회학』(아카넷, 2001),『종교와 우리 사회』(현상과 인식, 1995) 등이 있다.

□ 박순성 sunsong@dongguk.edu
서울대 경제학과를 졸업한 뒤 프랑스 파리10대학에서 경제학 박
사 학위를 받았으며, 지금은 동국대 북한학과 교수로 있다. 주요
저서로는『북한 경제와 한반도 통일』(풀빛, 2003),『한반도 평화보
고서』(공저, 한울, 2002),『아담 스미스의 지혜』(역서, 자유기업센
터, 1998) 등이 있다.

□ 서병훈 bhsuh@ssu.ac.kr
연세대 정치외교학과를 졸업한 뒤 미국 라이스대에서 정치학 박사
학위를 받았으며, 지금은 숭실대 정치외교학과 교수로 있다. 주요
저서로는『자유의 미학 : 플라톤과 존 스튜어트 밀』(나남, 2000),
『자유의 본질과 유토피아 : 존 스튜어트 밀의 정치 사상』(사회비평
사, 1995) 등이 있다.

□ 오병선 ohbyungs@ccs.sogang.ac.kr
서울대 법과대학을 졸업한 뒤 영국 에든버러대 법학부 대학원에
서 법학 박사 학위를 받았으며, 서강대 공공정책대학원장과 한국
법철학회장을 지냈으며 지금은 서강대 법학과 교수로 있다. 주요
저서로는 *Teleological Desert and Justice*(서강대 출판부, 1994),
『세계화 과정에서 공동체주의 이념과 국가』(공저, 신유, 2002),
『법의 개념』(역서, 아카넷, 2001) 등이 있다.

□ 이근식 kslee@uos.ac.kr
서울대 경제학과를 졸업한 뒤 미국 메릴랜드대에서 경제학 박사
학위를 받았으며, 경제정의실천시민연합 초대 정책연구위원장과
『시민의 신문』편집위원장을 지냈고, 지금은 서울시립대 경제학부
교수로 있다. 주요 저서로는『자유주의 사회 경제 사상』(한길사,

1999), 『자유주의란 무엇인가』(삼성경제연구소, 2001) 등이 있다.

□ 이병혁 bhlee@uoscc.uos.ac.kr
서울대 문리과대학 사회학과를 졸업한 뒤 프랑스 사회과학고등연
구원(E.H.E.S.S.)에서 문학 박사 학위를 받았으며, 서울시립대 도
시사회학과 교수로 있으면서 한국사회학회 부회장, 라캉과 현대
정신분석학회 부회장을 맡고 있다. 주요 저서로는 『언어사회학 서
설 : 이데올로기와 언어』(편저, 까치사, 1986), 『한국 사회와 언어
사회학』)(나남, 1993), 『막스 베버 사회학의 쟁점들』(공저, 민음사,
1995), 『한국인의 일상 문화』(공저, 한울, 1996) 등이 있다.

□ 이성형 fernandorhee@hotmail.com
부산대 상과대를 졸업한 뒤 서울대 대학원에서 정치학 박사(라틴
아메리카 정치 및 정치 경제 전공)를 받았으며, 서울대 국제지역
원 초빙 교수와 콜레히오 데 메히코 및 과달라하라대 초빙 교수를
지냈고, 지금은 세종연구소 객원연구위원으로 있다. 주요 저서로
는 『IMF 시대의 멕시코』(서울대 출판부, 1998), 『신자유주의 빛과
그림자 : 라틴아메리카의 정치와 경제』(한길사, 1999), 『라틴아메
리카의 역사와 사상』(편저, 까치, 1999), 『라틴아메리카 : 영원한
위기의 정치 경제』(역사비평사, 2002) 등이 있다.

□ 임상원 uclalim@kornet.net
서울대 철학과를 졸업한 뒤 미국 U. of Missouri에서 언론학 박사
학위를 받았으며, 지금은 고려대 언론학과 교수로 있으면서 『언론
과 사회』 편집위원장을 맡고 있다. 주요 저서로는 『아레오파지티
카 — 존 밀턴의 언론 출판 자유에 대한 선언』(나남, 1998), 『코뮤
니케이션 모델』(코뮤니케이션 북스, 2001) 등이 있다.

□ 황경식 hwangks@conmaul.co.kr
서울대 대학원에서 철학 박사 학위를 받은 뒤, 미국 하버드대 철학과 대학원 객원연구원과 한국사회·윤리학회 회장을 지냈으며, 지금은 서울대 철학과 교수로 있으면서 꽃마을한방병원 이사장으로 있다. 주요 저서로는『사회 정의의 철학적 기초』(문학과 지성사, 1985),『개방 사회의 사회 윤리』(철학과현실사, 1995),『시민 공동체를 향하여』(민음사, 1997),『이론과 실천』(철학과현실사, 1998),『가슴이 따뜻한 아이로 키워라』(출판시대, 2000),『철학, 구름에서 내려와서』(철학과현실사, 1998) 등이 있다.

자유주의의 원류
—18세기 이전의 자유주의

초판 1쇄 인쇄 / 2003년 10월 20일
초판 1쇄 발행 / 2003년 10월 25일

∎

엮은이 / 이근식·황경식 편저
펴낸이 / 전 춘 호
펴낸곳 / 철학과현실사
서울특별시 서초구 양재동 338의 10호
전화 579-5908~9

∎

등록일자 / 1987년 12월 15일(등록번호 / 제1-583호)

∎

ISBN 89-7775-449-6 03330
*엮은이와의 협의에 의하여 인지는 생략합니다.
*잘못된 책은 바꾸어 드립니다.

값 15,000원